제3판

글로벌 마케팅

박 주 홍

Global Marketing

3rd Edition

유원북스

*제3판 머리말

본서는 2013년 출간한 제2판을 소폭으로 수정·보완하는 차원에서 집필되었다. 제3판에서는 제2판이 출간된 이후 발견된 내용 및 표현상의 문제점들이 수정되고, 부족한 부분들이 일부 보완되었다. 제3판에서 수정·보완한 주요 내용은 다음과 같이 요약될 수 있다.

첫째, 제2판의 몇몇 표들에서 제시한 수치관련 자료들은 최신의 자료로 대체되었을 뿐만 아니라, 이에 대하여 설명한 본문의 내용도 표에서 제시한 수치에 따라 적절히 수정되었다.

둘째, 제2판 전반에 걸쳐 발견된 오자 및 탈자는 최대한 수정되었다.

셋째, 제2판의 표에서 서술한 수치관련 자료들의 출처가 각주뿐만 아니라 참고문헌에서도 수정되었다.

제3판의 출판을 기쁜 마음으로 허락해 주신 유원북스 이구만 사장님과 편집업무를 맡아주신 편집위원님께 감사를 드린다. 제3판 역시 부족한 부분이 많으리라 생각하며, 이러한 부분은 앞으로 풀어야 할 과제로 남겨두기로 한다.

2022년 1월

군산 기슭 연구실에서

저자 씀

◆ 강의용 파워포인트 자료는 출판사 또는 juhong@kmu.ac.kr로 문의바람.

* 머리말

2009년에 시작된 미국의 금융위기의 여파로 전 세계의 많은 국가들은 경제적으로 어려움을 겪고 있다. 또한 2010년에 발생한 그리스, 포르투갈 등과 같은 남유럽 국가들의 재정위기는 세계 경제에 불안한 그림자를 드리우고 있다. 이러한 해외의 경제적 악재와 천안함의 침몰로 시작된 남북관계의 정치적 및 군사적 긴장고조로 인하여 현재 우리나라는 경제적 위기 상황에 노출되어 있다. 하지만 경제적 위기 상황은 정부의 경제정책을 통해서뿐만 아니라, 기업의 국제경쟁력 강화를 통해서 극복될 수 있다.

2009년 기준으로 한국의 국내총생산(GDP) 규모는 세계 15위, 교역규모는 세계 11위, 외환보유액은 세계 6위로서 선진국의 문턱에 진입하고 있다. 우리나라의 이러한 괄목할 만한 경제적 성과는 기업의 수출주도적인 마케팅 전략에 힘입은 바가 크다고 할 수 있다. 한국경제가 선진국의 대열에 진입하기 위해서 무엇보다도 기업들은 그들의 국제경쟁력 또는 글로벌 마케팅경쟁력을 강화할 필요가 있다.

1980년대 후반부터 현재까지 널리 사용되고 있는 '글로벌화'라는 용어는 때때로 '국제화'의 동의어로 간주되기도 한다. 글로벌화는 제 2 차 세계대전 이후의 국제경제의 급속한 발전에 기인하고 있으며, 신기술의 가속적 개발, 대량생산, 국가 간 교역의 증대, 통신 및 수송시스템의 발달, 국내시장의 구매력의 한계 등과 같은 여러 가지 요인들에 의해 촉진되고 있다. 글로벌화는 세계시장을 하나의 통합된 관점에서 고찰하며, 무엇보다도 세계시장에서의 소비자의 동질성 또는 유사성을 중요하게 고려한다.

글로벌마케팅은 '글로벌고객의 욕구를 충족시키기 위하여 수행되는 국경초월적인 교환활동'으로서 글로벌기업이 통제불가능한 국내환경과 글로벌환경의 제약조건 내에서, 제품(product), 가격(price), 유통(place) 및 촉진(promotion) 등과 같은 통제가능한 마케팅 4P 요소들을 활용하여 이윤을 추구하는 기업활동에 그 기초를 두고 있다. 본서는 글로벌마케팅과 관련된 여러 가지 주제 및 이론들을 체계적으로 고찰하여 기업의 글로벌 마케팅경쟁력을 향상시킬 수 있는 다양한 방안을 제시하는 데 그 목적을 두고 있다.

본서에서는 국내외 글로벌마케팅 및 국제마케팅 관련 저서들의 목차를 비교·분석하여 공통적인 주제들을 추출한 후, 이를 바탕으로 목차가 설정되었다. 또한 본서는 내용적 차별성을 확보하기 위하여 국내의 문헌뿐만 아니라, 영미권(미국, 영국)과 독일어권(독일, 오스트리아, 스위스)의 다양하고 광범위한 문헌을 바탕으로 집필되었다.

저술연구의 일환으로 집필된 본서는 인용된 참고문헌에 대한 출처를 제시한 각주(footnote)와 자료원(source)을 명확하게 표기하였다. 저자가 이미 발표한 논문 및 서서의 내용을 바탕으로 직접적으로 인용한 경우에는 해당부분을 재인용 또는 수정재인용으로 표기하였다. 본서에서 제시한 다양하고 광범위한 참고문헌은 글로벌마케팅 분야의 연구에 관심을 가진 연구자 또는 독자들이 원전(原典)을 파악하는 데 있어서 많은 도움을 줄 것으로 보인다. 또한 본서의 주요 독자층이 학부학생임을 감안하여 저자는 현학적이거나 난해하고 복잡한 문장의 사용을 피하고, 비교적 이해하기 쉬운 간결한 문장으로 표현하고자 노력하였다.

본서는 이론적인 부분에 대한 실무적 또는 실제적인 설명력을 높이기 위하여 신문에 게재된 최신기사를 수집·보완하여 각 장별로 2~3개의 News Case를 별도로 제시하였다. 즉, News Case는 간단한 사례연구를 위해 활용할 수 있도록 기사의 내용을 있는 그대로 인용하거나, 일부 문구 및 문장을 수정하였다. 그러나 각 장의 주제에 정확하게 일치하는 유이한 자료를 수집하는 데 있어서 어느 정도 한계가 있었다는 사실은 부인할 수 없다. 이러한 한계점은 앞으로 보완하여야 할 과제로 남겨두기로 한다.

본서는 총 5부 14장으로 구성되어 있으며, 그 주요 내용은 다음과 같다. '제 1 부 글로벌화와 글로벌마케팅의 개념'은 본서의 도입부분으로서 글로벌화와 글로벌마케팅의 개념(제 1 장)에 대하여 체계적으로 설명한다. '제 2 부 글로벌마케팅의 환경과 글로벌 마케팅조사'는 글로벌마케팅의 환경(제 2 장)

및 글로벌 마케팅조사(제 3 장) 등에 대하여 논의한다. '제 3 부 글로벌마케팅 전략'은 글로벌 시장세분화전략(제 4 장) 및 글로벌 표적시장선정과 포지셔닝 전략(제 5 장)에 대하여 검토할 뿐만 아니라, 글로벌 시장진입전략(제 6 장)에 대하여 서술한다. '제 4 부 글로벌마케팅 믹스전략'은 먼저 글로벌마케팅 믹스 전략의 개념적 기초(제 7 장)에 대하여 언급한 후, 글로벌 제품전략(제 8 장), 글로벌 가격전략(제 9 장), 글로벌 유통전략(제10장) 및 글로벌 촉진전략(제11장) 등에 대하여 체계적으로 살펴본다. 마지막으로 '제 5 부 글로벌마케팅의 관리'는 글로벌마케팅의 계획(제12장), 글로벌마케팅의 조직(제13장) 및 글로벌마케팅의 통제(제14장) 등에 대하여 각각 논의한다.

본서의 출판을 위해 많은 관심과 후원을 아끼지 않으신 박영사 이구만 섭외영업부장님과 원고정리를 위해 수고해 주신 편집부 여러분께도 감사를 드린다. 그림파일의 작성에 많은 수고를 아끼지 않은 유정현 학생에게 고마움을 전한다. 또한 저자를 위해 항상 기도해 주시고 많은 희생을 아끼지 않으신 부모님께 깊은 감사의 말씀을 드린다. 마지막으로 본서가 집필되는 1년 여 동안 많은 시간을 빼앗겨야만 했던 사랑하는 아내와 아들 지형(智亨)에게 마음으로부터의 고마움을 전한다.

2010년 6월

궁산 기슭 연구실에서

저자 씀

* 차 례

제 1 부 글로벌마케팅의 이해

제 2 부 글로벌마케팅의 환경과 글로벌 마케팅조사

제 3 부 글로벌마케팅 전략

제 8 장 글로벌 제품전략

제 9 장 글로벌 가격전략

그림 차례

*표 차례

*News Case 차례

제 1 부

글로벌마케팅의 이해

제 1 부는 글로벌마케팅의 이해와 관련된 본서의 도입부분이다. 제 1 장에서는 글로벌화와 글로벌마케팅의 개념에 대하여 논의한다. 여기에서는 글로벌화에 대한 개념적 기초, 글로벌마케팅의 개념과 발전단계 및 글로벌마케팅의 목표와 과제 등에 대하여 설명한다.

제 1 장 글로벌화와 글로벌마케팅의 개념

제 1 부　글로벌마케팅의 이해

제 1 장　글로벌화와 글로벌마케팅의 개념

⇩

제 2 부　글로벌마케팅의 환경과 글로벌 마케팅조사

제 2 장　글로벌마케팅의 환경
제 3 장　글로벌 마케팅조사

⇩

제 3 부　글로벌마케팅 전략

제 4 장　글로벌 시장세분화전략
제 5 장　글로벌 표적시장선정과 포지셔닝전략
제 6 장　글로벌 시장진입전략

⇩

제 4 부　글로벌마케팅 믹스전략

제 7 장　글로벌마케팅 믹스전략의 개념적 기초
제 8 장　글로벌 제품전략
제 9 장　글로벌 가격전략
제10장　글로벌 유통전략
제11장　글로벌 촉진전략

⇩

제 5 부　글로벌마케팅의 관리

제12장　글로벌마케팅의 계획
제13장　글로벌마케팅의 조직
제14장　글로벌마케팅의 통제

CHAPTER 01 글로벌화와 글로벌마케팅의 개념

1.1 글로벌화에 대한 개념적 기초

1.2 글로벌마케팅의 개념과 발전단계

1.3 글로벌마케팅의 목표와 과제

1.4 본서의 구성 및 주요 내용

1.1 글로벌화에 대한 개념적 기초

1.1.1 글로벌화와 글로벌기업의 개념

1980년대 후반부터 널리 사용되기 시작한 글로벌화(globalization)라는 용어는 때때로 국제화(internationalization)의 동의어로 간주되기도 한다. 글로벌화는 제 2 차 세계대전 이후의 국제경제의 급속한 발전에 기인하고 있으며, 신기술의 가속적 개발, 대량생산, 국가 간 교역의 증대, 통신 및 수송시스템의 발달, 국내시장의 구매력의 한계 등과 같은 여러 가지 요인들에 의해 촉진되고 있다.[1] 글로벌화는 세계시장을 하나의 통합된 관점에서 고찰하며, 무엇보다도 세계시장에서의 소비자의 동질성 또는 유사성을 중요하게 고려한다.

글로벌기업(global company)은 기업의 모든 기능영역에서 세계적으로 운영을 표준화하려는 기업을 의미한다.[2] 그러므로 글로벌기업은 기업의 국적개념보다는 기업이 관계하고 있는 시장의 글로벌화에 더 중요한 의미를 부여하며, 인적·물적 자원의 세계적인 활용, 규모의 경제 및 시너지효과 등을 통하여 세계적인 경쟁력강화를 추구한다.[3] 글로벌기업은 기업의 규모 또는 매출액에 관계없이 정의될 수 있을 뿐만 아니라, 그들이 활동하는 국가 또는 지역과 무관하게 정의될 수도 있다. 즉, 기업이 세계적으로 활동하고 있다면, 글로벌기업의 범주에는 대기업과 중소기업, 선진국 기업과 개발도상국 기업 등이 모두 포함될 수 있다.

〈표 1-1〉은 2021년 포춘(Fortune)지 선정 세계 50대 글로벌기업을 제시한다. 이 표에 나타나 있는 세계 50위 이내의 글로벌기업은 매출액 기준으로 선정되었으며, 한국의 삼성전자는 세계 15위를 달성하였다. 이 표에 제시되어 있지 않지만, 포춘이 선정하는 세계 500대 글로벌기업에 현대자동차(83위), SK(129위), LG전자(192위), 기아자동차(215위), 한국전력(222위), POSCO(226위), 한화(271위) 등을 포함한 총 15개의 한국 기업이 그 이름을 올린 것으로 밝혀졌다.[4]

1 박주홍(2009), p. 25; 박주홍(2012a), 박주홍(2012b).

2 Ball, D. A. et al.(2004), p. 6.

3 박주홍(2009), p. 30.

4 https://www.someka.net/excel-template/fortune-500-excel-list/.

표 1-1 포춘(Fortune)지 선정 세계 50대 글로벌기업(2021년)

순위(기업명)	매출액(단위: 백만 달러)	순수익(단위: 백만 달러)
1 Walmart	559,151	13,510
2 State Grid	386,618	5,580
3 Amazon	386,064	21,331
4 China National Petroleum	283,958	4,575
5 Sinopec Group	283,728	6,205
6 Apple	274,515	57,411
7 CVS Health	268,706	7,179
8 UnitedHealth Group	257,141	15,403
9 Toyota Motor	256,722	21,180
10 Volkswagen	253,965	10,104
11 Berkshire Hathaway	245,510	42,521
12 McKesson	238,228	-4,539
13 China State Construction Engineering	234,425	3,578
14 Saudi Aramco	229,766	49,287
15 Samsung Electronics	200,734	22,116
16 Ping An Insurance	191,509	20,739
17 AmerisourceBergen	189,894	-3,409
18 BP	183,500	-20,305
19 Royal Dutch Shell	183,195	-21,680
20 Industrial & Commercial Bank of China	182,794	45,783
21 Alphabet	182,527	40,269
22 Hon Hai Precision Industry	181,945	3,457
23 Exxon Mobil	181,502	-22,440
24 Daimler	175,827	4,133
25 China Construction Bank	172,000	39,283
26 AT&T	171,760	-5,176
27 Costco Wholesale	166,761	4,002
28 Cigna	160,401	8,458
29 Agricultural Bank of China	153,885	31,293
30 Cardinal Health	152,922	-3,696
31 Trafigura Group	146,994	1,699
32 China Life Insurance	144,589	4,648
33 Microsoft	143,015	44,281
34 Glencore	142,338	-1,903
35 China Railway Engineering Group	141,384	1,639
36 Walgreens Boots Alliance	139,537	456
37 EXOR Group	136,186	-34
38 Allianz	136,173	7,756
39 Bank of China	134,046	27,952
40 Kroger	132,498	2,585
41 Home Depot	132,110	12,866
42 China Railway Construction	131,992	1,486
43 JPMorgan Chase	129,503	29,131
44 Huawei Investment & Holding	129,184	9,362
45 Verizon Communications	128,292	17,801
46 AXA	128,011	3,605
47 Ford Motor	127,144	-1,279
48 Honda Motor	124,241	6,202
49 General Motors	122,485	6,427
50 Anthem	121,867	4,572

자료원: http://www.someka.net/excel-template/fortune-500-excel-list/.

1.1.2 글로벌화의 촉진요인

무역 및 투자장벽의 감소

무역과 투자는 글로벌화를 촉진시키는 가장 대표적인 기업활동에 속한다. 즉, 무역과 투자에 대한 국가 간의 장벽이 낮을수록 글로벌화가 촉진될 수 있다. 역사적 관점에서 볼 때, 1947년에 출범한 관세 및 무역에 관한 일반협정(General Agreement on Tariffs and Trade, GATT)은 국제무역의 증진과 관세 및 비관세장벽의 완화에 많은 공헌을 하였을 뿐만 아니라, 글로벌화를 촉진하는 요인으로도 작용하였다.

그러나 무엇보다도 국가 간의 무역 및 투자장벽의 감소에 결정적인 영향을 미친 것은 GATT 체제를 대체하기 위해 1995년 1월에 설립된 세계무역기구(World Trade Organization, WTO)이다. WTO는 세계무역장벽을 감소시키고 자유무역을 촉진시키기 위한 목적으로 설립되었으며, 2008년 7월 현재 153개의 회원국을 가진 국제기구이다.[5] 물론 WTO의 출범에도 불구하고 관세 및 비관세 등의 무역장벽이 없는 완전한 자유무역과 국가 간 투자자유화가 아직 이루어지지 않고 있지만, WTO는 다양한 산업분야에서의 무역기회의 창출, 공정한 국제무역질서의 확립과 국가 간 투자자유화 등에 크게 기여하고 있다.

기술혁신의 가속화

일반적으로 기술혁신(technology innovation)은 제품 및 공정기술의 개발을 통한 신제품 및 신공정의 도입을 의미한다. 특히, 기술혁신을 통하여 생산된 신제품은 세계시장을 목표로 하여 판매가 이루어지는 경향이 있다. 정보통신, 화학, 제약 및 항공기 산업 등과 같은 첨단산업은 총매출액에서 연구개발비용이 차지하는 비율이 다른 산업에 비해 상대적으로 높으며, 내수시장보다는 세계시장에 중점을 두게 된다. 왜냐하면 내수시장만으로는 투자한 연구개발비용이 회수되기 어렵기 때문이다.

또한 기술혁신의 가속화는 제품수명주기를 더욱 짧게 만들기 때문에 막대한 연구개발비용을 유발시킨다. 차별화된 제품을 세계시장에 먼저 도입한

5 http://www.wto.org.

기업은 판매에 있어서 우위를 갖게 되며, 이를 통하여 보다 높은 이윤을 달성할 수 있다.

수송 및 통신 시스템의 발달

제 2 차 세계대전 이후부터 오늘날에 이르기까지 급속도로 진행되고 있는 수송 및 통신 시스템의 발달은 기업활동의 범위를 세계로 확대하는 데 결정적인 기여를 하였다. 해상 및 항공운송 분야에서의 괄목할 만한 발전은 대량선적과 신속한 운송을 가능하게 하였다. 특히, 인터넷으로 대변되는 정보통신혁명은 세계시장을 단일 네트워크로 통합하고 연결함으로써 기업활동의 글로벌화와 전 세계 고객과의 커뮤니케이션 등을 촉진시켰다.

고객욕구의 동질화

고객욕구의 동질화는 글로벌기업으로 하여금 표준화된 마케팅전략을 수행할 수 있는 기본적 조건을 충족시키고 있다. 이러한 고객욕구는 정보통신혁명에 의한 국경초월적인 커뮤니케이션의 활성화, 경제개발을 통한 소득수준의 향상 및 글로벌기업의 푸시전략(push strategy) 등을 통하여 국가 또는 지역을 초월하여 더욱 동질화되고 있다.

News Case 1.1 현대자동차의 글로벌화

현대자동차그룹이 아프리카, 중동, 유럽 등 전 세계 시장에서 영토를 확장하고 있다. 현대차 수입사 등 해외 현대차 협력사들은 본사를 확장 이전하며 마케팅을 강화하고 있고 현대차는 해외시장 공략무기를 소형차에서 점차 중·대형차로 바꿔나가고 있다. 3일 관련업계에 따르면 현대차의 남아프리카공화국 지역 판매 총판을 맡고 있는 현대오토모티브 사우스 아프리카는 글로벌 완성차 매장이 즐비해 있는 베드포드뷰 거리로 본사를 확장 이전한다. 현재 내년 1월 완공을 목표로 마무리 공사가 한창이다.

남아공에서 만난 업계의 한 관계자는 "현대차는 지난해 남아공에서 현지 공장을 갖춘 글로벌 업체들을 제치고 5만대에 육박하는 판매대수로 시장점유율 3위를 차지했다"

며 "유럽발 경기침체로 세계적인 완성차 업체들이 감산하고 있는 점을 감안한다면 이 시점에서 판매조직을 키우는 것은 상징적인 의미가 있다"고 전했다. 현대차는 글로벌시장 대리점들의 기업이미지(CI)를 통일하는 작업에도 힘을 쏟고 있다. 현대차는 최근 남아공 딜러들과 함께 CI를 새롭게 하는 일을 마무리했다. 현대차 J남아공사무소장은 "남아공에 있는 100여 개 딜러망들이 최근 현대차의 권유로 CI를 다 교체했다"며 "대리점들이 간판도 새로 달고 쇼룸의 인테리어도 통일되게 만들어 현대차의 숍 이미지가 다른 브랜드보다 훨씬 깔끔해졌다"고 말했다.

현대차는 앞서 올 초에는 독일, 프랑스에 판매법인을 설립하며 대리점들을 직영화했다. 이에 따라 현대차의 올 상반기 합작투자 및 관계기업 투자 금액(12조 2,295억 원)은 이미 지난해 연간 금액(11조 7,092억 원)을 초과했다. 현대차 관계자는 "올 상반기 합작투자 및 관계기업 투자 규모가 지난해에 비해 크게 증가했다"며 "투자금 가운데 상당 부분은 독일, 프랑스 등 해외 대리점을 직영화하는 데 투입됐다"고 말했다.

이와 더불어 현대차는 해외 시장에서의 판매 차종 라인업도 늘려나가고 있다. 특히 중형차종의 판매 확대 시도가 두드러진 경향이다. 현대차는 세제 구조상 중형차가 팔리기 힘든 시장에서조차 배기량을 조정한 제품으로 중형차의 판매를 촉진시키고 있다. 대표적인 예가 현대차 터키법인이다. 이 법인은 지난 5월 1.6 가솔린 매뉴얼 트랜스미션의 쏘나타를 도입했다. 중형차 판매를 위해 2.0이 기본인 쏘나타의 배기량을 의도적으로 낮춘 것이다. 아울러 소형차로 현지 시장을 휩쓴 현대차 터키법인은 최근 중형 스포츠 유틸리티차량(SUV) 투싼의 판매량 증가에 마케팅 역량을 집중하고 있다. 올 판매 목표는 지난해의 두 배이다. 현대차는 남아공에 중형 SUV 투싼을 내놓은 데 이어 내년에는 싼타페도 선보일 예정이다. 업계의 한 관계자는 "현대차는 외부에 판매 성과 등을 공개하지 않는 경우가 많다"며 "요즘 같은 시기에 현대차처럼 시장 개척에 나서는 기업은 드물 것"이라고 말했다.

자료원: 서울경제, 2012년 10월 3일.

1.1.3 글로벌화의 제약요인

문화적 다양성의 존재

다양한 국가 또는 지역에 존재하는 특유의 문화는 글로벌화의 제약요인으로 작용할 수 있다. 국가문화(national culture)는 어떤 국가의 국민의 가치관, 태도, 관습, 신념 및 커뮤니케이션 등에 강력한 영향을 미치기 때문에,[6] 획일적인 글로벌화는 현지인의 반발을 초래할 수 있다. 즉, 현지의 문화를 고려하지 않은 글로벌화는 현지국가 또는 지역에서 활동하는 글로벌기업과 현지인 간의 문화적 충돌을 야기할 수 있다.

현지정부의 규제

WTO의 출범으로 인해 국가 간의 무역 및 투자장벽이 완화되고 있음에도 불구하고, 현지정부는 자국 기업의 보호를 위해 정치적 및 법적 규제를 하고 있다. 이러한 현상은 선진국보다는 개발도상국에서 많이 발견된다. 특히, 현지국에서 활동하는 글로벌기업은 여러 가지 규제적 법률환경(regulative legal environment)에 노출되어 있다. 이러한 규제적 법률환경은 글로벌기업의 활동에 심각한 타격 또는 손실을 발생시킬 수 있다. 예를 들면, 기업의 소유지분을 규제하는 법률, 현지종업원의 고용과 관련된 법률 및 투자원금의 회수와 본국송금과 관련된 법률 등은 글로벌기업의 활동에 부정적인 영향을 미칠 수 있다.[7]

반글로벌화 운동

반글로벌화 운동(anti-globalization movement)은 글로벌화에 반대하는 노동조합, 시민단체, 대학생 및 지식인 등에 의하여 이루어지고 있다. 이들은 글로벌화와 관련된 국제적인 행사를 방해하는 시위를 하고, 특정 글로벌기업의 상품에 대하여 불매운동을 하거나 현지점포를 파괴하기도 한다. 예를 들면, 맥도날드(McDonald's)와 스타벅스(Starbucks)와 같은 미국계 글로벌기업의 해외점포는 반글로벌화 운동가들의 시위에 의해 가끔 파손되기도 하였다.

6 Wild, J. J. et al.(2008), p. 51.

7 박주홍(2009), p. 90 이하.

1.2 글로벌마케팅의 개념과 발전단계

1.2.1 글로벌마케팅의 개념

글로벌마케팅(global marketing)은 '글로벌고객의 욕구를 충족시키기 위하여 수행되는 국경초월적인 교환활동'으로 정의될 수 있다. 이 정의에 포함되어 있는 용어를 구체적으로 살펴보면 다음과 같다.

- 글로벌고객(global customer): 제품 또는 서비스를 최종적으로 소비하는 전 세계의 사용자 또는 소비자(개인, 기업, 국가, 기관 및 비영리단체 등을 포괄함)
- 욕구(needs or wants): 제품 또는 서비스를 취득하기를 원하는 잠재적 또는 실제적 고객의 심리적 상태
- 충족(satisfaction): 글로벌고객이 원하는 제품 또는 서비스를 구매함으로써 느끼는 심리적 만족감
- 국경초월적인 교환활동(exchanges across national boundaries): 제품 또는 서비스를 글로벌고객에게 판매하고, 그 가격만큼 다른 제품 또는 서비스를 얻거나(예를 들면, 물물교환) 또는 화폐(예를 들면, 외환획득)를 얻는 활동

또한 글로벌마케팅은 글로벌기업이 통제불가능한 국내환경과 글로벌환경의 제약조건 내에서, 제품(product), 가격(price), 유통(place) 및 촉진(promotion) 등과 같은 통제가능한 마케팅 4P 요소들을 활용하여 이윤을 추구하는 기업활동이다. 〈그림 1-1〉은 글로벌마케팅의 환경과 마케팅 4P 믹스를 보여준다. 이 그림에 나타나 있는 바와 같이 글로벌마케팅을 성공적으로 수행하기 위해서는 국내환경과 글로벌기업이 활동하고 있거나 활동하려는 국가들(1, 2, …, N)의 환경을 분석하여 마케팅 4P 믹스전략을 수립하여야 한다.

글로벌마케팅은 글로벌기업이 보유하고 있는 마케팅 4P의 경쟁우위를 바탕으로 수행되는 경향이 있다. 〈표 1-2〉는 글로벌마케팅 사례를 제시하고

그림 1-1 글로벌마케팅의 환경과 마케팅 4P 믹스

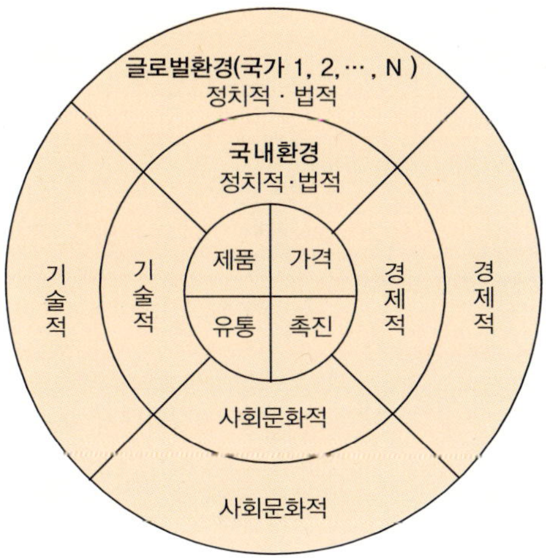

있으며, 글로벌기업들이 어떤 글로벌마케팅 전략에 중점을 두고 있는가를 보여준다.

일반적으로 글로벌마케팅은 표준화를 통하여 그 목표를 더욱 효율적으로 달성할 수 있다. 그러나 현실적인 관점에서 볼 때, 글로벌마케팅은 4P의 표준화와 차별화(현지화)를 적절한 믹스에 의해 수행된다. 〈표 1-3〉은 맥도날드의 글로벌마케팅 사례를 보여준다. 이 표에 나타나 있는 바와 같이 글로벌마케팅 4P 믹스의 표준화와 현지화를 통하여 글로벌마케팅이 수행됨을 알 수 있다.

| 표 1-2 | 글로벌마케팅 사례

글로벌마케팅 전략	기업명(본사국)
브랜드명	Coca-Cola(미국), Philip Morris(미국), DaimlerChrysler(독일)
제품디자인	McDonald's(미국), Toyota(일본), Ford(미국), Cisco Systems(미국)
제품포지셔닝	Unilever(영국/네덜란드), Harley-Davidson(미국)
포 장	Gillette(미국)
유 통	Benetton(이탈리아)
고객서비스	Caterpillar(미국)
조 달	Toyota(일본), Honda(일본), Gap(미국)

자료원: Keegan, W. J.(2002), p. 7.

표 1-3 맥도날드의 글로벌마케팅 사례

마케팅 믹스 구성요소	표 준 화	차별화(현지화)
제 품	빅 맥	McAloo Tikka 감자 버거(인도)
촉 진	브랜드명	속어 별명, 예를 들어 Mickey D's(미국, 캐나다), Macky D's(영국, 아일랜드), Macca's(오스트레일리아), Mäkkäri(핀란드), MakDo(필리핀)
	광고 슬로건 "나는 그것을 좋아하고 있다"	McJoy 잡지 'Hawaii Surfing Hula' 광고(일본)
유 통	번화한 공공장소의 독립 건물 식당	스위스 국영철도에 맥도날드(스위스)가 테마 식당 열차를 운영함, 헬싱키에서 오슬로까지의 Stena Line 유람선에 맥도날드 개점, 가정집 배달(인도)
가 격	빅맥 1개의 평균 가격 3.54달러(미국)	5.79달러(노르웨이) 1.83달러(중국)

자료원: 최석신 외 역, Keegan, W. J./Green, M. C. 저(2011), p. 16.

1.2.2 글로벌마케팅의 발전단계

글로벌마케팅의 발전단계를 분류하는 학자들의 시각에 따라 다소의 차이는 있지만, 글로벌마케팅은 일반적으로 다음과 같은 5단계를 거치면서 발전해 왔다.[8]

국내마케팅

이 단계에서는 기업이 내수시장만을 대상으로 마케팅 활동을 전개하기 때문에 국내마케팅(domestic marketing)이라고 한다. 일반적으로 기업은 국내마케팅을 위하여 단일의 국내 시장환경만을 분석한 후, 마케팅전략을 수립하고 실행한다. 즉, 국내마케팅은 본국중심적(ethnocentric)인 관점에서 마케팅 활동을 수행한다. 국내마케팅에 중점을 두는 기업은 해외진출에 필요한 인적 및 물적 자원이 대체로 부족한 중소기업인 경우가 많다.

8 Kotabe, M./Helsen, K.(2011), p. 13 이하; Gillespie, K./Jeannet, J.-P./Hennessey, H. D.(2004), p. 4 이하.

수출마케팅

수출마케팅(export marketing) 단계에서는 내수시장에 중점을 두는 기업이 해외시장에 관심을 가지기 시작하며, 기업의 여건이 허락되면 수출을 하게 된다. 수출마케팅에 있어서 제품, 가격 및 촉진 등과 관련된 활동은 국내마케팅과 동일하게 이루어지는 경향이 있다. 그러나 유통과 관련된 활동은 현지국의 상황에 따라 차별화될 수 있다. 이 단계에서 기업은 본국중심적(ethnocentric) 관점에 중점을 두면서 현지중심적(polycentric) 마케팅 활동에 관심을 갖기 시작한다.

수출(export)은 기업이 생산한 제품 및 서비스를 외국에 판매하는 기업 활동을 말하며, 간접수출과 직접수출로 구분된다. 간접수출(indirect export)은 기업이 생산한 제품을 국내의 수출중간상을 통해 해외로 판매하는 것을 의미하며, 반면에 직접수출(direct export)은 수출업무를 다른 기업 또는 중간상에 위임하지 않고 독자적인 수출관련 조직을 통해 직접 수행하는 것을 말한다.[9]

일반적으로 기업의 국제화(internationalization of company)는 수출, 라이선싱, 프랜차이징, 합작투자, 해외지점, 해외생산 및 자회사설립 등의 단계를 거치면서 점진적으로 이루어진다. 점진적 국제화의 관점에서 볼 때, 수출은 기업의 국제화 또는 글로벌화의 시작으로 볼 수 있다.

국제마케팅

국제마케팅(international marketing) 단계에서는 기업의 마케팅 활동이 현지중심적(polycentric)으로 이루어지기 시작한다. 이 단계에서는 본국에서 생산한 제품 및 서비스, 그리고 현지국의 자회사에서 생산한 제품 및 서비스 등이 현지시장의 고객욕구를 충족시키기 위하여 차별화(현지화)되기 시작한다. 국제마케팅은 해외에서의 마케팅 활동에 중점을 두기 때문에 외국마케팅(foreign marketing), 해외마케팅(oversea marketing) 또는 현지마케팅(local marketing)이라고 하기도 한다.

9 박주홍(2009), p. 227 이하.

다국적마케팅

다국적마케팅(multinational marketing)은 다국적기업이 해외의 여러 국가 또는 지역에서 생산자회사를 보유하고, 여기에서 생산된 제품을 마케팅 활동에 투입하는 것을 말한다. 이 단계에서는 현지중심적 시각에서 어느 정도 벗어난 지역중심적(regiocentric) 관점에서 마케팅 활동이 통합적으로 관리된다. 따라서 다국적마케팅에 대한 주요 의사결정은 관련된 자회사들과의 조정에 의해 이루어지거나, 또는 해당 지역의 자회사들을 총괄하는 지역본부(headquarters)에 의하여 이루어진다.

글로벌마케팅

글로벌마케팅(global marketing) 단계에 있어서 글로벌기업은 세계시장을 하나의 통합된 시장으로 파악하며, 본국과 현지국시장을 구분하지 않고 글로벌중심적(geocentric) 관점에서 마케팅 활동을 수행한다. 여기에서 말하는 글로벌기업의 범주에는 세계적인 규모의 대기업뿐만 아니라, 세계시장을 대상으로 마케팅 활동을 하는 중소기업도 포함된다. 특히, 이러한 중소기업은 기업의 규모는 작지만 틈새시장을 집요하게 파고들어 세계최강자의 위치를 차지하고 있고, 현재에도 역동적인 성장을 거듭하고 있는 강소기업을 말한다.[10]

글로벌마케팅은 다음과 같은 세 가지 측면을 강조한다.[11]

- 표준화 노력(standardization efforts): 세계시장에서의 마케팅 활동의 표준화(예를 들면, 글로벌마케팅 4P 믹스의 표준화)를 통하여 생산과 마케팅에서의 규모의 경제 및 범위의 경제 등을 추구한다.
- 각 시장국에 걸친 조정(coordination across markets): 현지 국가 및 지역에서 활동하는 자회사들 간의 마케팅 활동의 조정을 통하여 비용의 비효율과 중복적 노력을 감소시킨다.
- 글로벌통합(global integration): 글로벌관점에서의 경쟁전략의 통합을 통하여 글로벌 경쟁우위를 확보한다.

---

10 이미옥 역, 헤르만 지몬 저(2008), p. 1 이하.

11 Kotabe, M./Helsen, K.(2011), p. 18.

News Case 1.2 2% 부족한 한국 기업의 해외마케팅기법

"한국 기업들의 글로벌 마인드만 강화해도 지금보다 10%는 더 성장할 수 있을 것입니다." 주한 캐나다상공회의소 B회장은 "한국은 지난 50년 간 눈부신 성장을 거듭해 왔고, 주로 수출로 먹고 살지만 글로벌화는 아직 멀었다"며 이같이 말하였다. 캐나다 몬트리올 출신으로 비숍대학에서 재무학을 전공하고 HEC대학에서 국제경영학 석사학위를 받은 B회장은 올해로 24년째 한국과 인연을 맺고 있다. 1986년 유공(현 SK에너지) 국제금융부에서 근무하면서 처음으로 한국 땅을 밟았다. 이후에도 관심을 갖고 드나들던 그는 1998년부터 아예 한국에 눌러앉았다.

그는 "한국 경제를 낙관적으로 전망하지만 반도체, 자동차, 선박 등 몇몇 대기업의 스타 제품이 수출액의 60% 이상을 차지할 정도로 수출구조가 편향되어 있다"며 "한국 경제가 더 건강해지려면 글로벌 강소기업이 많이 나타나 세계 시장으로 뻗어나가야 한다"고 충고하였다. 이런 생각에서 그는 10여 년 전 한국 기업의 해외 진출을 돕는 컨설팅 회사 '벡티스(VECTIS)'를 설립하였다. "10여 년 동안 다국적기업과 한국 기업들을 접하다 보니 누구보다도 속사정을 잘 알게 됐어요. 그래서 한국 기업들이 세계무대에서 활동할 수 있도록 도와주고 싶었어요."

한국 기업들이 해외 시장에서 실패하는 이유는 무엇일까? "사장님들을 만나보면 기술이나 인재에 대한 자부심이 대단해요. 하지만 글로벌마케팅을 위해 얼마나 노력하느냐고 물으면 대답을 못해요. 아무리 좋은 기술과 인재를 갖고 있어도 잘 포장해 팔지 못하면 아무 소용이 없죠."

B회장은 한국 기업들의 실패 요인을 열거하였다. 미국에 진출했다가 철수한 싸이월드도 하나의 예이다. "1촌 맺기로 한국에서 히트한 싸이월드는 '페이스북'보다 원조예요. 하지만 미국에서는 1촌 맺기가 통하지 않는 정서입니다. 숨겨진 실패 요인은 간과한 거죠." 그는 해외 시장에 진출하려면 기술과 인재에 대한 자랑보다 상대를 설득할 구체적인 계획을 세우고, 제품 설명은 엔지니어 대신 상대방의 니즈를 잘 알고 있는 세일즈 전문가가 하는 것이 정답이라는 조언도 덧붙였다.

그가 한국에서 가장 이해하기 힘든 것은 직장 선·후배 간의 위계질서이다. "최소한 비즈니스 세계에서만은 나이나 타이틀보다 업무능력을 존중해 줘야 합니다. 수평적으로 생각해야 해요. 오바마는 34세 젊은이를 최고정보책임자(CIO)로 기용하기도 했잖아요."

대통령 직속 국가브랜드위원회 위원, 서울시 외국인 투자자문회의 위원, 인베스트 코리아 자문위원, 서울 글로벌센터 자문위원 등으로 활동하고 있는 B회장은 전라도 반찬을 좋아하고 조용필·정태춘의 노래를 즐겨 부른다. 한국은 그에게 '제 2 의 고향'

이다. 지난해 10월에는 서울시 명예시민이 되었다. 그는 "사랑하는 아들에게 매를 들 듯 한국을 사랑하기 때문에 쓴 소리도 더 많이 한다"며 "유럽에 장기 출장가면 고향이 그리울 때가 있는데, 그 고향은 캐나다가 아니라 한국"이라며 웃었다.

자료원: 한국경제, 2010년 2월 9일.

1.3 글로벌마케팅의 목표와 과제

1.3.1 글로벌마케팅의 목표

글로벌마케팅의 목표는 기업 전체의 목표, 시장목표, 기능영역 차원의 마케팅 목표 및 마케팅 믹스 목표 등의 관점에서 포괄적으로 설정되어야 한다. 이러한 목표들을 구체적으로 살펴보면 다음과 같다.[12]

- 기업 전체의 목표: 이윤 및 수익성, 경쟁력 확보, 시장에서의 힘(예를 들면, 수요자 및 공급자에 대한 협상력)과 명성의 확보
- 시장목표: 시장침투(기존제품과 기존시장), 시장개발(기존제품과 신시장), 제품개발(신제품과 기존시장) 및 다각화(신제품과 신시장) 등과 같은 시장진입전략과 관련된 목표
- 기능영역 차원의 마케팅 목표: 마케팅 부문의 목표(예를 들면, 시장점유율 확대 및 시장성장)
- 마케팅 믹스 목표: 제품, 가격, 유통 및 촉진 등과 같은 마케팅 4P 믹스와 관련된 구체적인 목표

12 Hünerberg, R.(1994), p. 92 이하.

1.3.2 글로벌마케팅의 과제

글로벌 마케팅관리자는 세계시장을 대상으로 효과적이고 효율적인 마케팅 활동을 수행하여야 하는 과제를 갖고 있다. 이들이 담당해야 하는 글로벌 마케팅의 주요 과제는 다음과 같은 네 가지로 요약될 수 있다.

글로벌마케팅 환경의 분석과 글로벌 마케팅조사

글로벌마케팅 환경은 글로벌기업이 통제할 수 없는 정치적·법적, 경제적, 사회문화적 및 기술적 환경 등을 포괄하고 있다. 글로벌마케팅 환경의 분석을 통하여 글로벌 마케팅관리자는 어떤 특정 시장국 또는 지역이 내포하고 있는 기회(opportunity)와 위협(threat)을 구체적으로 평가하여야 한다. 또한 글로벌 마케팅조사는 어떤 특정 시장국 또는 지역의 잠재적이고 실제적인 고객수요 및 고객행동에 대한 분석 등을 수행한다.

글로벌마케팅 전략의 수립과 실행

글로벌마케팅 전략은 글로벌마케팅 환경의 분석과 마케팅조사를 통하여 파악된 기회와 위협, 그리고 기업이 보유하고 있는 강점(strength)과 약점(weakness)을 평가한 후에 수립된다. 특히, 자원 및 활동을 글로벌시장에 효율적으로 배치하기 위해서 기업은 시장세분화, 표적시장선정, 포지셔닝 및 시장진입 등과 관련된 전략들을 개발하여야 한다.[13]

글로벌마케팅 믹스전략의 수립과 실행

글로벌 마케팅관리자는 마케팅 믹스의 네 가지 구성요소인 제품, 가격, 유통 및 촉진 등과 관련된 전략을 수립하고 실행하여야 한다. 즉, 이들은 특정 시장국 또는 지역에 적합한 글로벌마케팅 믹스전략의 수립과 실행을 통하여 글로벌마케팅 목표를 달성하기 위하여 노력한다. 특히, 글로벌마케팅 믹스전략은 표준화(standardization)와 차별화(differentiation)의 관점에서 수립된다.

13 이장로(2003), p. 21.

News Case 1.3 카카오톡의 글로벌마케팅

'국민 메신저' 카카오톡의 운영사 카카오가 이달 중으로 얼굴(기업 이미지)을 바꾼다. 노란색 바탕에 회갈색의 빈 말풍선을 카카오의 기업 이미지(CI)로 삼아 메신저, 게임, SNS, 쇼핑몰 같은 개별 서비스의 디자인과 구별한다. '메신저 운영사'에서 '다양한 서비스를 제공하는 모바일 기업'으로 새 출발을 상징하는 이번 개편은 NHN 디자인센터장 출신인 마케팅총괄 C부사장이 이끌었다.

지난달 26일 경기도 성남시 분당구 카카오 본사에서 만난 C부사장은 "CI 개편은 내년 초 본격 글로벌 진출을 앞둔 기초 작업"이라고 밝혔다. 그는 "최근 '애니팡'과 같은 게임의 성공에 안주하지 않고 '영어, 한국어 외의 제 3 언어, 대선용 서비스, 사회공헌'의 3대 신사업으로 하반기 모바일 시장을 주도할 것"이라고 말했다. C부사장은 지난 4년 간 네이버의 디자인을 책임졌다. 2008년 NHN에 입사해 지난 5월까지 NHN 디자인센터장으로 '지식인의 서재' '해피 에너지 캠페인' 같은 사업을 기획했고 지금 NHN이 사용하는 CI도 만들었다. NHN L의장이 직접 이끈 메신저 '라인' 프로젝트의 일원이기도 했다. 지난해 NHN 이사로 승진해 '국내 100대 기업 최연소 신임 임원'으로 유명세도 탔었다. 그는 지난 5월 NHN L의장에게 "죄송하다. 더 이상 일에 몰입할 수 없다"고 말하고 회사를 나왔다. 조직이 커지면서 출퇴근과 점심시간을 관리하는 NHN의 '대기업 체제'가 그에게는 맞지 않았다. 퇴사 한 달 후, "당신이 와서 해 줄 일이 많다"는 카카오 K의장의 설득에 넘어가 카카오의 '노란 옷'을 입었다.

현재 6,200만 명 가입자가 하루 평균 41억 건의 메시지를 전송하는 카카오톡의 공략처는 '제 3 의 언어'이다. C부사장은 "현재 글로벌 메신저 시장은 왓츠앱(영어), 웨이신(중국어), 카톡(한국어), 라인(일본어)의 4대 서비스로 정리된 상태"라며 "4대 언어 외에 한 개 이상 언어권을 꽉 잡지 않으면, 몇 백만 명 가입자가 있어도 비즈니스 모델을 찾기 어렵다"고 말했다. C부사장은 "4대 언어 외의 국가의 통신사 · 제조사와 제휴해 카톡을 모바일 기기의 기본 앱으로 탑재하는 방안도 논의하고 있다"고 말했다.

네이버에서 사회공헌과 사업을 결합한 모델을 개발했던 그는 카카오에서도 모바일에 최적화된 기부 모델을 만들고 있다. "한 켤레를 사면 한 켤레를 기부하는 탐스 슈즈 방식에, 받는 이와 주는 이를 카톡으로 이어주는 새로운 기부 모델이 거의 완성 단계이다."

카카오는 연말 국내 최대 이슈인 대선용 서비스도 준비했다. 기업이나 단체가 카카오와 제휴해 알림 메시지를 보내는 '플러스친구'를 대선 후보에게 적용하는 것이다. 수신을 원하는 이에게 후보의 공약이나 일정을 카톡으로 보내는 서비스이다. 선거관리위원회가 관련법을 검토해 이미 사용을 허용했다.

NHN에서 160명이 넘는 디자인센터를 이끌던 C부사장은 요즘 한 자릿수의 팀원들과 일한다. 지난달 회사가 판교 테크노밸리로 이전할 때에는 직접 이삿짐을 나르고 PC를 설치했다. "내가 창업했다는 기분으로 240명이 일하는 것, 그게 카카오의 강점이다."

자료원: 중앙일보, 2012년 10월 4일.

글로벌마케팅의 관리

글로벌마케팅은 계획, 조직 및 통제 등과 같은 관리과정을 통하여 피드백이 이루어진다. 글로벌마케팅의 계획은 이러한 관리과정의 첫 번째 단계로서 글로벌마케팅 업무의 실행을 위한 조직, 그리고 계획한 목표의 달성 정도를 확인하고 수정하는 통제의 선행조건에 속한다. 글로벌마케팅의 조직은 글로벌마케팅 활동을 수행하기 위한 기본적인 틀을 제시한다. 그리고 글로벌마케팅의 통제는 계획, 실행 및 결과를 포괄하는 글로벌마케팅 활동의 전반에 대한 지속적이고 체계적인 검토를 의미한다.

1·4 본서의 구성 및 주요 내용

본서는 총 5부 14장으로 구성되어 있으며, 그 주요 내용은 다음과 같다. '제 1 부 글로벌마케팅의 이해'는 본서의 도입부분으로서 글로벌화와 글로벌마케팅의 개념(제 1 장)에 대하여 설명한다. '제 2 부 글로벌마케팅의 환경과 글로벌 마케팅조사'는 글로벌마케팅의 환경(제 3 장) 및 글로벌 마케팅조사(제 4 장)에 대하여 체계적으로 논의한다. '제 3 부 글로벌마케팅 전략'은 글로벌 시장세분화전략(제 4 장), 글로벌 표적시장선정과 포지셔닝전략(제 5 장) 및 글로벌 시장진입전략(제 6 장) 등을 다룬다. '제 4 부 글로벌마케팅 믹스전략'은 먼저 글로벌마케팅 믹스전략의 개념적 기초(제 7 장)에 대하여 설명한 후, 글로벌 제품전략(제 8 장), 글로벌 가격전략(제 9 장), 글로벌 유통전략(제10장)

및 글로벌 촉진전략(제11장) 등을 검토한다. 마지막으로 '제 5 부 글로벌마케팅의 관리'는 글로벌마케팅의 계획(제12장), 글로벌마케팅의 조직(제13장) 및 글로벌마케팅의 통제(제14장) 등에 대하여 논의한다. 〈그림 1-2〉는 본서의 구성 및 주요 내용을 제시한다.

그림 1-2 본서의 구성 및 주요 내용

제 1 부 글로벌마케팅의 이해

제 1 장 글로벌화와 글로벌마케팅의 개념

⇩

제 2 부 글로벌마케팅의 환경과 글로벌 마케팅조사

제 2 장 글로벌마케팅의 환경
제 3 장 글로벌 마케팅조사

⇩

제 3 부 글로벌마케팅 전략

제 4 장 글로벌 시장세분화전략
제 5 장 글로벌 표적시장선정과 포지셔닝전략
제 6 장 글로벌 시장진입전략

⇩

제 4 부 글로벌마케팅 믹스전략

제 7 장 글로벌마케팅 믹스전략의 개념적 기초
제 8 장 글로벌 제품전략
제 9 장 글로벌 가격전략
제10장 글로벌 유통전략
제11장 글로벌 촉진전략

⇩

제 5 부 글로벌마케팅의 관리

제12장 글로벌마케팅의 계획
제13장 글로벌마케팅의 조직
제14장 글로벌마케팅의 통제

News Case

1.4 현대·기아차의 글로벌 축구마케팅

현대 · 기아차가 UEFA 유로 2012와 UEFA 유로 2016을 공식 후원한다. 현대 · 기아차의 J회장은 3월 2일 오전 양재동 본사에서 'UEFA 유로 공식 후원 조인식'에 참석하기 위해 현대차를 방문한 유럽축구연맹(Union of European Football Associations, UEFA) P회장과의 면담 자리에서 "현대 · 기아차가 유럽축구연맹을 계속 후원하게 되어 기쁘게 생각하며, P회장의 협력과 지원에 감사한다"고 전했다. 이 자리에서 J회장은 P회장에게 "한국은 2002년 월드컵 개최를 통해 쌓은 경험과 축구 인프라, 정부의 강력한 유치 의지와 국민들의 강한 열망으로 2022년 월드컵을 충분히 성공적으로 개최할 수 있다"고 설명하고 2022년 한국 월드컵 유치에 협조와 지지를 당부하기도 했다.

현대 · 기아차는 같은 날 오전 양재동 본사에서 현대차 Y사장 및 기아차 L사장, 유럽축구연맹 P회장 등 관계자들이 참석한 가운데 'UEFA 유로 공식 후원 조인식'을 갖고, 'UEFA 유로' 축구대회를 2017년까지 공식 후원한다고 밝혔다. 현대차는 지난 '유로 2000'과 '유로 2004' 대회에 자동차 부문 공식 후원사로 참여하게 되면서 유럽축구연맹과 인연을 맺기 시작하였다. 특히 '유로 2008' 대회부터는 현대 · 기아차가 공동으로 최고 등급 공식 파트너(EUROTOP Partner)로 격상, 후원하게 되면서 유럽축구연맹과의 스폰서십에 새로운 전기를 맞았다. 이 날 조인식 행사에서 유럽축구연맹 P회장은 "글로벌기업으로 비상중인 현대 · 기아차와 후원 계약을 연장하게 되어 매우 기쁘게 생각한다"며, "특히 유럽축구연맹 후원 이후 브랜드 위상이 부쩍 높아진 현대 · 기아차 덕분에 유럽축구연맹 후원사가 되기 위한 다른 업체들의 경쟁률도 치솟고 있다"고 고마움을 표시하였다.

현대 · 기아차는 이번 공식 후원 계약에 따라 '유로 2012' 및 '유로 2016' 대회에 대한 대회 공식 로고 및 엠블럼 사용권, 경기장 내 광고판 사용권, 경기 중계방송시 미디어 광고권 등의 권리를 갖게 되며 대회 기간 중 사용되는 공식차량 전량을 제공한다.

축구는 유럽 지역에서 세대를 불문한 7억 5천만 유럽인구의 전폭적인 지지를 받는 스포츠로, 특히 'UEFA 유로' 축구대회는 유럽 지역뿐만 아니라 전 세계 시청자들의 뜨거운 관심을 받는 대회기 때문에, 현대 · 기아차의 후원 효과는 더욱 커질 것으로 예상된다. 현대 · 기아차는 지난해 '유로 2008' 대회를 공식 후원하면서 광고판 노출, 공식차량 제공 등 각종 홍보활동을 통해 약 8조 원의 광고 효과를 얻은 것으로 추산하고 있으며, '유로 2012' 대회에서는 대회 사진 구지 방송 증가 등으로 약 10조 원의 광고 효과를 거둘 것으로 기대하고 있다.

한편, 현대 · 기아차는 이번 'UEFA 유로' 축구대회 공식 후원과 더불어, 국제축구연맹(FIFA)과의 장기후원 계약을 통해 후원중인 2010년 남아공 월드컵과 2014년 브라질 월드컵 등 FIFA 주관 대회의 공식파트너로 활동함으로써 전 세계 최고 인기 스포츠인

축구 연계 마케팅으로 글로벌 브랜드 위상을 높인다는 계획이다. 현대 · 기아차 관계자는 "2010년 남아공 월드컵을 시작으로 유로 2012, 2014년 브라질 월드컵, 유로 2016 등 현대 · 기아차의 축구 마케팅은 계속 이어질 것"이라고 밝혔다.

자료원: 기업앤미디어, 2010년 3월 2일.

제 2 부

글로벌마케팅의 환경과 글로벌 마케팅조사

제 2 부에서는 글로벌마케팅의 환경과 글로벌 마케팅조사에 대하여 논의한다. 제 2 장에서는 글로벌마케팅의 환경에 대하여 설명한다. 특히, 여기에서는 정치적·법적, 경제적, 사회문화적 및 기술적 환경 등을 검토한다. 제 3 장에서는 글로벌 마케팅조사에 대하여 체계적으로 논의한다.

제 2 장_글로벌마케팅의 환경

제 3 장_글로벌 마케팅조사

제 1 부 글로벌마케팅의 이해

제 1 장 글로벌화와 글로벌마케팅의 개념

⇩

제 2 부 글로벌마케팅의 환경과 글로벌 마케팅조사

제 2 장 글로벌마케팅의 환경
제 3 장 글로벌 마케팅조사

⇩

제 3 부 글로벌마케팅 전략

제 4 장 글로벌 시장세분화전략
제 5 장 글로벌 표적시장선정과 포지셔닝전략
제 6 장 글로벌 시장진입전략

⇩

제 4 부 글로벌마케팅 믹스전략

제 7 장 글로벌마케팅 믹스전략의 개념적 기초
제 8 장 글로벌 제품전략
제 9 장 글로벌 가격전략
제10장 글로벌 유통전략
제11장 글로벌 촉진전략

⇩

제 5 부 글로벌마케팅의 관리

제12장 글로벌마케팅의 계획
제13장 글로벌마케팅의 조직
제14장 글로벌마케팅의 통제

CHAPTER 02 글로벌마케팅의 환경

제 2 장에서는 정치적·법적(Political-legal), 경제적(Economic), 사회문화적(Sociocultural) 및 기술적(Technological) 환경 등에 대하여 살펴보기로 한다.[1] 이러한 네 가지의 환경요인은 영문 앞글자만을 따서 PEST 환경이라고 한다.

2.1 정치적 · 법적 환경

2.1.1 정치적 환경의 의의와 정치적 위험의 종류

글로벌기업의 활동은 국경을 초월하여 이루어지기 때문에 현지국 주권의 영향을 받게 된다. 특히, 글로벌기업이 직면하게 되는 현지국의 정치적 환경은 그 예측이 매우 어려울 뿐만 아니라, 기업의 존립에도 심각한 영향을 미칠 수 있다. 일반적으로 정치적 환경은 글로벌기업의 활동에 부정적인 영향을 미치는 경우가 많기 때문에 정치적 위험과 동일시되기도 한다. 정치적 위험은 글로벌기업이 예측하기 어려운 정치적 변화에 근거하고 있으며, 이러한 정치적 변화는 글로벌기업의 활동에 직접적 또는 간접적으로 영향을 미치게 된다.

정치적 환경(political environment)은 다음과 같은 여러 가지 변수로 구성되어 있다.[2]

- 정치적 이념(political ideology): 공산주의(국유화, 수용 및 몰수의 위험), 사회주의(예를 들면, 유럽의 사회주의, 공익목적을 위한 정부의 시장개입, 국영기업의 활성화), 자본주의(민영기업에 대한 정부의 규제가능성), 보수와 진보(조세제도 및 세율의 차이, 사회복지정책에서의 이견)
- 국유화(nationalization): 국영기업에 대한 특혜 또는 우대
- 민영화(privatization): 국영기업의 매각을 통한 민영화, 기업의 경쟁구도에 영향을 미침.
- 정부의 국내외 경제활동에 대한 보호(protection of economic activities):

1 제 2 장의 내용은 박주홍(2009), p. 73 이하의 내용을 일부 수정하여 재인용.

2 Ball, D. A. et al.(2004), p. 334 이하.

정치적 및 군사적 개입, 테러방지

- 정부의 안정성(stability of government): 정부의 권력유지, 정책의 안정성
- 전통적 적대감(traditional hostility): 역사적, 종교적, 민족적 또는 인종적 적대감
- 국제기구(international institutions): UN, IMF, WTO, OPEC, OECD 등의 정책 및 규제
- 노동조합(labor union): 이념적 성향의 노동조합(예를 들면, 유럽의 좌파적 노동조합, 정치적인 지지 및 후원)
- 글로벌기업(global company): 거대한 글로벌기업의 정치적 협상력(어떤 국가의 GNP보다 큰 매출액을 보유한 글로벌기업의 존재)

정치적 위험(political risk)은 현지국의 정부가 글로벌기업의 활동에 부정적인 영향을 미치거나 손실을 야기할 수 있다. 어떤 국가에 투자한 글로벌기업이 직면할 수 있는 정치적 위험은 다음과 같은 다양한 형태로 나타날 수 있다.

- 몰수(confiscation): 금전적인 보상이 전혀 없이 기업을 국가가 빼앗는 행위
- 수용(expropriation): 명목적인 보상을 해 주고 기업을 국가가 빼앗는 행위
- 외환통제(foreign currency control): 글로벌기업의 투자회수 및 과실송금에 대한 규제
- 고용규제(employment regulations): 글로벌표준에 어긋나는 현지인 종신고용의 요구, 파견직원에 대한 취업비자발급의 제한
- 현지부품 사용요구(local contents requirements): 과도한 현지부품 사용요구(현지부품 사용요구에 불응할 경우, 현지국으로 이전되는 원재료 및 부품에 대하여 높은 관세를 부과함)
- 경영 및 자본의 현지화(localization of management and capital): 현지인에 의한 경영요구, 외국기업의 다수지분제한
- 계약의 일방적 파기(one-sided abrogation of contract) 또는 재협상(renegotiation)의 요구: 쌍무적 계약의 파기 또는 글로벌기업에 불리한 계약조건의 강요

News Case 2.1 정치적 위험에 노출된 개성공단 입주기업

정부의 개성공단 체류 인원 축소 결정으로 해당 기업들은 25일 하루 종일 대책 마련에 분주했다. 전날 남북협력지구지원단으로부터 개성공단 체류 직원의 수를 지정하는 공문을 전달받은 업체들은 기존 체류 인원보다 많게는 절반 이상을 줄일 수밖에 없어 생산 활동에 적지 않은 타격이 예상된다. 해당 업체들은 고육지책으로 필요 인원을 출퇴근시켜서라도 생산을 지속한다는 방침이지만 체류보다는 활동에 상당한 제약을 받을 수밖에 없다.

화장품 용기를 생산하는 T산업의 경우 기존 26명이던 체류 인원을 11명으로 축소할 것을 통보받았다. 회사 관계자는 "정상조업을 위해서는 축소된 인원들이 매일 출퇴근해야 할 상황"이라며 "그러나 출퇴근한다고 해도 실제 업무시간은 상당히 줄어들 수밖에 없어 조업 차질은 불가피하다"고 전했다.

개성공단 출퇴근 직원들의 경우 도라산 남북출입사무소(CIQ)를 통과하는 시간이 오전 9시 정도가 대부분이다. 이 때문에 개성공단에서의 업무시작 시간은 오전 9시 30분 정도부터 가능하다. 또 오후 5시에는 다시 CIQ를 통과해야 하기 때문에 공단에서 늦어도 4시 20분쯤에는 업무를 정리해야 한다. 이에 따라 점심시간을 빼면 하루 업무시간은 6시간 정도가 고작이다.

J기업도 기존에 9명이던 체류 인원을 5명으로 줄일 것을 정부 측으로부터 통보를 받는 등 대다수 개성공단 입주기업들이 체류 인원을 절반으로 축소해야 한다. 그러나 개성공단을 제외한 남북경협이 완전히 중지된 상황에서 유독 개성공단 문제만을 부각시키는 현실을 개탄하는 목소리도 들린다. 남북경협경제인연합회장을 맡고 있는 A방직 K회장은 이날 기자와 전화통화에서 "개성공단을 제외하고 그동안 북한을 통한 무역규모가 연간 3억 달러 수준에 이른다"면서 "이는 결과적으로 10억 달러 가량의 부가가치를 생산하는 엄청난 규모인데도 개성공단 문제만을 이야기하는 것은 섭섭하다"고 지적하였다. K회장은 "남북 경협 중단으로 500여 개 업체가 평양, 남포 등의 공장 가동을 모두 중단한 상태이고 이는 결국 20년 넘게 진행해 온 남북경협의 전반적인 뿌리가 흔들리는 결과를 가져오고 있다"며 안타까운 마음을 전했다.

한편 남북 농림수산물사업협의회 P회장 등 대북 교역 · 경협업체 대표 14명은 이날 오전 통일부를 방문, E차관 등 당국자들과 비공개 간담회를 열고 정부 차원의 대책 마련을 촉구하였다. 특히 원부자재 반출, 반입 금지 조치에 직격탄을 맞은 위탁가공업체들은 이미 만들어진 완제품의 국내 반입 허용을 요구하며 '물품 반입 금지'에 유예기간을 둘 것을 요청하였다. 통일부는 일단 해당 업체들의 피해를 최소화하기 위해 사안별로 완제품 반입을 허용하는 방안을 검토하는 한편 전업 지원도 권고한 것으로 알려졌다.

자료원: 파이낸셜뉴스, 2010년 5월 25일.

2.1.2 정치적 위험의 관리

정치적 위험은 불연속적으로 발생할 가능성이 높기 때문에 미래에 대한 예측이 매우 어려울 수 있다. 이러한 미래의 불확실성과 투자손실을 줄이기 위해서는 정치적 위험에 대한 관리가 필요하다. 아래에서는 정치적 위험의 관리방법을 투자 이전과 투자 이후 및 위험발생 이후로 나누어 살펴보기로 한다.

투자 이전의 관리방법

투자 이전의 관리방법은 진출포기, 현지지분의 최소화 및 국제적 통합 등과 같은 내부적 관리방법과 정부 및 민간 해외투자보험의 가입, 현지정부의 투자보증 및 정부 간 투자보장협정 등과 같은 외부적 관리방법으로 구분할 수 있다.

❶ 내부적 관리방법

- 진출포기: 어떤 특정 국가에 대한 정치적 위험이 높게 평가될 경우, 글로벌기업은 그 국가로의 진출을 포기할 수 있다. 왜냐하면 글로벌기업의 해외투자대상 국가는 다양하므로 정치적 위험이 높을 것으로 예상되는 국가에 진출할 필요가 없기 때문이다.
- 현지지분의 최소화: 어떤 특정 국가의 정치적 위험이 높음에도 불구하고, 그 국가에 투자하기로 의사결정을 한 글로벌기업은 현지투자자본을 최소화하여 위험을 회피할 수 있다.
  - ▶ 현지차입: 현지자회사는 운영에 필요한 자본을 현지금융기관으로부터 차입하는 비율을 높일 수 있다. 만일 정치적 위험에 노출되어 현지자회사가 도산한다면, 손실이 최소화될 수 있기 때문이다.
  - ▶ 합작투자: 현지투자기업은 합작투자를 통하여 파트너기업과 정치적 위험을 나누어 가짐으로써 손실을 줄일 수 있다. 또한, 합작투자파트너가 현지국기업(국영기업 또는 민영기업)일 경우, 정치적 위험이 상당히 예방될 수 있다.
  - ▶ 경영관리계약: 경영관리계약은 현지국에 전혀 지분을 보유하지 않는 진입방법이다.

- 국제적 통합: 글로벌기업의 다양한 기능영역이 네트워크를 통하여 국제적으로 통합된다면 어느 특정 해외자회사의 정치적 위험은 줄어들 수 있다.
  - ▶ 생산, 마케팅 및 부품조달활동의 국제적 통합: 어떤 특정 현지자회사가 정치적 위험에 노출될 경우, 생산, 마케팅 및 부품공급 등과 같은 지원을 중단함으로써 글로벌차원에서 글로벌기업의 손실이 최소화될 수 있다.

❷ 외부적 관리방법

- 정부 및 민간 해외투자보험의 가입: 정치적 위험으로 인한 손실이 발생할 경우를 대비하여 글로벌기업은 보험에 가입하여 위험에 대처할 수 있다.
- 현지정부의 투자보증: 현지정부의 투자보증은 정치적 위험을 줄여줄 수 있다. 예를 들면, 외교관계가 없는 미수교국에 투자하려는 글로벌기업은 현지정부의 투자보증을 받아 정치적 위험을 회피할 수 있다.
- 정부 간 투자보장협정: 투자보장협정은 민간기업의 해외투자위험을 회피하기 위해 정부 간에 미리 체결하는 협정을 말한다. 본국과 현지국정부 간의 투자보장협정을 통하여 정치적 위험은 현저히 줄어들 수 있다.

투자 이후의 관리방법

투자 이후의 관리방법은 선량한 기업시민이미지의 창출, 현지국으로의 기술이전공헌 및 현지국의 경제발전공헌 등과 같은 내부적 관리방법과 정부 및 민간 해외투자보험의 가입, 현지정부의 투자보증 및 정부 간 투자보장협정 등과 같은 외부적 관리방법으로 나눌 수 있다. 특히, 투자 이후의 외부적 관리방법은 투자 이전의 관리방법과 동일하지만 투자시점의 차이 때문에 구체적인 관리방법이 약간 다를 수 있다.

❶ 내부적 관리방법

- 선량한 기업시민이미지의 창출: 정치적 위험에 노출될 경우를 대비하여 글로벌기업은 현지자회사의 기업이미지를 잘 관리하여야 한다. 이를

통하여 현지자회사가 정치적 위험에 노출되었을 경우, 그 기업은 현지국의 국민 또는 직원의 지원을 받을 수 있다.

- 현지국으로의 기술이전공헌: 현지국으로의 적극적인 기술이전을 통하여 현지자회사는 현지국이나 현지기업으로부터 신뢰를 받을 수 있다. 그러나 핵심기술의 현지이전은 신중히 고려하여야 한다.
- 현지국의 경제발전공헌: 현지자회사는 현지국의 경제발전에 공헌하고 있다는 사실을 보여주어야 한다. 예를 들면, 현지자회사는 현지기업으로부터 필요한 부품을 공급받거나, 추가적인 투자를 통하여 현지국의 경제발전 또는 산업발전에 기여함으로써 현지국의 신뢰를 받을 수 있다.

❷ 외부적 관리방법

- 정부 및 민간 해외투자보험의 가입: 현지자회사는 투자 이후에 나타나는 다양한 형태의 정치적 위험을 회피하기 위하여 관련된 보험에 가입한다.
- 현지정부의 투자보증: 현지자회사는 투자 이후에 나타날 수 있는 정치적 위험을 줄이기 위하여 현지국의 투자보증을 받을 필요가 있다.
- 정부 간 투자보장협정: 현지자회사는 정부 간 투자보장협정을 통하여 현지투자기업의 재산보전, 정당한 법절차에 따른 신속하고 효과적인 보상, 자유로운 본국으로의 송금 및 본국정부에 의한 손해청구 등과 같은 권리를 행사할 수 있다.

위험발생 이후의 관리방법

위험발생 이후의 관리방법은 적극적인 회수 및 보상과 같은 내부적 관리방법과 본국정부의 경제적 제재, 외교적 해결 및 군사적 해결 등과 같은 외부적 관리방법으로 분류할 수 있다.

❶ 내부적 관리방법

- 적극적인 회수 및 보상: 정치적 위험이 발생하여 현지자회사의 존립에 위기가 닥쳐왔을 경우, 현지자회사는 적극적으로 투자자본을 회수하거나, 현지정부와의 협상을 통해 신속하고 충분한 보상이 이루어지도록

해야 한다.

❷ 외부적 관리방법

- 본국정부의 경제적 제재: 정치적 위험으로 인하여 현지자회사가 위험에 처하였거나 불이익을 받을 경우, 본국정부는 현지국에 경제적 제재를 가할 수 있다.
- 본국정부의 외교적 해결: 현지자회사의 재산상의 피해 또는 손실이 발생할 경우, 외교적인 접근을 통하여 문제가 해결될 수 있다.
- 본국정부의 군사적 해결: 현지자회사의 피해 또는 손실이 복구될 가능성이 없는 경우, 본국정부에 의한 군사적 해결과 같은 극단적인 방법이 동원될 수 있다.

〈표 2-1〉은 정치적 위험의 관리방법을 내부적 및 외부적 관리방법으로 구분하여 제시한다.

표 2-1 정치적 위험의 관리방법

구 분	내부적 관리방법	외부적 관리방법
투자 이전	• 진출포기 • 현지지분의 최소화 - 현지차입 - 합작투자 - 경영관리계약 • 국제적 통합 - 생산, 마케팅, 부품조달활동을 국제적으로 통합	• 정부 및 민간 해외투자보험의 가입 • 현지정부의 투자보증 • 정부 간 투자보장협정
투자 이후	• 선량한 기업시민이미지의 창출 • 현지국으로의 기술이전공헌 • 현지국의 경제발전공헌	• 정부 및 민간 해외투자보험의 가입 • 현지정부의 투자보증 • 정부 간 투자보장협정
위험발생 이후	• 적극적인 회수 및 보상	• 본국정부의 경제적 제재 • 본국정부의 외교적 해결 • 본국정부의 군사적 해결

자료원: Leontiades, J. C.(1985); Hoskins, W. R.(1970), 전용욱 외(2003), p. 335 재인용; 저자에 의해 일부 수정됨.

2.1.3 법적 환경의 의의

글로벌기업의 활동은 본국뿐만 아니라, 현지국의 법률적 지배도 받으며 이루어지기 때문에 법적 환경(legal environment)을 이해하는 것은 매우 중요하다. 어떤 국가의 법적 환경을 이해하는 데 있어서 가장 중요한 것 중의 하나는 그 국가의 법체계를 파악하는 것이다. 일반적으로 어떤 국가의 법체계는 성문법(대륙법)과 불문법(영미법) 중에서 하나에만 근거하여 구성된다.

성문법(civil law)은 입법기관에 의하여 만들어지고, 그 내용이 문서로 작성되어 일정한 형식과 절차를 거쳐서 공포된 법을 말한다. 예를 들면, 어떤 국가의 헌법·법률·명령·조례·규칙·조약 등은 성문법에 속한다. 이와 반대로 불문법(common law)은 성문법 이외의 법으로서 문장으로 표현되지 않으며, 일정한 법제정기관에 의한 소정의 절차를 거치지 않고 형성된 법을 말한다. 예를 들면, 사회생활 속에서 법적인 확신 또는 인식을 가지고 관행적으로 행해지는 관습을 내용으로 하는 관습법, 그리고 법원이 구체적인 사건에 대하여 내린 판결이 유사한 사건에 반복·답습됨으로써 일정한 법적 규범의식을 갖게 된 판례 및 사물의 합리성 또는 본질적 법칙을 말하는 조리(條理) 등은 불문법에 해당된다.

앞서 논의한 성문법과 불문법 이외에 글로벌기업이 직면하게 되는 또 다른 중요한 법체계는 이슬람법(Islamic law)이다.[3] 이슬람을 국교로 삼은 국가에서 기업활동을 할 때는 이 법을 준수해야만 기업이 법적인 불이익을 당하지 않게 된다. 이슬람법은 코란과 마호메트의 언행을 중심으로 한 일종의 관습법으로서 이슬람교도의 신앙생활은 물론 이슬람사회의 정치, 경제, 사회 및 인간상호 간의 권리·의무 따위의 모든 영역에 걸친 계율 등으로 구성되어 있다.

특히, 글로벌기업이 현지국에서 기업활동을 하는 경우, 다음과 같은 법률들을 면밀히 검토할 필요가 있다.[4]

- 상법 및 경제법
- 화폐 및 금융법
- 회사법 및 기업법

3 Dülfer, E.(1992), p. 337.

4 전게서, p. 339; Schaffer, R. et al.(2002), p. 240 이하.

- 노동법 및 사회법
- 경쟁법
- 세법

기업의 성격과 활동범위 등에 따라서 현지국별로 검토해야 하는 법률들이 다를 수 있다. 일반적으로 현지국의 법률에 대한 구체적인 검토는 기업의 법무팀, 현지국의 변호사 또는 법무법인 및 경영컨설팅회사 등에 의하여 이루어질 수 있다. 즉, 이러한 법률자문을 통하여 글로벌 마케팅관리자는 현지국의 법률에 의해 영향을 받게 되는 글로벌기업의 활동 및 행위와 관련된 구체적인 지식 또는 정보를 획득할 수 있다.

2.1.4 현지국에서의 규제적 법률환경

현지국에서 활동하는 글로벌기업은 여러 가지 규제적 법률환경(regulative legal environment)에 노출되어 있다. 이러한 규제적 법률환경은 글로벌기업의 활동에 심각한 타격 또는 손실을 발생시킬 수 있다. 예를 들면, 다음과 같은 규제적인 법률이 글로벌기업의 활동에 부정적인 영향을 미칠 수 있다.

- 기업의 소유지분을 규제하는 법률
- 현지종업원의 고용과 관련된 법률
- 투자원금의 회수와 본국송금과 관련된 법률
- 특허, 브랜드 및 지적재산권 등과 관련된 법률
- 반덤핑규제
- 제품의 품질, 규격 및 안전 등과 관련된 법률과 규제
- 가격통제에 관련된 법률과 규제

이 밖에도 현지국별로 다양한 규제적인 법률이 존재할 수 있으므로 글로벌 마케팅관리자는 현지국의 독특한 법적 환경에 대하여 철저하게 분석하여야 한다. 아울러, 법률이나 규칙으로 제정되어 있지 않은 상관습도 경우에 따라서 글로벌기업의 활동을 제약할 수 있기 때문에 이에 대한 분석이 필요하다.

2.1.5 현지국에서의 법적 분쟁의 해결방법

글로벌기업이 현지국에서 법적 분쟁에 휘말릴 경우에는 소송, 타협과 화해 및 중재를 통하여 이러한 분쟁을 해결할 수 있다.[5]

소송(litigation)

현지국에서 어떤 법적인 문제가 발생하였을 때, 글로벌기업은 현지국법원에 소송을 제기할 수 있다. 그러나 이 해결방법은 최후의 수단으로 사용되어야 한다. 왜냐하면 소송은 비용이 많이 들고, 오랜 시간이 걸리고, 기업의 이미지가 악화될 수 있고, 현지국의 법정에서 차별대우를 받을 수 있는 단점이 있기 때문이다.

타협(conciliation)과 화해(meditation)

타협과 화해는 법적 분쟁의 당사자들이 비공식적 또는 자발적으로 합의하여 분쟁을 해결하는 방법이다. 이 방법은 분쟁을 평화적으로 해결할 수 있는 장점을 갖고 있으나, 타협이나 화해에 실패할 경우 중재 또는 소송으로 이어질 수밖에 없는 단점을 갖고 있다.

중재(arbitration)

중재는 분쟁의 당사자들과 이해관계가 없고, 전문성을 보유한 제 3 자 또는 기관을 중재자를 신청하여 분쟁을 해결하는 방법이다. 이 방법은 시간이 적게 걸리고, 비용이 적게 들며, 기업의 이미지를 손상시키지 않는 장점을 갖고 있다. 국제적으로 인정받고 있는 중재기관으로는 1923년에 설립된 국제상공회의소 산하의 국제중재법원(International Court of Arbitration)을 들 수 있다. 현지국에서의 법적 분쟁이 소송으로 이어지는 것을 방지하기 위하여 글로벌기업이 체결하는 모든 계약에 중재조항을 삽입하는 것이 바람직하다.

5 Czinkota, M. R. et al.(2005), p. 125; Ball, D. A. et al.(2004), p. 367.

News Case 2.2 이슬람권의 종교모독금지 국제법 추진

이슬람 국가들이 파키스탄과 알제리 주도로 신앙과 종교 상징물에 대한 조롱, 비방 등을 금지하는 국제법의 제정을 추진하고 있어, 추이에 따라서는 표현의 자유를 신성시하는 서방과 이른바 '문명의 충돌'이 재연될지도 모른다는 우려를 낳고 있다. 4년 전 덴마크의 한 신문이 이슬람 예언자 마호메트를 풍자하는 만화를 실었다가 레바논, 이란, 인도네시아 등과 같은 이슬람 국가들에서 성난 군중이 대사관을 공격하는 사태가 벌어졌고 이에 대응해 유럽 여러 나라 신문들은 마호메트 풍자만화를 전재하는 등 '문명의 충돌' 양상을 빚었었다.

AP가 입수한 문서에 따르면, 56개 회원국을 가진 이슬람 회의기구(Organization of the Islamic Conference, OIC)는 잘 알려지지 않은 제네바 주재 유엔 위원회를 통해 '종교모독금지' 조약안을 만들어 궁극적으로는 유엔 총회에서 투표를 통해 의결하는 것을 목표로 이 위원회에 종교보호 조약이 필요하다는 점에 대한 로비를 벌이고 있다. 미국을 비롯한 서방국들이 입법에 강력 반대하고 있고, 유엔 총회 투표까지는 10년 이상 걸릴 수 있어 서방과 이슬람권 간 충돌이 임박한 것은 아니지만, 전문가들은 이슬람 국가들이 이 국제법의 입법을 계속 추진할 경우 성공 가능성이 없는 것은 아니라고 보고 있다.

OIC는 구속력이 없는 것이긴 하지만 "종교에 대한 명예훼손"을 규탄하는 결의안을 수년 간의 시도 끝에 이미 유엔 총회에서 통과시킨 적이 있다. 일각의 우려대로 종교모독금지 국제법이 유엔 총회에서 승인되면, 이를 비준하는 유엔 회원국의 경우 그 조약을 따라야 하고, 비준하지 않는 회원국들은 총회에서 승인된 국제조약을 비준하지 않는다는 비난을 받게 된다. 수정헌법 제1조 표현의 자유를 침해하는 어떠한 국제조약도 부인하는 미국은 이슬람 국가들의 이러한 움직임을 조기에 무산시키기 위해 이미 지난달 고위 외교관을 제네바에 파견, 막후에서 일종의 '참호전'을 펼치고 있어 이 문제를 심각하게 인식하고 있음을 보여준다.

파키스탄은 지난달 반인종주의 조약안 검토를 위해 구성된 유엔의 임시 위원회에 보낸 서한에서 OIC는 "신앙에 대한 공격과 종교와 종교적 상징, 인물, 교리에 대한 명예훼손은 그 종교를 따르는 신도들의 인권향유를 침해하는 것이라고 믿고 있다"고 주장하였다. 파키스탄은 또 별개 서한에서 반인종주의 조약을 확대해 "어떤 종교에서든 신성시되는 것들을 심하게 매도하거나 모욕하는 것을 법으로 금지"하는 내용을 담을 것을 주문하였다. 이에 대해 유엔 인권분야에서 20년 이상 종사한 미국 국제 종교자유위원회의 G씨는 "이는 본질적으로 '글로벌 모독법'의 확산을 가져올 것"이라고 우려하였다. 이 위원회는 지난주 발표한 보고서에서 파키스탄 등에 있는 기존 모독법들이 "결과적으로 심대한 인권침해를 낳는 경우가 많다"고 지적하였다. 이집트에 있는 카이로 인권연구소의 E소장은 이집트에서 모독금지법이 반체제 인사들을 탄압하는 데 악용되고 있다며 전통 이슬람 교리에 대한 수정주의자들 역시 모독법 위반으로 처벌되고 있다고 설명하였다.

스웨덴의 유엔주재(제네바) D대사는 종교 비판을 금하는 국제법이 만들어지면 인권 개념 전반이 약화될 것을 우려하면서 "종교는 그 자체로 권리가 있는 게 아니다. 권리를 가진 것은 사람"이라고 지적하고 현재 스웨덴이 의장국으로 있는 유럽연합(EU)은 언론자유를 제한하는 이런 시도에 반대할 것이라고 밝혔다.

자료원: 연합뉴스, 2009년 11월 20일.

2.2 경제적 환경

2.2.1 경제적 환경의 의의

어떤 국가의 경제적 환경(economic environment)은 그 국가에 진출하였거나, 또는 진출하려는 글로벌기업의 시장의 잠재성과 성장가능성을 예측하는 데 있어서 매우 중요한 역할을 한다. 즉, 글로벌기업이 글로벌시장에 진출하는 경우에 있어서 고려해야 하는 가장 중요한 요인 중의 하나는 경제적 환경이며, 이러한 환경은 시장과 관련된 다양한 변수들을 포함하고 있다.

넓은 의미의 경제적 환경은 어떤 국가의 거시경제적 환경과 사회경제적 환경을 모두 포괄하고 있다. 거시경제적인 환경(macroeconomic environment)은 어떤 국가의 경제체제(예를 들면, 중앙집권적 계획경제, 혼합경제 및 시장경제), 시장규모(예를 들면, 국민총생산, 1인당 국민소득, 소득분포)와 거시경제지표와 관련된 변수(예를 들면, 경제성장, 인플레이션, 이자율, 환율, 국제수지, 외채 등) 등으로 구성되어 있다. 사회경제적 환경(socioeconomic environment)은 총인구, 연령분포 및 인구밀도와 분포 등으로 이루어져 있다.

일반적으로 경제적 환경과 관련된 변수의 통계수치는 UN 통계연감, 현지국에서 발행하는 통계연감, 경제백서 및 경제보고서 등과 같은 2차 자료를 통하여 쉽고 간편하게 확인할 수 있다.

2.2.2 주요 경제적 변수

시장규모와 관련된 변수

아래에서 언급되는 국민총생산, 1인당 국민소득 및 소득분포 등은 어떤 국가의 시장규모와 잠재성을 측정하기 위하여 널리 활용되는 변수이다.[6]

❶ 국민총생산(Gross National Product, GNP)

이것은 어떤 한 국가의 국내 및 해외소유 생산요소들에 의해 최종 생산된 제품과 서비스의 총시장가치를 화폐단위로 나타낸 것을 말한다. GNP는 국민총소득(Gross National Income, GNI)이라고도 하며, 일반적으로 1년 단위로 집계된다. GNP는 어떤 국가의 경제활동수준을 파악하는 데 가장 널리 사용되는 지표이다. 국내총생산(Gross Domestic Product, GDP)은 어떤 한 국가 내에서 생산된 제품과 서비스의 시장가치를 합한 것을 의미하며, 어떤 한 국가의 실제적인 국내경제의 수준을 측정하는 데 널리 사용된다.

❷ 1인당 국민소득(per capita income)

이것은 국민총생산(GNP)을 인구수로 나눈 것을 의미한다. 그러나 국내총생산(GDP)을 인구수로 나눈 국내의 1인당 국민소득을 사용하여 어떤 국가의 소비자의 구매력을 예측하려는 경향이 있다. 1인당 국민소득은 국가별 인구수에 따라 많은 차이가 날 수 있기 때문에 GNP 또는 GDP의 규모와 비교하여 평가되어야 한다. 글로벌기업은 다음과 같은 분류를 통하여 국가별 시장규모와 잠재성을 예측할 수 있다.

- GDP의 규모가 크고, 1인당 국민소득이 높은 국가
- GDP의 규모가 크고, 1인당 국민소득이 낮은 국가

6 국민총생산과 1인당 국민소득은 거시경제지표에 속하지만, 시장규모의 관점에서의 설명의 편의를 위하여 여기에서 논의하였다.

- GDP의 규모가 작고, 1인당 국민소득이 높은 국가
- GDP의 규모가 작고, 1인당 국민소득이 낮은 국가

1인당 국민소득은 물가와 환율의 변동에 따라 달라질 수 있기 때문에 글로벌기업은 이것에 대하여 분석한 후에 어떤 국가의 시장규모와 잠재성을 평가하여야 한다. 예를 들면, 실질 GDP가 증가하지 않더라도 물가가 상승하여 명목 GDP가 커지는 경우, 그리고 환율이 하락하는 경우(예를 들면, 미국 달러화에 대한 현지화폐의 평가절상)에는 1인당 국민소득이 늘어나게 된다. 1인당 국민소득은 단순한 평균치에 불과하기 때문에 보다 정확한 시장규모와 잠재성을 예측하기 위해서는 소득분포를 파악하는 것이 중요하다. 또한, 1인당 국민소득의 평가와는 별도로, 개인소득에서 납부한 세금을 차감한 가처분소득(disposable income)은 현지국소비자의 실질구매력을 예측하는 중요한 기준이 될 수 있다.[7]

❸ 소득분포(income distribution)

이것은 어떤 한 국가의 국민이 벌어들이는 소득이 어떻게 분포되어 있는가를 보여주는 지표이다. 세계은행(World Bank)에서 매년 발간하는 《World Development Indicators》는 다음과 같은 기준으로 어떤 한 국가의 소득분포를 측정한다.[8] 여기에서 하위 20%에서 상위 20%까지의 5개 기준의 합은 100%이며, 상위 10%의 수치는 부가적으로 제시된 것이다.

- 하위 20%
- 20~40%
- 40~60%
- 60~80%
- 상위 20%
- 상위 10%

어떤 한 국가의 소득분포에 기초하여 글로벌기업은 보다 정확하고 의미

7 원칙적으로 가처분소득은 개인소득에서 개인세금을 차감한 나머지 금액을 말한다. 즉, 이것은 개인이 소비 또는 저축을 자유롭게 할 수 있는 소득이다.

8 Ball, D. A. et al.(2004), p. 238.

있는 특정 제품의 시장규모와 잠재성을 예측할 수 있고, 보다 구체적으로 시장세분화를 할 수 있다. 일반적으로 소득은 선진국일수록 균등하게 분포되어 있으며, 후진국일수록 불균등하게 분포되어 있다.

거시경제지표와 관련된 변수

거시경제지표와 관련된 변수들은 어떤 국가의 금융 및 재정정책에 의해 직접 또는 간접적으로 영향을 받게 된다. 아래에서 설명하려는 거시경제지표와 관련된 변수들은 국가적 차원의 경제상황을 판단할 수 있는 중요한 기준으로 활용된다.

❶ 경제성장(economic development)

이것은 국민총생산과 1인당 국민소득 등과 같은 국민경제의 기본적 지표가 높아지는 것을 말한다. 경제성장률은 어떤 국가의 시장규모와 잠재성의 변화를 예측하는 기준으로 사용된다. 즉, 이것은 어떤 국가의 전반적인 경제발전의 경향을 보여주는 지표이다. 일반적으로 경제성장률은 실질 국민총생산의 연간증가율을 기준으로 산출되며, 실질 경제성장률은 명목 경제성장률에서 물가상승률을 뺀 것을 말한다.

❷ 인플레이션(inflation)

인플레이션은 물가가 급격히 상승하는 것을 말한다. 일반적으로 인플레이션은 어떤 국가의 통화량이 팽창하여 화폐가치가 떨어지고, 물가가 계속적으로 상승하여 국민의 실질적 소득이 감소하는 현상을 초래한다. 급격한 인플레이션은 글로벌기업의 매출과 제품가격에 직접적으로 영향을 미칠 수 있기 때문에 글로벌 마케팅관리자는 주기적으로 현지국의 인플레이션율을 파악하여야 한다.

❸ 이자율(interest rate)

사전적인 의미의 이자는 빌려 준 돈이나 예금 등에 붙는 부가적인 수익을 말하며, 금리라고도 한다. 즉, 이자는 원본인 유동자본(화폐)의 대부로부터 발생하는 수익으로서 원본액과 사용기간에 비례하여 일정한 이율에 따라 지급되는 금전 또는 기타의 대체물을 의미한다. 이자율은 글로벌기업의 재무관리에 있어서 가장 중요한 부분 중의 하나에 속한다. 어떤 국가의 이자율은 현지국에서 활동하는 글로벌기업의 수익에 영향을 미치기 때문에 적정한 부채비율을 유지하는 것이 중요하다. 글로벌기업은 본국과 현지국의 이자율을 주기적으로 검토하여야 한다.

❹ 환율(exchange rate)

환율은 어떤 국가의 외환시장에서의 외환에 대한 수요와 공급에 의하여 결정되며, 외환시장의 수요와 공급은 무역거래 및 국제자본이동 등을 수반하거나 환율변동에서 차액을 얻으려는 투기적 시장참가자에 의해 발생한다.[9] 환율변동은 글로벌기업의 자본가치, 주가, 제품가격 및 원재료 조달가격 등에 직접적인 영향을 미치기 때문에 글로벌기업은 급격한 환율변동에 대하여 신속하게 대처하여야 한다. 특히, 환율은 어떤 국가의 국제수지에 큰 영향을 미치기 때문에 국가적 차원의 관심이 집중되고 있다.

❺ 국제수지(Balance of Payment, BOP)

국제수지는 한 국가의 국경을 통과하는 자금의 흐름을 집계하고, 그로부터 자금의 유입과 유출을 구한 것이다.[10] 일반적으로 국제수지는 적자(deficit) 또는 흑자(surplus)로 나타나기 때문에 어떤 한 국가의 적자 또는 흑자의 규모를 파악하는 것이 중요하다. 다른 경제적 조건이 동일하다면, 글로벌기업은 국제수지가 흑자인 국가에서 활동하는 것이 더욱 유리할 수 있다. 이러한 국가에서는 대체로 물가 및 환율이 안정되어 있을 뿐만 아니라, 이자율도 안정적으로 유지되고 있기 때문이다. 국제수지는 경상수지와 자본수지로 구성되어 있으며, 주요 구성요소를 살펴보면 다음과 같다.[11]

- 무역수지: 상품 및 서비스의 수출(자금유입)과 수입(자금유출)
- 소득수지: 이자, 배당금의 지급을 위한 자금의 유출과 유입
- 경상이전수지: 송금 및 무상원조 등과 같은 반대급부가 없이 일방적으

---

9 민상기/정창영(2001), p. 43 이하.

10 전게서, p. 47 이하.

11 전게서, p. 48.

로 지급되는 자금의 유출과 유입

- 투자수지: 직접투자, 증권(주식) 및 채권 등에 투자한 경우의 수지
- 기타 자본수지: 직접투자와 증권투자에 속하지 않는 대출 및 차입, 무역관련 신용 등과 관련된 수지

여기에서 무역수지, 소득수지 및 경상이전수지를 모두 포함하여 경상수지(current account)라고 한다. 경상수지는 상품 및 서비스의 교역 등과 같은 경제상황의 변동에 따르는 자발적 거래에 의한 것으로서 한 국가 경제의 대외적 건전성을 나타내는 가장 중요한 지표이다. 자본수지(capital account)는 투자수지와 기타 자본수지로 구성되어 있으며, 이들 중에서 직접투자의 유입과 유출과 관련된 투자수지가 중요한 의미를 갖는다.

⑥ 외채(external debt)

외채는 어떤 국가의 정부, 금융기관 및 기업 등이 외국의 공공은행 또는 민간은행 등에 지고 있는 빚을 말한다. 이것은 1년 내에 갚아야 하는 단기외채와 1년 후에 갚아도 되는 장기외채로 분류된다. 특히, 단기외채의 급증과 경상수지의 악화가 예상되는 국가에서는 채무의 이행을 연장하는 지불유예(moratorium) 또는 외환위기가 나타날 가능성이 매우 높으며, 이것은 글로벌기업의 활동에 심각한 악영향을 미칠 수 있다. 외채문제는 채무재조정(rescheduling)과 추가금융지원(refinancing) 등을 통하여 해결될 수 있다.[12] 즉, 채무재조정은 특정 외채에 대한 원래의 상환만기를 재조정하거나 재구성하는 것이고, 반면에 추가금융지원은 채무자가 계속하여 채무상환의무를 이행할 수 있도록 채권자가 추가적으로 대출해 주는 것이다.

2.2.3 주요 사회경제적 변수

어떤 국가의 경제적 환경을 보다 구체적으로 평가하기 위해서는 총인구, 연령분포 및 인구밀도와 분포 등과 같은 사회경제적 변수를 검토할 필요가 있다.

12 박영규(2010), p. 389.

총 인 구

총인구(total population)는 어떤 국가의 잠재적 시장규모를 평가하기 위한 가장 일반적인 지표이다. 특히, 총인구는 가격이 비교적 저렴한 소비재 또는 편의품의 시장규모를 예측하는 데 유용한 기준이 될 수 있다. 다른 여러 가지 조건이 동일하다면, 인구가 많은 국가일수록 그 국가는 글로벌기업에게 유리한 시장상황을 제공할 것이다. 어떤 국가의 GNP 규모는 그 국가의 총인구와 정비례하는 경향이 있지만, 그 국가의 경제발전 정도에 따라 이러한 경향은 다르게 나타날 수 있다. 예를 들면, 총인구 850만 명의 작은 국가인 스위스의 GDP 규모(2020년 기준)는 총인구 1억 6,860만 명의 방글라데시보다 2배 크다. 또한, 총인구는 어떤 국가의 노동력의 이용가능성 또는 잠재성을 파악하기 위한 중요한 기준이 될 수 있다.

연령분포

연령분포(age distribution)는 어떤 국가에 있어서 일련의 연령범주에 속하는 국민들의 비율분포를 말한다. 일반적으로 개발도상국에서는 선진국에 비해 청년층의 비율이 높게 나타나는 경향이 있고, 선진국에서는 개발도상국에 비해 노년층의 비율이 높게 나타나는 경향이 있다. 이와 같이 연령분포가 국가별 그리고 경제발전수준별로 다른 이유는 출산율과 의료수준의 차이 때문인 것으로 보인다. 연령분포는 연령과 관련된 제품(예를 들면, 유아, 청소년, 청장년 및 노년층 등을 위한 제품)의 시장세분화를 위한 중요한 기준이 된다. 아울러, 이것은 어떤 국가에서 이용가능한 노동력의 질과 양을 평가하기 위한 기본적인 자료로 활용될 수 있다.

인구밀도와 분포

인구밀도(population density)는 일반적으로 1km²당의 인구로 표시되며, 국가별로 많은 차이가 날 수 있는 사회경제적 변수이다. 이것은 어떤 국가의 기후·지형·지질 등과 같은 자연적 요인과 문화·환경 등과 같은 사회적 요인에 의해 결정될 수 있다. 인구밀도는 시장규모와 잠재성을 평가하기 위한 중요한 기준이 된다. 글로벌마케팅의 관점에서 볼 때, 일반적으로 인구밀도가 높은 국가에서는 적은 비용으로 높은 매출액이 달성될 수 있다.

인구분포(population distribution)는 어떤 국가의 국민이 지리적으로 어떻게 분포되어 있는가에 대한 것이다. 이러한 인구분포는 산맥, 호수 및 강 등과 자연적 장벽 또는 경계에 의해 이루어질 수 있으며, 경우에 따라서 종교, 문화 및 언어 등과 사회적 요인에 의해 결정될 수도 있다. 예를 들면, 스위스에서는 산맥과 언어에 따라 4개 지역(독일어, 불어, 이탈리아어 및 로만어 사용지역)을 중심으로 인구분포가 이루어져 있다. 또한, 국가별로 도시와 농촌의 인구분포가 어떻게 되어 있는가를 파악하는 것도 매우 중요하다. 인구밀도와 마찬가지로 인구분포는 글로벌 마케팅믹스의 차별화와 같은 글로벌 마케팅전략의 수행을 위한 중요한 기준이 될 수 있다.

2.3 사회문화적 환경

2.3.1 문화의 의의

문화(culture)는 라틴어의 'cultus(경작하다, 재배하다)'에 그 어원을 두고 있으며, 이것은 어떤 지역, 국가 및 집단의 "사회구성원들에 의해 공유되고 학습된 행위의 총체"를 의미한다.[13] *호프슈테데(Hofstede)*는 문화를 "어떤 한 집단의 구성원들을 다른 집단의 구성원들과 다르게 만드는 인간사고의 집단적 프로그래밍"으로 정의한다.[14] *폰 켈러(von Keller)*에 의하면, 문화는 다음과 같은 7가지의 특징을 갖고 있다.[15]

- 문화는 인간에 의해 창조된다.
- 문화는 개인을 초월하며, 개인에게 지속적으로 영향을 미치는 하나의 사회현상이다.

13 Hoebel, A.(1970).

14 Hofstede, G.(2000), p. 10.

15 von Keller, E.(1982), p. 114 이하.

- 문화는 학습된다.
- 문화는 규칙, 규범 및 행동방식 등을 통하여 행동을 조정한다.
- 문화는 내부적 일관성과 통합을 추구한다.
- 문화는 적응력을 갖고 있다.
- 문화는 장기간에 걸쳐 변화된다.

문화는 실체의 대부분은 바닷물에 잠겨 있고, 매우 작은 일부분만이 외부에 노출되어 있는 빙산에 비유되기도 한다(〈그림 2-1〉 참고). 외부에 드러나는 문화의 요소들은 심벌, 종교의식, 언어, 의복, 음식 및 예술 등과 같은 인공적 산물이다. 그러나 이러한 요소들은 가치관, 규범, 사고방식 및 태도 등과 같이 눈에 보이지 않는 무의식적이고 내재적인 요소들을 반영하고 있다.[16]

그림 2-1 빙산으로 표현된 문화

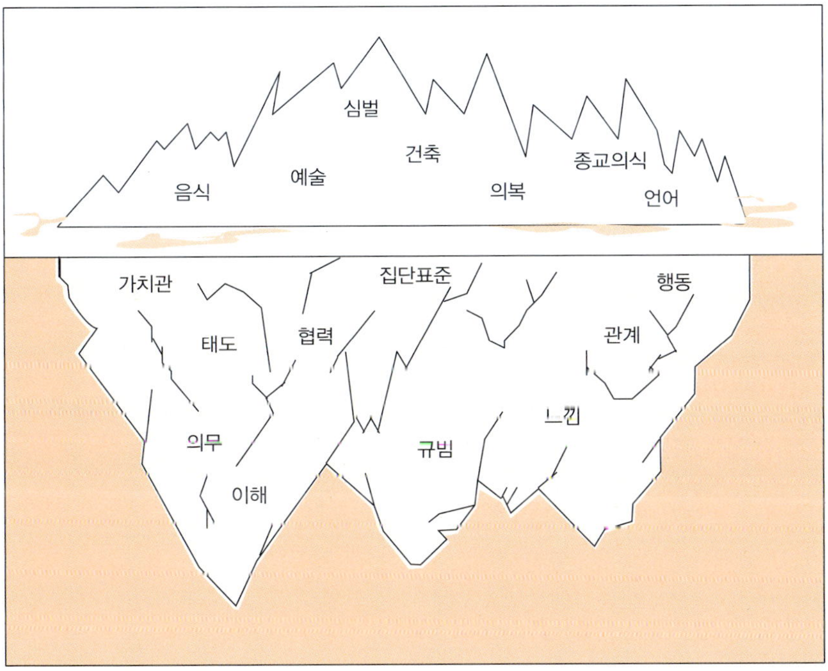

자료원: Perlitz, M.(2004), p. 251.

16 Perlitz, M.(2004), p. 250 이하; Trompenaars, F.(1993), p. 22 이하.

글로벌기업은 문화적 전통과 배경이 다른 국가 또는 지역에서 활동하기 때문에 현지국 또는 현지지역의 문화에 대한 다양한 측면들을 분석할 필요가 있다. 사회문화적 환경으로서의 문화는 어떤 기업이 글로벌기업의 활동에 관계할 때 가장 먼저 직면하게 되는 요소이다. 글로벌기업의 활동의 관점에서 볼 때, 현지국의 문화는 다음과 같은 다양한 측면들과 관련되어 있다.

- 현지종업원의 일에 대한 태도 및 동기부여
- 현지고객의 제품에 대한 욕구 또는 취향(예를 들면, 소비자행동)
- 현지파견인력 및 현지종업원에 대한 교육 및 훈련
- 현지인 또는 현지종업원과의 커뮤니케이션
- 글로벌마케팅 전략의 수립(예를 들면, 제품디자인, 광고전략 및 유통전략 등의 수립)
- 국제적 협상

글로벌 마케팅관리자는 현지국과 본국의 문화적 차이 때문에 발생하는 문제를 해결하기 위하여 문화적 지식을 갖출 필요가 있다. 이러한 문화적 지식은 사실적 지식과 해석적 지식으로 구분될 수 있다.[17] 사실적 지식(factual knowledge)은 대체로 명백하며 학습되어야 하는 것이다. 예를 들면, 문화에 따른 색상의 서로 다른 의미, 서로 다른 취향 및 고유한 문화적 특성 등은 글로벌 마케팅관리자가 예상, 연구 및 습득할 수 있는 사실적 지식이다. 이에 반해, 해석적 지식(interpretative knowledge)은 서로 다른 문화적 특성과 패턴을 충분히 이해하고 평가할 수 있는 능력이다. 예를 들면, 시간의 의미, 다른 사람과 특정 대상에 대한 태도, 어떤 사람의 사회적 역할에 대한 이해 및 삶의 의미 등은 문화에 따라 크게 다르며, 이것을 충분히 이해하기 위해서는 사실적 지식 이상의 것이 필요하다.

2.3.2 문화의 종류

기업의 관점에서 볼 때, 문화는 개인문화, 기업문화, 산업문화 및 사회문화 등과 같은 네 가지로 구분될 수 있다.[18] 〈그림 2-2〉에 나타나 있는 바와

17 Cateora, P. R.(1993), p. 99 이하.

18 Scheuss, R.(1985).

같이 개인, 기업, 산업 및 사회의 순서로 문화의 관련 영역이 넓어진다.

개인문화

개인문화(individual culture)는 어떤 한 개인의 문화적 표준에 그 기초를 두고 있다. 개인의 문화적 표준은 각 개인의 성장과정, 교육, 인간관계 및 환경 등과 같은 요소에 의해 결정되는 경향이 있다. 특히, 개인문화는 소비자로서의 개인을 이해하는 데 있어서 매우 중요한 의미를 갖는다.

기업문화

기업문화(corporate culture)는 어떤 한 기업의 문화적 표준에 근거하고 있다. 기업문화는 어떤 기업의 가치관, 규범, 사고방식 및 행동 등과 같은 문화적 요소들이 오랜 기간에 걸쳐 개인에게 영향을 미쳐 형성되며, 이것은 그 기업에서 일하는 개인(예를 들면, 경영자 및 종업원)의 행동을 통제할 가능성이 매우 높다. 기업문화는 다음과 같은 여러 가지 특징을 갖고 있다.[19]

- 기업문화는 기업의 역사와 환경을 통하여 형성된다.
- 기업문화는 기업구성원들의 장기간에 걸친 상호작용의 산물이다.
- 기업문화는 개별적이다. 즉, 모든 기업은 어떤 전형적이고 특징적인 문화를 갖고 있다.
- 기업문화는 학습이 가능하다.
- 기업문화는 함축적인 특징을 갖고 있다.
- 기업문화는 다양한 표현양식을 갖고 있다.
- 기업문화는 대다수의 기업구성원들이 총체적인 가치관과 규범을 내포한다.
- 기업문화는 정서적인 관계를 구축한다.

산업문화

산업문화(industrial culture)는 한 산업의 문화적 표준에 그 기반을 두고

19 Macharzina, K.(1993), p. 191 이하.

있다. 산업문화는 어떤 한 산업에 속해 있는 여러 기업들의 기업문화를 총체적으로 반영한다. 글로벌기업의 관점에서 볼 때, 어떤 국가의 특정 산업문화는 어떤 특정 기업의 기업문화를 유추할 수 있는 기회를 제공할 수 있다.

사회문화

사회문화(social culture)는 전 사회의 문화적 표준에 그 바탕을 두고 있다. 즉, 이것은 국가적 차원의 문화를 의미한다. 사회문화는 어떤 국가의 개인문화, 산업문화 및 기업문화를 모두 포괄하고 있다. 사회문화의 대표적인 예로 국민성을 들 수 있는데, 이것은 한 국가에서 오랜 기간 동안 학습되고 공유된 인성적인 특징을 말한다. 그리고 어떤 국가에서 발견되는 특징적인 관행 또는 습관 등도 사회문화의 주요 구성요소이다.

2.3.3 주요 사회문화적 변수

글로벌기업이 현지국기업 및 국민과 좋은 관계를 유지하고, 기업의 성과

그림 2-2 문화의 종류(상자모델)

상자모델	관련영역
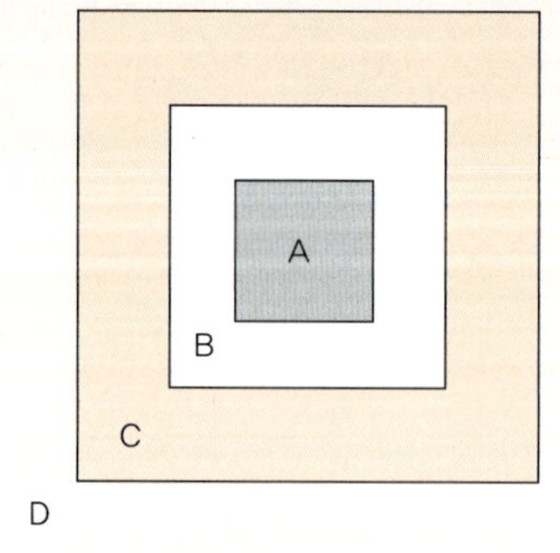	A : 개인문화 (한 개인의 문화적 표준) B : 기업문화 (한 기업의 문화적 표준) C : 산업문화 (한 산업의 문화적 표준) D : 사회문화 (전 사회의 문화적 표준)

자료원: Scheuss, R.(1985).

를 증대시키기 위해서는 그 국가의 문화를 이해하는 것이 중요하다. 사회문화적 변수 또는 문화의 구성요소는 어떤 국가의 문화를 연구하고 분석하기 위한 개념적인 기초가 된다.

언 어

언어(language)는 문화들 간의 차이점을 분명하게 확인시켜 주는 가장 중요한 변수이다. 이것은 의사소통도구로 사용되며, 어떤 국민 또는 민족의 정체성을 대변하는 기준이 된다. 즉, 어떤 하나의 언어는 다른 언어와 구별되는 특유의 문화적 정체성을 보유하고 있다.

언어는 음성언어와 비음성언어로 구분된다. 음성언어(spoken language)는 말과 글로 표현되는 언어이다. 예를 들면, 한국어, 영어, 중국어 및 일본어 등은 음성언어에 해당되며, 이것은 말과 글로 구성되어 있다. 그러나 어떤 음성언어는 말로 표현되지만 고유의 글이 없는 경우도 있다. 다민족 또는 다인종 국가에서는 다양한 음성언어가 존재하기 때문에 타민족 또는 타인종과의 의사소통이 불가능하거나 어려운 상황이 발생할 수 있다. 비음성언어(unspoken language)는 제스처, 표정 및 몸짓 등과 같은 것을 통하여 의사소통하는 것을 의미한다. 이것은 국가별, 민족별 또는 부족별로 매우 다를 수 있을 뿐만 아니라, 동일한 표현도 전혀 다른 의미로 해석될 수 있다.

언어는 다음과 같은 글로벌기업의 활동에 영향을 미칠 수 있다.

- 언어로 표현된 본사의 경영노하우 및 기술노하우의 현지자회사로의 이전(업무지침 및 사용매뉴얼 등의 번역)
- 현지경영자 및 종업원과의 의사소통
- 현지소비자와의 의사소통
- 브랜드명 및 광고주제의 설정 등과 같은 글로벌마케팅 활동
- 글로벌 마케팅조사(예를 들면, 현지인을 대상으로 하는 설문조사 및 인터뷰 등)

언어와 관련된 브랜드 및 광고주제의 오해 또는 오류, 번역상의 뉘앙스 차이에 대한 사례를 살펴보면 다음과 같다.[20]

20 Wild, J. J. et al.(2008), p. 68 이하; Ball, D. A. et al.(2004), p. 316; 김주헌(2004), p. 104 이하.

- GM Nova: '신성(새로운 별)'이라는 의미가 스페인에서는 '움직이지 않는다(won't move)'로 이해된다.
- Dreck: 남성적인 뉘앙스를 풍기는 미국의 가죽손질용 스프레이의 브랜드가 독일어에서는 '오물'로 해석된다.
- 대영자전거: 영어로 표시된 브랜드 'Dai Young'이 'die young'으로 발음되어 '일찍 죽는다'로 해석된다.
- 파커 펜: '당황스러운 상황을 피하십시오-파커 펜을 사용하십시오.'(Avoid embarrassment-use Parker Pens.)라는 광고문구의 'Avoid embarrassment'가 남미에서는 '임신을 피하십시오(Evite embrazazos)'로 번역된다.
- 미국 방취제회사: '당신이 우리 회사의 방취제를 사용한다면, 당신은 공공장소에서 당황하지 않을 것입니다.'(If you use our deodorant, you won't be embarrassed in public.)라는 광고문구의 'you won't be embarrassed in public'이 멕시코에서는 '공공장소에서 임신하지 않을 것입니다'라는 스페인어로 번역된다.

제스처 또는 몸짓과 관련된 국가 간 오해의 사례를 살펴보면 다음과 같다.[21]

- 엄지와 집게손가락으로 동그라미를 만드는 몸짓: 미국에서는 'OK', 프랑스에서는 숫자 '0', 일본에서는 '돈', 남미에서는 '저속한 의미', 튀니지에서는 '너를 죽이겠다'를 의미한다.
- 머리를 위에서 아래로 흔드는 몸짓: 대부분의 국가에서는 '예 또는 긍정'을 의미하지만, 영국에서는 '동의한다'라는 의미보다는 '듣고 있다', 불가리아와 그리스의 일부 지역에서는 '아니오 또는 부정'을 의미한다.
- 90도 이상 허리를 숙임: 한국이나 일본에서는 '예의바른 인사'이지만, 사우디아라비아에서는 '개종을 부탁'하는 것으로 이해된다.

미 학

사전적인 의미의 미학(aesthetics)은 자연이나 인생 및 예술 등에 담긴 미

21 Wild, J. J. et al.(2008), p. 68 이하; 김주헌(2004), p. 104 이하; 반병길(1998), p. 163 이하.

의 본질과 구조를 탐구하는 학문을 의미한다. 이것은 어떤 문화의 미적 감각과 취향 등과 관련되어 있으며, 예술(음악, 미술, 연극 및 무용), 색채 및 형상 등으로 표현된다. 특히, 미학은 글로벌마케팅과 관련하여 다음과 같은 측면에서 중요한 의미를 갖는다.

- 디자인: 제품, 포장 디자인
- 색채: 제품의 색상, 색상의 상징적 의미, 컬러 TV에서의 광고
- 음악: 글로벌광고에서의 배경음악의 선택, 음악의 문화적 차이
- 브랜드명: 브랜드명에 대한 미학적 요소의 결합(디자인, 글꼴 및 색채 등)

특히, 특정 색채와 관련된 의미에 대한 국가별 해석의 차이를 살펴보면 다음과 같다.[22]

- 녹색: 밀림 또는 정글국가에서는 '질병', 프랑스와 네덜란드에서는 '화장품'과 관련되어 있으며, 이집트에서는 국가색이기 때문에 포장지 등에 사용되지 않는다.
- 검정, 흰색, 보라색: 서양에서는 검정, 동양에서는 흰색, 남미에서는 보라색이 '죽음 또는 장례식'의 상징으로 사용된다.

가치관 및 태도

사전적으로 볼 때, 가치관(values)은 인간이 자기를 포함한 세계와 그 속의 사상(관찰할 수 있는 형태를 취하여 나타나는 여러 가지 사물과 현상)에 대해 가지는 근본적인 평가의 태도를 뜻한다. 여기에서 태도(attitudes)는 어떤 사물이나 상황 등을 대하는 자세를 의미한다. 인간의 행동은 대부분 이러한 가치관과 태도에 기초를 두고 있다. 일반적으로 가치관과 태도는 오랜 기간 동안 어떤 국민 또는 민족에게 영향을 미쳐온 종교 및 철학사상 등에 의하여 결정되는 경향이 있다. 가치관과 태도는 다음과 같은 측면에서 글로벌기업의 활동과 관련되어 있다.

- 일에 대한 태도: 일에 대한 태도의 국가별 차이는 국가별 생산성 및 매

22 김주헌(2004), p. 105 이하.

출액에 영향을 미칠 수 있다. 예를 들면, 미국인은 일을 하나님이 준 사명으로 이해하지만, 인도인은 일을 적선의 수단으로 활용한다.

- 시간에 대한 태도: 국가에 따라서 시간약속을 잘 지키는 국가(예를 들면, 독일, 일본 및 유럽의 일부 국가 등)와 그렇지 못한 국가(예를 들면, 아시아와 남미의 일부 국가 등)가 있다. 국가 간의 시간관념의 차이는 글로벌기업의 협상에 영향을 미칠 수 있다(예를 들면, 한국인의 조급함과 중국인의 느긋함의 차이).
- 부에 대한 태도: 부를 성취의 상징으로 보는 국가와 그렇지 못한 국가가 있다. 이러한 태도의 차이에 따라 금전적 동기부여의 결과가 달라질 수 있다.
- 변화 또는 혁신에 대한 태도: 이것은 신제품개발과 시장도입에 영향을 미칠 수 있을 뿐만 아니라, 조직의 혁신에도 영향을 미칠 수 있다.
- 특정 제품을 대하는 태도: 국가별 소비자 간의 어떤 특정 제품에 대한 인식의 차이 때문에 소비자에 대한 접근이 달라질 수 있다(예를 들면, 자동차를 신분표시의 수단으로 인식하는 국가와 단순 운송수단으로 인식하는 국가에서의 광고는 차별화될 수 있음).

종 교

종교(religion)는 신, 초자연적인 절대자 또는 힘을 믿음으로써 인간생활의 고뇌를 해결하고 삶의 궁극적인 의미와 내세를 추구하는 문화체계를 의미한다. 종교는 인간의 일상생활, 가치관 및 태도 등에 큰 영향을 미친다. 즉, 어떤 특정 종교는 그 종교를 믿는 사람의 행동과 사고에 중대한 영향을 미친다. 종교는 다음과 같은 측면에서 글로벌기업의 다양한 활동에 영향을 미칠 수 있다.

- 직업윤리: 이것은 특정 직업에 종사하는 사람들이 지켜야 하는 행동규범을 의미하며, 종교의 영향을 많이 받는다. 예를 들면, 청교도적인 직업윤리 및 유교적 직업윤리 등은 해당 국가에서 활동하는 글로벌기업에 큰 영향을 미친다.
- 직장생활: 특정 종교는 일정한 기도시간과 먹는 음식에 대한 명확한 기

준을 갖고 있기 때문에 글로벌기업은 종업원의 직장 내 종교활동을 존중할 필요가 있다(예를 들면, 독일기업의 터키인 이주노동자들에 대한 이슬람식단 및 기도실 제공, 종교에서 정하는 축일 또는 휴일의 존중).

- 소비자행동: 종교별로 금기시하는 제품이 있다(예를 들면, 식품과 의류 등).
- 시장세분화: 다종교국가에서는 서로 다른 세분시장이 나타난다.
- 광고활동: 국가에 따라 종교적 금기사항을 광고캠페인에 포함시키지 못한다.
- 현지인채용: 종교에 기인하는 계급제도를 통하여 인력관리의 문제점이 발생한다(예를 들면, 인도의 카스트제도와 글로벌기업 내 채용, 배치 및 승진 등과 같은 인력관리의 특수성).
- 정부기관 및 공공기관과의 관계: 정교일치 국가와 정교불일치 국가에서의 글로벌기업과 정부와의 관계설정은 다를 수 있다.

사회제도

사회제도(social structure)는 어떤 국가에서 역사적, 관습적 및 종교적으로 지지되고 있는 사회계급과 사회조직 등을 포괄하는 개념이다. 사회계급은 공통적인 가계 또는 신분, 부, 교육 및 직업 등을 가진 개인들의 집단을 말한다. 어떤 특정 사회계급은 유사한 생활방식, 유사한 관념, 느낌 및 태도를 보유하고 있기 때문에 다른 계급과 구별된다. 사회계급은 전통적인 신분제도와 소득계층에 따른 계층구조(예를 들면, 상류, 중류 및 하류) 등에 의해 구체적으로 분류될 수 있다. 사회계급은 사회계층이라고도 하며, 이것은 글로벌기업의 시장세분화와 인력관리 등에 많은 영향을 미칠 수 있다.

사회조직(social organization)은 친척관계와 자유로운 연합 등으로 형성된 인간관계의 기본적 조직을 의미한다.[23] 친척관계(kinship)의 대표적인 기초단위는 가족이다. 일반적으로 가족은 가족구성원이 세대와 수에 따라 대가족 제도(extended family)와 핵가족 제도(nuclear family)로 분류될 수 있다. 그리고 친척관계에 근거하지 않은 자유로운 연합(free association)은 연령별(예를 들면, 노인협회 및 청년협회 등), 성별(예를 들면, 여성협회) 및 공통이해집단(예를

---

23 Ball, D. A. et al.(2004), p. 321 이하.

News Case 2.3 국가별 선호도가 다른 차량색상

국내 자동차 시장에는 유독 은색차량이 많다. 도로 위를 달리는 자동차를 잠시만 지켜본다면 쉽사리 답을 얻을 수 있다. 미국의 산업소재 생산회사인 듀폰(Du Pont)이 발표한 《자동차 인기색상 보고서》에 따르면 자동차를 구입한 소비자들이 선호한 색상은 은색이다. 듀폰이 조사한 9개 국가 중 한 가지 색상이 전체의 50%를 차지하는 경우는 대한민국이 유일하다.

은색의 뒤를 이어 검은색이 25%, 흰색이 18%로 상위 3종 색상이 전체의 93%를 차지하면서 다른 국가에 비해 차량 색상 선호도에서 편애적인 성향이 짙은 것으로 확인되었다. 이 외에 회색이 3%로 뒤를 이었으며 푸른색 2%, 붉은색 1%, 노랑 및 금색이 1%로 나타났다. 전 세계 사람들이 가장 선호하는 색상도 은색일까? 듀폰 조사에 따르면, 흰색, 검정색과 은색이 선호하는 색상으로 나타났다. 고성능·하이테크 이미지를 주는 회색계통과 은색계통의 차를 선호하고 있다는 것이다.

세계 최대 자동차 시장인 미국에서는 베이지색과 카키색, 갈색 등 자연스러운 색상의 차가 잘 팔린다. 중국인들은 빨간색과 금색 계통의 자동차를 즐겨 탄다. 인도인들의 금색 사랑은 더 유별나다. 이 때문에 금색 느낌을 주는 베이지색도 연한 톤과 중간 톤, 강한 톤으로 구분해 놓고 있다. 태국 소비자들은 파스텔 색상이나 연보라색을 선호한다. 유럽으로 시선을 옮기면 눈이 즐거워진다. 파란색이나 빨강, 노랑 등 과감한 색상을 선호한다. 이런 유채색 비중은 예술과 낭만의 나라 프랑스와 지중해의 열정을 물려받은 이탈리아가 가장 높다. 현대·기아차는 이런 색상 선호도를 반영해 미국에서는 '쏘울'에 녹색을 입혔고 유럽에서는 노란색 i30을 판매하고 있다.

듀폰 조사의 영향 때문인지는 모르지만, 국내에 수입되는 차종 대부분이 은색, 검정색, 흰색이다. 다른 색의 차량을 구매하려면 막상 구비가 되어 있지 않아 차량의 생산지에 추가 주문을 통해 상당기간이 소요된 뒤 받을 수 있다. 이에 수입차업체들은 은색, 검정색, 흰색 등을 주로 구비해 놓고 차량 판매시에도 이들 색상의 차량을 구입할 것을 소비자에게 권하고 있다.

그러나 국내 완성차업계는 다르다. 국내에 모두 생산공장이 위치해 있기 때문에 얼마든지 새로운 색상을 연출할 수 있다. 현대·기아차의 경우 판매차량의 60% 가까이가 이런 무채색 계열이다. 현대차는 국내에서 에쿠스 7종, 제네시스 4종, 그랜저 8종, 쏘나타 9종, 싼타페 7종의 색상을 구비해 놓고 있다. 현대차만의 독특한 컬러는 투싼 ix에 적용된 실키 브론즈와 제너시스에 적용된 하이퍼메탈릭을 꼽을 수 있다. 이 중에서 하이퍼메탈릭은 국내 고급차 중에서 최초로 적용된 컬러로, 고객의 반응이 좋아 YF 쏘나타와 국내 고급차 전반으로 유행되고 있는 색상이다. 실제로 지금까지 판매된 YF 쏘나타의 색상을 분석한 결과 회색 계열의 하이퍼메탈릭이 30.3%로 가장 많았고, 슬릭 실버와 블랙 다이아몬드 색상이 각각 23.6%와 21.9%로 2 · 3위를 차지하였다. 기아차는 오피러스 4종, K7 7종, 로체 5종, 모하비 6종 등을 각각 적용하고 있으며, 르노삼성차도 차종별로 적게는 6종류에서 많게는 9종류를 구비하고 있다.

차량 색깔 선호도는 차종에 따라서도 달라진다. 일반적으로 경차나 소형차는 밝고 톡톡 튀는 신세대 감각의 울긋불긋한 색상이 많다. 중형차와 대형차에는 위엄이 풍기는 검정색과 흰색 등 무채색 계통이 주류를 이룬다. 연간 출고차량의 색상비율과 차종별 비율을 살펴보면 시대에 따라 선호도가 바뀌고 있다는 걸 알 수 있다. GM대우에 따르면 차종별로 경차 · 소형차는 과거보다 흰색과 검은색의 비중이 점차 줄어들고 빨강 · 파랑 등 유채색 비중이 높아지고 있다.

자료원: 이코노믹 리뷰, 2010년 3월 4일.

들면, 정당, 노동조합 및 취미동아리 등) 등으로 구분될 수 있다. 또한, 넓은 의미의 사회조직에 교육제도가 포함될 수 있다. 교육제도(education system)는 일반적으로 학교교육의 동의어로 사용되기도 한다. 국가 간 교육제도와 투입하는 교육예산의 차이는 문맹률, 대학 이상의 고등교육을 받은 국민의 비율 및 여성교육비율 등에서의 국가 간 교육수준의 차이를 발생시킨다. 특히, 사회조직은 글로벌기업의 생산 또는 판매제품의 종류 및 수량, 시장세분화, 인력관리 및 광고전략 등에 많은 영향을 미칠 수 있다.

2.3.4 사회문화적 환경의 분석을 위한 모형

*호프슈테데(Hofstede)*의 모형

네덜란드의 사회심리학자인 *호프슈테데*의 연구는 다른 연구자들에 의해 가장 많이 인용되고 있는 문화에 대한 연구에 속한다. 그는 1967년부터 1973년까지 전 세계 67개국의 11만 7,000명의 IBM 자회사의 직원을 대상으로 60개의 항목에 대한 설문조사를 하였다.[24] 그는 이러한 연구결과를 바탕으로 문화를 권력간격(권력의 평등 대 불평등), 개인주의 대 집단주의, 남성성 대 여성

24 Hofstede, G.(2001), p. 238 이하.

성 및 불확실성 회피 대 수용 등과 같은 4가지 차원으로 분류하였다. 또한, 그는 23개국을 대상으로 문화에 대한 추가적인 연구를 통하여 시간지향성(장기지향성 대 단기지향성)이라는 5번째 문화의 차원을 제시하였다.[25] 이러한 5가지 문화의 차원을 살펴보면 다음과 같다.

❶ 권력간격(권력의 평등 대 불평등)

권력간격(power distance)은 어떤 국가의 사회와 조직 내에서 권력이 불평등하게 배분되어 있는 것을 수용하는 정도를 말한다. 권력간격이 작은 국가 또는 권력이 평등하게 배분되어 있는 국가의 조직구성원은 그들이 속한 조직이 민주적이라고 생각한다. 반면에, 권력간격이 큰 국가 또는 권력이 불평등하게 배분되어 있는 국가의 조직구성원은 그들이 속한 조직이 독재적이라고 느낄 수도 있지만 이것을 용인하는 경향이 높다. 일반적으로 권력격차가 작은 국가는 평등주의적인 성향을 띠는 반면에, 권력격차가 큰 국가는 사회적 불평등을 더 용인하며 소득의 격차나 권력배분의 차이를 수용하는 정도가 더 높다. *호프슈테데*의 연구결과에 의하면, 말레이시아, 과테말라, 파나마, 필리핀 및 멕시코 등의 국가는 권력격차가 크고, 오스트리아, 이스라엘, 덴마크, 아일랜드 및 스웨덴 등의 국가는 권력격차가 작은 것으로 나타났다.

❷ 개인주의 대 집단주의

개인주의 대 집단주의(individualism vs. collectivism)의 구분은 어떤 국가의 조직구성원이 어떤 집단의 구성원으로서보다는 독립적인 개인으로서 그들 자신을 평가하는 정도의 차이에 기초한다. 개인주의에서는 각 개인의 자유가 존중되는 반면, 집단주의에서의 개인은 집단에 소속되거나 통합되어 있기 때문에 개인의 자유보다는 집단의 목표가 중요하게 고려된다. *호프슈테데*의 연구결과에 따르면, 미국, 오스트레일리아, 영국, 캐나다 및 네덜란드 등의 국가는 개인주의적인 성향을 띠고 있으며, 과테말라, 에콰도르, 파나마, 베네수엘라 및 콜롬비아 등의 국가는 집단주의적인 성향을 갖고 있는 것으로 나타났다.

❸ 남성성 대 여성성

남성성 대 여성성(masculinity vs. feminity)의 구분은 남성과 여성의 역할

25 Hofstede, G.(2001), p. 238 이하.

또는 행동의 차이에 근거한다. 남성적인 사회는 자기주장이 강하고, 거칠고, 경쟁적이고, 자신감이 높다. 반면에, 여성적인 사회는 온화하고, 부드러우며, 배려심이 강하고, 삶의 질을 중요하게 생각한다. *호프슈테데*의 연구결과에 의하면, 일본, 오스트리아, 베네수엘라, 이탈리아 및 스위스 등의 국가는 남성성이 강하고, 스웨덴, 노르웨이, 네덜란드, 덴마크 및 코스타리카 등의 국가는 여성성이 강한 것으로 밝혀졌다.

❹ 불확실성의 회피 대 수용

불확실성의 회피 대 수용(uncertainty avoidance vs. acceptance)의 구분은 어떤 국가의 조직구성원이 불확실하거나 낯선 상황에 의해 위협을 느끼는 정도에 기초한다. 불확실성의 회피 정도가 높은 국가는 미래를 통제하려고 하며, 법률제정, 규칙설정 및 행동에 대한 규제, 안전 및 보호수단, 비정상적인 행동의 거부 및 위험회피 등을 추구한다. 이에 반해, 불확실성의 수용 정도가 높은 국가는 반드시 필요한 규칙 이외의 것은 만들지 않는다. *호프슈테데*의 연구결과에 의하면, 불확실성의 회피 정도가 높은 국가는 그리스, 포르투갈, 과테말라, 우루과이 및 벨기에 등이며, 불확실성 회피 정도가 낮은 국가는 싱가포르, 자메이카, 덴마크, 스웨덴 및 홍콩 등으로 나타났다.

❺ 시간지향성(장기지향성 대 단기지향성)

장기지향성 대 단기지향성(long-term orientation vs. short-term orientation) 등과 같은 시간지향성(time orientation)의 구분은 어떤 국가의 문화가 미래에 중점을 두는 정도에 근거한다.[26] 장기지향성은 목표추구과정에서의 인내, 직위중심적인 계층구조의 존중, 높은 비율의 저축과 투자 및 수치심 등을 중요하게 고려한다. 반면에, 단기지향성은 개인적 인내와 안정, 체면유지, 전통의 존중, 상호주의에 근거한 격식 및 선물과 호의 등을 중요하게 생각한다. *호프슈테데*의 연구결과에 따르면, 장기지향성은 중국, 홍콩, 대만, 일본 및 한국 등과 같은 유교문화권의 국가에서 높게 나타났으며, 단기지향성은 파키스탄, 나이지리아, 필리핀, 캐나다 및 짐바브웨 등의 국가에서 높게 나타났다.

26 Hofstede, G.(2001), p. 237 이하.

❻ 경영적 시사점

*호프슈테데*의 문화에 대한 연구결과는 다음과 같은 관점에서 글로벌기업의 의사결정을 위한 경영적 시사점을 제공한다.[27]

- 권력격차가 큰 국가에서는 의사결정이 중앙집권화되고, 조직 내의 이동성이 낮고, 조직의 계층구조가 길며, 상사의 명령에 복종하는 경향이 있다.
- 권력격차가 낮은 국가에서는 조직구조가 단순하고, 의사결정이 참여적이며, 조직 내의 이동성이 높은 경향이 있다.
- 개인주의적 국가에서의 성과평가시스템은 집단보다는 개인에 대한 보상에 중점을 두는 것이 바람직하다.
- 집단주의적 국가에서는 집단중심적인 보상시스템이 적절하다.
- 남성성이 높은 국가에서는 조직의 목표가 시장점유율 및 수익성의 증대이며, 조직구성원은 상위경영층에 지배당하며, 과업성취가 중요하다.
- 여성성이 높은 국가에서는 직장에서의 삶의 질, 환경보호, 공평성과 공정성 및 기업의 사회적 책임 등이 중요하다.
- 불확실성의 회피 정도가 높은 국가에서는 장기적 계획이 강조되어야 한다.
- 불확실성의 수용 정도가 높은 국가에서는 단기계획과 융통성이 중요하다.
- 장기지향성이 높은 국가에서는 전략적 계획이 중요하다.
- 단기지향성이 높은 국가에서는 전술적 계획 또는 운영적 계획이 강조된다.

홀 (Hall) 의 모형

홀은 서로 다른 문화권 또는 국가 간의 문화의 차이를 비교·분석한 결과, 문화를 고배경문화와 저배경문화로 분류하였다.[28] 고배경문화와 저배경문화를 구체적으로 살펴보면 다음과 같다.

---

27 Hough, J./Neuland, E.(2007, Ed.), p. 96.

28 Hall, E. T.(1976), p. 67 이하.

❶ 고배경문화(high context culture)

고배경문화는 의사소통에 있어서 전체적인 맥락(context) 또는 비언어적인 설명에 의존하고 있다. 특히, 의사소통에 있어서의 문화적 단서(cultural clues) 및 뉘앙스는 전달되는 메시지를 이해하는 데 도움이 될 수 있다. 예를 들면, 전체적인 분위기를 파악하고 있는 어떤 조직의 구성원들에게 "이해합니까?"(Do you understand?)라고 물으면 그들은 무엇을 이해했는지 대답하게 될 것이다. 한국, 일본, 중국, 동남아시아의 국가 및 중동의 국가들은 고배경문화에 속한다.

❷ 저배경문화(low context culture)

저배경문화는 말하는 사람의 명확한 언어적 표현 또는 구체적인 메시지를 통해 의사소통하는 문화를 말한다. 예를 들면, 구체적인 설명을 요구하는 경우에 있어서, 저배경문화에서는 "나는 이것이 무엇을 의미하는지 설명하기를 원합니다."(I want to explain what it means.)라는 명확한 표현을 하는 것이 의사소통에 도움이 된다. 대부분의 유럽의 국가 및 미국은 저배경문화에 속한다.

〈표 2-2〉는 고배경문화와 저배경문화의 차이점을 제시한다.

표 2-2 | 고배경문화와 저배경문화의 차이점

구 분	고배경문화	저배경문화
법률 또는 법률가	덜 중요하다.	매우 중요하다.
개인의 말	개인이 보증한다.	서면으로 보증한다.
공 간	서로 어울리는 공간을 중요하게 여긴다.	개인적 공간을 중요하게 여기며 침해받는 것을 싫어한다.
시 간	폴리크로닉(polychronic, 다원적)하다.	모노크로닉(monochronic, 일원적)하다. 즉, '시간은 돈이다'라는 관념이 아주 강하다.
협 상	협상이 매우 세밀하게 이루어진다. 그것은 협상의 목적을 모든 당사자들이 충분히 이해하도록 하는 데 있다.	매우 신속하게 이루어진다.
경쟁입찰	빈번하지 않다.	일반적이다.
해당 국가	일본 및 중동	미국 및 북유럽

자료원: Keegan, W. J.(1989), p. 117; 김시경(2007), p. 416 재인용.

❸ 경영적 시사점

고배경문화와 저배경문화에 대한 글로벌경영적인 시사점은 다음과 같다.[29]

- 고배경문화는 장기적인 관계에 가치를 두며, 신뢰를 협상수행을 위한 기본으로 간주한다.
- 일본과 같은 고배경문화에서의 광고는 정서지향적이지만, 독일과 같은 저배경문화에서의 광고는 사실지향적이다.
- 저배경문화에서는 합의와 거래의 구체적인 조건에 중요성이 부여되는 반면, 고배경문화에서는 협상을 위해 신뢰를 구축하는 것이 중요하다.
- 고배경문화에서는 정서적이고 사회적인 환경조건이 의사결정에 도움이 된다. 반면에, 저배경문화에서의 의사결정은 비개인적이며, 이해당사자와의 갈등은 무조건 피해야 한다.

2.4 기술적 환경

2.4.1 기술의 전략적 의미

기술(technology)은 생산 및 서비스 창출을 위하여 투입요소를 산출요소로 바꾸는 방법 또는 기법이다. 특히, 기술은 신제품 및 신공정의 본질적인 구성요소일 뿐만 아니라, 경쟁잠재성과도 관련된 중요한 요인이다. 경쟁전략적 의미에서 기술은 기초기술, 핵심기술 및 선도기술 등으로 구분된다.[30]

기초기술(basic technology)은 대다수의 경쟁자들이 사용하고 있는 기술을 말한다. 기초기술은 쉽게 이용할 수 있음에도 불구하고, 이러한 기술을 통하여 기업은 어떤 특별한 경쟁우위를 거의 달성할 수 없다. 반면에, 어떤 산업부문에 있어서 아직 많이 알려지지 않은 핵심기술(key technology)은 기업

29 Griffin R. W./Pustay, M. W.(2007), p. 99.

30 박주홍(2007), p. 76 이하 재인용; Bleicher, F.(1990), p. 8 이하; Sommerlatte, T./Deschamps, J.-P.(1985), p. 49 이하.

의 경쟁력에 비교적 큰 영향을 미친다. 선도기술(leading technology)은 대체로 기술수명주기의 초기단계에 해당되는 기술이다. 그러나 모든 선도기술이 미래에 있어서 핵심기술이 되는 것은 아니다. 〈그림 2-3〉은 기술의 통합과 경쟁력의 관계를 보여준다. 이 그림에 나타나 있는 것처럼 기술을 통한 경쟁력의 확보 및 제품과 공정에서의 기술통합의 관점에서 기술은 기초기술, 핵심기술 및 선도기술 등으로 구분될 수 있다.

서로 다른 기술과 전략 간에는 어떤 관련성이 존재하기 때문에 다음과 같은 질문이 기업에 있어서 매우 중요한 의미를 갖는다.[31]

- 기술과 전략 간의 관련성이 근본적으로 개별기업에 대하여 어떤 의미를 갖는가?
- 기술과 전략 간의 관련성이 나타나지 않는다면, 어떤 문제점이 발생하는가?

그림 2-3 기술의 통합과 경쟁력의 관계

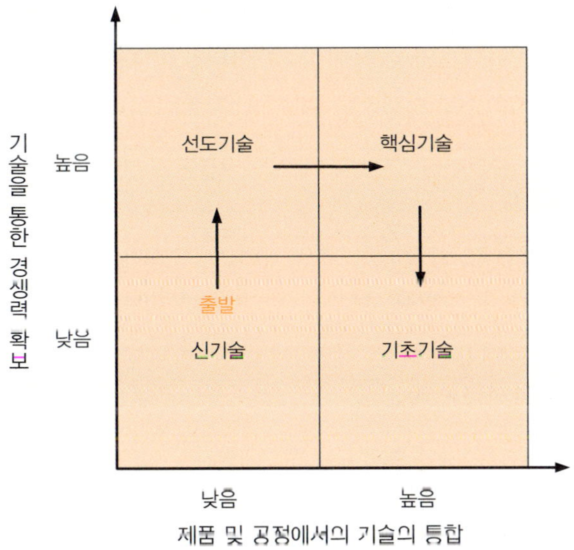

자료원: Servatius, H.-G.(1985), p. 117.

31 박주홍(2007), p. 78 재인용; Zahn, E.(1986), p. 30; Sommerlatte, T./Deschamps, J.-P.(1985), p. 41.

- 무엇으로 기술과 전략 간의 관련성을 만들 수 있는가?
- 특정 산업에 있어서 전략적 도구로서의 기술이 어떤 역할을 하는가?
- 경쟁자와 비교하여 기업이 기술을 어떻게 효과적으로 사용하는가?
- 기업의 기술적 목표와 전략은 어디에 있는가?
- 기술적 목표와 전략이 기업의 전략과 잘 일치하는가?
- 기술개발을 위한 자원투입이 기업의 전략과 일관성이 있는가?
- 기업의 전략적 사업영역의 기술포트폴리오에 의한 시너지가 활용되는가?

시간이 경과함에 따라 경쟁잠재력의 달성 정도와 관련된 어떤 기술 S곡선을 살펴본다면, 〈그림 2-4〉와 같은 결과를 얻을 수 있다. 이 그림에서는 시간이 경과함에 따라 어떤 기술 S곡선은 선도기술, 핵심기술 및 기초기술 등 세 가지의 기술로 구성되어 있음을 알 수 있다.

〈그림 2-4〉에서는 연구개발비의 지출강도와 관련하여 다음과 같은 세 가지의 전략적 대안을 추론할 수 있다.[32]

- 선택적 개발 및 출구의 확보: 이 대안은 어떤 기술의 초기개발단계, 즉 선도기술의 단계에 존재한다. 이러한 선도기술은 장기적으로 어떤 산업의 경쟁력에 큰 영향을 미칠 수 있다.
- 연구개발투입의 집중: 이 대안에서는 기업이 어떤 핵심기술을 갖게 되며, 또한 연구개발투입의 집중을 통하여 다양한 경쟁우위를 달성할 수 있게 한다.
- 연구개발비의 절감: 이 대안에서는 기초기술에 의한 제한적 경쟁우위가 나타나기 때문에 연구개발비의 지출을 감소시키고, 이것을 통하여 확보되는 여유자원을 어떤 새로운 선도기술의 개발을 위해 투자하는 것이 바람직하다.

32 Perlitz, M.(1988), p. 50.

그림 2-4 기술 S곡선과 시간경과에 따른 경쟁잠재력의 달성 정도

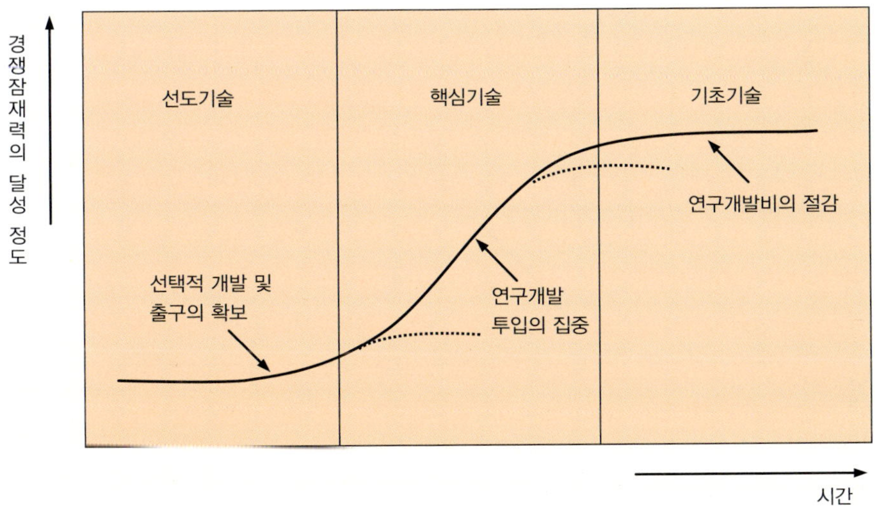

자료원: Perlitz, M.(1988), p. 50.

2.4.2 기술적 환경의 의의

어떤 국가의 기술적 환경(technological environment)은 먼저 특정 제품 및 서비스에 대한 수요-기술-제품수명주기(demand-technology-product life cycle)의 관점에서 평가될 수 있다.[33] 안소프(*Ansoff*)는 기술적 환경을 안정된 기술적 환경, 미옥한 기술적 환경 및 혼란한 기술적 환경 등으로 분류하였다. 이러한 세 가지 기술적 환경에 대하여 살펴보면 다음과 같다.[34]

안정된 기술적 환경(stable technological environment)

이것은 어떤 수요수명주기의 기간 동안 기본적으로 변화되지 않는 수명이 긴 기술을 가진 사업으로 구성되어 있다. 이러한 상황하에서는 일정한 제

33 Ansoff, H. I.(1984), p. 103 이하.

34 전게서; Roy, M. H./Dugal, S. S.(1999), p. 113; Dugal, S. S./Schroeder, J. E.(1995), p. 32 이하; Dugal, S. S./Roy, M. H.(1994), p. 294 이하.

그림 2-5 안정된 기술적 환경

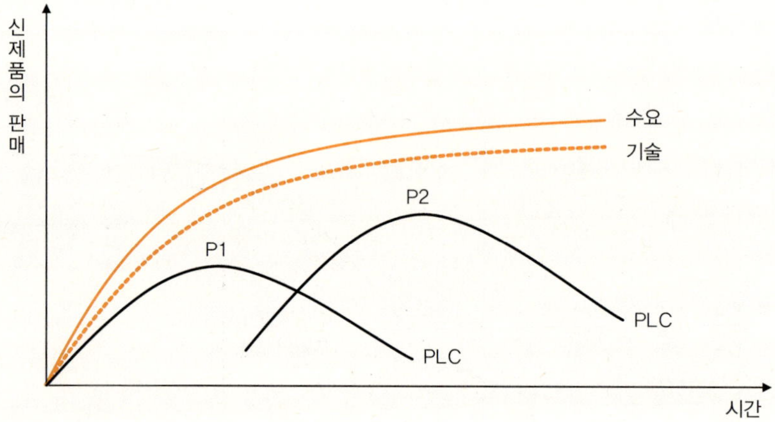

자료원: Ansoff, H. I.(1984), p. 103.

품수명주기 곡선들을 가진 제품의 수가 비교적 적으며, 다른 기술적 환경에 비해 안정적이다. 〈그림 2-5〉의 안정된 기술적 환경에 대한 그래프는 수요와 기술이 장기간 뒷받침되고, 또한 수요를 충족시킬 수 있는 소수의 제품이 안정적으로 판매되고 있는 상황을 보여준다.

비옥한 기술적 환경 (fertile technological environment)

이것은 안정된 기술적 환경에서와 마찬가지로 어떤 수요수명주기의 기간 동안 수명이 긴 기술을 가진 사업으로 이루어져 있다. 비옥한 기술적 환경은 안정된 기술적 환경에 비해 일정한 제품수명주기를 가진 제품을 더 많이 보유하고 있다. 이 환경하에서 제품개발은 성공을 위한 결정적 요인이 된다. 기업은 지속적 제품개발의 압박을 받기 때문에 혁신을 해야 하며, 제품수명주기는 비교적 짧다. 〈그림 2-6〉은 비옥한 기술적 환경을 그래프로 제시한다.

그림 2-6 비옥한 기술적 환경

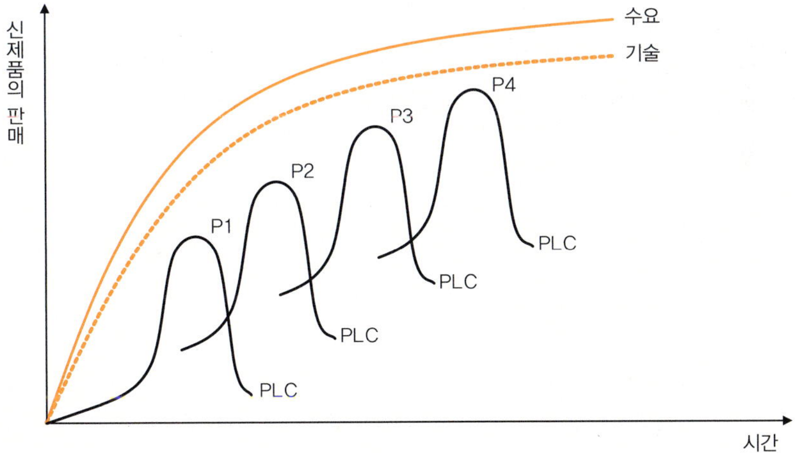

자료원: Ansoff, H. I.(1984), p. 103.

혼란한 기술적 환경(turbulent technological environment)

이것은 한 개 또는 그 이상의 기초기술의 대체가 일정한 수요수명주기 동안에 이루어지는 특징을 보여준다. 이러한 환경에서는 빠르고 짧은 제품수명주기로 인하여 나타나는 제품진부화(product obsolescence)의 위협이 큰 문제가 될 수 있다. 〈그림 2-7〉에 나타나 있는 바와 같이 일정한 수요수명주기

그림 2-7 혼란한 기술적 환경

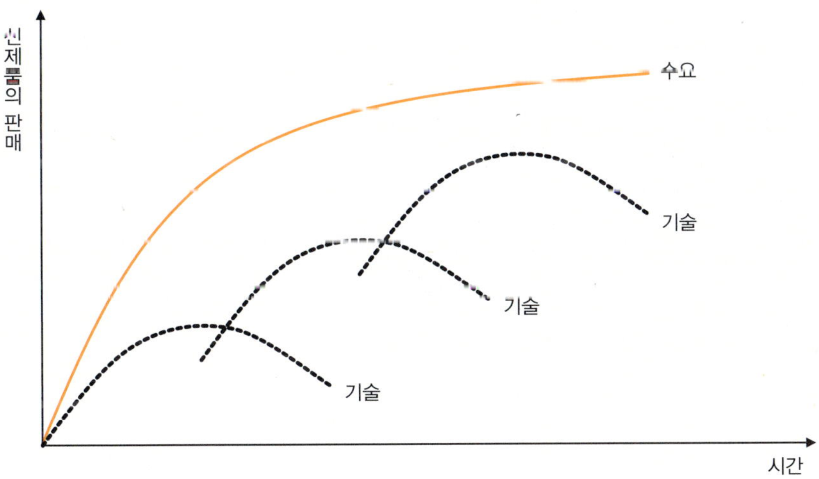

자료원: Ansoff, H. I.(1984), p. 103.

동안 3개의 기초기술의 대체가 이루어지고 있다. 그러나 이러한 상황에서 중요한 것은 기초기술이 아니라 핵심기술 또는 선도기술이다. 이 그림에 제시되어 있는 바와 같이 기술수명주기의 곡선들은 시간의 경과에 따라 하향하고 있는데, 이것은 기술적으로 진부화된 제품을 의미한다.

2.4.3 기술의 외부적 영향요인의 분석

자연적 영향요인

자연적 환경(natural environment)은 인간의 모든 거래활동의 기본적 요소를 제공한다. 어떤 제품을 생산하기 위해서 글로벌기업은 투입요소를 필요로 하며, 이러한 투입요소는 대부분 자연적 산물이다. 그리고 산출요소인 제품은 공해를 유발하지 않거나 쓰레기를 발생시키지 않는 등 환경친화적인가를 고려하여야 한다. 특히, 생태적인 문제는 사회적, 경제적, 법적 및 기술적 환경과 밀접한 관계가 있다. 투입요소와 산출요소가 기술에 영향을 미칠 수 있는 상황은 다음과 같으며, 이러한 상황들은 기술개발과 밀접하게 관련되어 있다.

- 원재료 가격의 폭등으로 인한 대체원료의 개발
- 생산에서의 에너지절감
- 생태적 위험의 회피가능성
- 자원의 재활용잠재성

기업의 혁신 및 기술경영의 관점에서 볼 때, 어떤 제품개발은 기술과 직접적으로 관련되어 있다. 그러나 이러한 제품개발에 덧붙여서, 기업이 중요하게 고려하여야 할 부분은 제품생산을 위한 원재료의 환경친화성, 생산에서의 원가절감을 위한 공정기술의 개발 및 환경보호를 위한 기술개발 등이다. 즉, 기업이 어떤 제품의 생산에 있어서 생태적 부담을 완화하는 것은 기업의 연구개발부문의 중요한 연구과제가 될 수 있으며, 이것은 또한 매우 큰 개선의 잠재성과 혁신의 잠재성을 내포하고 있다.

기술적 영향요인

기술적 환경(technological environment)은 기술의 발전상태, 관련 산업의 기술적 성숙도, 기술개발의 역동성, 새로운 물질 또는 원재료의 이용가능성 및 기술의 경쟁적 잠재성 등과 같은 현지국의 외부적 영향요인을 말한다. 먼저, 기술의 발전상태는 일반적으로 선진국, 개발도상국 및 후진국 등으로 분류하는 기준이 되며, 글로벌기업은 기술의 발전상태에 따라 현지국에서 기술집약적 제품의 생산을 고려할 수 있다. 관련 산업의 기술적 성숙도는 현지국에서 어떤 특정 기술이 어느 정도의 국제경쟁력을 보유하고 있는가에 대한 척도를 제시한다. 현지국에서의 기술개발의 역동성은 현지정부의 기술개발의 지원 및 특정 산업의 육성(예를 들면, 경제개발계획의 수립을 통한 특정 산업의 육성) 등을 통하여 촉진될 수 있다. 새로운 물질 또는 원재료의 이용가능성은 어떤 기술의 개발과 제품생산을 위한 기본적인 요소로 작용할 수 있다. 마지막으로, 기술의 경쟁적 잠재성은 경쟁기업과 비교한 어떤 기업의 기술적 위치를 파악하게 하는 중요한 기준이 된다.

현지국의 기술적 영향요인은 체계적인 기술평가에 의해 파악될 수 있다. 이러한 기술평가는 한편으로는 어떤 글로벌기업이 현지국에 투입한 기술의 발전상황에 대한 정보수집을 목표로 수행되며, 다른 한편으로는 투입한 기술의 기회와 위험을 조사할 목적으로 이루어진다. 구체적인 기술평가는 전문분야의 문헌분석, 특허분석, 실제적 및 잠재적 경쟁자의 연구개발능력의 분석 등을 통하여 이루어진다.

사회적 영향요인

사회적 환경(social environment)은 인구통계학적인 요인과 사회문화적 요인 등과 같은 현지국의 어떤 기술에 영향을 미치는 외부적 요인으로 구성되어 있다. 총인구, 연령별 및 지역별 인구분포 등과 같은 인구통계학적인 요인은 기술혁신에 있어서 결정적인 영향을 미치지는 않지만 어느 정도의 영향을 미치고 있다. 특히, 지역별 인구분포의 관점에서 볼 때, 어떤 현지국의 인구가 도시지역에 대규모로 집중되어 있다면 어떤 제품에 대한 실제적 및 잠재적 시장규모가 크기 때문에 기업은 제품개발을 위해 많은 자원을 투입할 것이다. 사회문화적 요인은 고객의 가치관, 제품수용가능성, 소비자의 행동 및 취향의 차이와 변화 등을 포함하고 있으며, 이러한 요인은 기술적 환경에 영향을 미치게 된다. 예를 들면, 소비자의 행동 및 취향이 바뀌게 되면 기업은 그들이 판매하는 특정 제품의 수정 및 개발과 관련된 의사결정상황에 직면하게 될 것이다.

사회문화적 요인은 다른 어떤 요인보다도 현지국에서의 제품차별화에 결정적인 영향을 미칠 수 있다. 왜냐하면 현지국에서의 사회문화적 요인의 변화는 기술적 환경의 변화를 촉진하는 요인으로 작용하기 때문이다. 일반적으로 사회적 환경 중에서 인구통계학적인 요인에 대한 자료는 2차 자료를 통하여 쉽게 획득될 수 있지만, 소비자행동과 관련된 사회문화적 요인은 설문조사 및 인터뷰 등을 통하여 직접 수집하여 분석하여야 한다. 이렇게 수집하여 분석된 자료를 바탕으로 기업은 현지국에서 판매할 제품의 기술적 요구사항을 충족시킬 수 있다.

법적 · 정치적 영향요인

법적·정치적 환경(legal and political environment)은 기술에 대한 법적인 규정, 기술표준, 정부의 경제정책 및 연구개발정책, 지원 및 촉진제도 등과 같은 요인으로 구성되어 있다. 먼저, 기술에 대한 법적인 규정으로는 혁신 및 기술경영에 직접적 또는 간접적 영향을 미치는 특허법, 환경보호법 및 소비자보호법 등이 있다. 이러한 법률규정은 기업이 어떤 제품을 개발 또는 생산할 때 반드시 준수하여야 하는 범위조건을 제시한다. 기술표준(technical standards)은 어떤 제품의 기술적 요인에 관련되는 표준을 의미하며, 기업이 제품관련 기술을 개발할 때 이것을 반드시 지켜야 한다. 국가별로 기술표준이 다르다면, 기업은 국가별로 제품차별화를 해야만 하는데, 이것을 강제적 제품차별화(mandatory product differentiation)라고 한다. 정부의 경제정책 및 연구개발정책은 어떤 국가에 있어서의 산업의 발전, 기술개발 및 연구개발의 활성화에 기여한다. 마지막으로, 지원 및 촉진제도는 기술개발과 관련하여 정부가 기업에게 각종 인센티브, 지원금 및 보조금 지급 등을 지원하는 제도이다.

법적·정치적 환경에 대한 구체적인 자료는 문헌조사, 법률조항의 검토,

정부의 보고서 및 관련된 산업협회 등을 통하여 수집될 수 있다. 특히, 현지국의 특허관련 법률과 다른 기업에 의해 이미 등록된 관련 기술에 대한 특허는 명확하게 조사·분석되어야 한다. 이를 통하여 글로벌기업은 특허침해적이고 중복적인 연구개발활동을 방지할 수 있고, 아울러 독자적으로 개발된 기술을 법률적으로 보호를 받는 특허로 등록할 수 있다.

경제적 영향요인

경제적 환경(economic environment)에서는 국민총생산, 1인당 국민소득 및 소득분포 등과 같은 시장규모와 관련된 변수와 경제성장, 인플레이션, 이자율, 환율, 국제수지 및 외채 등과 같은 거시경제지표와 관련된 변수가 기술의 외부적 영향요인을 분석하는 데 있어서 중요한 의미를 갖는다. 어떤 현지국의 시장규모가 크고, 어떤 글로벌기업이 판매하는 제품의 매출액규모가 크다면, 이에 상응하여 기업이 기술개발을 위해 투자할 수 있는 금액의 규모가 커지게 된다. 즉, 시장규모가 큰 국가는 기업의 매출액증가에 유리한 상황을 제공하며, 이러한 매출액의 일부가 기술개발에 유용하게 사용될 수 있다.

또한, 어떤 국가의 거시경제관련 지표는 그 국가의 금융 및 재정상황을 파악하는 데 도움이 된다. 만일 어떤 국가의 금융 및 재정상황이 매우 양호하다면, 이러한 상황은 현지국에서 활동하는 글로벌기업이 기술개발에 필요한 자금을 조달할 때 매우 유리하게 작용할 수 있다. 예를 들면, 어떤 현지국의 이자율이 다른 국가에 비해 상대적으로 낮다면, 그 국가에서 활동하는 글로벌기업은 좋은 조건의 기술개발자금을 조달하게 된다.

경제적 환경과 관련된 구체적인 자료는 국제경제관련 통계수치, 각국 정부에서 발간하는 통계연감, 개별기업 및 경영컨설팅회사에서 발간하는 보고서 등을 통하여 획득될 수 있다. 그리고 대출조건이 좋은 기술개발자금을 조달하기 위해서, 글로벌기업은 각 국가의 이자율, 환율 및 물가상승률 등과 같은 금융 및 시장정보를 면밀히 분석하여야 한다.

News Case 2.4 글로벌 불황과 독일의 두 번째 '라인강의 기적'

독일, 모방할 수 없는 고급기계 만드는 히든 챔피언(세계 시장 점유율 1~3위 기업) 1,350개, 중국 제치고 경상 흑자 1위…실업률, 선진국의 절반도 안돼, 부동산 시장까지 홀로 활황

"미국 경제가 역할 모델로 삼고 배워야 할 대상은 바로 독일이다."(전 미국 백악관 R 경제특별보좌관)

"독일은 세계 경제에서 '새로운 중국'이다."(전 이탈리아 P총리)

세계 각국 정부와 기업인, 학자들 사이에 '독일 경제 예찬론'이 쏟아지고 있다. 글로벌 금융위기와 유럽 재정 위기의 연쇄 충격으로 선진국 경제가 예외 없이 휘청거리는 와중에 독일만 수년째 독야청청 약진하고 있기 때문이다. 위기 속에서 더 빛나는 독일 경제의 위용은 수치에서 확연하다. 2005년 한때 12.5%까지 치솟았던 실업률은 올 2월 현재 5.7%로 독일 통일(1990년) 후 가장 낮다. 청년 실업률은 8.9%(지난해 8월)로 프랑스(23.5%), 미국(17.7%)은 물론 유로존 평균(20.4%)의 절반 미만이다. 반면 지난해 수출액(1조 4,756억 달러)은 사상 최대였고 경상수지 흑자는 세계 1위이다.

독일은 2004년부터 8년 연속 매년 1,000억 달러가 넘는 경상수지 흑자를 내는 유일한 선진국이며, 최근 10년간 서방선진 7개국(G7) 가운데 1인당 GDP 상승률이 가장 높다. 미국 국채보다 금리가 더 낮아 전 세계 국채를 통틀어 선호도가 가장 높은 안전 자산 역시 독일 국채이다. 독일이 '유럽의 우등생'이자, '절대 강자(power house)'로서 위상을 확고히 하는 것이다. 하지만 10여 년 전인 2000년대 초만 해도 독일 경제는 '유럽의 병자'로 불리며 조롱의 대상이었다. 분배와 과도한 복지에 초점을 둔 '라인 자본주의'와 신기술의 부작용 등을 과도하게 걱정하는 '저먼 앙스트(German Angst)' 등이 원인이었다. 하지만 독일은 보란 듯이 다시 경제 호황을 누리고 있다. '제 2 의 라인강의 기적'이라는 말도 나온다.

요즘 독일 전역은 어디를 가도 활력이 넘친다. 세계에서 거의 유일하게 활황인 부동산 시장이 대표적이다. 작년 1월부터 9월까지 9개월 동안의 독일 내 상업용 부동산 투자액은 126억 2,000만 유로(약 19조 5,000억 원)로 2010년 전체 투자액(108억 유로)을 압도했다. 독일 분데스방크에 따르면, 지난해 독일 125개 도시에서 거주용 부동산의 평균 가격 상승률은 5.5%를 기록해 전년(2.5%)보다 배 이상 뛰었다. 수년 동안 경기 호조로 호텔 신축 붐이 불고 있는 베를린은 최근 뉴욕을 제치고 세계에서 가장 호텔이 많은 도시가 됐다.

독일 경제의 성공은 두 가지 측면에서 한층 더 주목된다.

첫째는 1인당 국민소득 3만 달러를 넘는 선진국이면서도 중국, 인도, 브라질 같은 저임금 신흥국들의 도전에 당당하게 맞서는 독보적인 경쟁력을 확보했다는 점이다. 신흥국들이 경제 성장속도를 높일수록 수출과 무역 · 경상수지 흑자가 늘고 실업률은 낮아지는 절묘한 산업 · 고용 구조를 구축한 데다, 사회 전반의 낮은 부패도와 높은 정치적 안정성이 돋보인다.

둘째는 기업과 정부, 가계가 모두 선전하는 '삼위일체형 체제'라는 것이다. 독일 정부의 재정적자 규모는 GDP 대비 1.1%로 프랑스(5.7%), 영국(8.6%)보다 월등히 양호하며, GDP 대비 정부 부채 비율은 81.5%로 선진국 평균(103.5%)보다 20%포인트 이상 낮다. 가족형 중소기업들과 고급 자동차, 화학, 정밀기계 같은 제조업으로 무장한 산업계의 경우, 세계 시장 점유율 1위 품목이 852개로 중국을 제외하면 세계 최다이다. 가계의 순저축률(11.3%, 유로통계청 2009년)은 선진국 가운데 가장 높고, 신용카드 사용률(6.8%, 2010년)은 세계 최저 수준이다.

한 나라의 경제 기적은 좀처럼 두 번 일어나지 않는다. 같은 결과가 두 번이라면 분명 중요한 이유가 있다. Weekly BIZ가 현장 취재를 통해 욱일승천하는 독일 경제의 비결을 추적했다.

이달 13일 오전 11시쯤 기자가 찾아간 함부르크항은 수출 컨테이너들로 가득 차 있었다. 유럽에서 두 번째로 큰 함부르크항은 최근 독일의 사상 첫 1조 유로 수출달성으로 전성기를 맞고 있다. 터미널운영업체인 HHLA(Hamburger Hafen & Logistik AG)의 J이사는 "지난해 사상 최대 수익을 냈다. 이 추세라면 2025년에는 함부르크항의 컨테이너 처리 물량이 지금보다 3배 정도 늘어 있을 것"이라고 말했다. 같은 날 오후 함부르크의 쇼핑 거리 '겐제마르크트'는 평일인데도 인파로 붐볐다. 신발가게 종업원 A는 "세일 기간이 아닌데도 진열대에 새 물건을 채우기 무섭게 팔려나간다"고 했다. 소비에 인색한 독일인들이 지갑을 여는 바람에 지난해 독일의 민간 소비는 1.5% 증가해 10년 만에 최고치를 기록했다. 독일 최대 상업도시인 프랑크푸르트의 경우, 2004년 20%에 달했던 시내 건물 공실률이 급감해 요즘 빈 사무실이 없다. 오피스 건물 임대료는 연평균 18%씩 상승했고, 시내 곳곳에는 건물 신축공사가 한창이다.

'소비재'가 아닌 '생산재'를 수출하는 '기술 수출국'

독일 경제성장의 3분의 2를 차지하는 핵심 동력인 수출의 강점은 '크기'보다 '내용물'에 있다. 경쟁자가 많은 소비재를 팔지 않고 아무나 모방할 수 없는 '기술', 즉 '생산재'를 파는 것이다. 독일경제연구소(IFO)의 N연구원은 "독일은 높은 기술을 보유한 '하이 퀄리티'의 제품을 수출해 견고한 경제성장을 유지한다"며 "이런 독일의 수출력은 훌륭한 인적 자본과 기업의 혁신 투자, 적절한 수준의 임금 등에서 나온다"고 말했다.

유럽 전체가 재정 위기로 신음하던 지난해에도 독일 자동차와 기계, 제조, 화학, 철강 등은 2010년 대비 8.8~14%씩 성장했다. 이런 생산재 수출형 경제 구조는 중국을 포함한 신흥국과 '경쟁'이 아닌 '협력' 구도를 만든다. 즉 중국 등이 수출 물량을 늘리거나 수준 높은 물건을 만들려면 독일의 '고급 기계'들이 많이 필요한 것이다. 독일기계설비협회(VDMA) R회장은 "지난해 중국에 대한 플라스틱, 고무 설비 산업 분야 수출이 30.5% 증가한 7억 6,640만 유로를 기록했다. 이는 역대 한 국가에 대한 수출액으로 사상 최대 규모"라고 말했다.

'유한 기업'으로 R&D 장기 투자 활발, 367만 개 중소기업의 힘

독일 기업들이 수준 높은 기술을 보유하게 된 원인 중 하나는 '유한 기업(GmbH)' 제도이다. 유한 기업은 소수의 창업자나 임원들이 적은 자본금으로도 세울 수 있다. 주주들이 강력한 권한을 행사하는 주식회사(AG)와 달리, 단기 실적에 구애받지 않고 장기적으로 연구개발(R&D) 등에 집중할 수 있다. 독일에는 90만 개가 넘는 유한 기업이 있는데, 자동차 기업인 'BMW'와 명품 여행가방인 '리모와(Rimowa)'가 해당된다. 독일 정부 역시 유한 기업 설립을 장려한다.

전체 기업 중 99.6%(367만 개)를 차지하는 중소기업도 독일 경제의 핵심 견인차이다. 이 가운데 세계 시장 점유율 1~3위에 드는 히든 챔피언급만 1,350여 개다. 스위스 국제경영개발연구원(IMD)은 "독일 중소기업의 효율성은 세계 2위이며, 이들은 바스프, 바이엘, 지멘스, 다임러 같은 대기업과 연계해 세계 최강의 제조업 경쟁력을 낳고 있다"고 밝혔다. 독일 중소기업의 총매출액 대비 R&D 투자비율은 3.6%로 대기업(3.1%)보다 높고, 독일 '히든 챔피언'들은 총매출의 5%를 R&D에 투자한다. 이는 미국 기업 평균의 20배 수준이다.

포퓰리즘 이겨낸 '뚝심 리더십'과 협력적 노사 관계

2003년 슈뢰더 총리는 '더 높은 성장과 더 많은 일자리를 위해'를 외치며 소득세 감면을 통한 일자리 창출, 고용기간 신축 조정 등을 통한 해고 규제 완화 등을 골자로 한 '어젠다(Agenda) 2010' 개혁에 착수했다. 그 결과 2005년 이전까지 최장 36개월이던 실업 급여 지급기간이 12개월로 줄고, 월급여 400유로(약 65만 원) 미만인 미니 잡(mini job) 같은 저임금 일자리도 탄생했다. 2010년 당시 730만 명이 '미니 잡'에 종사했다.

슈뢰더의 개혁 정책은 정치적 반발을 초래해 2005년 야당이던 기독·기사연합(CDU)의 앙겔라 메르켈 총리에게 정권이 넘어갔다. 하지만 메르켈은 전 정권의 정책을 뒤집지 않고 오히려 더 강력하게 추진했다. "슈뢰더의 복지·노동 시장 개혁이 없었다면 지금의 독일 경제 번영은 불가능했을 것이다."(한국은행 K프랑크푸르트 지점장) 중학교 때부터 '직업준비학교(중학 과정) → 직업학교(고교) → 마이스터(대학)'를 통해 체계적으로 기술 교육을 받고 회사와의 계약을 통해

회사(실습)와 학교(이론)의 이중 교육(Duales System)을 받는 교육제도는 청년 실업률을 획기적으로 낮추는 비책이다. 기업들은 숙련공을 확보하게 돼 이를 반긴다.

독일 공공부문 노조는 지난달까지 10년 동안 임금 인상을 하지 않았다. '해고하지 않는 대신 2011년까지 임금 동결'이라는 협정을 10년 전 사측과 맺었기 때문이다. 현대경제연구원 C박사는 "정부와 기업, 노조 등 경제 주체들 간의 협력과 대화가 독일 경제의 주춧돌"이라고 했다. 2009년 독일 정부가 단축근로제도(Kurzarbeit)를 도입하자, 근로자들이 적극 호응한 게 대표적이다. 이 제도는 경기침체시 기업은 해고를 하지 않는 대신 한시적으로 근로시간을 줄여 고용을 유지하고, 정부는 기업에 보조금을 줘 삭감된 임금의 60%를 보전해 주는 방식이다.

자료원: 조선일보, 2012년 4월 21일.

CHAPTER 03 글로벌 마케팅조사

3.1 글로벌 마케팅조사의 의의와 필요성

3.1.1 글로벌 마케팅조사의 의의

글로벌 마케팅조사(global marketing research)는 글로벌마케팅과 관련된 다양한 형태의 의사결정을 하는 데 필요한 정보를 제공하기 위하여 수행되는 지원활동이다. 글로벌 마케팅조사를 통하여 수집된 정보를 바탕으로 기업은 글로벌화에 대한 의사결정을 할 뿐만 아니라, 글로벌 시장진입전략 및 마케팅 믹스전략 등을 수립한다.

방법론적인 측면에서 볼 때, 글로벌 마케팅조사는 국내 마케팅조사와 큰 차이가 없다. 즉, 글로벌 마케팅조사를 위해 활용하는 조사기법은 국내 마케팅조사를 위해 사용하는 조사기법과 동일하다. 그러나 글로벌마케팅에서는 서로 다른 환경을 가진 다양한 국가를 대상으로 조사를 하기 때문에 국내 마케팅조사보다 더욱 복잡하다. 글로벌 마케팅조사의 특징은 다음과 같이 요약될 수 있다.[1]

- 다양한 국가, 문화 및 언어 때문에 나타나는 조사설계의 복잡성
- 2차 자료의 정확성, 신뢰성 및 수집에 있어서의 문제점 발생가능성
- 1차 자료 수집과 관련된 비용적 및 시간적 부담의 가중
- 국가 간 조사활동과 관련된 조정문제의 발생가능성
- 다양한 환경조건하에서 수집된 자료의 국가별 비교의 문제점 발생가능성

3.1.2 글로벌 마케팅조사의 필요성

글로벌시장은 여러 가지 환경적 요인의 영향을 받는 다수의 개별 국가시장으로 구성되어 있다. 그러므로 어떤 글로벌기업이 다수의 개별 국가시장을 대상으로 마케팅활동을 하는 경우에 있어서, 정치적·법적, 경제적, 사회문화적 및 기술적 환경 등과 같은 요인들을 국가별로 조사하고 분석할 필요가 있

1 문병준 외(2007), p. 87.

다. 글로벌 마케팅조사는 다음과 같은 의사결정을 하기 위하여 필요한 정보를 제공한다.[2]

- 글로벌화 추진 여부: 자사 제품에 대한 글로벌 시장기회의 평가, 글로벌화에 대한 경영진의 의시, 해외경쟁사와 비교한 자사의 경쟁력, 국내시장 기회와 글로벌시장 기회의 비교, 글로벌시장에 대한 잠재적 및 실제적 수요조사
- 진입시장의 선택: 환경분석을 통한 잠재적 및 실제적 시장에 대한 진입 우선순위의 결정
- 진입방법의 선택: 수출, 라이선싱, 해외 지점 및 지사의 설립, 자회사의 설립 등과 같은 진입방법의 선택에 영향을 미치는 요인의 분석
- 글로벌 마케팅믹스: 글로벌 제품, 가격, 유통 및 촉진 등과 관련된 의사결정을 위해 요구되는 시장정보
- 글로벌마케팅 활동의 관리: 다수의 글로벌시장에서 수행되는 마케팅 활동에 대한 계획, 조직 및 통제 등에 필요한 정보

3.2 글로벌 마케팅조사를 위한 자료수집

3.2.1 2차 자료수집

글로벌 마케팅환경의 분석은 글로벌기업이 진출하려는 어떤 국가 또는 지역에 대한 자료수집으로부터 시작된다. 이러한 자료는 이미 발표되거나 출판된 자료를 말하며, 2차 자료(secondary data)라고 한다. 2차 자료수집의 원천을 살펴보면 다음과 같다.[3]

- 고객: 개인소비자 또는 사용자, 기업고객으로부터 수집되는 정보

2 문준연(2006), p. 96 이하; 이장로(2003), p. 480 이하.

3 박주홍(2009), p. 163 이하 재인용; Daniels, J. D. et al.(2004), p. 394 이하; Perlitz, M.(2004), p. 170 이하.

- 경쟁기업: 경쟁기업이 발간한 자료 및 보고서, 경쟁기업의 직원으로부터 수집되는 정보
- 해외회사: 해외자회사 및 해외에서 활동하는 다른 기업으로부터 수집되는 정보
- 개별적 보고서: 시장조사기업 및 컨설팅기업에게 비용을 지불하여 수행한 보고서
- 전문적 연구보고서: 산업협회 및 연구기관이 발간한 연구보고서(예를 들면, 제품별 또는 산업별 연구보고서)
- 서비스기업: 은행, 회계법인 등과 같은 서비스기업이 발간한 자료 또는 보고서
- 정부기관: 각 정부부처에서 발간하는 보고서 및 각종 연감
- 국제조직 및 기구: UN, WTO, IMF 등과 같은 국제조직 및 기구에서 발간하는 보고서 및 각종 연감
- 상공회의소 및 무역협회: 이들이 발간하는 자료, 보고서 및 각종 연감
- 정보서비스기업: 각종 정보에 대하여 체계적으로 데이터베이스를 구축한 기업으로부터 관련된 정보를 유료로 구입함.
- 인터넷: 인터넷검색을 통한 정보수집
- 박람회 및 전시회: 참가기업, 구매자(바이어), 주최기관 및 방문객 등을 통한 정보수집

News Case 3.1 라이프스타일 조사를 통한 BMW의 전기차 개발

"내년 독일 프랑크푸르트 모터쇼에 BMW의 전기차 라인업을 확장할 i4와 i5를 선보일 것입니다." BMW i브랜드 D매니저는 지난 16일 서울 청담동 비욘드뮤지엄에서 열린 기술세미나 'i 이노베이션 데이'에서 기자와 만나 이렇게 말했다. BMW가 i3와 i8 사이에 중간 크기의 전기차를 개발하고 있다는 소문은 많았지만 구체적인 공개 시기가 언급된 것은 이번이 처음이다.

자동차업계는 i4는 i3를 기반으로 한 2인승 초소형 전기차, i5는 다목적차량(MPV)이나 4도어 세단 형태가 될 것으로 예상하고 있다. D매니저는 "디자인과 개발 컨셉트 등 자세한 내용은 밝힐 수 없다"며 "내년에

실제 양산할 수 있는 실물 모델을 공개하겠다"고 설명했다.

전 세계 프리미엄카 시장에서 막대한 수익을 올리고 있는 BMW가 미래가 불투명한 전기차 시장에 뛰어든 이유는 뭘까. '수익성 때문'이라는 뜻밖의 대답이 돌아왔다. D매니저는 "수익을 내려면 지속가능한 성장이 필수적"이라고 강조했다. "잘 팔린다고 지금과 비슷한 형태의 신차만 내놓아서는 안 됩니다. BMW는 첫 번째 하위 브랜드로 M3 같은 고성능과 기술력을 강조한 브랜드 M을 내놓았고 두 번째로 전기차 브랜드 i를 출범시켰죠. 현재에 안주하지 않는 회사입니다. 끊임없이 변화하고 새로운 고객층을 찾아나서야 경쟁력을 갖출 수 있어요."

BMW그룹은 i브랜드 출시 전부터 도시인들의 라이프스타일에 대한 조사를 실시했다. 이를 통해 미래 이동성, 영감을 주는 디자인, 새로운 프리미엄 타깃 등 세 가지 주제를 핵심으로 전기차를 개발했다. "미국 샌프란시스코에서 500만 달러가 넘는 집에 사는 부자들을 조사해 보니 의외의 결과가 나왔습니다. 차고지에 벤츠, 포르쉐, BMW보다 도요타의 하이브리드카 프리우스가 많이 있었던 것이죠. 프리미엄의 기준이 바뀌고 있다는 얘기죠. BMW는 전기차를 통해 친환경적이고 효율적인 프리미엄 브랜드로 변신을 시도하고 있습니다. 2014년 한국에도 전기차 i3를 출시합니다. 앞으로 세상을 바꿀 BMW의 전기차를 기대해 주세요."

자료원: 한국경제, 2012년 5월 21일.

3.2.2 1차 자료수집

1차 자료(primary data)는 글로벌기업이 필요로 하는 글로벌 마케팅환경에 대한 정보 및 자료를 독자적으로 수집하거나 창출하는 것을 말한다. 즉, 기업외부에서 수집되는 2차 자료가 불충분한 경우에는 기업이 직접 조사하여 자료를 수집하게 된다. 글로벌기업은 설문조사와 비설문조사를 통하여 1차 자료를 수집한다.[4]

- 설문조사: 설문지(questionnaire)를 사용하여 필요한 자료를 수집하는 방법이며, 이 방법에서는 조사개념이 계량화되고 개념들 간의 상관관계가 심층적으로 분석된다.
- 비설문조사: 관찰법(observation), 프로토콜(protocol), 투사법(projective

4 이장로(2003), p. 497 이하.

technique) 및 심층 인터뷰(in-depth interview) 등을 통하여 필요한 자료를 수집하며, 그 내용은 다음과 같다.

▶ 관찰법: 조사자가 일상적인 생활패턴(예를 들면, 구매패턴)과 같은 조사대상자들의 행동을 직접 관찰하여 자료를 수집한다.

▶ 프로토콜: 현장 또는 모의현장에서 조사대상자가 구매행위와 같은 특정 행위를 하면서 구매동기 및 구매의사결정에 대하여 자유자재로 구술하도록 하고, 이것을 기록하여 필요한 자료를 획득한다.

▶ 투사법: 조사대상자에게 구매행위와 같은 특정 상황을 그림 또는 문자를 통해 보여주면서 조사대상자 자신으로 하여금 그 상황 속의 구매자인 것처럼 생각하게 함으로써 나타나는 반응을 관찰하여 자료를 수집한다.

▶ 심층 인터뷰: 특정 주제에 대한 개인 또는 집단의 태도를 깊이 이해하기 위하여 수행하는 인터뷰 방법이다.

News Case 3.2 한일 FTA와 한중 FTA에 대한 설문조사의 결과

한국이 일본, 중국과 자유무역협정(Free Trade Agreement, FTA)을 체결할 경우에 한국기업들이 일본보다 중국과의 FTA를 더 우려하는 것으로 나타났다. 한국무역협회 국제무역연구원이 한국 제조업체 3,000개사를 대상으로 한일, 한중 FTA 설문조사를 실시한 결과를 발표하였다.

국내기업들은 한일 FTA(찬성률 68.1%)와 한중 FTA(찬성률 58.8%) 모두 대체적으로 찬성하였다. 그러나 한일 FTA(반대율 26.8%)보다 한중 FTA(반대율 36.8%)를 우려하는 목소리가 높았다. 한일 FTA에 대해서는 이득이 크다고 본 업체가 손해를 우려한 업체보다 많았다. 응답업체의 19.7%가 '이득이 크다'고 답했고, 11.1%가 '손해가 크다'고 예상하였다. 반면에 한중 FTA에 대해선 이득보다 손해가 더 크다고 보는 업체들이 많았다. '손해가 크다'는 답변이 24.6%였고, '이득이 크다'는 답변은 19.2%였다.

국제무역연구원은 "한일 FTA 찬성비율이 더 높은 것은 장기간 일본과 수입 거래를 맺으며 비교적 안정된 공급관계가 형성됐기 때문"이라고 설명하였다. 반면에 한중 FTA를 우려하는 이유는 저가 중국산 제품이 한국시장에 가격경쟁을 촉발할 것이라고 예상하기 때문이다. 품목별로 살펴보면 한일 FTA에 대해서는 대부분의 업종이 50% 이상의 찬성률을 기록하였다. 정밀기계, 자

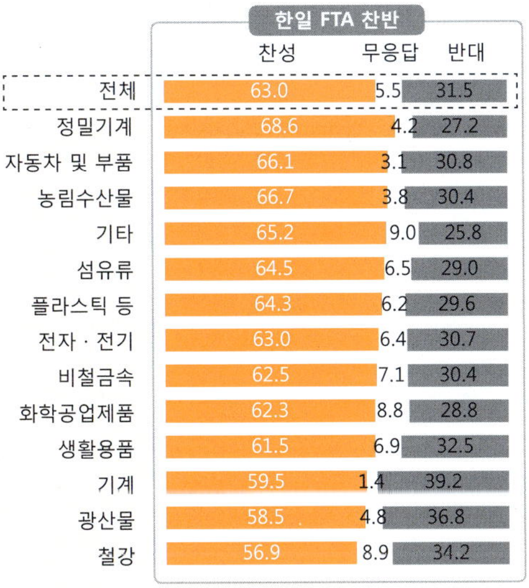

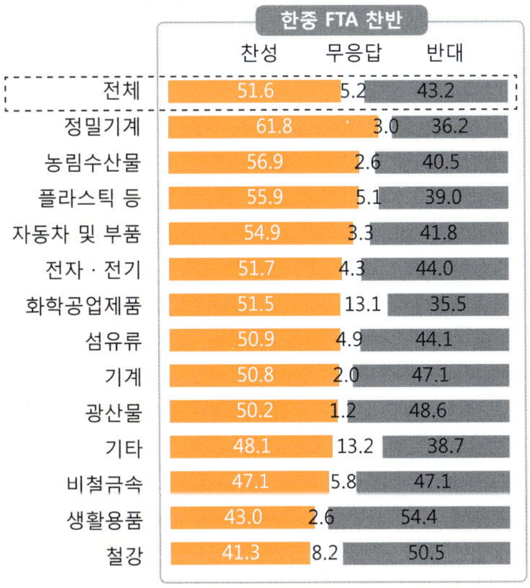

동차 및 부품 제조업체들이 우호적인 반면에 기계, 철강 제조업체들은 상대적으로 부정적이었다. 한중 FTA에 대해선 찬반이 뚜렷하게 나뉘었다. 정밀기계, 농림수산물, 플라스틱, 자동차 및 부품, 전자 · 전기, 화학공업, 섬유, 기계 등이 50%를 넘는 찬성률을 기록하였다. 반면에 철강, 생활용품 등은 50%를 넘는 반대율을 보였다.

국제무역연구원은 "한일 FTA로 기계제품 경쟁률이 22.6%에서 54.9%로, 한중 FTA로 섬유, 철강, 비철금속, 전자 · 전기 등의 경쟁률이 37.4%에서 68.6%로 크게 확대될 것"이라며 "한일 FTA와 한중 FTA 체결로 경쟁이 심화될 업종의 민감성을 반영하는 노력이 뒷받침되어야 한다"고 지적하였다.

자료원: 이데일리, 2010년 3월 1일.

3.3 글로벌 마케팅조사의 과정

글로벌 마케팅조사의 과정은 〈그림 3-1〉에 제시되어 있는 바와 같이 5단계로 구성되어 있다. 이론적으로 볼 때, 이러한 글로벌 마케팅조사의 과정

그림 3-1 글로벌 마케팅조사의 과정

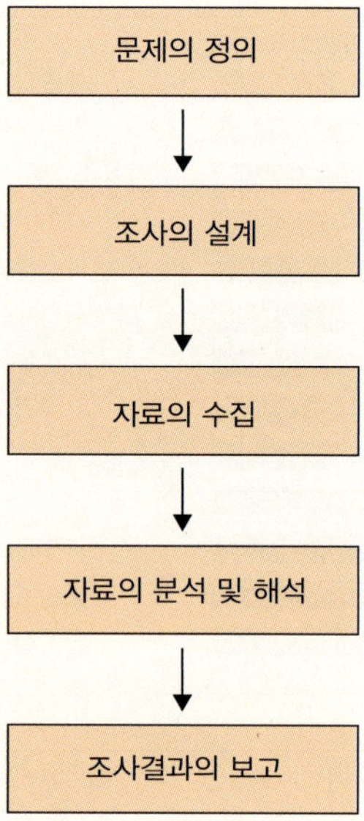

은 국내 마케팅조사의 과정과 동일하다.

3.3.1 문제의 정의

문제의 정의(problem definition)는 글로벌마케팅과 관련하여 해결되어야 할 문제를 명확히 규정하는 것이다. 즉, 글로벌마케팅과 관련된 문제를 파악한 후에 구체적인 조사과정이 시작된다. 문제의 정의는 향후의 조사과정에서 요구되는 시간과 비용에 직접적으로 영향을 미치기 때문에 매우 구체적으로 이루어져야 한다.

보다 효과적인 문제의 정의를 위하여 다음과 같은 측면들이 고려되어야 한다.

- 문제의 범위설정: 문제를 정의할 때 그 범위가 광범위하면 조사시간이 오래 걸리고 비용이 많이 들 수 있으며, 반면에 그 범위가 너무 좁으면 필요한 조사결과가 획득되지 않을 수도 있다.
- 의사결정자의 직위: 최고경영층 또는 상위경영층은 전략적인 문제를

고려하며, 중하위경영층은 운영적인 문제에 집중하는 경향이 있다.

- 문화적 차이: 국가별 또는 지역별 문화적 차이에 따라 문제를 보는 시각이 다를 수 있다.

3.3.2 조사의 설계

조사의 설계(research design)는 조사프로젝트를 수행하고 통제하기 위한 구체적인 방안을 제시하는 것이다. 조사의 설계에 있어서 가장 중요한 것은 시간과 비용을 절감하고, 조사의 효율성을 증대시키는 것이다. 조사의 설계는 다음과 같은 네 가지 주요 활동과제로 이루어진다.[5]

- 규정된 문제에 대한 종합적인 검토: 조사목적, 연구문제 및 연구가설 등에 대한 검토
- 조사골격(research framework)의 설정: 조사방법, 자료수집의 절차 및 기법 등에 대한 결정
- 예산편성과 조사일정의 확정: 인원, 시간 및 비용을 고려한 예산편성 및 조사일정의 확정
- 조사설계의 평가: 신뢰성, 타당성 및 결과의 일반화 가능성 등을 기준으로 평가

글로벌 마케팅조사는 여러 국가 또는 지역을 대상으로 이루어지기 때문에 수집하여야 할 자료의 유형을 결정하는 것이 중요하다. 자료는 앞에서 살펴본 바와 같이 1차 자료와 2차 자료로 구분되며, 이러한 자료의 유형에 따라 조사의 설계가 이루어진다. 2차 자료는 신속하게 수집될 수 있고 1차 자료에 비해 시간과 비용이 적게 소요되는 반면, 1차 자료는 자료의 정확성, 적합성 및 시의 적절성 등의 측면에서 볼 때 2차 자료보다 우수하지만 자료의 수집 비용 및 시간이 많이 드는 단점이 있다. 또한 1차 자료의 수집은 2차 자료의 수집보다 조사의 설계가 더욱 복잡하다. 왜냐하면 1차 자료의 수집에서는 조사방법, 응답자 접촉방법, 표본추출 및 측정도구 등이 결정되어야 하기 때문이다.[6]

5 채서일(2003), p. 47.

6 문병준 외(2007), p. 90.

News Case 3.3 아프리카 휴대폰 시장의 시장점유율

독일의 시장조사기관인 GfK(Gesellschaft für Konsumforschung e.V)는 지난해 아프리카에서 휴대폰 시장의 업체별 시장점유율을 파악하던 중 고민에 빠졌다. 노키아, 삼성전자, LG전자 등이 만든 제품을 그대로 모방한 중국산 '짝퉁폰'의 판매량이 급격하게 늘어났기 때문이다. 다른 지역에서처럼 짝퉁폰을 제외하고 통계를 만들기에는 판매량이 지나치게 많았다. 결국 이 기관은 업계 1위 노키아의 제품을 모방한 제품이라는 의미의 '노키아 페이크(Nokia-Fake)'를 조사항목에 넣고, 짝퉁폰 판매량을 공식적으로 집계하기 시작하였다. 아프리카 전자제품 시장에 '중국 바람'이 불고 있다. 지난해부터 휴대폰을 중심으로 중국산 판매량이 급격히 늘어나는 추세이다. 전문가들은 '짝퉁 제품'을 전면에 내세운 중국 업체들의 공세가 앞으로 더 거세질 것으로 전망하고 있다.

나이지리아 월별 통계에 '노키아 페이크'가 처음 등장한 것은 지난해 4월이다. 당시 1%였던 중국산 짝퉁폰의 점유율은 6개월 후인 지난해 10월 7.5%까지 높아졌다. 독자 브랜드를 갖고 활동하는 TECNO, ITEL, SMADL 등 중국 군소 휴대폰 제조업체의 점유율까지 합하면 전체 시장의 20% 이상을 중국산이 차지하였다. 반면 기존 메이저 기업들의 휴대폰 판매량은 뚜렷한 하향 곡선을 그리고 있다. 2008년 10월 69.1%였던 노키아의 나이지리아 시장점유율은 지난해 10월 58.8%로 떨어졌다. 삼성전자도 같은 기간 12.8%에서 9.8%로 점유율이 낮아졌다. LG전자 역시 3%대의 점유율에서 벗어나지 못하고 있는 상황이다.

업계에서는 아프리카 시장의 짝퉁폰 판매량이 공식 통계보다 훨씬 많으며, 짝퉁폰을 포함한 중국산 점유율이 삼성, LG의 두 배가 넘는 것으로 보고 있다. 업계의 한 관계자는 "중국산 휴대폰은 10달러대로 저렴하면서도 그럭저럭 불편없이 쓸 수 있는 품질을 갖췄다"며 "저가 시장에서는 경쟁이 어려워졌다"고 설명하였다.

삼성전자와 LG전자는 중국 기업들의 약진에 바짝 긴장하고 있다. LG전자 중동 · 아프리카 K지역본부장(부사장)은 "아프리카 휴대폰 시장의 주적이 노키아에서 중국산으로 바뀌었다"며 "휴대폰 시장 전략을 완전히 새로 짜고 있다"고 말했다. 그는 "현재까지는 중국산이 가격대가 낮은 휴대폰에 머물러 있지만 TV 등 고가제품군으로 영역을 확장할 가능성이 높다"고 지적하였다. 이어 "소비자들의 성향을 읽고 이를 제품에 반영하는 것에서 한 발 더 나아가야 한다"며 "제품에 대한 무조건적인 환상을 심어주는 애플 아이폰 스타일의 마케팅 전략을 펴야 '중국 바람'에 대응할 수 있을 것"이라고 덧붙였다.

LG전자는 최근 중동 · 아프리카 지역본부 내 최고경영진(C레벨)을 대거 외국인으로 교체하였다. 맥킨지, P&G 등 다국적기업 출신 외국인들에게 CSO(최고 전략책임자), CHO(최고 인사책임자), CGTMO(최고 유통망 관리책임자), CPO(최고 구매책임자) 등의 요직을 맡겼다. 한국인 주재원으로 이루어진 인재풀만으로는 시시각각 달라지는 시장환경의 변화에 대처할 수 없다고 판단했다는 것이 회사 측의 설명이다. 삼성전자는 올해 초 중동 · 아프리카 총괄을 두 개로 분리하여, 아프리카만 전담하는 총괄조직을 신설하였다. 회사 관계자는 '현장밀착형 마케팅을 위한 조직개편'이라며 "아프리카 시장을 보다 적극적으로 공략할 계획"이라고 말했다.

자료원: 한국경제, 2010년 2월 16일.

3.3.3 자료의 수집

자료의 수집(data collection)은 앞서 논의한 조사의 설계에 기초하여 이루어진다. 2차 자료수집과 1차 자료수집의 의의와 내용 등은 이미 검토하였기 때문에(3.2 참고), 아래에서는 2차 자료수집과 1차 자료수집의 문제점을 중심으로 살펴보기로 한다.

글로벌시장의 관점에서 볼 때, 2차 자료는 경제발전의 정도와 문화적 배경이 서로 다른 국가와 지역으로부터 수집되기 때문에 다음과 같은 문제점을 내포하고 있다.[7]

- 자료의 이용가능성(availability of data): 국가 및 지역에 따라 필요로 하는 2차 자료가 없는 경우가 있다. 예를 들면, 세부적인 통계자료를 수집하는 정부기관이 없는 국가가 있을 수 있고, 통계조사를 하더라도 필요한 자료의 활용이 불가능한 경우도 있다. 이러한 현상은 주로 후진국 및 개발도상국에서 발견된다. 만일 필요로 하는 자료를 어떤 현지 국가에서 수집할 수 없는 경우에는 글로벌기업은 직접 또는 조사대행 기관을 통하여 자료를 수집하여야 한다.
- 자료의 발생시기(age of data): 글로벌기업이 요구하는 자료가 현지국가에서 이용가능할지라도 자료의 발생시기가 다를 수 있다. 즉, 국가에 따라 조사의 시점과 횟수가 일치하지 않기 때문에 자료의 발생시기가

7 Kotabe, M./Helsen, K.(2011), p. 199 이하; Gillespie, K./Jeannet, J.-P./Hennessey, H. D.(2004), p. 175 이하.

달라지는 상황이 초래될 수 있다.

- 자료의 정확성(accuracy of data): 자료의 정확성은 자료의 신뢰성과 관련되어 있다. 국가에 따라 통계수치가 조작되거나 자국에 유리하게 과장되어 발표되기도 한다. 일반적으로 선진국에서의 통계조사는 국가의 예산지원과 체계적인 과정을 거쳐서 수행되기 때문에 그 결과를 신뢰할 수 있지만, 후진국 또는 개발도상국에서의 통계조사는 전문가와 예산의 부족으로 인하여 그 정확성이 떨어질 가능성이 매우 높다.
- 자료의 비교가능성(comparability of data): 글로벌기업이 서로 다른 여러 국가의 2차 자료를 비교하는 경우에 있어서 각 국가의 자료수집의 방식 및 표시방법 등에 따라 국가 간 직접 비교가 어려울 수 있다. UN, IMF, WTO 등과 같은 국제기구에서 직접 수집하여 제공하는 2차 자료는 이러한 문제점을 거의 발생시키지 않지만, 각 국가의 정부기관에서 발표한 2차 자료는 가끔 국가 간 직접 비교를 어렵게 만들기도 한다.

1차 자료의 수집과 관련하여 글로벌 마케팅조사자는 다음과 같은 문제에 직면할 수 있다.[8]

- 응답의 비협조성(unwillingness to respond): 국가에 따라 설문조사 또는 인터뷰에 비협조적인 응답자가 있을 수 있다. 특히, 현지인이 어떤 특정 국가 또는 외국인 조사자에 대하여 반감이나 적대감을 갖고 있는 경우에는 설문조사 또는 인터뷰가 불가능한 상황이 나타날 수 있다. 또한 응답에 있어서 남성과 여성 간의 차이가 있을 수 있다. 예를 들면, 이슬람 문화권에서는 여성이 남성보다 응답을 더 꺼리는 경향이 있다. 이와 같은 문제점이 발생하는 경우에는 현지인 조사자 또는 여성 조사자를 활용하여 조사를 수행하여야 한다.
- 실증조사에서의 표본추출(sampling in field surveys): 조사방법이 정해지고, 설문지가 완성되고 나면 구체적인 조사대상자를 선정하여야 한다. 조사대상자의 선정방법은 조사대상자들이 속해 있는 집단 전체를 조사하는 전수조사와 그 중에서 일부분을 대상으로 조사하는 표본조사가 있다. 표본추출은 여러 가지 표본추출방법을 사용하여 조사대상 집단

8 Cateora, P. R.(1993), p. 348 이하.

전체에서 조사대상자를 선정하는 것이다. 실증조사에서의 표본추출의 문제는 글로벌기업이 조사하려는 국가에 따라 표본의 대표성이 현저하게 차이가 나는 경우에 발생한다.

- 문화 간 연구(cross-cultural studies): 글로벌 마케팅활동은 서로 다른 문화적 배경을 가진 국가 또는 지역에서 수행되기 때문에 1차 자료의 수집에 있어서 조사자는 조사대상국 간의 문화의 차이를 이해하는 것이 중요하다. 즉, 설문조사 또는 인터뷰가 여러 국가의 조사대상자를 상대로 이루어진다면 문화의 차이 때문에 나타나는 국가 간 응답의 차이를 고려하여야 한다.
- 언어와 이해(language and comprehension): 언어는 국가 또는 지역 간의 차이점을 명확히 구분하게 하는 가장 대표적인 문화적 변수이다. 글로벌 마케팅조사자가 여러 국가를 대상으로 설문조사 또는 인터뷰를 할 경우에 있어서 통역, 번역 및 의사소통 등의 문제가 나타날 뿐만 아니라, 이와 관련된 추가적인 비용도 발생한다.

3.3.4 자료의 분석 및 해석

자료의 분석 및 해석(data analysis and interpretation)의 단계에서는 먼저 수집된 자료를 조사목적에 따라 분석한 후, 조사결과에 대하여 해석하는 절차를 거친다. 자료의 분석은 수집된 자료의 편집, 코딩 및 통계분석 등을 통하여 이루어진다.[9] 편집, 코딩 및 통계분석 등에 대한 구체적인 내용을 살펴보면 다음과 같다.

- 편집(editing): 조사설계의 목적에 따라 분석이 수행될 수 있도록 자료를 정정, 보완, 삭제하여 완전하고 일관성 있는 자료를 확보하는 업무
- 코딩(coding): 조사된 내용에 일정한 숫자를 부여하여 자료분석을 용이하게 하는 과정
- 통계분석(statistical analysis): 조사설계의 단계에서 계획한 통계기법을 사용하여 결과를 도출하는 행위

9 채서일(2003), p. 49.

수집된 자료에 대한 분석이 이루어지면, 그 다음 단계로 분석결과에 대한 해석의 과정을 거쳐야 한다. 글로벌 마케팅조사자는 조사결과에 근거하여 의미 있는 해석을 하여야 하며, 이 과정에서는 조사대상국가 또는 지역에 대한 환경적인 이해가 선행되어야 한다. 즉, 분석자에 따라 동일한 분석결과에 대한 서로 다른 해석이 가능하므로 주의가 요구된다.

3.3.5 조사결과의 보고

조사결과의 보고(presenting the results)는 글로벌 마케팅관리자의 의사결정에 도움을 주기 위하여 조사자가 조사결과를 최종적으로 정리하여 보고하는 것을 말한다. 조사결과의 보고는 서면보고와 구두보고로 구분할 수 있다.[10]

- 서면보고(written report): 서면보고는 조사자보다 상위의 직위에 있는 의사결정자에게 문건의 형태로 전달되며, 표지, 목차, 요약 및 본문 등으로 구성된다.
- 구두보고(oral report): 구두보고는 서면보고에 추가하여 시청각적으로 이루어지는 경향이 있으며, 조사자 중에서 발표자를 선정하여 의사결정자에게 브리핑(briefing) 또는 프레젠테이션(presentation)을 하도록 한다.

News Case

3.4 스마트폰 시장의 시장점유율

스마트폰 시장은 전자업계에서도 가장 경쟁이 치열하게 벌어지는 곳이다. 시장 변화도 빠르다. 지금 세계 1위를 차지하고 있더라도 불과 1년 앞을 내다보기 어렵다. 휴대폰 시장의 영원한 강자일 것 같았던 노키아가 몰락했고 리서치인모션(RIM)과 모토로라의 영향력도 계속 줄어들고 있다.

국내 스마트폰 제조업체 '3총사'라고 할 수 있는 삼성전자, LG전자, 팬택은 피처폰에서 스마트폰으로 시장의 흐름이 바뀌던 2008, 2009년 당시 고전했던 것이 사실이다. 삼성전자는 윈도모바일을 탑재한 '옴니

10 Kumar(2000), p. 292 이하.

아' 시리즈를 내세웠지만 별다른 성과를 거두지 못했고, LG전자와 팬택은 스마트폰 제작이 늦었다. 하지만 삼성전자는 현재 애플과 세계 스마트폰 시장을 양분하는 안드로이드 진영의 맹주가 됐다. LG전자와 팬택도 호평받는 제품을 잇따라 내놓으며 국내뿐만 아니라 해외 시장으로 영향력을 꾸준히 넓혀가고 있다.

영원한 1인자는 없다

올해 1분기 들어 노키아의 전 세계 스마트폰 시장점유율이 처음으로 한 자릿수가 됐다. 애플이 아이폰을 처음 내놓은 2007년만 해도 노키아의 점유율은 49.3%에 이를 정도로 막강했지만 불과 4년 사이에 '이빨 빠진 호랑이'가 돼버린 셈이다. 그 자리를 채운 것은 삼성전자와 애플이다. 올해 2분기 기준 삼성전자의 점유율은 32.3%, 애플은 17.2%로 두 회사가 시장의 절반을 차지하고 있다.

노키아는 자체 모바일 운영체제(OS)인 '심비안'을 고집하며 시장 변화에 대한 대응이 늦었다. 구글의 '안드로이드'를 택하는 대신 마이크로소프트의 '윈도폰'에 '올인'했지만 아직까지는 반응이 신통치 않다. 노키아는 최근 핀란드의 본사 건물 매각설이 나돌 만큼 심각한 상황에 처해 있다.

이메일 등 기업용 서비스에 특화된 스마트폰 '블랙베리'로 북미 시장에서 한때 점유율 1위를 차지하기도 했던 RIM의 세계 시장 점유율도 5% 미만으로 추락했다. 야심차게 준비 중인 차세대 운영체제 '블랙베리 OS10'을 탑재한 스마트폰의 출시 시기도 내년으로 늦춰졌다. 피처폰 '레이저'로 전 세계 시장을 호령했던 미국의 모토로라도 스마트폰 시장에 적응하지 못하며 지난해 구글에 인수됐다.

과거의 강자들이 고전하던 사이 애플은 아이폰으로 스마트폰 시장을 점령했다. 삼성전자보다 시장 점유율은 뒤지지만 1년에 1개 단일 제품만 내놓는 '프리미엄 전략' 덕에 영업이익률이 30%에 이른다. 스마트폰 시장에서 발생하는 수익의 절반 가까이를 애플이 가져가고 있다. 삼성전자는 2010년 갤럭시S를 시작으로 갤럭시S2, 갤럭시S3, 갤럭시노트 등 프리미엄 제품이 잇따른 성공을 거두며 시장점유율 1위 자리를 거머쥐게 됐다. 지난해 4월부터 애플과 전 세계 법원에서 치열한 특허 소송을 벌이고 있기도 하다. 지난 8월 미국 법원에서 10억 5,000만 달러를 배상하라는 배심원 평결이 나오기는 했지만 시장의 반응은 여전히 긍정적이다.

갤럭시S3는 출시 100일 만에 전 세계적으로 2,000만대 이상 팔려나갈 정도로 인기다. 지난날 글로벌시장에 빛내인 갤럭시노트2에 대한 기대도 크다. 지난해 처음 선보인 갤럭시노트는 '패블릿(폰과 태블릿의 합성어)'이란 새로운 제품군을 만들어 냈다. 삼성전자는 갤럭시S와 갤럭시노트 시리즈로 제품군을 분화해 애플의 단일모델 전략에 맞선다는 계획이다.

LG전자는 스마트폰 패러다임 변화를 쫓아가지 못해 위기에 빠지기도 했다. 하지만 지난해 하반기 첫선을 보인 '옵티머스 LTE'부터 "제품이 좋아졌다"는 평가를 받고 있다. 지난달에는 LG그룹 전 계열사의 역량을 총동원한 '옵티머스G'를 발표했다. LG전자는 이 스마트폰으로 세계시장 공략을 본격화한다는 전략이다.

지난해 국내시장 점유율 2위 자리에 오르기도 했던 팬택도 꾸준히 제품을 내놓고 있다. 지난달 '베가R3'를 내놓으며 "삼성전자, 애플과 제대로 붙겠다"는 자신감을 드러내기도 했다.

자료원: 한국경제, 2012년 10월 11일.

제 3 부

글로벌마케팅 전략

제 3 부에서는 글로벌마케팅 전략에 대하여 살펴본다. 제 4 장에서는 글로벌 시장세분화전략에 대하여 검토한다. 제 5 장에서는 글로벌 표적시장선정과 포지셔닝전략에 대하여 설명한다. 제 4 장과 제 5 장의 글로벌마케팅 전략은 STP라고 하며, 여기에서 S는 세분화(Segmentation), T는 표적시장(Targeting), P는 포지셔닝(Positioning)을 각각 의미한다. 그리고 제 6 장에서는 글로벌 시장진입전략에 대하여 논의한다. 여기에서는 글로벌 시장진입을 위한 포괄적 모델을 제시한 후에 글로벌 시장진입전략의 선택과 시장진입의 방법에 대하여 구체적으로 다룬다.

제 1 부 글로벌마케팅의 이해

제 1 장 글로벌화와 글로벌마케팅의 개념

⇩

제 2 부 글로벌마케팅의 환경과 글로벌 마케팅조사

제 2 장 글로벌마케팅의 환경
제 3 장 글로벌 마케팅조사

⇩

제 3 부 글로벌마케팅 전략

제 4 장 글로벌 시장세분화전략
제 5 장 글로벌 표적시장선정과 포지셔닝전략
제 6 장 글로벌 시장진입전략

⇩

제 4 부 글로벌마케팅 믹스전략

제 7 장 글로벌마케팅 믹스전략의 개념적 기초
제 8 장 글로벌 제품전략
제 9 장 글로벌 가격전략
제10장 글로벌 유통전략
제11장 글로벌 촉진전략

⇩

제 5 부 글로벌마케팅의 관리

제12장 글로벌마케팅의 계획
제13장 글로벌마케팅의 조직
제14장 글로벌마케팅의 통제

CHAPTER 04

글로벌 시장세분화전략

4.1 글로벌 시장세분화의 의의와 필요성

4.1.1 글로벌 시장세분화의 의의

글로벌기업이 생산한 제품 또는 서비스를 판매하려고 할 때 기업이 해야만 하는 가장 중요한 일들 중의 하나는 잠재적 소비자를 파악하는 것이다. 글로벌기업이 활동하거나 진입하기를 원하는 국가 또는 지역의 시장은 서로 다른 욕구를 가진 소비자들의 집합으로 구성되어 있다. 시장세분화(market segmentation)는 다양한 욕구를 가진 소비자들을 일정한 기준에 따라 몇 개의 동질적인 소비자 집단으로 나누는 것을 말한다. 글로벌 시장세분화(global market segmentation)의 개념도 이와 동일하며, 이것은 글로벌시장을 일정한 기준에 근거하여 몇 개의 동질적인 세분시장 또는 동질적인 소비자 집단으로 분류하는 것이다.

그림 4-1 시장세분화의 형태

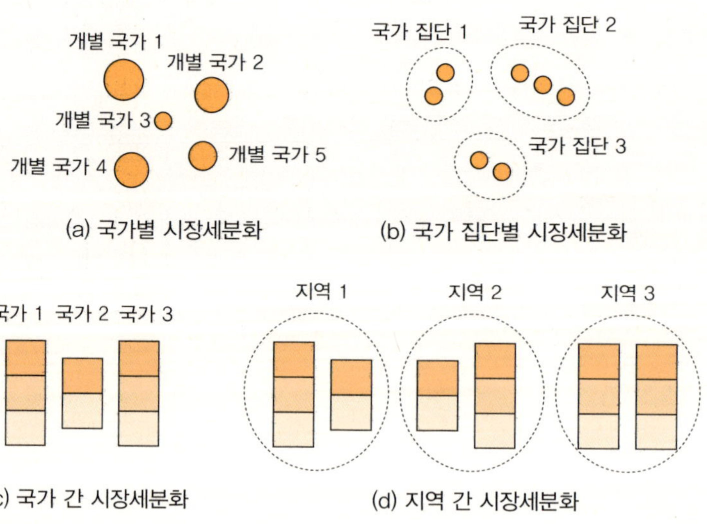

자료원: 문병준 외(2007), p. 139; 저자에 의해 일부 수정됨.

글로벌 마케팅관리자는 다음과 같은 두 가지 형태로 현지국 또는 지역의 시장을 세분화할 수 있다.[1] 〈그림 4-1〉은 이러한 두 가지 형태의 시장세분화를 제시한다.

- 국가별 또는 국가 집단별 시장세분화: 이것은 어떤 특정 국가 또는 국가 집단을 분석단위로 하여 해당 국가 또는 국가 집단의 내부시장을 세분화하는 것을 말한다. 예를 들면, 국가 집단은 선진국, 개발도상국 및 후진국 등으로 분류될 수 있다.
- 국가 간 또는 지역 간 시장세분화: 이것은 국경을 초월하여 동일한 특징을 갖는 세분시장을 국가 또는 지역에 따라 분류하는 것을 말하며, 국가 간 또는 지역 간의 동질성이 세분화의 중요한 기준이 된다.

News Case 4.1 제로투세븐의 유아용품 경쟁력

'12세짜리가 32세를 이겼다.' 12년 역사에 불과한 매일유업의 자회사 제로투세븐이 유아용품 시장에서 32년간 대표기업으로 군림한 아가방앤컴퍼니를 제치고 1위로 도약했다. 지난 2010년 매출 순위 3위에 불과했던 제로투세븐은 1년 만에 두 단계 성장해 1위에 올랐다. 3일 관련업계에 따르면 출산율 저하로 정체된 국내 유아용품 시장에서 매년 두 자릿수의 매출 성장을 기록하던 제로투세븐이 지난해 전년 대비 20%가량 매출이 신장한 데 힘입어 설립 이후 처음 1위 도약에 성공했다.

제로투세븐은 유아용품 매출 효자 상품인 유모차와 카시트 없이 의류와 스킨케어 등 비교적 단가가 낮은 품목만으로 매출을 높이는 데 성공했다. 올해 런칭한 영국 1위 이유·수유 브랜드 '토미티피' 역시 시장에서 호의적인 평가를 받으면서 제로투세븐은 지난해에 이어 올해도 1위 자리를 지킬 수 있을 전망이다. 제로투세븐의 급성장은 국내 최초로 유아 스킨케어에 '한방 성분'을 담은 궁중비책이 '유아스킨케어의 설화수'라는 닉네임까지 얻으며 선전한데다 중국 시장에서의 성과가 더해졌기 때문이다. 제로투세븐의 효자 의류 상품인 알로&루의 경우 이미 올해 하반기 중국 수주금액은 역대 최대치인 190억 원을 달성했고, 올해 중국에서 400억 원 매출을 목표로 하고 있다. 내년 상반기에는 중국 내 220개 매장을 확보한다는 전략이다.

1 문병준 외(2007), p. 139; 김주헌(2004), p. 158.

유아용품 업계 최근 3년간 실적

(단위: 억원)

구 분		2009년	2010년	2011년
제로투세븐	매 출	1,481	1,706	2,052
	영업이익	47	33	122
아가방앤컴퍼니	매 출	1,820	1,938	2,046
	영업이익	126	148	95
보령메디앙스	매 출	1,706	1,826	1,817
	영업이익	16	15	-22

*1천만 원 이하 반올림, 2009~2010년 실적은 한국회계기준이며 2011년 실적은 국제회계기준임.

제로투세븐의 성장과 달리 2010년까지 부동의 1, 2위를 기록하던 아가방앤컴퍼니와 보령메디앙스는 매출이 거의 정체된 상태다. 보령메디앙스는 지난해 적자전환하면서 매출은 1,817억 원을 기록했으나 영업손실이 22억 원이나 발생했다. 아가방앤컴퍼니는 1위 탈환을 위해 출산 전문 브랜드 이미지를 강화하는 한편 임부복 브랜드 데스티네이션 마터니티와 유아스킨케어 브랜드 퓨토 등 신규 사업을 강화한다는 전략이다.

제로투세븐 관계자는 "한방 화장품 트렌드가 유아시장에서도 통하면서 엄마들에게 인지도를 높였고 중국 시장에서의 선전이 매출 상승의 비결"이라며 "이유 · 수유 브랜드를 비롯, 유아용품 제품군을 확대해 유아용품업계를 선도해 나갈 것"이라고 밝혔다.

자료원: 파이낸셜뉴스, 2012년 5월 9일.

4.1.2 글로벌 시장세분화의 필요성

글로벌 시장세분화는 표적시장선정과 포지셔닝전략을 수립하기 위한 전단계의 성격을 갖고 있을 뿐만 아니라, 효과적이고 효율적인 마케팅 믹스전략의 실행을 위한 전제조건이다. 글로벌 시장세분화가 필요한 이유는 다음과 같이 요약될 수 있다.

- 글로벌 고객욕구의 충족: 글로벌기업은 시장세분화를 통하여 각 세분시장의 환경 또는 상황에 적합한 마케팅믹스를 할 수 있기 때문에 고객욕구를 더욱 잘 충족시킬 수 있다.
- 표적시장선정과 포지셔닝전략의 실행: 글로벌기업은 시장세분화를 함

으로써 성공가능성이 높은 표적시장을 선정할 수 있을 뿐만 아니라, 그 시장에서 제품의 위치를 확고히 구축하게 하는 포지셔닝전략을 실행할 수 있다.

- 효율적 마케팅 자원의 배분: 글로벌기업이 보유하고 있는 마케팅 자원은 한정되어 있기 때문에 전 세계의 모든 시장을 표적시장으로 선정하는 것은 거의 불가능하다. 그러므로 글로벌기업은 시장세분화를 통하여 각 세분시장의 특성을 파악한 후 표적시장을 선정할 뿐만 아니라, 각 표적시장에 적합한 마케팅 믹스전략을 수립할 수 있다.

News Case 4.2 한국 골프시장에서의 미국, 일본 및 한국 골프용품 기업의 신제품 전략

'한국 골프시장을 잡아라.' 2010년 한국 골프시장에 한판 전쟁이 펼쳐질 분위기이다. 지난해 전 세계를 휩쓴 경제위기와 환율 요동으로 침체됐던 골프시장이 점차 활기를 되찾으면서 미국, 일본 등 글로벌 골프용품회사들이 한국을 성장 가능성이 높은 나라로 점찍으면서 공격적인 마케팅을 펼칠 심산이다. 이미 '여성용'과는 거리가 멀었던 핑, 테일러메이드, 캘러웨이 등도 아예 서브 브랜드를 만들어 여성용 풀세트를 내놓기 시작하였고, 상급자, 중급자 등 골퍼 수준에 따라 제품이 세분화되고 있다. 골프용품 기업들은 골퍼들의 마음을 잡기 위해 전쟁을 예고하고 있지만, 이 덕분에 골퍼들은 다양해지고 세분된 신제품을 만날 수 있어 올 시즌이 클럽을 교체할 최적기이다.

미국, 핑, 테일러메이드, 캘러웨이… '맞춤형 클럽'으로 승부수

전통적이고 보수적이었던 미국 메이저 골프용품 기업들도 과감하게 변화를 시도하고 있다. 핑은 아예 한국 골퍼들에게 맞는 '맞춤형 클럽'으로 무장하였다. 핑 마케팅팀 K과장은 "미국 본사에서도 한국 골프시장에 대해 발전 가능성이 높은 것으로 분석하고 있다"며 "까다로운 한국 골퍼들의 마음을 잡기 위해 국내에 출시하는 제품들은 한국 골퍼들에게 맞는 스펙으로 주문해 별도로 라인을 만들 정도"라고 말했다. 핑은 상급자용인 i시리즈와 함께 중급자용인 G15 드라이버와 G15 아이언으로 세부화하였고 여성용 골프채에 이어 중 · 장년층이나 시니어 골퍼들을 위한 특별한 골프라인도 내놓을 준비를 하고 있다.

지난해 R9시리즈, 버너시리즈 등으로

초 · 중급자부터 상급자에 이르기까지 폭넓은 인기를 끌었던 테일러메이드-아디다스 골프는 올해에도 공격적인 마케팅으로 한국 시장을 점령하겠다는 각오를 드러냈다. 테일러메이드 관계자는 "올해 3월에는 드라이버, 아이언, 퍼터, 골프공 등 전 라인에서 다양한 요구를 채워줄 수 있는 신제품 출시를 앞두고 있다"며 "상급자부터 초보자에 이르기까지 자신에게 맞는 '맞춤형 클럽' 같은 느낌이 드는 클럽을 선택할 수 있게 다양한 제품을 구성하였다"고 말했다. 또 여성들을 위한 '퍼피카'라는 별도 브랜드를 출시해 20%에 달하는 한국 여성골퍼 공략에 나섰고, 골프공에서도 최첨단 5피스 공을 내놓고 골퍼들을 유혹한다.

'클럽 세분화'에서는 캘러웨이도 빼놓을 수 없다. 이미 신제품 골프공인 Tour iS · Tour iZ를 선보인 캘러웨이는 강력한 비거리를 자랑하는 '디아블로 엣지' 드라이버, 아이언, 하이브리드 시리즈에 이어 상반기에는 'FT-iZ 드라이버'와 2010년형 '뉴 레가시 드라이버' 등이 연이어 출시 대기중이다. 이뿐만 아니다. 캘러웨이는 여성용 풀세트인 '솔레어'도 출시를 앞두고 있고, 하반기에는 주니어용 풀세트도 선보일 계획이다.

미국 남자프로골프(PGA)투어 사용률에서 3년 연속 하이브리드 부문 1위에 오른 아담스골프도 경쟁에 뛰어들었다. 아담스골프는 환갑 나이로 지난해 7월 제138회 브리티시 오픈에서 아들 · 손자뻘 되는 젊은 선수들을 물리치고 준우승을 차지했던 톰 왓슨이 사용했던 바로 그 클럽이다. 주력 상품은 하이브리드 클럽 '아이디어(IDEA) a7'이다. 아이디어 하이브리드 시리즈는 2008-2009 미국프로골프(PGA)투어를 비롯해 챔피언스(시니어)투어 등에서 사용률 1위에 오른 인기 제품으로 그 성능은 이미 인정받았다.

최상급자용을 출시해 온 타이틀리스트는 올해 신제품인 AP1 아이언에 경량 스틸 샤프트를 채용한 것은 물론 그라파이트 모델도 있어 일부 중급 이하 골퍼와 여성골퍼까지 흡수하겠다는 전략을 세웠다.

일본, 온오프, 던롭, 투어스테이지… 제품 앞 다퉈 선보여

일본 골프용품 기업들은 올해를 재도약 기회로 삼겠다며 단단히 벼르고 있다. 지난해 2배 넘게 뛰어오른 환율 탓에 수입 · 판매에 모두 고전했던 일본 골프브랜드들은 확실한 신뢰도와 한국 골퍼에 대한 이해 등을 무기로 올해를 재도약 기회로 삼겠다는 각오이다. 앞선 의욕은 신제품 출시 시기에서부터 볼 수 있다. 신제품 출시 시기부터 빨라졌다. 일반적으로는 일본에서 연초에 출시된 후 국내에는 2~3월에 수입 · 판매되지만, 올해는 지난해 12월부터 신제품을 속속 갖고 들어오면서 한발 빠르게 시장 선점을 노리고 있다.

PRGR은 지난해 엔고 현상으로 인해 많은 제품들을 국내 골퍼들에게 선보이지 못해 올 시즌을 야심차게 준비하고 있다. PRGR K마케팅팀장은 "올해는 경제도 회복되는 모습이고 골퍼들도 지난해 하지 못했던 용품 교체를 하려는 요구가 높은 것으로 분석되고 있다"고 설명하였다. 특히 발 빠르게 그루브 규정에 적합한 제품을 선보이며 '첨단 제품'이라는 인식을 이어가고 있다. 'TR500 아이언'은 중 · 상급자용으로 페이스 뒷면이 두툼하고 더블바 구조를 채택해 헤드 강성을 높였고, 어드레스를 할 때 정렬하기 쉽고 훅을 방지하도록 설계하였다. 룰 적합 제품인 'TR 웨지'도 중 · 상급자용으로 솔 전체가 얇아 조작하기 쉽다.

시니어 골퍼들에게 인기가 많은 던롭은 올해 시니어 골프 시장을 석권하겠다는 각오이다. 자체 조사자료에 따르면 지난해 매출이 오히려 2008년 대비 상승한 것으로 나타났다는 던롭은 경기 영향을 덜 받는 고가 클럽시장에서 경쟁력을 갖췄다고 판단하고 더욱 강하게 점유율을 높이겠다는 계획을 세웠다. 특히 지난해 실시한 '던롭렌탈서비스', 고객 시타회 등 고객서비스를 강화해 브랜드 신뢰도를 더욱 높이기로 하였다. 올해는 던롭 젝시오 탄생 10주년을 맞아 2010년형 '신젝시오'로 점유율 확대에 박차를 가할 예정이다.

지난해 S 여성프로골퍼가 맹활약하면서 브랜드 이미지가 상승한 투어스테이지도 올해를 시장점유율을 높이는 해로 만들겠다며 계획을 세웠다. 시작부터 공격적이다. 투어스테이지는 지난 25일 일반 골퍼와 업계 관련자 등 총 200여 명을 상대로 신제품 체험 행사를 열었다. 시타행사에서 선보인 제품은 중상급 골퍼를 위한 X블레이드703 아이언과 X-703 드라이버, 초 · 중급자용인 뉴 ViQ 드라이버와 아이언, 여성용인 ViQ CL 풀세트와 퍼터 등 무려 13종에 달하였다.

마스터스 인터내셔널이 수입 판매하는 온오프 XD 드라이버도 기대를 모으고 있다. 페이스를 가볍게 하고 백사이드를 무겁게 함으로써 전체적으로 헤드 중심을 낮췄다.

한국, 데이비드, 랭스필드, 볼빅 … 합리적 가격 골퍼들 유혹

2000년대 막강한 자본력과 마케팅을 앞세운 메이저 브랜드가 파상 공세를 펼치기 전까지 데이비드는 '이지플러스 우드'로 우드시장을 점령하였고, 반도골프는 비렉스라는 브랜드로 메이저 브랜드를 견제하였다. 특히 국산 골프공인 볼빅은 국내 시장 점유율을 9%까지 끌어올리며 외국 시장에까지 진출하는 등 크게 성장한 바 있다. '토종 골프용품' 회사들은 과거 명성을 되찾기 위해 2010년을 겨냥해 신제품을 대거 출시하며 자존심 회복에 나선다.

데이비드골프는 2000년 국내 유틸리티 우드시장을 평정한 이지 플러스(ez plus) 신모델을 선보였다. 토종 골프업체답게 국내 골퍼들 의견을 수렴해 제작한 신형 이지 플러스 우드는 솔 부분에 예리한 평행레일이 2개 있어 임팩트 순간 헤드 뒤틀림을 방지해 방향성을 향상시켰다. 2월에는 '우디 아이언3'을 출시할 예정이다. 데이비드골프 K 사장은 "샤프트 강도를 더 낮춰 더 부드럽고 쉽게 칠 수 있도록 했는데, 지난 가을에 시제품을 통해 시타회를 한 뒤 로핸디 캐퍼들에게 좋은 평가를 받았다"고 자신하였다.

한때 국내 시장 점유율 15%까지 차지했던 랭스필드도 다시 한 번 명예 회복에 나선다. 랭스필드가 내놓은 비장의 무기는 '그랜드 마스터'이다. 특이하게도 '왼손 골퍼'를 위한 왼손잡이 풀세트이다. 460cc 드라이버는 고탄도를 통해 비거리를 늘리는 데 주안점을 두었고, 페어웨이우드는 무게중심을 낮춰 볼을 쉽게 띄울 수 있도록 제작하였다. 아이언은 이중 언더컷 구조로 설계하였고 퍼터는 정렬을 쉽게 해 정확성을 높였다. 특히 한정판 샤프트에는 태극 문양을 새겨 국산 브랜드라는 자부심을 느낄 수 있도록 하였다.

토종 명예회복이라면 골프공도 질 수 없다. '비스무스'로 큰 인기를 누렸던 볼빅은 4피스 골프볼 '비스타(Vista)'에 기대를 걸고 있다. 최근 LPGA 투어에서 뛰고 있는 B프로골퍼와 사용 계약까지 체결하고 가수, 연예인 출신인 R이 마케팅팀에 합류해 화제를 모으고 있다. 비스타는 특수 재질로 반발성을 높인 코어와 더욱 얇고 견고해진 커버를 통해 비거리 성능을 증가시켰고, 1000야드 이내에서는 스핀량을 높여 숏게임 정확성을 향상시켰다.

40년 역사를 가진 넥센은 최근 선보인 빅야드 신제품 'NXN-Pro'(3피스)와 'NXN-Gold'(2피스)로 국내 시장 점령에 나선다. 국내 최고 기술력을 담은 신제품은 부드러운 우레탄 재질로 된 외부 커버가 1.35㎜까지 얇아져 코어(가운데 부분) 크기가 더욱 커졌다. 기존 제품보다 반발 탄성력이 높아지고, 코어도 커져 동급 골프공 중 최고 비거리를 자랑한다. 빅야드 관계자는 "최근 환율 영향으로 가격이 10~15% 인상된 수입품과는 다르게 신제품은 가격을 인상하지 않고 내놓았다"며 "어려운 경제 상황으로 주머니가 가벼워진 골퍼들을 고려한 것"이라고 설명하였다.

자료원: 매일경제, 2010년 1월 27일.

4.2 글로벌 시장세분화의 전제조건

글로벌시장은 수많은 국가와 지역으로 구성되어 있기 때문에 시장세분화를 하는 데 있어서 많은 비용이 발생할 수 있다. 무엇보다도 이러한 비용을 고

려한다면, 글로벌 시장세분화는 다음과 같은 전제조건을 충족시켜야 한다.[2]

측정가능성 (measurability)

세분시장은 정의하기가 쉽고, 측정이 가능해야 한다. 특히, 국가 또는 지역 등을 기준으로 분류되는 세분시장의 크기와 구매력, 그리고 세분시장과 관련된 사회경제적 변수(예를 들면, 국민총생산, 1인당 국민소득 및 경제성장률 등)는 확인이 가능하여야 한다. 일반적으로 수치 또는 지표에 기초한 세분시장의 크기는 쉽게 측정할 수 있지만, 가치와 라이프스타일 등과 같은 척도에 근거하고 있는 세분시장의 크기는 측정하기 힘든 경향이 있다.

실질성 (substantiability)

세분시장은 수익을 발생시킬 수 있을 정도로 충분한 시장규모를 가지고 있어야 한다. 여러 가지 기준을 고려하여 글로벌 시장세분화가 잘 이루어졌을지라도 어떤 특정 세분시장의 규모가 너무 작다면 수익이 창출될 수 없다. 또한 규모가 작은 세분시장에서는 규모와 범위의 경제, 표준화의 이점 및 경험곡선의 효과 등이 제대로 달성되기 어렵다.

접근가능성 (accessibility)

세분시장에 대한 접근은 일반적으로 마케팅 믹스프로그램(예를 들면, 촉진과 유통활동)의 실행을 통하여 이루어진다. 어떤 특정 세분시장에서 촉진과 유통활동이 불가능하거나 제약을 받는다면, 그 시장에 대한 접근가능성은 매우 낮아질 것이다. 또한 어떤 특정 세분시장에 무역장벽이 존재하는 경우에도 그 시장에 대한 접근이 어려울 수 있다.

안정성 (stability)

세분시장 내에서는 동질성을 유지하고, 세분시장 간에는 이질성을 유지해

2 Kotabe, M./Helsen, K.(2011), p. 222; 반병길/이인세(2008), p. 111 이하; 문병준 외(2007), p. 142 이하; 박재기(2005), p. 177; Wedel, M./Kamakura, W. A.(1998), p. 1 이하.

야만 세분시장의 안정성이 높아진다. 즉, 같은 세분시장에 속한 고객의 욕구는 동질적이어야 하며, 서로 다른 세분시장에 속한 고객의 욕구는 이질적이어야 한다. 그리고 장기적 관점에서 볼 때, 어떤 특정 세분시장의 고객욕구 또는 행동이 쉽게 변할 가능성이 높다면 이러한 세분시장의 안정성은 매우 낮을 것이다.

실행가능성 (actionability)

각 세분시장을 목표로 수립된 마케팅 믹스전략은 해당 시장에서 실행될 수 있어야 한다. 즉, 각 세분시장별로 마케팅 믹스전략의 실행가능성이 높을수록, 기업의 글로벌 수익목표를 달성할 수 있는 가능성이 더욱 높아진다. 앞서 언급한 접근가능성은 촉진과 유통활동에만 국한된 전제조건에 속하는 반면, 실행가능성은 제품, 가격, 유통 및 촉진활동 등과 관련된 전제조건에 해당된다.

4.3 글로벌 시장세분화의 방법

4.3.1 지리적 시장세분화

지리적 세분화(geographic segmentation)는 글로벌시장을 지리적 기준에 의해 나누는 것을 말하며, 가장 널리 사용되고 있는 시장세분화 방법 중의 하나이다. 글로벌기업이 지리적 기준에 의해 세분화를 하는 가장 중요한 이유는 지리적 인접성을 바탕으로 글로벌 마케팅활동에 대한 관리가 쉽고, 교통이 편리하고, 커뮤니케이션이 원활하기 때문이다.

지리적 세분화의 주요 변수는 지역, 인구밀도 및 기후 등이며, 이러한 변수들은 글로벌 마케팅활동과 관련하여 다음과 같은 시사점을 제공한다.

- 지역: 글로벌 마케팅조직(예를 들면, 지역별 마케팅조직)과 지역별 마케팅믹스의 차별화에 영향을 미침.
- 인구밀도: 인구밀도가 높은 도시지역과 인구밀도가 낮은 농촌지역 간

제품전략의 차이 또는 인구밀도가 서로 다른 국가 간의 차별적 제품전략과 유통전략의 실행

- 기후: 국가별 및 지역별 기후조건의 차이에 따른 제품차별화, 유통 및 병참활동과 관련된 재고 및 창고관리

지리적 세분화에 대한 한 가지 예로 캐나다와 미국이 있는 북미대륙을 독특한 경제적 및 문화적 특징을 갖는 9개의 지역으로 분류한 *가로(Garreau)*의 연구를 들 수 있다.[3] 〈그림 4-2〉는 북미대륙의 9개 지역을 제시하고 있으며, 그리고 〈표 4-1〉은 이들 지역의 중심도시와 차별적 가치관을 보여준다.

이 방법의 장점은 지리적 기준에 의해 분류만 하면 되기 때문에 비용이 적게 들고, 매우 간편하게 세분화할 수 있으며, 그리고 동일 지역 내에서 유통과 커뮤니케이션이 원활하게 이루어질 수 있다는 것이다. 그러나 이 방법은 같은 지역에 속해 있을지라도 국가 간 사회문화적(예를 들면, 다양한 종교가 분포되어 있는 아시아 지역) 및 경제적 환경의 차이 때문에 세분화가 제대로 이루어질 수 없는 단점을 갖고 있다.

그림 4-2 북미대륙의 9개 지역

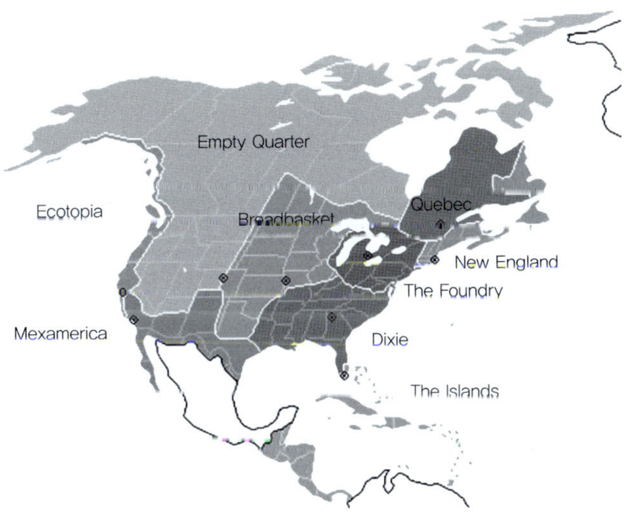

자료원: http://en.wikipedia.org/wiki/Nine_Nations_of_North_America.

3 Garreau, J.(1981).

표 4-1 북미대륙 9개 지역의 중심도시와 차별적 가치관

지 역	중심도시	차별적 가치관
New England	Boston	성취감 결여, 자기실현
Quebec	Quebec City	자기존중(의문적)
The Foundry	Detroit	성취감, 존경받기(의문적)
Dixie	Atlanta	자기실현 결여, 자기존중(의문적)
The Islands	Miami	안전
Empty Quarter	Denver	소속감, 성취감
Breadbasket	Kansas City	삶의 기쁨과 즐거움 결여, 타인과의 따뜻한 관계
MexAmerica	Los Angeles	성취감, 자기존중
Ecotopia	San Francisco	성취감 결여, 자기실현

자료원: Kahle, L. R.(1986), p. 38; Garreau, J.(1981).

4.3.2 인구통계적 시장세분화

인구통계적 세분화(demographic segmentation)는 〈표 4-3〉에 나타나 있는 바와 같이 연령, 성별, 가족구성, 소득, 직업, 학력, 종교 및 인종 등과 같은 인구통계적 변수를 기초로 글로벌시장을 분류하는 것이다. 특히, 인구통계적 변수에 대한 2차 자료는 UN에서 발간하는 《통계연감》과 《인구연감》 등을 통하여 쉽게 획득될 수 있다. 일반적으로 2~3개의 변수를 활용하여 인구통계적 세분화를 하는 것이 바람직하다. 또한 이 방법은 산업재보다는 소비재의 시장세분화를 위해 더욱 효과적으로 사용될 수 있다.

인구통계적 변수들은 글로벌 마케팅활동과 관련하여 다음과 같은 측면에 영향을 미친다.

- 연령: 연령과 관련된 제품의 개발과 촉진활동(예를 들면, 유아용품과 노인용품의 차이)
- 성별: 의류 및 화장품 등과 같은 남녀 차별적 제품의 개발과 촉진활동
- 가족구성: 제품포장의 크기(예를 들면, 대가족은 대량포장, 핵가족은 소량포장)
- 소득: 차별적 가격책정과 구매력의 차이

- 직업: 직업과 관련된 제품의 개발과 촉진
- 학력: 촉진의 차별화(예를 들면, 문맹률이 높은 국가에서 매력성과 소구가능성이 낮은 신문광고 대신에 라디오 광고를 채택함)
- 종교: 제품차별화(예를 들면, 종교의 차이에 따른 식품의 재료와 첨가물의 차별화)
- 인종: 다민족 국가 또는 이민자가 많은 국가에서의 인종별 제품선택의 차별화(예를 들면, 미국에서의 인종별 선호제품의 차이)

이 방법은 지리적 세분화와 마찬가지로 비용이 적게 들고, 매우 간편하게 사용할 수 있는 장점을 갖고 있다. 하지만 다양한 인구통계적 변수들 때문에 복잡하고 의미 없는 수많은 세분시장이 도출될 수 있는 단점이 있다.

News Case 4.3 오스트리아 엠포리아사의 실버폰

지난 3일 오스트리아 린츠 란트슈트라세에 위치한 한 양로원 응접실, 백발의 노인들이 모여 진지한 표정으로 휴대폰을 만지고 있었다. 뭔가 뜻대로 안 되는지 옆 사람에게 물어보는 할아버지, "성공적으로 전송됐다"며 아이처럼 좋아하는 할머니 등으로 인해 활기가 넘쳤다. 오스트리아의 노인용 휴대폰 제조업체 엠포리아가 매주 정기적으로 여는 강좌의 모습이다. G씨(67세)는 "사용법을 익힐 수 있을 뿐 아니라 정기적으로 뭔가를 배우는 즐거움이 있다"고 말했다.

현지 휴대폰업계의 '이단아'로 불리는 엠포리아(emporia Telekom)는 60세 이상 노인을 주고객으로 하는 오스트리아 토종 업체이다. 원래 직원 70~80여 명의 중소기업으로 유선전화 사업을 했던 이 회사는 2000년대 이후 휴대폰이 급속 보급되면서 생존의 위기에 직면했다. 창업자 F회장(48세)은 어머니 생신선물로 드린 최신 휴대폰이 정작 어머니에게는 무용지물이나 다름없는 것을 보고 새로운 사업에 도전하기로 했다. 2년여의 연구 끝에 2007년 기능과 사용법을 최대한 단순화한 노인용 휴대폰을 처음 시장에 내놨다. 시장 반응은 냉소적이었다. 일부 통신사 관계자들은 노골적으로 비웃기까지 했다.

하지만 5년이 지난 현재 이 회사는 괄목할 만한 성장세를 이어가고 있다. 오스트리아 내 시장 점유율은 4%이다. 높다고 할 수는 없지만, 기라성 같은 글로벌 기업들과의

엠포리아회사 개요

본 사	오스트리아 린츠
설립연도	1991년
사업구조	노인용 휴대폰, 휴대폰 액세서리
직 원 수	120명
매 출	5,000만 유로(2011년 기준)
판 매 량	30개국에 연 50만 대 판매, 올해 100만 대 목표
제품특징	큰 자판과 화면, 기능의 버튼화, 비상벨 등 안전 기능

경쟁에서 얻어낸 성과여서 결코 폄하할 수 없는 수치다. 지난해 30개국 45개의 이동통신 사업자와 손을 잡고 연간 50만대 이상의 제품을 판매하고 있으며 올해는 100만대 판매를 바라보고 있다. 지난해 기준 매출은 5,000만 유로, 영업이익은 200만 유로의 중견기업으로 성장했다.

엠포리아가 단기간 내 성공할 수 있었던 비결은 타깃 고객층을 명확히 설정하고 그들이 원하는 것을 알아내는 데 집중했기 때문이다. 엠포리아의 연구 조사원들은 매달 정기적으로 고객들을 찾는다. 함께 산책하거나 식사를 하면서 제품에 대한 반응을 체크하고 개선점을 찾아낸다. 비상버튼이 달린 모델 '라이프플러스' 역시 그런 과정을 통해 만들어졌다. 뒷면에 있는 빨간 버튼을 누르면 미리 저장해 놓은 다섯 명의 가족에게 차례로 전화가 걸리도록 설계된 제품으로, 도둑이 들거나 건강에 문제가 생겼을 때 손쉽게 외부에 알릴 수 있어 노인들에게 큰 호응을 얻고 있다는 게 회사 측 설명이다.

글로벌 통신업체와 노인단체를 적극적으로 공략한 점도 주효했다. 보다폰과 제휴해 지난해 홍콩 시장에 진출했으며 회원 수 4,000만의 미국 최대 규모 노인협회와 협약도 체결했다. 올 들어서는 또 다른 틈새시장을 찾고 있다. 난청자를 위한 보청기 내장 휴대폰 등이 대표적이다. 최고경영자(CEO) F씨는 "고령층 고객은 자신이 사용하는 특정 제품에 대한 충성도가 매우 높은 고객일 뿐 아니라 평균 수명 증가로 시장 규모도 커지고 있다"며 "오랫동안 축적한 전문성과 노하우를 발판으로 시장을 선도해 나갈 것"이라고 말했다.

자료원: 한국경제, 2012년 10월 10일.

4.3.3 심리적 시장세분화

심리적 세분화(psychographic segmentation)는 사회계층, 라이프스타일 및 개성 등과 같은 심리적 변수에 근거하여 글로벌시장을 분류하는 방법이다(〈표 4-3〉 참고).

글로벌마케팅의 관점에서 이와 같은 심리적 변수에 대한 의미를 구체적으로 살펴보면 다음과 같다.

- 사회계층: 동일한 사회계층에 속해 있는 서로 다른 글로벌소비자들은 비교적 동질적인 구매성향을 보이며, 제품선택과 가격차별화에 영향을 미친다.
- 라이프스타일: 글로벌소비자들이 갖고 있는 독특한 생활양식(예를 들면, 태도 및 가치관 등)을 말하며, 제품 및 촉진전략에 큰 영향을 미칠 수 있다.
- 개성: 글로벌소비자가 보유하고 있는 독자적이고 개별적인 특성(예를 들면, 취미, 태도 및 사고방식 등)을 의미하며, 일반적으로 제품차별화에 영향을 미친다.

특히, 라이프스타일(lifestyle)을 분석하기 위한 대표적인 방법으로 VALS(Values and Lifestyles)를 들 수 있다.[4] 이 방법은 SRI Consulting Business Intelligence가 개발하였으며, 현재 VALS2가 개발되어 사용되고 있다. 이것은 미국인의 라이프스타일을 8가지로 분류하였으며, 주요 특징을 간략히 살펴보면 〈표 4-2〉에 제시되어 있는 바와 같다(〈그림 4-3〉 참고). 이 표에 나타나 있는 바와 같이 VALS는 고객의 가치관과 그들의 라이프스타일을 세부적으로 분류함으로써 그들의 구매성향을 예측할 수 있도록 도와준다.

심리적 세분화의 장점은 지리적 세분화 및 인구통계적 세분화보다 고객과 관련된 정보를 더욱 구체적으로 제공해 준다는 것이다. 그러나 이 방법은 추상적이고 애매모호한 기준 또는 변수를 사용하기 때문에 측정이 어려울 수 있으며, 측정이 이루어졌다고 하더라도 특정 세분시장에 접근하기 힘든 단점을 갖고 있다.[5]

---

4 http://www.strategicbusinessinsights.com/vals/ustypes.shtml; Solomon, M. R./Stuart, E.(2003), p. 227.

5 반병길/이인세(2008), p. 109 이하.

표 4-2 VALS 2의 주요 특징

분 류	정 의	구매성향	특 징
혁 신 자 (Innovators)	기본적 동기부여가 강함, 성공한, 세련되고, 자신감이 넘치는 사람들	혁신적 제품 및 서비스	매우 풍부한 자원 및 높은 혁신성 보유
사 색 자 (Thinkers)	이상을 추구함, 질서, 지식 및 책임감에 가치를 둔 성숙한, 만족한, 편안한, 사색적인 사람들	탁월한 내구성, 기능 및 가치를 보유한 제품	비교적 풍부한 자원 및 혁신성 보유
성 취 자 (Achievers)	성취를 추구함, 목표지향적 라이프스타일을 갖고 있으며, 성공과 가족을 위해 열정적으로 헌신하는 사람들	성공을 과시할 수 있는 유명 제품 및 서비스	비교적 풍부한 자원 및 혁신성 보유
경 험 자 (Experiencers)	자기표현을 함, 젊고, 열정적이고, 생동감 있는 사람들	패션, 오락, 사교와 관련된 제품 및 서비스	비교적 풍부한 자원 및 혁신성 보유
신 념 자 (Believers)	이상을 추구함, 전통에 가치를 둔 보수적이고, 관습적인 사람들	친숙하고, 잘 알려진 브랜드를 선호하며, 충성도가 높음	비교적 부족한 자원 및 혁신성 보유
노 력 자 (Strivers)	성취를 추구함, 타인의 의견과 동의에 관심을 둔 재정적으로 부유하지 못한 사람들	재정여건이 허락하는 경우 과시적, 충동적 구매	비교적 부족한 자원 및 혁신성 보유
생 산 자 (Makers)	자기표현을 함, 실용적이고 가정적인 사람들	실용적이고 기능적인 제품	비교적 부족한 자원 및 혁신성 보유
생 존 자 (Survivors)	기본적 동기부여가 약함, 재정적으로 부유하지 못한 사람들	평범한 시장을 선호하며, 할인하는 경우 친숙한 브랜드에 대한 충성도가 높음	매우 부족한 자원 및 낮은 혁신성 보유

자료원: http://www.strategicbusinessinsights.com/vals/ustypes.shtml.

그림 4-3 VALS 2 개념도

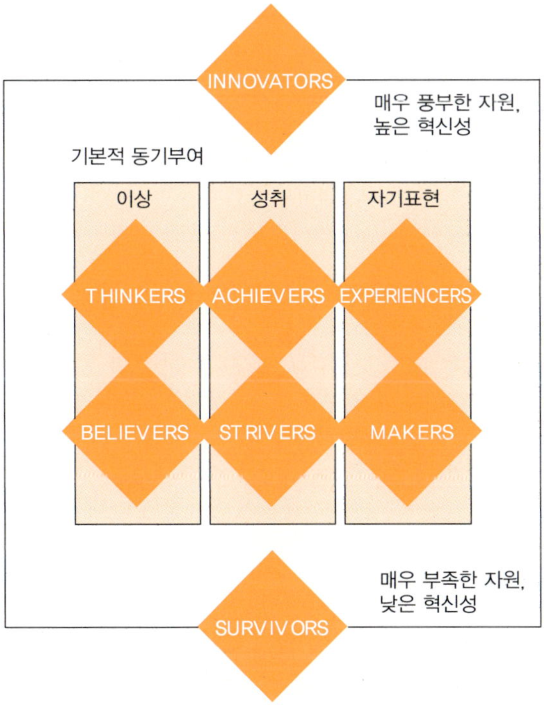

자료원: http://www.strategicbusinessinsights.com/vals/ustypes.shtml.

4.3.4 행동적 시장세분화

행동적 세분화(behavioral segmentation)는 구매·사용 시기, 추구하는 편익, 사용경험, 사용량, 브랜드 충성도 및 구매준비단계 등과 같은 제품 또는 제품속성에 대하여 소비자가 지니고 있는 행동적 변수에 기초하여 글로벌시장을 분류하는 것을 의미한다(〈표 4-3〉 참고).

글로벌 마케팅활동과 관련하여 행동적 변수는 다음과 같은 시사점을 제공한다.

- 구매·사용 시기: 제품생산량 및 촉진시점의 결정
- 추구하는 편익: 제품차별화 및 촉진차별화에 영향을 미침
- 사용경험: 촉진차별화의 결정(예를 들면, 소비자의 사용경험에 따른 광고의

표 4-3 시장세분화의 기준별 주요 변수와 분류방법의 예

기 준	변 수	분류방법의 예
지리적 기준	지 역	아시아, 유럽, 북미, 남미, 아프리카, 오세아니아
	인구밀도	도시, 교외, 농촌
	기 후	열대, 온대, 한대
인구통계적 기준	연 령	유년, 소년, 청년, 장년, 중년, 노년
	성 별	남자, 여자
	가족구성	대가족, 핵가족
	소 득	저소득, 중소득, 고소득
	직 업	전문직, 공무원, 사무직, 판매원, 농어민 등
	학 력	무학력, 초졸, 중졸, 고졸, 대졸, 대학원졸
	종 교	개신교, 가톨릭, 불교, 회교, 무교, 기타
	인 종	백인, 흑인, 황인 등
심리적 기준	사회계층	상류, 중상류, 중류, 중하류, 하류
	라이프스타일	보수적, 진보적, 성취적, 합리적 등
	개 성	강제적, 사교적, 권위적, 야심적 등
행동적 기준	구매·사용 시기	규칙적, 불규칙적, 특수적
	추구하는 편익	기능, 품질, 경제성, 디자인, 서비스 등
	사용경험	비사용자, 최초사용자, 잠재적 사용자, 기존사용자
	사 용 량	소량, 보통, 대량
	브랜드 충성도	없음, 보통, 강함, 절대적
	구매준비단계	무지, 인지, 관심, 원함, 구매의도

자료원: 문병준 외(2007), p. 141; 김주헌(2004), p. 179; 저자에 의해 일부 수정됨.

차별화)

- 사용량: 제품생산량 및 포장규격의 결정
- 브랜드 충성도: 브랜드전략 또는 촉진전략의 수립
- 구매준비단계: 판매할 제품결정 및 촉진전략의 수립과 실행

앞서 설명한 지리적, 인구통계적 및 심리적 세분화와 비교해 볼 때, 이 방법은 글로벌소비자의 행동적 특성을 구체적으로 제시해 주는 장점을 갖고 있으며, 이러한 행동적 특성에 근거하여 글로벌기업은 보다 현실적인 마케팅전략을 수립할 수 있다. 그러나 이 방법은 일반적으로 1차 자료를 필요로 하기 때문에 다른 방법에 비해 조사비용이 많이 드는 단점을 갖고 있다.

News Case 4.4 세계를 매혹시킨 스웨덴 라이프스타일과 이케아의 성공

"스웨덴에서 온 상상초월 가구점." 이케아가 1974년 스웨덴을 벗어나 독일에 처음 진출했을 때 썼던 광고 문구이다. 이케아는 "우리와 함께 하면 모두 젊음"이라거나 "이케아보다 싼 것은 가만히 서 있는 것뿐"이라거나 "밝은 나무로 연출한 화려함"이라는 등의 참신하고도 도발적인 광고 문구로 눈길을 끌었다. 이케아는 창업자인 잉바르 캄프라드와 그의 고향 아군나리드의 머리글자를 모아 만든 말이다. 즉, 이케아(IKEA)라는 이름은 잉바르 캄프라드 엘름타리드 아군나리드(Ingvar Kamprad Elmtaryd Agunnaryd)의 약자이다. 엘름타리드는 캄프라드가 자라난 스웨덴 남부 숲 속의 농장 이름이며, 아군나리드는 농장 근처 마을의 이름이다.

캄프라드가 이케아라는 이름으로 처음 통신판매 사업을 시작한 때는 그가 17세 되던 1943년, 운송 도중 파손을 막기 위해 탁자의 다리를 떼어내 따로 포장해 배송한 것이 이케아 조립식 가구의 시작이었다. 물론 조립식 가구를 만든 것이 이케아가 최초는 아니었다. 그러나 캄프라드는 조립식 가구가 제조비용은 물론이고 운송비용까지 줄이는 최선의 대안이라는 사실을 일찌감치 간파하였다. 캄프라드의 실용적인 아이디어는 평등주의를 추구하는 스웨덴의 사회민주주의 복지국가 모델과도 잘 맞아 떨어졌다.

권위적인 떡갈나무 책상에 대한 반항

이케아에서는 고객들이 가구 재료를 사서 직접 조립해야 한다. 캄프라드는 이렇게 말하곤 하였다. "고객을 왕으로 대접하는 건 상당한 비용이 드는 일이다. 화려한 궁궐을 꾸미는 데 드는 비용은 결국 고객들이 부담해야 한다. 그래서 우리는 고객을 왕으로 대접하지 않으려고 한다. 고객에게 직접 일을 시키려고 한다." 1970년대는 완전고용의 시대가 저물고 실업이 사회적 문제로 떠오르던 무렵이었다. 석유파동까지 겹쳐서 물가도 걷잡을 수 없이 치솟았다. 사람들은 묵직한 서랍이 달린 암갈색 떡갈나무 책상보다는 밝고 가벼운 느낌의 이케아에 열광하였다. 이케아는 실용적이었고 무엇보다도 가격이 쌌다.

이케아는 부모 세대의 낡은 디자인에 싫증나기 시작한 젊은이들에게 폭발적인 인기를 끌었다. 그 무렵 이케아 카달로그에는 이런 말이 적혀 있었다. "우리는 훌륭한 옛 귀족의 전통을 파괴했습니다. 우리는 떡갈나무 대신에 니스를 칠한 소나무를 씁니다. 친근하고 밝고 유쾌한 느낌을 준다는 사람들도 많지만 모든 사람에게 그렇지는 않을 겁니다."

독일의 슈피겔 기자 출신인 뤼디거 융블루트(Rüdiger Jungbluth)가 쓴 '이케아'라는 책에는 이런 이야기도 나온다. "대학 첫 학기를 맞으면서 갖는 과도한 기대와 실제 생활에서 겪는 실망은 이케아를 조립하면서 현실로 완성되곤 하였다. 이케아는 제품의 생산과정에 참여하고 있다는 노동의 느낌을 주었다. 이케아 책상은 떡갈나무로 만든 거만하고 권위적인 책상에 대한 반항이었다."

독일에 진출한 이후 이케아는 진보적 유행을 선도하는 기업으로 거듭났다. 저렴한 가격뿐만 아니라 디자인에 신경을 쓰기 시작한 것도 그때부터이다. 이케아의 가구는 존재감을 드러내기보다는 집안의 다른 가구와 조화를 이룬다. 사람들은 이제 커튼을 바꾸는 것처럼 집안 분위기를 위해 가구를 바꾸기 시작하였다. 이케아 가구는 소모품이다. 이케아의 가구를 자식들에게 물려줄 생각을 하는 사람은 거의 없다. 사람들은 흔히 자동차보다 식탁을 훨씬 오래 쓰지만 이케아는 이런 문화를 정면으로 반박한다. 이케아는 홈페이지에서 "당신의 가구를 아이들에게 물려주지 말라"고 제안한다. "아이들 역시 집을 스스로 꾸밀 수 있게 내버려 둬야 한다"는 이야기이다. 이케아는 '체인지 룸 제너레이션'이라는 신조어를 만들기도 하였다. 툭하면 집안을 통째로 바꾸는 세대를 말한다. 이케아는 오래된 가구를 돌보는 데 시간을 허비하지 말라고 조언한다. "그것은 가구일 뿐이야. 바꿔 버려." 보수적인 영국에서는 이런 슬로건을 내걸기도 하였다. "영국적인 것, 오 이제 제발 그만."

이케아의 디자인을 이해하려면 스웨덴 사람들의 라이프스타일을 이해하는 것이 우선이다. 위도가 높은 스웨덴에서는 겨울이면 오후 3시부터 밤이 된다. 겨울은 길고 춥다. 스웨덴 사람들에게 집은 남들에게 보여주기 위한 공간이 아니라 머무는 공간이다. 이들이 밝고 따뜻한 느낌의 가구를 좋아하는 것은 바깥의 음울한 날씨와도 무관하지 않을 것이다. 20세기 초반 스웨덴에서는 정부 주도 아래 값이 싸면서도 예술적인 가구와 생활용품을 만드는 계획이 진행되었다. 예술가들이 대량생산에 참여하기 시작하였다. 스웨덴 예술인 노조의 P위원장은 "디자인은 그 디자인의 값을 지불할 수 있는 사람만이 아니라 모든 사람의 것이 되어야 한다"고 말하기도 하였다. 이른바 민주적인 디자인의 개념이다.

모든 사람을 위한 민주적인 디자인

예테보리디자인대학의 T교수는 이케아를 이렇게 평가한다. "우리 스웨덴 사람들은 합리적이고 실용적으로 생각하는 민족이다. 어느 상황에서나 경쾌한 에너지로 꿈을 이루기 위해 노력하는 민족이다. 이케아의 가구는 이런 스웨덴 사람들의 라이프스타일을 반영한다. 우리가 찾던 민주적인 디자인에 가장 부합하는 제품이다."

흥미롭게도 캄프라드는 디자인에 큰 관심이 없는 것으로 알려졌다. "그가 디자인에 관심을 갖는다면 그 디자인이 가격을 낮추는 역할을 할 때뿐"이라는 비아냥이 나돌 정도였다. 수석 디자이너인 이터보른은 언젠가 인터뷰에서 다음과 같이 말하기도 하였다. "캄프라드는 디자인이란 개념을 뭔가 사치스럽고 과도한 것, 거의 무가치한 것으로 생각하는 것 같다."

물론 그렇다고 이케아가 디자인을 배격한

것은 아니다. 이케아에는 이터보른을 비롯해 길리스 룬드그렌이나 넬스 감멜고르, 노보루 나카무라 등 훌륭한 디자이너가 많았다. 이들은 캄프라드와 충돌하지 않으면서도 스웨덴 전통 가구 디자인을 현대적으로 다시 해석하고 실용적인 디자인으로 재창조하는 데 성공하였다.

이케아의 디자이너들은 1770년대 구스타프 3세가 집권하던 무렵 유행했던 인테리어 양식을 채용하였다. 로코코 스타일을 살리면서도 금색 대신에 세련된 회색과 파랑, 노랑을 썼다. 고전적인 스칸디나비아 양식뿐만 아니라 미니멀리즘과 젊고 밝은 느낌의 실용적인 디자인, 이른바 스웨덴 라인을 결합하였다. 세계적인 가구 디자이너 필립 스탁은 동료인 재스퍼 모리슨에 빗대어 "모리슨의 탁자를 사려면 수천 유로를 줘야 하지만 나 같으면 차라리 이케아로 가겠다"고 말하기도 하였다. 역시 가구 디자이너인 구닐라 알라르드는 "이케아에 가면 행복해진다"며 "많은 신선한 아이디어를 느낄 수 있다"고 말한다.

이케아의 가장 큰 매력은 저렴한 가격이지만 사람들이 단지 가격 때문에 이케아를 찾는 것은 아니다. 사람들이 이케아에 빠져드는 건 따뜻한 삶의 느낌, 충만한 에너지 때문이다. 허세 부리지 않으면서도 존재감을 드러내는 동시에 부드럽게 공간과 조화를 이루는 이케아만의 독특한 디자인에 사람들은 빠져든다. 이케아는 독특한 매장 운영방식으로도 유명하다. "배고픈 사람은 쇼핑할 마음이 들지 않는다"는 캄프라드의 철학에 따라 매장마다 스웨덴 레스토랑이 들어서 있다. 레스토랑은 매장 개점 시간보다 30분 일찍 문을 연다. 캄프라드는 이케아 매장을 찾는 가족이 소풍하는 기분으로 즐길 수 있도록 설계하였다. 이케아는 해외에 진출할 때 철저하게 스웨덴 기업이라는 사실을 강조하였다. 캄프라드는 이케아를 '스웨덴식 디즈니랜드'로 만들겠다고 말하곤 하였다.

성인들을 위한 레고

이케아 매장에서는 점원들이 전혀 간섭을 하지 않는다. 전시된 가구에 앉아있거나 드러누워 보거나 마음껏 만져보고 흔들어 봐도 된다. 사람들은 굳이 점원에게 물어보기보다는 직접 느릿느릿 둘러보고 비교하고 평가하기를 원한다. 융블루트는 이런 분위기를 "마치 고모네 집 같다"고 말한다. 심심하면 괜히 놀러 가고 싶은 그런 집말이다.

점원들이 거의 방해를 하지 않는 대신 가구를 고르고 카트에 싣고 계산대까지 싣고 가는 것도 모두 고객의 몫이다. 집에 가서 포장을 풀고 부품을 조립하고 나사를 소여 가구를 완성하는 것 역시 고객의 몫이다. 이런 일련의 과정은 많은 소비자들에게 저렴한 가격 이상의 재미를 준다. 이케아는 성인들을 위한 레고와 같다.

이케아의 카탈로그는 세계적으로 성경 다음으로 많이 읽히는 책이다. 지난해 8월에 찍은 카탈로그는 1억 6,000만 부가 나갔다.

지금까지 인쇄된 카탈로그를 모두 모으면 지구를 한 바퀴 돌 수 있을 것이라는 이야기가 나올 정도이다. 아늑한 삶의 여유를 느끼게 해 주는 이케아의 카탈로그는 그것 자체가 하나의 예술 작품이라는 평가를 받는다.

지난해 말 기준으로 이케아는 세계 32개국에 202개의 점포를 두고 있다. 해마다 4억 5,000만 명이 가구를 구매한다. 2005년 기준 이케아의 매출은 148억 유로, 우리 돈으로 18조 4,353억 원에 이른다. 캄프라드는 2005년 포브스가 선정한 세계 6위 부호 자리에 오르기도 하였다.

자료원: 한국경제매거진, 2007년 7월 4일.

CHAPTER 05 글로벌 표적시장선정과 포지셔닝전략

5.1 글로벌 표적시장의 의의와 선정기준

5.2 글로벌 표적시장에서의 마케팅전략

5.3 글로벌 포지셔닝의 의의와 포지셔닝전략

5.1 글로벌 표적시장의 의의와 선정기준

5.1.1 글로벌 표적시장의 의의

글로벌 마케팅관리자는 시장세분화를 통하여 분류된 세분시장들을 비교·평가한 후 진입할 만한 가치가 있거나 잠재성이 높은 시장과 그 범위를 결정하여야 한다. 이러한 의사결정을 통하여 선정된 시장을 표적시장(target market)이라고 하며, 표적시장을 선정하는 행위를 타겟팅(targeting)이라고 한다. 표적시장선정은 구체적인 선정기준(5.1.2 참고)에 의하여 이루어지며, 여기에서 가장 중요한 것은 세분시장들 중에서 표적시장의 대상과 수를 결정하는 것이다.

글로벌 표적시장의 특징과 유의점을 간략하게 살펴보면 다음과 같다.

- 글로벌 표적시장은 특정 국가 또는 지역에서 선정된 잠재적 시장일 뿐이며, 실제적 시장은 해외시장 진입전략의 실행을 통해서만 형성된다.
- 글로벌 표적시장은 글로벌 포지셔닝의 이전 단계에서 선정되며, 각 표적시장별로 포지셔닝이 이루어져야 하기 때문에 세분시장들 간의 비교·평가를 통하여 기회와 위협이 제시되어야 한다.
- 글로벌 표적시장은 글로벌기업의 강점과 약점을 고려하여 선정되어야 한다.
- 글로벌 표적시장의 선정에 있어서 가장 중요한 것은 시장의 매력성이다. 즉, 높은 매출액이 달성될 수 있고, 높은 시장성장이 예상되는 시장이 매력적이다.
- 서로 다른 국가 및 지역에 존재하는 글로벌 표적시장은 해당 국가 또는 지역의 여러 가지 환경적 요인들에 의해 지속적으로 영향을 받기 때문에 주기적으로 재평가되어야 한다. 중장기적 관점에서 볼 때, 어떤 특정 표적시장으로의 진입이 시간적으로 지체되는 경우에는 표적시장을 다시 선정해야 하는 상황이 나타날 수 있다.

5.1.2 글로벌 표적시장 선정기준

글로벌 표적시장에 대한 선정기준은 네 가지로 요약될 수 있으며, 구체적으로 살펴보면 다음과 같다.[1]

부정적 기준 (negative criteria)

부정적 기준은 현지국가의 정치적·법적, 자연적 및 사회문화적 환경요인 등에 의하여 어떤 세분시장으로의 진입이 불가능한 것을 판단하거나 또는 시장이 존재하지 않는 것을 확인시켜 주는 기준을 의미한다.

정치적·법적 환경은 현지국가의 정부에 의한 차별대우 및 규제 등을 통하여 글로벌기업의 현지 세분시장 진입을 방해하거나 불가능하게 한다. 그리고 국가 또는 지역별 기후조건의 차이와 같은 자연적 환경은 특정 제품의 사용을 불가능하게 하기 때문에, 관련 제품의 시장이 형성될 수 없다(예를 들면, 기후조건의 차이에 따른 의류시장). 또한 종교, 전통 및 관습 등과 사회문화적 환경 때문에 특정 국가 또는 지역으로의 수출이 불가능한 상황(예를 들면, 이슬람 국가로의 돼지고기 및 주류 수출)이 나타날 수 있다.

현재의 세분시장의 규모 (current segment size)와 성장잠재력 (growth potential)

글로벌기업이 표적시장을 선정할 때 가장 먼저 평가하여야 할 요소는 현재의 세분시장의 규모와 성장잠재력이다. 이러한 기준에 대한 구체적인 평가항목들은 경제적 환경의 분석을 통하여 선정될 수 있다(제 2 장 2.2 참고). 어떤 국가의 경제적 환경(economic environment)은 거시경제적 환경과 사회경제적 환경을 포함하고 있다. 시장규모(예를 들면, 국민총생산, 1인당 국민소득, 소득분포)와 거시경제지표와 관련된 변수(예를 들면, 경제성장, 인플레이션, 이자율, 환율, 국제수지, 외채 등) 등은 가장 대표적인 거시경제적인 환경(macroeconomic environment)에 속한다. 그리고 총인구, 연령분포 및 인구밀도와 분포 등은 사회경제적 환경(socioeconomic environment)에 해당되는 대표적인 변수

---

1 김주헌(2004), p. 188; Keegan, W. J.(2002), p. 200 이하.

들이다.

경제적 환경의 분석을 통하여 현재의 세분시장이 그 규모와 성장잠재력 측면에서 우수한 것으로 평가되었다면 표적시장으로 선정될 수 있다. 그러나 어떤 세분시장이 매력적일지라도 투자수익률에 대한 전망이 좋지 않다면, 표적시장에서 이러한 세분시장을 제외시키는 것이 바람직하다.

잠재적 경쟁 (potential competition)

잠재적 경쟁은 기존의 경쟁구도에 잠재적 진출기업 또는 새로운 시장진입자가 미래의 어느 시점에 나타나는 것을 말한다. 잠재적 경쟁에 대비하기 위해서는 무엇보다도 글로벌경쟁에서 결정적인 역할을 하는 기술경쟁력 또는 제품차별화의 능력을 향상시킬 필요가 있다. 어떤 세분시장에서 독점적 기술경쟁력에 기초한 잠재적 경쟁이 예상된다면, 글로벌기업은 이러한 세분시장을 포기하거나, 아니면 기술경쟁력을 확보한 후에 표적시장으로 삼아야 한다.

또한 잠재적 진출기업들은 앞서 언급한 기술경쟁력 또는 제품차별화의 능력뿐만 아니라, 규모의 경제 및 경험곡선의 효과 등을 보유하고 있기 때문에, 글로벌기업이 표적시장으로 선정한 특정 세분시장에서 잠재적 진출기업과의 경쟁에서 이기기 위해서는 비용 또는 원가우위를 확보하는 것이 중요하다.

기업목적과의 적합성 (compatibility)과 세분시장에서의 마케팅활동 실행가능성 (feasibility)

앞서 제시한 두 가지 기준이 충족되었더라도, 글로벌기업이 진출하고자 하는 어떤 세분시장에서 기업의 목적이 달성될 수 있는지 그리고 마케팅활동의 실행이 가능한지를 고려하여야 한다. 특히, 글로벌 세분시장에 진입하기 위해서는 광고 및 유통 등과 같은 마케팅 비용이 요구되기 때문에, 글로벌기업은 표적시장에서의 마케팅활동을 성공적으로 실행하기 위하여 무엇보다도 이러한 비용을 우선적으로 고려하여야 한다.

News Case 5.1 갤럭시노트2와 갤럭시 카메라의 아프리카 시장진입

삼성전자가 갤럭시노트2와 갤럭시 카메라를 앞세워 아프리카 시장공략에 나섰다. '삼성전자 아프리카 총괄(P전무)'은 18일(현지시간) 남아프리카공화국 케이프타운에서 갤럭시노트2와 갤럭시 카메라 출시 행사를 가졌다. 서울, 홍콩, 자카르타에 이어지는 삼성전자의 이번 월드투어 행사는 아프리카 대륙 50개국에서 보다콤, MTN 등 이동통신사를 포함한 거래업체 관계자 600여 명과 언론매체 100여 명이 참여하는 대규모로 진행됐다.

케이프타운 국제컨벤션센터에서 이뤄진 프레젠테이션 행사를 통해 참석자들은 '창의력을 발휘하라(Be Creative)'는 주제에 걸맞게 소비자의 '창조 욕구'를 만족하게 하는 갤럭시노트2의 다양한 기능에 박수갈채와 함께 탄성을 내질렀다. 삼성은 지난해 갤럭시노트를 아프리카에 도입해 휴대전화기와 태블릿PC의 중간 영역으로서 독자적 시장을 개척했다.

특히 더욱 향상된 스마트 펜, 한 화면에서 이뤄지는 다양한 멀티태스킹 기능, 콘텐츠 내용을 미리 보여주는 에어-뷰(Air-View) 기능 등으로 무장한 갤럭시노트2는 '블랙다이아몬드'라 불리는 아프리카 중산층의 마음을 사로잡을 것으로 삼성은 기대하고 있다. 삼성은 지난 2010년 갤럭시 브랜드를 아프리카에 처음 도입한 이후 2년 만에 스마트폰 영역에서 시장점유율 35%를 차지, 블랙베리에 이어 'No.2' 브랜드로 약진했다.

이는 아프리카의 꾸준한 경제 성장에 따른 신흥 중산층의 등장에 따른 스마트폰 수요 증대와 삼성의 마케팅 전략이 주효한 데 따른 것으로 삼성측은 판단하고 있다. 인구 약 10억 명의 아프리카는 세계에서 두 번째로 큰 모바일 기기 시장이며 가장 빠르게 성장하고 있다. 이와 함께 이날 행사에서는 갤럭시 카메라도 함께 출시돼 '스마트 카메라'로서의 새로운 영역을 아프리카인들에 선보였다.

삼성은 와이파이 기능을 통해 고화질의 사진이나 영상을 실시간으로 공유할 수 있는 갤럭시 카메라를 통해 '스마트카메라 = 삼성 카메라'라는 인식을 아프리카인들의 뇌리에 자리잡게 한다는 의도다. 삼성전자 아프리카 총괄 P전무는 "아프리카 휴대전화 시장이 현재 스마트폰으로 전환하고 있다"며 "이번 갤럭시노트2 출시행사를 계기로 삼성이 아프리카의 스마트폰 시장을 주도해 나가겠다"고 밝혔다. 이와 함께 최고운영책임자 P씨는 "갤럭시 카메라가 새로운 영상 소통의 영역을 열었다"며 "소비자들이 고화질의 영상을 즉석에서 공유할 수 있게 돼 더욱 생생하고 활기에 찬 소통을 누릴 수 있게 됐다"고 설명했다.

자료원: 연합뉴스, 2012년 10월 19일.

5.2 글로벌 표적시장에서의 마케팅전략

글로벌 마케팅관리자는 앞서 논의한 표적시장 선정기준에 의하여 각 세분시장들을 평가한 후 진입할 만한 가치가 있는 표적시장을 선정한다. 그리고 이러한 과정을 거쳐 표적시장이 선정되면, 그 다음 단계로 적절한 글로벌 표적시장 마케팅전략이 수행되어야 한다. 〈그림 5-1〉은 글로벌 표적시장 마케팅전략의 네 가지 유형을 제시한다. 이 그림에 나타나 있는 바와 같이 글로벌 표적시장에서의 마케팅전략은 비차별적, 차별적, 집중적 그리고 고객맞춤 전략 등으로 구분된다.[2]

비차별적 마케팅전략 (undifferentiated marketing strategy)

비차별적 마케팅전략은 글로벌기업이 각 세분시장 간의 차이를 무시하고 이들 시장에서 동일한 마케팅 4P 믹스전략을 수행하는 것을 말한다. 이 전략은 규모의 경제와 경험곡선의 효과를 누리고자 하는 글로벌기업에 의해 실행되는 경향이 있다.

이 전략의 가장 큰 장점은 표준화된 마케팅믹스를 통해 비용을 대폭 절감할 수 있다는 것이다. 그러나 여러 국가 또는 지역에 있는 고객의 다양한 욕구를 충족시킬 수 없는 것은 이 전략의 단점으로 지적될 수 있다.

차별적 마케팅전략 (differentiated marketing strategy)

차별적 마케팅전략은 글로벌기업이 차별화된 마케팅 4P 믹스전략을 수립하여 복수의 세분시장을 표적으로 선정한 후 마케팅활동을 수행하는 것을 의미한다. 즉, 이 전략은 여러 국가 또는 지역에 존재하는 세분시장들을 표적시장으로 선정한 후 이들 세분시장에 적합한 마케팅 4P 믹스를 각각 제공한다.

이 전략은 비차별적 마케팅전략을 채택할 때보다 더 많은 매출액을 전 세계적으로 창출할 수 있고, 더 높은 시장점유율을 확보할 수 있는 장점을 갖

2 Solomon, M. R./Stuart, E.(2003), p. 232 이하; Keegan, W. J.(2002), p. 201 이하.

고 있다. 하지만 이 전략은 차별화된 마케팅믹스의 개발(예를 들면, 제품 및 촉진의 차별화)을 위해 많은 비용을 필요로 하는 단점을 내포하고 있다.

집중적 마케팅전략 (concentrated marketing strategy)

집중적 마케팅전략은 글로벌기업이 마케팅 4P 믹스를 개발한 후, 단일의 세분시장에 초점을 맞추어 전략을 실행하는 것을 말한다. 글로벌기업이 인적 및 물적 자원의 제약을 받는 경우에 있어서 이 전략이 수행되는 경향이 있다. 이 전략에서는 복수의 세분시장에서의 낮은 시장점유율보다는 단일의 세분시장에서의 높은 시장점유율이 추구된다.

이 전략을 선택하는 글로벌기업은 무엇보다도 그들이 활동하려는 세분시장에 대하여 많은 지식을 갖고 있기 때문에 그 시장에서 높은 시장점유율을 달성할 수 있는 장점을 갖고 있다. 그러나 이 전략은 단일의 세분시장에만 집중하기 때문에, 전략이 실패할 경우 위험부담이 가중되는 단점을 포함하고 있다.

고객맞춤 마케팅전략 (customized marketing strategy)

고객맞춤(또는 고객화) 마케팅전략은 단일의 고객 또는 소비자를 대상으로 마케팅믹스를 구성하여 글로벌 마케팅활동을 수행하는 것을 말한다. 이 전략은 일반적으로 보험이나 은행 등의 금융서비스 업종의 해외진출 및 플랜트 수출 또는 턴키프로젝트 등에 적용되고 있다. 그리고 대량맞춤(mass customization) 마케팅전략은 대량생산과 고객맞춤을 결합한 개념으로써 소수의 글로벌기업들이 이 전략을 추구하고 있다. 예를 들면, 나이키(Nike)는 10달러의 비용을 추가하면 운동화의 모양, 소재 및 색상 등을 소비자가 직접 설계할 수 있게 하고, 여기에 자신의 이름까지 새겨 넣어 세계에 단 하나밖에 없는 운동화를 제작할 수 있도록 한다. 또한 델(Dell) 컴퓨터는 고객이 인터넷을 통하여 컴퓨터 사양을 직접 주문하게 함으로써 고객맞춤 마케팅전략을 수행하고 있다.

이 전략의 장점은 글로벌고객의 개별적인 욕구를 잘 충족시켜 줄 수 있다는 것이다. 그러나 개별고객의 다양한 욕구를 충족시키기 위해서 많은 비용을 투입해야 하는 것은 이 전략의 단점으로 지적될 수 있다.

그림 5-1 글로벌 표적시장 마케팅전략의 유형

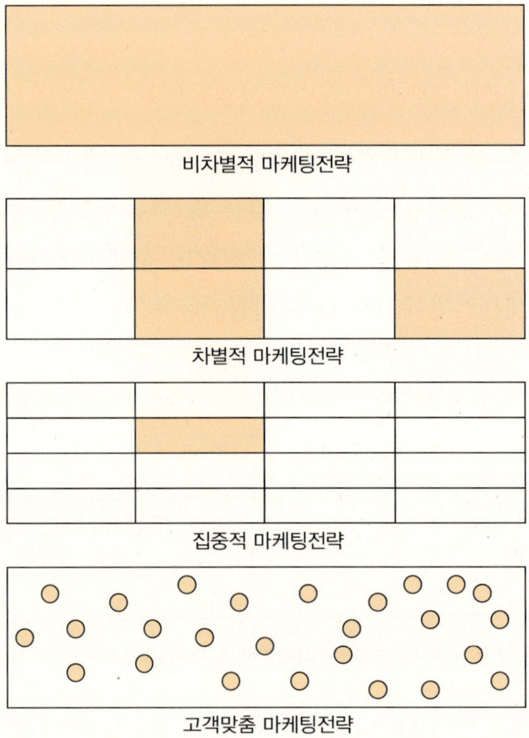

자료원: Solomon, M. R./Stuart, E.(2003), p. 233.

News Case 5.2 대우일렉트로닉스의 글로벌 틈새시장 진입전략

대우일렉트로닉스(이하 대우일렉)는 중남미, 동남아 지역을 공략하며 해외시장에서 고속성장을 거듭하고 있다. 대우일렉이 신흥시장에서 틈새시장을 개척하며 백색가전 명가의 저력을 보여주고 있다. 베트남 냉장고 시장 1위에 이어 알제리 세탁기 시장 1위, 베네수엘라 전자레인지 시장 1위를 달성하며 제 3 세계 시장 공략에 속도를 내기 시작한 것이다. 전체 매출의 85% 이상이 수출인 대우일렉은 미주, 유럽, CIS 시장 등 주요시장과 함께 글로벌 확대전략으로 '사각지대'로 평가되는 제 3 세계 시장을 공략하고 있다.

대우일렉은 지난 8일부터 12일까지 베네수엘라의 수도 카라카스에서 현지 바이어 및 언론 관계자 약 200여 명이 참석한 가운데 '베네수엘라 신제품 발표회'를 진행하였다. 지난해까지 자유무역지대인 파나마 꼴론을 통해서만 판매를 진행했던 대우일렉은 제한적인 유통망에도 불구하고 중남미 최대 백색가전 업체인 마베를 제치고 베네수엘라 시장에서 전자레인지 판매 1위(시장점유율 21%)를 차지하였다. 이에 자신감을 얻은 대우일렉은 올해 신제품 발표회를 필두로 현지 양판점 및 할인점 등 판매망을 확보하고, 프리미엄 신제품을 앞세워 전년 대비 2배 증가한 5,000만 달러의 매출을 기록한다는 계획이다.

또한 지난 2008년 알제리 드럼세탁기 시장에 진출한 대우일렉은 첫해 2만 대 판매를 시작으로 알제리 정부의 수입억제정책에도 불구하고 지난해 전년 대비 2배 이상 늘어난 4만 2,000대의 판매 성과를 올리며 22%가 넘는 시장점유율로 1위를 달성하였다. 알제리 드럼세탁기 시장은 일반 세탁기 판매가 저조한 반면, 드럼세탁기 인기가 높아 올해 약 20만 대 규모로 시장이 급성장할 전망이다. 대우일렉은 현지 최대 가전업체인 콘도르와 국영기업인 MEM 등 현지 업체를 통해 판매를 진행하고 있으며, 올해 5만 5,000대, 2011년 7만 대, 2012년 10만 대 판매를 진행, 3년 내에 드럼세탁기 점유율 50%를 달성하며 1위를 고수해 나간다는 방침이다.

이와 함께 올해 초 남아시아 시장 진출을 선언한 대우일렉은 방글라데시, 스리랑카, 아프가니스탄뿐만 아니라 올해 5월부터는 인도 공략에 나선다는 방침이다. 지난 1월 방글라데시 브랜드 런칭쇼를 진행한 대우일렉은 현지 최대 유통업체인 라이마 프로즈와 200만 달러 규모의 계약을 체결한 데 이어, 1월 말에는 스리랑카의 유통업체인 인디카, 존아르크(Joan Arc)와는 100만 달러 규모의 계약을 체결하였다. 이 밖에 아프가니스탄 유통업체인 옴란, 바드라 테자라트 등과는 대우일렉 브랜드 제품 판매를 진행할 계획이며, 인도의 경우 5월부터 세탁기 판매를 시작으로 법인철수 7년 만에 재진출을 한다는 방침이다.

대우일렉의 이러한 제 3 세계 시장 공략의 특이점은 해당 국가가 아닌 주변 국가의 법인 혹은 지사를 거점으로 사업이 이루어지고 있다는 점이다. 베네수엘라 전자레인지 1위는 파나마 법인(DEPASA)을 통해, 알제리 세탁기 1위는 암만 지사를 통해, 남아시아 공략의 경우 U.A.E. 판매법인을 거점으로 판매를 진행하고 있다.

대우일렉은 그동안 구축한 해외 사업망을 최대한 활용, 각 해외 사업장에서 지역별 특성을 충분히 파악한 후에 해당 국가뿐만 아니라 주변 국가까지 공략하는 글로벌 확대 전략을 펼친 것이 주효하였다는 평가이다. 대우일렉 해외사업 담당 L상무는 "대우일렉은 1990년대 중반부터 해외시장을 개척해 온 경험을 바탕으로 신규시장 개척 노하우를 보유하고 있다"며 "제 3 세계 시장 공략을 통해 시장다변화와 함께 매출증대를 이루어낼 것"이라고 말했다.

자료원: 아시아경제, 2010년 3월 16일.

5.3 글로벌 포지셔닝의 의의와 포지셔닝전략

5.3.1 글로벌 포지셔닝의 의의

표적시장을 선정한 후 글로벌기업이 그 다음으로 수행해야 할 과제는 그 시장에서 제품 또는 서비스의 위치를 선정하는 것이다. 글로벌 포지셔닝(global positioning)은 글로벌 고객 또는 소비자의 의식 속에 제품 또는 서비스에 대한 확고한 브랜드 이미지(brand image)를 확립하는 것을 말한다. 즉, 글로벌 포지셔닝은 글로벌기업이 경쟁기업과 다른 차별적인 특징 또는 이미지를 표적시장의 고객들에게 인식시키고, 그 기업의 전략적 위치를 선정하는 것을 의미한다.[3]

글로벌 포지셔닝의 가장 중요한 목적은 효과적이고 효율적인 마케팅 믹스프로그램의 개발을 통하여 글로벌기업의 제품 또는 서비스에 대한 브랜드 이미지를 전 세계 고객들에게 확고히 심어주는 것이다. 일반적 관점에서 볼 때, 전 세계적으로 통일적인 브랜드 이미지가 형성될 수도 있고, 국가 및 지역에 따라 서로 다른 브랜드 이미지가 구축될 수도 있다. 글로벌기업이 성공적인 포지셔닝전략을 개발하기 위해서는 다음과 같은 측면들이 고려되어야 한다.

- 국가 및 지역별 사회문화적 환경의 차이
- 제품 또는 서비스의 사용용도의 차이
- 기업이 보유하고 있는 인적 및 물적 마케팅자원

3 반병길/이인세(2008), p. 121.

News Case 5.3 삼성전자의 새로운 글로벌 포지셔닝전략

삼성전자가 2020년 '글로벌 톱5 브랜드'로 올라서기 위해 브랜드 전략을 진면 수정한다. 종전까지는 기업과 개별 제품의 브랜드 이미지를 높이는 단편적 전략 위주였다면 앞으로는 삼성의 브랜드 지향점을 분명히 수립하고 그에 맞는 기술 개발, 디자인, 영업 · 마케팅, 사회공헌활동을 지속적으로 펼치기로 했다. 브랜드 이미지 제고가 하나의 마케팅 수단이 아니라 경영활동의 중심축으로 자리잡은 셈이다. 양적 팽창에 치중해 온 종전의 매출 중심 사고방식을 탈피하고 글로벌 정보기술(IT) 업계 매출 1위에 걸맞은 브랜드 파워를 세우겠다는 의지를 다진 것이다.

K부회장은 1일 삼성전자 창립 43주년 기념행사에서 "세계 모든 사람들이 삼성 브랜드를 통해 새로운 가능성을 경험하고 더 큰 꿈을 꿀 수 있게 하는 브랜드 지향점을 가지고 'Aspirational Brand(열망하는 브랜드)'로 도약하고자 한다"고 밝혔다. 그는 "삼성전자 임직원들이 브랜드에 대한 열망과 혁신을 내재화하고 일상생활화할 때 제품과 서비스 수준이 한 단계 더 격상될 수 있다"고 강조했다.

삼성전자는 브랜드가 나아가야 할 방향을 공유하고 임직원들이 자신의 업무에서 해야 할 역할을 담은 '브랜드 플레이북'을 임직원들에게 1일 배포했다. 삼성이 브랜드 전략을 담은 책자를 전 임직원에게 나눠준 것은 이번이 처음이다. 이 책은 글로벌 톱5 브랜드를 위한 브랜드 실천 가이드를 담고 있으며 디자이너, 영업, 기술직, 제조직 등 직종별로 어떠한 접근 방식을 가져야 하는지 상세히 기술하고 있다.

특히 '발견하고자 하는 열망'에서 혁신이 일어난다고 썼다. 삼성전자는 1일 수원사업장 건물 외벽에 'Discovery Starts Here(발견은 여기에서 시작됩니다)'라는 대형 현수막을 내걸어 이러한 요점을 직원들에게 전달하고자 했다. 삼성전자의 브랜드 지향점은 '브랜

삼성전자 브랜드 전략

SAMSUNG

- 브랜드 이상(Ideal) 수립
  - 삼성의 근본 DNA는 무엇인가
  - 삼성이 차별화하려는 것은 뭔가
  - 삼성의 존재 이유는
- 전 임직원의 참여
  - 브랜드 전략에 따라 개발 · 마케팅 등 변화

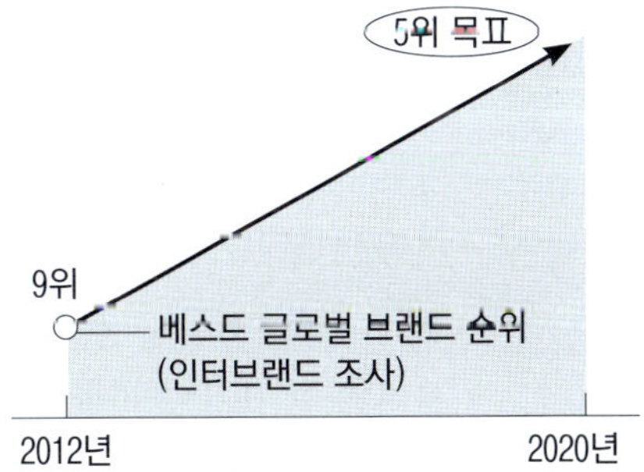

드 이상(Brand Ideal)'이라는 단어로 대체될 수 있다. 브랜드 이상이란 기업의 중심이 되는 신념과 기본 가치를 뜻한다. 마케팅 달인으로 손꼽히는 '짐스텐겔컴퍼니' 최고경영자(CEO) 겸 미국 UCLA 앤더슨 경영대학원 S객원교수가 언급한 핵심 개념으로 그는 지난 6월 26일 삼성전자 수원사업장에서 임직원 400여 명을 대상으로 마케팅 특강을 진행하기도 했다.

최근 삼성전자는 브랜드컨설팅회사인 인터브랜드가 매년 발표하는 '베스트 글로벌 브랜드'에서 한국 기업으로는 처음으로 톱 10에 진입했다. IT기업으로는 애플이 2위로 가장 높고 IBM(3위), 구글(4위), MS(5위), 인텔(8위), 삼성전자(9위) 등이 뒤를 이었다. 1위는 코카콜라가 차지했다.

전자업계 관계자는 "삼성이 '빠른 추종자(fast follower)' 이미지를 벗고 선도자 역할로 탈바꿈하겠다는 의지를 다진 것"이라며 "애플과 같은 혁신 기업 이미지를 구축할 수 있을지 주목된다"고 말했다.

자료원: 매일경제, 2012년 11월 1일.

5.3.2 글로벌 포지셔닝전략

글로벌 포지셔닝전략 수립(formulation of global positioning strategy)의 절차

글로벌 포지셔닝전략 수립의 절차는 국내기업의 포지셔닝전략 수립의 절차와 동일하다. 즉, 포지셔닝전략수립의 절차는 국내기업과 글로벌기업에 관계없이 다음과 같이 6단계로 이루어진다.[4]

- 경쟁제품 또는 브랜드와 관련된 상황을 확인한다. 경쟁의 근간은 무엇인가?
- 제품, 브랜드 및 경쟁에 대하여 소비자가 갖고 있는 현재의 인식을 파악한다.
- 가능한 포지셔닝주제들을 개발한다.
- 포지셔닝대안들을 심의하고, 가장 매력적인 대안을 선정한다.
- 선정된 포지셔닝전략을 수행하게 될 마케팅 믹스전략을 개발한다.
- 시간의 경과에 따라 포지셔닝전략의 효과를 검토한다. 만일 효과적이지

4 Kotabe, M./Helsen, K.(2011), p. 236.

않다면, 실패의 원인이 잘못된 실행에 의한 것인지 또는 잘못 발상된 전략에 의한 것인지를 확인한다.

포지셔닝주제의 개발기준

포지셔닝주제(positioning theme)는 다음과 같은 개발기준에 의하여 선정된다.[5]

- 구체적인 제품의 모양 및 속성: 제품의 디자인, 색상, 경제성, 신뢰성 및 내구성
- 제품의 편익 및 문제해결방안: 이성적(예를 들면, 안전성) 또는 감성적(예를 들면, 느낌) 편익, 제품이 제공할 수 있는 문제해결방안(예를 들면, 컨테이너선의 대규모 수송능력)
- 품질과 가격: 탁월한 품질, 낮은 가격 등
- 경쟁자의 포지셔닝: 현시점에서의 경쟁자의 포지셔닝전략
- 사용자의 범주: 언제, 어디서, 누가 그리고 왜 제품을 사용하는가에 초점을 두어야 함.
- 사용자의 응용: 누가 어떻게 제품을 사용하는가에 초점을 두어야 하며, 사용자에 의한 다양한 제품사용 가능성을 확인하여야 함.
- 전통적 유산: 전통, 관습 및 종교 등에 배경을 둔 사회문화적 유산
- 라이프스타일: 글로벌시장에서의 소비자들의 동질적 또는 이질적 라이프스타일의 파악

표준화된 포지셔닝전략과 현지화된 포지셔닝전략 (uniform vs. localized position strategy)

글로벌기업의 포지셔닝전략은 포지셔닝주제에 따라 표준화 또는 현지화(또는 차별화)될 수 있다. 표준화된 포지셔닝전략은 글로벌기업이 활동하고 있는 전 세계시장에서 동일한 포지셔닝주제에 기초하고 있는 반면, 현지화된 포지셔닝전략은 국가 또는 지역별 세분시장에서 서로 다른 포지셔닝주제에

5 Kotabe, M./Helsen, K.(2011), p. 239; 이철/장대련(2006), p. 209 이하.

바탕을 두고 있다. 두 가지 형태의 포지셔닝전략 중에서 글로벌기업이 어느 전략을 선택할 것인가에 대한 의사결정은 글로벌 고객특성의 평가, 사회문화적 환경분석, 그리고 전략적 방향설정(글로벌전략 또는 현지화전략) 등에 근거하여 이루어진다.

〈그림 5-2〉는 글로벌 포지셔닝전략의 대안을 보여준다. 이 그림에 제시되어 있는 바와 같이 포지셔닝주제는 표준화와 현지화로 구분되며, 세분시장은 글로벌 전체시장(모든 세분시장 포함)과 국가별 세분시장으로 나누어져 있다. 그리고 이들의 결합을 통하여 4개의 서로 다른 포지셔닝대안이 도출된다. 현실적으로 볼 때, 대안 1과 대안 4가 포지셔닝전략으로 선택되는 경우가 일반적이다.

그림 5-2 글로벌 포지셔닝전략의 대안

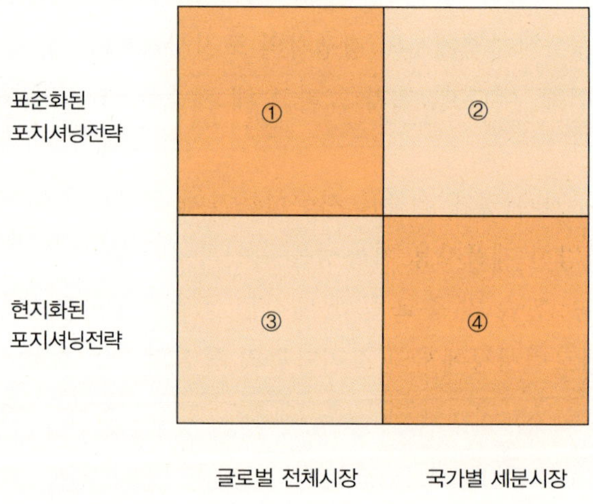

자료원: Kotabe, M./Helsen, K.(2008), p. 237.

News Case 5.4 CJ제일제당의 '코리안 스위트 & 스파이시 소스' 포지셔닝

CJ제일제당이 미국 시장 공략을 위해 맞춤형 고추장 소스 제품을 출시하고, 15일부터 현지 판매한다고 14일 발표하였다. 이번 고추장 소스 제품은 CJ제일제당의 미국 계열사인 '애니천(Annie chun's)' 브랜드로 출시되며, 제품명은 지난 6월 국제식품규격으로 채택된 고추장의 영문표기인 '고추장(GOCHUJANG)'을 그대로 사용하였다.

제품 포지셔닝은 '코리안 스위트 & 스파이시(Korean sweet & spicy) 소스'이다. 회사 측은 고추장 특유의 매운 맛은 살리되 고소하고 달콤한 맛을 가미해 자극적인 맛을 꺼려하는 서구인들의 입맛에 맞추어 제품 개발을 하였다고 설명하였다. CJ제일제당은 이 제품의 홍보를 위해 '100% natural' 문구를 제품에 표기해 장류 특유의 건강적인 측면을 강조하였다. 또 고추장 소스에 생소한 현지 소비자들을 위해 제품의 컨셉트를 '모든 음식에 잘 어울리는 소스(Goes with everything sauce)'로 홍보할 계획이다. 이를 위해 '스파이시 코리안 버거(Spicy Korean burger)' 콘테스트와 함께 고추장이 피자, 스파게티 등에 적용이 가능한 것을 보여주는 이벤트를 준비 중이다. 또 현지 고추장 소개 사이트를 오픈하고 고추장의 역사와 특성, 고추장 소스를 활용한 다양한 요리 레시피를 소개할 예정이다.

CJ제일제당은 이를 통해 일단 내년 한 해 동안 미국 전역에서 3천 개의 점포에 입하하는 것이 목표이다. 또 미국 시장 고추장 연간 매출액인 300만 달러를 내년에는 500만 달러, 2013년에는 1천만 달러 이상까지 늘려나갈 계획이다. CJ제일제당 K식품사업 본부장(부사장)은 "CJ제일제당 고추장 사업의 목표는 국내 대표 장류식품인 고추장을 글로벌 핫소스로 도약시키는 것"이라며 "이번 미국 시장용 제품 출시를 기반으로 관련 제품을 추가로 개발해 2013년까지 전 세계에서 5천만 달러 매출을 목표로 고추장을 세계인들에게 사랑받는 소스가 되도록 할 것"이라고 말했다.

자료원: 조이뉴스24, 2009년 12월 14일.

CHAPTER 06 글로벌 시장진입전략

6.1 글로벌 시장진입을 위한 포괄적 모델

글로벌 시장진입(global market entry)은 진입국가(*where*)의 선택, 진입시점(*when*)의 결정 및 진입방법(*how*)의 선택 등과 같은 전략적 의사결정과 관련되어 있다.[1] 글로벌 시장진입을 위한 포괄적 모델은 〈그림 6-1〉에 나타나 있다. 글로벌 시장진입에 대한 결정을 하기 위해 의사결정자는 경쟁정도에 대한 산업기반적 고찰, 기업특유의 자산에 대한 자원기반적 고찰 및 국가위험에 대한 기관기반적 고찰을 수행하여야 한다.[2] 〈그림 6-1〉에 제시된 이러한 세 가지의 고찰의 방향에 대하여 살펴보면 다음과 같다.

그림 6-1 글로벌 시장진입을 위한 포괄적 모델

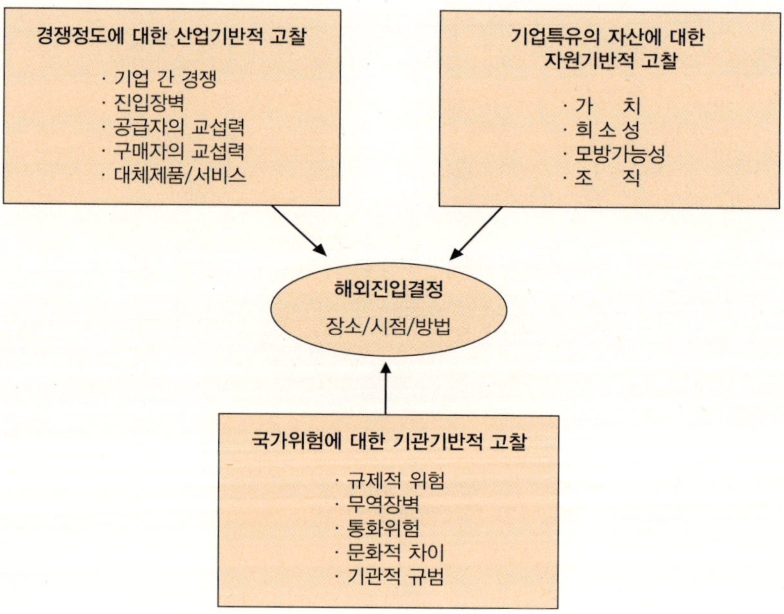

자료원: Peng, M. W.(2006), p. 219.

1 제 6 장의 내용은 박주홍(2009), p. 205 이하의 내용을 일부 수정하여 재인용.

2 Peng, M. W.(2006), p. 218 이하.

6.1.1 경쟁정도에 대한 산업기반적 고찰

글로벌 시장진입을 위한 첫 번째 고찰은 산업경쟁력의 분석과 관련되어 있다. 글로벌 시장진입의 관점에서 볼 때, 산업경쟁력에 영향을 미치는 각 요소들은 다음과 같은 의미가 있다.

- 기업 간 경쟁: 독점 또는 과점이 어떤 글로벌시장에서 나타날 경우, 이들은 시장진입장벽으로 작용할 수 있다. 따라서 해외의 어떤 제품 및 서비스시장에서 완전경쟁이 이루어지는 것이 바람직하다. 그러나 글로벌시장에 진출하려는 기업이 어떤 제품 및 서비스에 대하여 독점적 우위를 보유하는 것은 글로벌 시장진입을 위해 매우 긍정적으로 작용할 수 있다.
- 진입장벽: 일반적으로 글로벌 시장진입장벽은 수입금지, 수입물량의 규제, 높은 관세의 부과 및 특정 산업에 대한 투자규제 등과 같은 다양한 형태로 나타난다. 그러므로 다양한 형태의 글로벌 시장진입장벽은 기업으로 하여금 상황에 따라 차별적인 진입결정(예를 들면, 진입 장소, 시점 및 방법에 대한 의사결정)을 하도록 할 뿐만 아니라, 글로벌시장에서의 경쟁에도 직접적 또는 간접적으로 영향을 미치게 된다.
- 공급자의 교섭력: 어떤 기업이 해외에 생산자회사를 설립하려는 경우에 있어서 부품 및 원재료 공급자의 교섭력(예를 들면, 가격흥정에 있어서의 주도권확보의 문제)은 경쟁에 부정적 또는 긍정적으로 영향을 미칠 수 있다. 현지공급자가 생산자회사보다 규모가 크고 교섭력이 강하다면, 생산자회사는 공급자로부터 보다 비싼 가격으로 부품 및 원재료를 구매할 가능성이 높기 때문에 최종 생산제품의 가격경쟁력이 약화될 수 있다. 그러나 현지공급자의 교섭력이 약하다면, 생산자회사의 가격경쟁력은 강화될 것이다.
- 구매자의 교섭력: 어떤 기업의 해외자회사가 특정 제품을 생산하였다면, 이 제품은 자사의 유통경로를 거쳐서 소비자에게 판매되거나, 또는 구매자(buyers)를 거쳐서 소비자에게 전달된다. 구매자의 교섭력은 일반적으로 구매자의 수가 적고, 제품구입의 규모가 크면 강해지는 경향이 있다. 그러므로 해외자회사의 교섭력이 구매자의 교섭력보다 높아야

만 그 기업은 경쟁에 있어서 우위를 확보할 수 있다.

- 대체제품/서비스: 기존제품 또는 서비스의 수요를 대체하는 새로운 제품 또는 서비스의 출현은 기존의 경쟁구도에 부정적 영향을 미칠 가능성이 매우 높다. 일반적으로 고객의 대체성향은 대체제품 또는 서비스의 가격 및 제품차별화에 의해 영향을 받는다.

6.1.2 기업특유의 자산에 대한 자원기반적 고찰

기업특유의 자산에 대한 자원기반적 고찰은 기업이 보유한 자원(resources)과 능력(capabilities)에 그 기초를 두고 있다. *펭(Peng)*은 기업특유의 자산에 대한 분석을 위해 가치, 희소성, 모방가능성 및 조직 등과 같은 4개의 요소를 제시하였다.[3] 기업의 글로벌 시장진입과 관련하여 이러한 4개의 요소를 살펴보면 다음과 같다.

- 가치: 기업이 보유하고 있는 가치부가적인 자원은 국내 및 해외에서 경쟁우위를 창출할 수 있는 핵심적 요소이다. 기업의 가치부가적인 자원은 유형자산(공장설비 및 소프트웨어 등)과 무형자산(브랜드, 특허, 기술, 경영노하우 및 고객관계 등) 등을 말한다. 어떤 기업의 자산가치가 높을수록, 해외에서 이것을 더욱 공격적으로 활용할 수 있다.
- 희소성: 기업이 단순히 자산 및 능력을 보유하는 것보다 더 중요한 것은 이것들에 대한 희소성이다. 예를 들면, 특허, 브랜드 및 등록 브랜드 등과 같은 무형자산은 법률을 통하여 그 희소성 또는 독창성을 보호받을 수 있다. 어떤 기업이 갖고 있는 자산 및 능력의 희소성이 높을수록, 해외에서 더욱 강력한 경쟁력을 발휘할 수 있다.
- 모방가능성: 어떤 기업이 보유하고 있는 가치 있고, 희소한 자산 및 능력을 경쟁기업이 모방할 가능성이 낮을수록, 그 기업의 경쟁력은 더욱 오랜 기간 동안 지속될 수 있다. 일반적으로 유형자산의 모방은 비교적 쉬운 반면, 무형자산의 모방은 비교적 어렵거나 불가능할 수 있다.
- 조직: 기업의 조직은 그 기업이 보유한 자산과 능력의 효과적이고 효율

3 전게서, p. 83 이하, p. 220 이하.

적인 활용에 대한 책임을 지고 있다. 즉, 기업의 조직은 생산과 운영을 통한 가치창출의 기능뿐만 아니라, 국내 및 해외의 수많은 사업부 또는 자회사를 연결하고 관리하는 역할도 아울러 담당한다.

6.1.3 국가위험에 대한 기관기반적 고찰

국가위험은 규제적 위험, 무역장벽, 통화위험 및 기관적 규범과 같은 공식적인(formal) 기관적 규제요인과 문화적 차이와 같은 비공식적인(informal) 기관적 차이 등을 통하여 발생한다.[4] 국가위험은 기업의 글로벌 시장진입을 방해하거나 금지시키기 때문에 진입에 대한 의사결정에 있어서 가장 먼저 고려해야 할 사항에 속한다.

- 규제적 위험: 현지국정부의 외국기업에 대한 차별적인 정책은 대표적인 규제적 위험이다. 규제적 위험은 기업설립과 운영의 규제, 투자지분의 제한, 투자자본의 회수 및 과실송금의 제한, 파견직원의 입국금지 등과 같은 다양한 형태로 나타난다.
- 무역장벽: 무역장벽은 관세 및 비관세장벽, 현지부품 사용률에 대한 규제 및 진입방법의 규제 등을 말한다. WTO의 출범을 통하여 관세 및 비관세장벽이 완화되고 있지만, 국가 간 무역에 있어서 이러한 장벽은 여전히 존재하고 있다. 현지부품 사용률과 진입방법의 규제는 일반적으로 현지국의 원재료 및 부품산업의 발전, 산업보호를 위해 이루어지고 있다. 그러나 최근에는 이러한 국가 간 무역장벽은 경제블록의 형성 및 국가 간 자유무역협정의 체결에 의하여 대폭 완화되거나 철폐되고 있다.
- 통화위험: 통화위험은 환율변동에 의하여 나타나는 위험을 말한다. 급격한 환율변동은 수출제품의 가격, 해외투자자산의 가치, 장기 및 단기 차입금의 원금상환과 이자지불 등에 직접적으로 영향을 미치게 된다. 따라서 기업은 글로벌 시장진입에 대한 의사결정을 하기 전에 먼저 국제금융시장의 동향을 면밀히 검토할 필요가 있다.
- 문화적 차이: 본국과 현지국의 문화적 차이에 대한 깊은 통찰이 없이

4 전게서, p. 221.

글로벌 기업활동을 전개하는 기업은 문화적 위험에 노출될 수 있다. 글로벌시장에 진입하려는 기업뿐만 아니라, 현지국에서 활동하고 있는 기업은 현지국의 문화적 환경에 대한 체계적인 분석을 통하여 문화적 위험을 최소화하여야 한다. 또한, 기업이 현지국의 문화에 신속하게 적응하기 위해서는 현지국의 개인문화, 기업문화, 산업문화 및 사회문화 등에 대한 이해와 검토가 요구된다.

- 기관적 규범: 규범(norms)은 어떤 집단의 구성원들에게 수용되고 기대되는 행동양식이나 규칙을 말하며, 이것은 구성원의 의식 속으로 내재화되거나, 실제적 또는 부정적인 제재수단에 의해 강제되기도 한다. 규범은 관습과 도덕 등에 의해 생활과 행동을 규제하는 사회적 규범과 공적인 권력에 의해 개인 및 기업행위를 제재하는 기관적 규범으로 구분될 수 있다. 넓은 의미에서 볼 때, 기관적 규범은 전형적으로 법률의 형태로 나타나기 때문에 글로벌 시장진입을 위한 의사결정에 있어서 법률적 환경에 대한 분석이 이루어져야 한다.

News Case 6.1 러시아의 WTO 가입과 비관세장벽

러시아 의회가 세계무역기구(WTO) 회원국 가입을 비준했다. 러시아 국가두마(하원)는 10일 의원 총회에서 찬성 238표, 반대 208표, 기권 1표로 WTO 가입 의정서 비준안을 통과시켰다. WTO 가입 의정서는 블라디미르 푸틴 대통령의 서명을 거쳐 30일 후에 공식 발효된다.

러시아는 18년에 걸친 협상 끝에 지난해 12월 중순 WTO에서 154번째 회원국 자격을 획득했으나 WTO 비준 과정은 험난했다. 이날 의회 비준 표결에서 여당인 '통합 러시아당' 의원들만이 찬성표를 던졌으며, 공산당 · 중도좌파 '정의 러시아당'과 극우민족주의 성향 '자유민주당' 등 모든 야당 의원은 반대표를 행사했다. 야당은 "국외 자본 유출 차단, 외국자본 투자제한, 세제 관련법 정비 등이 선행돼야 한다"며 반대 논리를 폈다. 이들은 앞서 헌법재판소에 러시아의 WTO 가입 의정서가 합헌인지 가려달라는 소원을 제기했지만 헌재는 합헌 판결을 내렸다.

하원 경제정책위원회 위원장을 맡고 있는 여당 의원 L씨는 "WTO 가입으로 소비자들은 다양한 종류의 상품과 서비스에 대한 폭넓은 접근성과 가격 인하 효과를 얻게 된

러시아 상품별 수입관세 인하 계획

품 목	현 재	가입 첫 해	최 종	이행 기간
승 용 차	30%	25%	15%	2019년
자동차 부품	5~15%	5~15%	0~10%	2019년
TV부품	10%	10%	0%	2018년
철강제품	15~20%	5~15%	5~7%	2015년
합성수지	5~10%	5~10%	4~6.5%	2013~2014년
냉 장 고	20%	20%	5~13%	2015~2017년

다"며 WTO 가입의 긍정적 측면을 강조했다. 러시아는 WTO 가입 조건으로 현행 평균 10.3%인 수입 관세를 7.2%까지 낮추기로 했다. 농산품 관세는 현행 15.6%에서 11.3%로, 공산품 관세는 현행 9.4%에서 6.4%로 내린다. 한국이 러시아로 수출하는 품목 중 가장 많은 비중(43%)을 차지하는 승용차는 현재 30%인 관세가 2015년까지 25%로 인하되고 이후 2019년까지 단계적으로 매년 약 2.5%씩 관세가 줄어들어 15%로 인하될 예정이다. TV 부품은 2015년까지 10%에서 0%로 낮아진다. 또 15~20%인 철강 분야 관세율은 2015년까지 5~7%로 크게 하락한다.

하지만 러시아는 벌써 비관세장벽을 세우고 있다. 지난달 12일 러시아 의회는 러시아로 수입되는 모든 차량에 대해 사용료를 부과하는 법안을 발의했다. 사용료 징수 수준은 배기량에 따라 차이가 있지만 차량 가격의 5~10% 선이다. 이는 사용료 부과 이외에 향후 각 산업 부문에서 예상치 못한 규제가 잇따를 수 있다. WTO 발효 후 인하될 관세율을 만회해 러시아 자동차 제조업을 보호하기 위한 비관세장벽으로 풀이된다. 이처럼 WTO 체제 편입 이후 가장 큰 타격이 예상되는 자동차 산업에서 사용료 부과 문제가 거론된다는 점은 시사하는 바가 크다. 러시아 정부가 다양한 비관세장벽을 만들어 WTO 가입에 따른 국내 산업 피해를 최소화하는 데 주력할 것으로 전망되기 때문이다.

하지만 동시에 항상 지적됐던 여러 행정 · 제도적 문제점들이 글로벌 스탠더드로 개선될 것으로 기대된다. 특히 통관 절차나 상표권, 지식재산권 등의 분야에서 국제표준에 걸맞은 개선이 이뤄질 전망이다. 이와 함께 러시아의 무역과 투자 관련 법률 제도를 예측 가능한 WTO 기준으로 맞춰 외국인 투자지 유치에 도움을 줄 것으로 예상된다.

자료원: 매일경제, 2012년 7월 12일.

6.2 글로벌 시장진입전략의 선택

6.2.1 진입국가의 선택

글로벌시장에 진입하려는 기업은 글로벌 경영환경의 분석을 기초로 하여 진입국가(foreign country to enter)를 선택하게 된다. 진입국가의 선택과 관련된 의사결정은 수출(무역)과 해외직접투자의 관점에서 각각 다르게 이루어지게 된다. 아래에서는 진입국가의 선택에 대한 이론적인 근거로 제시되는 입지이론을 살펴보기로 한다.

무역과 입지이론

무역과 관련된 대표적인 입지이론(location theory)은 *린네만(Linnemann)*에 의해 주장되었다.[5] 그는 운송비용, 운송시간, 경제적 이해의 한계 및 인위적 장벽 등과 같은 이른바 거리요인과 무역 간의 관계에 대한 이론적 설명을 시도하였다. 즉, 그에 의하면, 거리요인이 클수록 두 국가 간의 무역이 적어지고, 반면에 거리요인이 작을수록 두 국가 간의 무역이 많아진다. 다음과 같은 거리요인의 조건이 충족되면 두 국가 간의 무역이 촉진된다.

- 운송비용: 적은 운송비용
- 운송시간: 짧은 운송 및 배달시간
- 경제적 이해의 한계: 외국에 대한 풍부한 사회적 및 경제적 지식
- 인위적 장벽: 낮은 관세 및 비관세장벽

이 입지이론은 기업이 수출을 해외진입의 방법으로 결정한 경우에 있어서 수출대상 국가를 선택하는 의사결정에 도움이 될 수 있다. 입지이론에서 주장하는 거리요인은 일반적으로 인접한 국가와의 무역에서 더욱 유리하게 작용할 수 있고, 많은 운송비용이 발생하는 제품과 직접적으로 관련되어 있다. 경쟁기업과 비교하여, 어떤 기업의 짧은 운송 및 배달시간은 표준화된 제

5 Linnemann, H.(1966).

품을 생산하는 산업부문의 수출을 촉진할 수 있으며, 이를 통하여 전략적 경쟁우위를 달성할 수 있다.[6] 그러나 수송수단의 발달, 포장기술의 발달, 컨테이너의 사용 및 항공운송 등과 같은 수송에 있어서의 혁신적인 변화는 수출을 방해하는 거리요인을 상쇄시키는 역할을 한다.

해외직접투자와 입지이론

해외직접투자와 관련된 입지이론(location theory)에서는 현지국이 어떤 입지우위를 보유하고 있는가에 대하여 초점을 맞춘다. *야르라이쓰(Jahrreiß)*는 해외직접투자에 많은 영향을 미치는 현지국의 입지요인을 파악하기 위하여 국가적 투자유인책(세금혜택 및 지원금), 시장요인(시장규모, 시장성장 및 무역장벽의 존재여부), 세제, 임금의 차이 및 정치적 위험 등과 같은 요인들을 제시하여 독일의 글로벌기업들을 대상으로 실증적 연구를 하였다.[7]

그의 연구결과에 의하면, 시장요인이 해외입지선정에 있어서 가장 중요한 요인으로 밝혀졌으며, 그 다음으로 임금의 차이가 중요한 것으로 나타났다. 그러나 임금의 차이는 비용(원가)지향적 해외직접투자에 있어서만 높은 설명력을 갖는 것으로 나타났다. 또한, 그의 연구결과에 의하면, 국가적 투자유인책, 세제 및 정치적 위험은 해외입지선정에 있어서 중요하지 않은 것으로 밝혀졌다.[8] 그러나 실제에 있어서 해외직접투자에 영향을 미치는 입지요인은 앞에서 제시한 것보다 훨씬 다양할 뿐만 아니라, 이들이 입지선택에 미치는 영향력의 정도도 기업에 따라 많은 차이가 날 수 있다. 그러므로 해외입지선정과 관련하여, 아래에 제시되는 입지요인들이 종합적으로 검토되어야 한다.[9] 비용 및 세금요인, 수요요인 및 전략적 요인 등은 미시적 요인에 속하며, 그리고 규제적 요인 및 사회정치적 요인 등은 거시적 요인에 해당된다.

- 비용 및 세금요인: 운송비용, 임금수준, 토지의 이용가능성과 비용, 건축비용, 원재료 및 자원의 비용, 금융비용, 세율, 투자유인책 및 본국으

6 Perlitz, M.(2004), p. 45 재인용; Greene, M. L.(1975), p. 41.

7 Jahrreiß, W.(1984).

8 전게서, p. 93 이하; Perlitz, M.(2004), p. 100 재인용.

9 Shenkar, O./Luo, Y.(2004), p. 267.

로의 이윤송금

- 수요요인: 시장규모와 성장, 고객의 존재 및 현지국에서의 경쟁
- 전략적 요인: 투자와 관련된 기간구조, 생산집중화(산업클러스터), 산업적 연계, 노동생산성, 내향적 및 외향적 병참
- 규제적 요인: 산업정책, 해외직접투자 정책 및 특별지역의 이용가능성(수출자유지역 및 경제자유구역)
- 사회정치적 요인: 정치적 불안정, 문화적 장벽, 현지의 사업관행, 정부의 효율성과 부정부패, 외국기업에 대한 태도, 지역사회의 특성 및 환경보전적 발전(공해규제 및 재활용의 요구)

어떤 기업이 추구하는 전략적 목표와 입지특유의 이점은 〈표 6-1〉에 제시되어 있다. 이 표에 나타나 있는 바와 같이 기업의 전략적 목표는 진입국가의 선택에 결정적인 영향을 미칠 수 있다.

표 6-1 전략적 목표와 입지특유의 이점

전략적 목표	입지특유의 우위	사 례
원재료지향	천연자원의 보유, 관련된 운송 및 커뮤니케이션 기간구조	중동 및 러시아의 원유, 중미와 카리브 지역의 바나나
시장지향	강력한 시장수요와 고객구매력의 존재	일본의 해산물, 멕시코의 청량음료
효율지향	규모의 경제 및 저비용요인의 존재	중국의 제조, 인도의 정보통신(IT)
혁신지향	혁신적 인력, 기업 및 대학의 존재	실리콘밸리와 인도의 IT, 뉴욕과 런던의 금융서비스, 프랑스의 화장품, 독일의 화학, 러시아의 우주항공

자료원: Peng, M. W.(2006), p. 225 이하; Dunning, J. H.(1993), p. 82 이하.

News Case 6.2 코트라의 아프리카 수출지원

코트라가 국내 기업의 대(對)아프리카 수출지원에 발벗고 나섰다. 코트라는 지난 7일 케냐 나이로비에서 O사장 주재로 '아프리카 수출비상전략회의'를 열고 아프리카 진출 전략에 대해 논의했다고 9일 밝혔다. 아프리카 지역 12개 무역관장이 모두 참석한

이번 회의에서는 아프리카 시장진출 확대전략, 아프리카 경제개발 프로젝트 참여방안, 현지 산업정책을 활용한 수출방안, 아프리카 진출지원 기반구축방안 등에 대해 의견을 나눴다.

코트라 아프리카 K지역본부장은 "아프리카는 지난 2000년 이후 연 5%의 높은 경제성장률을 기록하고 있어 브릭스(브라질, 러시아, 인도, 중국, 남아프리카공화국)의 뒤를 잇는 새로운 세계 경제의 성장동력으로 부상하고 있다"며 "코트라는 지역별 '스타국가'와 유망 분야를 선정해 국내 기업의 진출을 집중 지원하겠다"고 말했다. 그는 아프리카의 떠오르는 국가로 북부의 이집트, 알제리, 남부의 남아프리카공화국, 동부의 케냐, 서부의 나이지리아 등 5개국을 꼽았다. 코트라는 이들 국가를 대상으로 '스타(STA)전략'을 실행할 방침이다. 이 전략은 경제개발 프로젝트 참여(SOC), 수출시장 창출(Trade), 진출 기반 구축(Alliance) 등 3개 부문에서 9개 실천과제를 수행하는 것이다.

O사장은 "상반기부터 수출에 빨간불이 켜지면서 코트라는 수출비상지원 체제에 돌입해 국내 기업의 수출확대에 전력투구하고 있다"며 "아프리카가 현재 우리 수출에서 차지하는 비중이 약 2%에 불과하지만 전체 무역흑자의 30%를 담당하는 효자시장이자 성장 잠재력이 큰 시장인 만큼 코트라가 국내 기업의 아프리카 시장진출 기반 구축에 앞장설 것"이라고 강조했다.

우리나라는 지난 7월 기준 대아프리카 수출 90억 달러, 수입 50억 달러로 40억 달러의 무역수지 흑자를 기록하고 있다. 이는 우리나라의 총 무역수지 흑자규모인 135억 달러의 30%에 달한다. 한편 코트라는 이날 수출전략회의 뒤 케냐 사파리파크호텔에서 O사장과 주케냐 K대사, 케냐 무역부 A차관 등 40여 명이 참석한 가운데 나이로비 공동물류센터 개소식을 가졌다. 동아프리카 제1항만인 케냐 몸바사 항에 개소되는 나이로비 공동물류센터를 통해 국내 기업의 동아프리카 진출 확대에 기여할 방침이다.

자료원: 아시아경제, 2012년 9월 9일.

6.2.2 진입시점의 결정

기업이 진입국가를 선택한 후에는 진입시점과 진입방법(6.2.3 참고)을 결정하여야 한다. 진입시점(entry timing)은 다음과 같은 두 가지 측면에서 검토되어야 한다.

최초진입자 전략과 후발진입자 전략

진입시점은 글로벌기업이 직면하게 되는 현지의 환경적 위험 및 기회에 영향을 미치기 때문에 매우 중요한 의사결정에 속한다. 진입시점의 결정은 진입국가에 대한 경쟁자의 진입시점과 비교하여 이루어질 수 있다. 경쟁자가 어떤 기업이 진입하려는 국가에 아직 진출하지 않았다면 최초진입자 전략(first mover strategy)을 선택할 수 있으며, 반면에 경쟁자가 어떤 국가에 이미 진출해 있다면 후발진입자 전략(late mover strategy) 또는 추종자 전략(follower strategy)을 선택하게 된다. 최초진입자 전략과 후발진입자 전략의 이점을 각각 살펴보면 다음과 같다.[10]

- 최초진입자 전략의 이점
  - 시장의 선점
  - 기술주도권의 확보
  - 희소한 자원의 선점
  - 후발진입자에 대한 진입장벽의 구축
  - 본국에서의 경쟁기업과의 충돌회피
  - 현지국의 고객 및 정부 등과 같은 이해관계자와의 관계구축
  - 고객충성도의 제고
  - 제품포지셔닝의 구축
  - 적은 초기경쟁자
- 후발진입자 전략의 이점
  - 최초진입자의 투자경험활용
  - 기술 및 시장 불확실성의 해결
  - 안정적인 원재료 및 부품의 조달가능성의 증대
  - 관련된 지원산업과의 협력가능성의 증대

폭포형 진입전략과 스프링클러형 진입전략

일반적으로 글로벌기업이 진입하려는 국가는 한 국가가 아니라 여러 개

10 Peng, M. W.(2006), p. 229 이하; Shenkar, O./Luo, Y.(2004), p. 270 이하.

의 국가들이다. 어떤 기업이 여러 국가에 진출하려는 경우에 있어서 점진적 또는 순차적으로 진입할 것인가, 아니면 동시다발적으로 진입할 것인가에 대한 의사결정상황에 직면하게 된다.

폭포형 진입전략(waterfall entry strategy)은 글로벌기업이 시차를 두고 9~10년에 걸쳐 순차적으로 글로벌시장에 진입하는 것을 말한다. 어떤 기업이 국제화 초기단계에 있다면, 우선순위가 높은 시장에 먼저 진입하여 시장경험을 축적한 후 점차적으로 다른 국가로 진입하게 된다. 반면에, 스프링클러형 진입전략(sprinkler entry strategy)은 글로벌기업이 다수의 글로벌시장에 1~2년에 걸쳐 동시에 진입하는 것을 의미한다. 이러한 동시다발적 진입방법은 여러 지역 또는 국가에서 시장기회를 선점하고, 글로벌경쟁에서의 우위를 확보하기 위하여 사용된다. 〈그림 6-2〉는 폭포형 진입전략과 스프링클러형

그림 6-2 폭포형 진입전략과 스프링클러형 진입전략

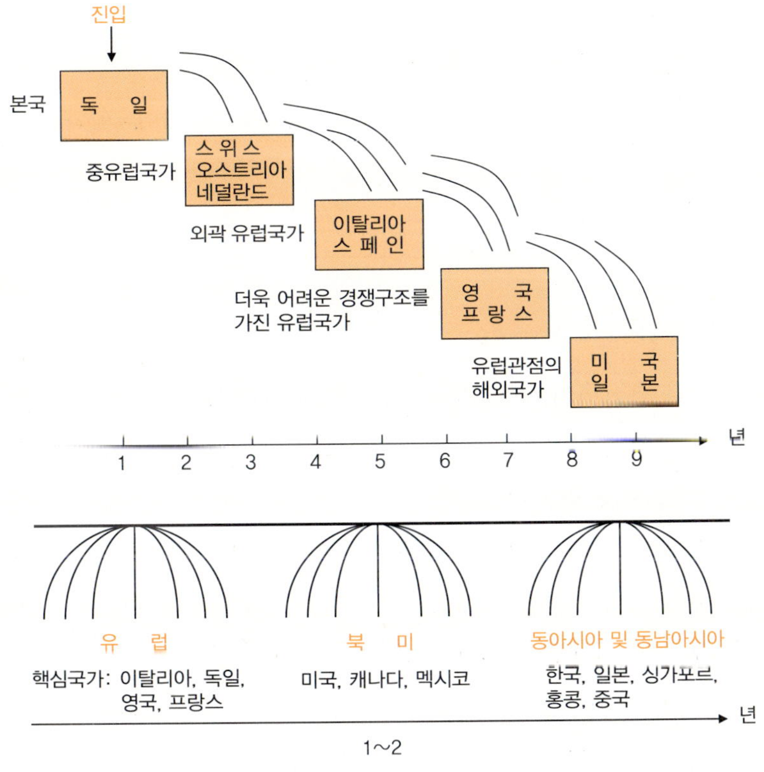

자료원: Perlitz, M.(2004), p. 251; 저자에 의해 일부 수정됨.

진입전략을 보여준다.

폭포형 진입전략과 스프링클러형 진입전략의 이점을 각각 요약하면 다음과 같다.[11]

- 폭포형 진입전략의 이점
  - ▶ 국제화경험과 자원이 부족한 기업에게 유리하다.
  - ▶ 국제화 초기단계의 투자위험이 감소한다.
  - ▶ 개별국가의 특수성과 요구사항을 고려한 강력한 시장집중이 가능하다.
  - ▶ 순차적 시장진입에 있어서 축적된 투자경험을 활용할 수 있다.

- 스프링클러형 진입전략의 이점
  - ▶ 국제화경험과 자원이 풍부한 기업에게 유리하다.
  - ▶ 다수의 국가에 대한 신속한 동시적 침투가 가능하다.
  - ▶ 제품수명주기 또는 기술수명주기를 단기간에 다수의 국가에서 최대한 활용할 수 있다.
  - ▶ 다수의 국가에서 표준화의 이점을 동시에 활용할 수 있다.
  - ▶ 다수의 국가에서 최초진입자의 우위를 확보할 수 있다.

6.2.3 진입방법의 선택

진입방법의 분류

글로벌 시장진입방법(entry modes)은 학자에 따라 서로 다르게 논의되고 있으나 일반적으로 수출, 라이선싱과 프랜차이징, 해외직접투자 및 전략적 제휴 등으로 구분할 수 있다.

*판과 채(Pan & Tse)*는 글로벌 시장진입방법을 비자산방법과 자산방법으로 구분하였다.[12] 그리고 이러한 두 가지 진입방법의 일부분은 전략적 제휴와 관련되어 있다. 〈그림 6-3〉은 진입방법의 선택에 대한 단계적 모델을 제시한다.

11 김광수 외(2005), p. 188 이하; 조동성(1997), p. 499 이하; Hünerberg, R.(1994), p. 133.

12 Peng, M. W.(2006), p. 230 이하 재인용; Pan Y./Tse, D.(2000), p. 238.

그림 6-3 진입방법의 선택: 단계적 모델

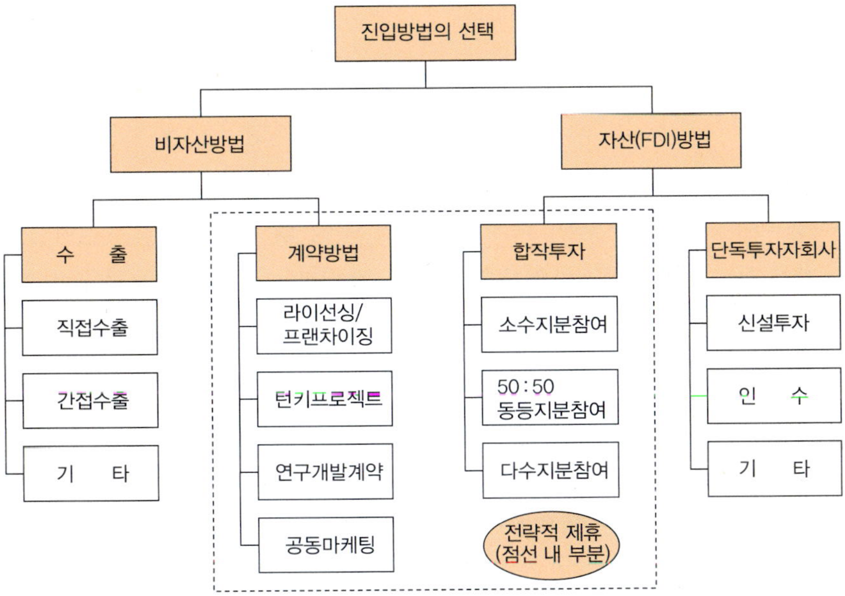

자료원: Pan Y./Tse, D.(2000), p. 238; Peng, M. W.(2006), p. 231 재인용.

- 비자산방법(non-equity modes)
  - 수출: 직접수출, 간접수출, 기타
  - 계약방법: 라이선싱과 프랜차이징, 턴키계약(플랜트수출), 연구개발계약, 공동마케팅
- 자산방법(equity modes or FDI modes)
  - 합작투자(Joints Ventures): 소수지분, 50% : 50% 동등지분 및 다수지분의 참여
  - 단독투자자회사: 신설투자, 인수, 기타
- 전략적 제휴(strategic alliances): 계약방법, 합작투자

진입방법의 선택모델

아래에서는 진입방법의 선택과 관련하여 *던닝(Dunning)*, *러그만(Rug-*

man) 및 *루트(Root)*의 모델에 대하여 각각 살펴보기로 한다.

❶ 던닝(Dunning)의 모델(절충이론)

*던닝*의 절충이론(eclectic theory)은 해외직접투자에 대한 기존의 이론들을 결합시켜 단순인과적인 이론을 입지이론, 경쟁이론 및 무역이론 등으로 확대하여 관련시킨 이론이다.[13] 그는 기업특유의 독점적 우위, 입지특유의 우위 및 내부화의 우위 등이 해외직접투자, 수출 및 포트폴리오자원이전(대표적인 예를 들면, 라이선싱) 등의 진입방법을 결정하는 주요요인으로 작용한다는 주장을 하였다. 즉, 전략적 대안으로서 해외직접투자가 이루어지려면 먼저 현지에 진출하는 외국기업으로서의 불리한 측면을 극복해야만 하고, 국내보다 외국이 생산입지로서 우위에 있어야 하며, 아울러 기업특유의 독점적 우위(예를 들면, 기술)를 외국기업에게 라이선싱을 하는 것보다 내부거래를 통해 이전하는 것이 유리한 내부화의 우위가 있어야 한다는 것이다.[14]

절충이론에서는 기업특유의 독점적 우위, 입지특유의 우위 및 내부화의 우위 등으로 진입방법을 선택할 수 있는 이론적 근거를 제시한다.[15] 이 이론의 특징은 위에서 언급한 세 가지 우위의 보유여부에 따라 〈표 6-2〉와 같은 글로벌 시장진출의 형태를 제시할 수 있다는 것이다.

〈표 6-2〉에서 보는 바와 같이 어떤 기업이 기업특유의 독점적 우위만을 갖고 있으면 라이선싱이 최상의 대안이 된다. 그러나 독점이론과 제품수

표 6-2 *던닝*의 세 가지 우위와 진입방법의 선택

		우위		
		기업특유	내부화	입지
진입방법	해외직접투자	예	예	예
	수출	예	예	아니오
	라이선싱	예	아니오	아니오

자료원: Perlitz, M.(2004), p. 110.

13 박주홍(2000), p. 132 이하 재인용; Dunning, J. H.(1988), p. 1 이하; Dunning, J. H.(1980), p. 9 이하.

14 조동성(1997), p. 387.

15 Dunning, J. H.(1980), p. 9.

명주기 이론에서는 기업특유의 우위(제품혁신)만으로도 수출과 해외직접투자를 할 수 있는 것으로 주장하기 때문에 *던닝*의 이론은 앞서 언급한 이론과 정면으로 배치되는 한계점을 갖고 있다. 즉, 어떤 기업의 해외직접투자는 기업특유의 독점적 우위, 입지특유의 우위 및 내부화의 우위가 있어야 가능한 것으로 나타나 있는데, 실제에 있어서 제품수명주기의 도입기에 채택될 수 있는 신제품개발(예를 들면, 제품혁신)을 통하여 독점적 우위를 갖는다면 진입방법으로서 수출과 해외직접투자를 선택할 수 있는 여지가 존재한다.

*던닝*의 절충이론은 지금까지 개발된 이론 중에서 가장 일반적이고 포괄적인 이론이지만 독점이론, 입지이론 및 내부화의 이론 등을 종합하였기 때문에 독창성이 결여된 이론으로 평가받고 있다. 아울러, 입지이론과 내부화의 이론에서 설명하고 있는 변수들이 중복될 수 있는 단점을 갖고 있다.

❷ *러그만(Rugman)*의 모델

*러그만*은 *던닝*의 모델과 마찬가지로 진입방법을 수출, 라이선싱 및 해외직접투자 등으로 나누어 선택과정을 설명한다.[16] 그는 진입방법을 선택하는 기준으로 무역장벽과 기술유출의 위험을 제시한다.

〈그림 6-4〉에 나타나 있는 바와 같이 어떤 기업이 만든 제품에 대한 무역장벽이 없다면, 그 기업은 수출을 진입방법으로 선택한다. 반면에, 진입하

그림 6-4 *러그만*의 진입방법 선택모델

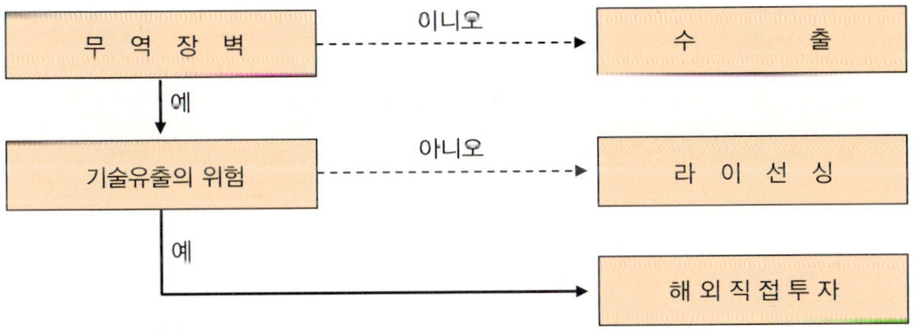

자료원: Rugman, A. M.(1986).

16 Rugman, A. M.(1986).

려는 국가에 무역장벽이 존재한다면, 그 기업은 수출을 포기하고 해외직접투자와 라이선싱 중에서 하나의 진입방법을 선택할 수 있다. 이 상황에 있어서 기술유출의 위험이 의사결정의 기준이 된다. 즉, 기술유출의 위험이 없다면 라이선싱을 선택하고, 기술유출의 위험이 존재한다면 해외직접투자를 선택하게 된다.

이 모델은 무역장벽과 기술유출의 위험이라는 두 가지 기준으로 매우 신속하고 간편하게 진입방법을 선택할 수 있기 때문에 평가비용이 절감되는 장점을 갖고 있다. 그러나 이 모델은 두 가지의 기준만으로 글로벌 시장진입에 대한 의사결정을 하기 때문에 복잡하고 다양한 글로벌시장의 상황을 정확하게 반영할 수 없는 문제점을 내포하고 있다.

❸ *루트(Root)*의 모델

*루트*는 글로벌 시장진입방법의 선택에 영향을 미치는 요인을 내부요인과 외부요인으로 나누어 어느 정도 실행가능한 진입경로를 제시한다.[17] 내부요인은 제품요인과 자원투입요인 등으로 구성되어 있으며, 반면에 외부요인은 현지국의 시장요인, 생산요인, 환경요인 및 정부정책요인 등을 포함하고 있다. 이러한 내부요인과 외부요인은 기업의 점진적인 국제화과정에서 통제와 위험이라는 두 가지 상황에 직면하게 된다.

〈그림 6-5〉는 *루트*의 진입방법 선택모델을 제시한다. 이 그림에 나타나 있는 바와 같이 어떤 현지국에 진입하는 기업은 다음과 같은 진입방법을 순차적으로 거치게 된다. 그리고 단독투자는 다른 어떤 진입방법보다 위험(투자위험)이 높을 뿐만 아니라, 그에 따른 통제(자산 및 전략 등)의 수준도 높다.

- 간접수출 → 대리인 또는 유통업자를 통한 수출 → 합작투자 → 단독투자
- 간접수출 → 대리인 또는 유통업자를 통한 수출 → 해외지사 또는 현지자회사를 통한 수출 → 단독투자
- 라이선싱 → 합작투자 → 단독투자

이 모델은 글로벌 시장진입방법에 영향을 미치는 요인들을 고려하여 동

17 어윤대 외(1997), p. 320 이하 재인용; 조동성(1997), p. 523 이하 재인용; Root, F. R.(1982), p. 67.

그림 6-5 *루트*의 진입방법 선택모델

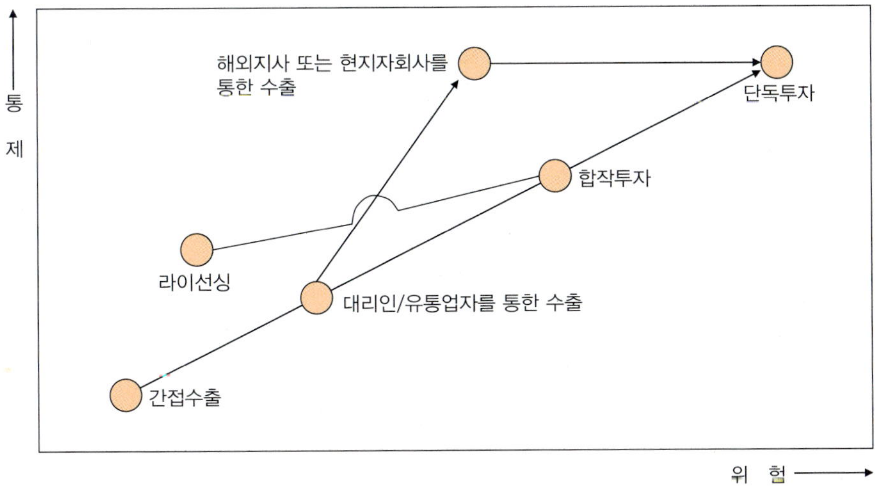

자료원: Root, F. R.(1982), p. 67.

태적인 관점에서 진입경로를 순차적으로 제시하기 때문에 다양한 진입경로를 쉽게 파악할 수 있는 장점을 갖고 있다. 그러나 이 모델은 단순히 미래의 방향만을 제시하기 때문에 정확한 진입시점과 진입방법의 구체성과 적합성을 뒷받침할 수 없는 한계점을 지니고 있다.

6.3 글로벌 시장진입의 방법

6.3.1 수 출

수출(export)은 기업이 생산한 제품 및 서비스를 외국에 판매하는 기업 활동을 말한다. 일반적으로 기업의 국제화는 수출, 라이선싱, 프랜차이징, 합작투자, 해외지점, 해외생산 및 자회사설립 등의 단계를 거치면서 점진적으로 이루어진다. 점진적 국제화의 관점에서 볼 때, 수출은 기업의 국제화의 시작으로 볼 수 있다. 과거에 수출을 통하여 성장과 발전을 위한 경제적 토대를 마련한 많은 기업들은 오늘날 국제경쟁력을 갖춘 명실상부한 글로벌기업이 되었다. 전 세계의 여러 국가와 지역에서 활동 중인 글로벌기업들은 그들이 생산한 제품 및 서비스를 현지국 또는 현지지역에서 판매할 뿐만 아니라, 아울러 다른 국가 또는 지역으로도 수출하고 있다. 이러한 측면에서 볼 때, 수출은 기업의 가장 중요한 이윤창출의 원천으로 볼 수 있다.

간접수출

간접수출(indirect export)은 기업이 생산한 제품을 국내의 수출중간상을 통해 해외로 판매하는 것을 의미한다. 간접수출에 있어서 중간상은 종합무역상사(수출회사), 외국바이어, 외국기업의 구매사무소 및 수출대리점 등이다. 이 수출방법에서는 국내에 있는 수출중간상이 제품을 해외의 최종고객에게 판매하기 때문에 수출을 의뢰한 기업의 입장에서 볼 때 이 방법은 국내판매와 동일하게 취급될 수 있다. 〈그림 6-6〉은 간접수출을 보여준다.

그림 6-6 간접수출

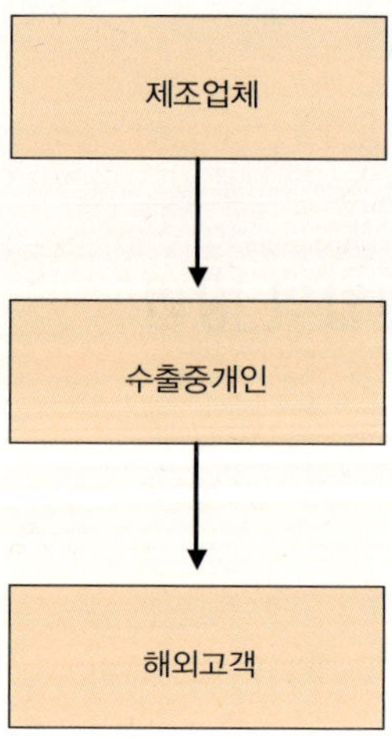

간접수출의 장점과 단점은 다음과 같이 열거할 수 있다.[18]

- 간접수출의 장점
  - ▶ 생산에 자원을 집중시킬 수 있다.
  - ▶ 수출중간상의 경험과 지식을 활용할 수 있다.
  - ▶ 수출관련 조직을 운영하지 않기 때문에 자금부담(수출전문인력의 채용, 조직운영 또는 유지비용)이 경감된다.
  - ▶ 종합무역상사를 이용하는 경우, 글로벌 시장정보를 입수할 수 있다.
  - ▶ 수출클레임을 회피할 수 있다(단, 납품한 제품의 포장 및 품질 등이 수출중간상에 의해 미리 확인된 경우).

- 간접수출의 단점
  - ▶ 해외에 수출한 제품에 대한 통제권이 상실된다.
  - ▶ 해외경험을 축적할 기회를 놓칠 수 있다.
  - ▶ 해외고객과의 직접적인 의사소통이 어렵기 때문에 고객정보수집에 문제가 있다.
  - ▶ 수출중간상의 소극적 마케팅으로 인하여 매출증대가 제한될 수 있다.

직접수출

직접수출(direct export)은 수출업무를 다른 기업 또는 중간상에 위임하지 않고 독자적인 수출관련 조직을 통해 직접 수행하는 것이다. 이 수출방법에서는 수출활동이 자사의 조직에 의해 직접 수행되거나, 또는 다른 기업과 공동으로 만든 조직을 통해 수행될 수 있다. 여기에서 자사의 조직은 수출부(또는 국제영업부 및 해외영업부) 및 현지자회사(또는 현지지점)의 마케팅관련 부서를 말하며, 다른 기업과 공동으로 만든 조직은 국내외에 설립한 공동지사(또는 공동지점)를 의미한다. 특히, 공동지사를 통한 직접수출은 국내의 수출협회 및 해외의 공동지사 등을 통하여 이루어진다. 〈그림 6-7〉은 직접수출을 보여준다.

18 Peng, M. W.(2006), p. 232; 김광수 외(2005), p. 209; 전용욱 외(2003), p. 125.

그림 6-7 직접수출

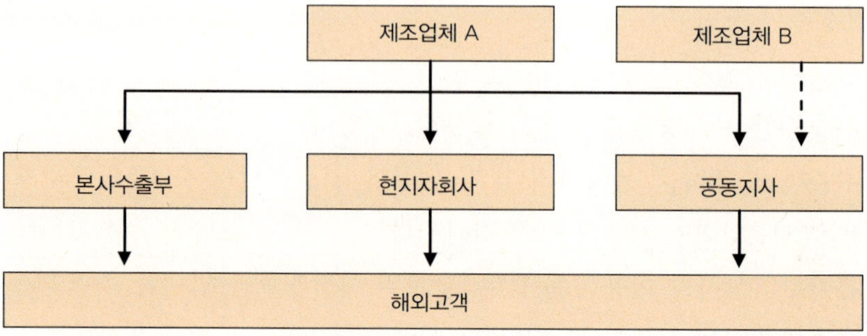

직접수출의 장점과 단점은 다음과 같다.[19]

- 직접수출의 장점
  - ▶ 글로벌시장에 대한 경험과 지식을 축적할 수 있다.
  - ▶ 수출관련 조직을 통하여 글로벌 시장정보를 쉽게 획득할 수 있다.
  - ▶ 해외에 수출한 제품에 대한 통제권이 강화된다.
  - ▶ 유리한 조건으로 제품판매에 대한 계약을 할 수 있다.
  - ▶ 적극적인 마케팅을 통하여 장기적인 매출증대가 가능하다.

- 직접수출의 단점
  - ▶ 수출관련 조직의 운영에 따른 자금부담이 가중된다.
  - ▶ 수출클레임이 발생할 경우, 분쟁위험의 가능성이 높다.
  - ▶ 수출 초기에 안정적인 고객확보의 어려움이 있다.

News Case 6.3 현대자동차 인도법인의 해외수출

현대자동차가 인도에서 사상 최초로 수출 100만 대를 돌파하였다. 현대자동차는 "인도 법인(Hyundai Motor India, HMI)의 현지 생산 해외 수출 대수가 지난 22일로 누적 100만 대를 넘어섰다"고 23일 밝혔다. 현대차가 달성한 누적 100만 대 수출 돌파는 2008년 3월

19 전게서.

50만 대 수출 달성 이후 만 2년 만에 세운 기록으로, 인도 자동차 산업 역사상 누적 수출 100만 대를 기록한 것은 유례없는 일이다.

현대차 인도법인은 물류비 등 낮은 생산 비용의 이점을 바탕으로 공장 설립 초기부터 유럽 등지에 상트로, i10, i20 등 소형차 수출 기지 역할을 해 왔다. 현대차 인도법인은 지난해 인도시장에서 내수 28만 9,846대, 수출 27만 7대 등 총 55만 9,853(전년 대비 14.4% 증가)를 판매해 인도법인 출범이래 사상 최대 실적을 기록하였다. 현대차 인도법인이 지난헤 수출한 27만 7대는 인도 전체 자동차 수출 대수의 66%를 차지하는 수치이다.

현대차 인도법인은 1999년 상트로를 처음 수출한 이래, 꾸준한 상승곡선을 그리고 있다. 지난 2004년에는 수출 10만 대를 달성했으며, 수출 누적 대수는 이후 꾸준히 늘어나 2005년에는 20만 대, 2006년에는 30만 대, 2007년에는 40만 대, 2008년 3월에는 50만 대를 넘어섰다. P인도법인장은 첸나이 항에서 가진 기념행사에서 "수출 100만 대 달성은 현대차 글로벌 경영에 중요한 시금석이자 자부심이 될 것"이라며 "수출 지역을 지속적으로 확대해 나갈 것"이라고 밝혔다.

현대차 인도법인의 전체 생산량 중 수출이 차지하는 비중도 계속 늘고 있다. 지난 2004년 35%를 돌파한 이래 2008년에는 49.9%, 2009년에는 48.2%를 차지하였다. 현대차 인도법인은 현재 유럽과 아프리카, 남미 지역을 중심으로 110여 개국에 걸쳐 상트로, i10, i20 등 소형차를 수출하고 있으며, 2010년에는 추가로 오스트레일리아를 비롯한 10개국에 i20 등이 수출될 예정이다.

인도 남부 타밀나두주 첸나이에 위치하고 있는 현대차 인도법인은 자족형 종합 자동차공장으로 약 220만㎡(66만 평)의 연면적에 30만 대 규모의 1공장과 2공장을 합해 총 60만 대 규모의 생산능력을 갖고 있다. 1998년 9월 상트로 양산과 함께 본격적인 인도 공략에 들어간 현대차 인도법인은 1996년에 설립됐으며, 현재 1공장에서는 쌍트로, 겟츠, 엑센트, 쏘나타, i20를, 2공장에서는 i10, 베르나를 생산하고 있다.

자료원: 뉴시스, 2010년 2월 23일.

6.3.2 라이선싱과 프랜차이징

라이선싱의 의의와 특성

라이선싱(licensing)은 라이선서(licensor, 라이선스제공기업)가 보유하고 있는 특허, 노하우, 브랜드명 또는 등록 브랜드, 저작권, 디자인, 기술 및 작업 방법 등과 같은 지적재산과 상업적 자산을 라이선시(licensee, 라이선스취득기업)에게 제공하고 그 대가로 로열티를 받는 계약을 의미한다.[20] 넓은 의미에서 볼 때, 라이선싱은 국제기술이전의 한 형태로 기술수출(technology export)을 의미한다. 라이선싱을 통한 글로벌 시장진입방법은 해외직접투자 및 합작투자보다 비교적 위험부담이 적다. 왜냐하면 해외직접투자 및 합작투자는 해외에서의 위험이 수반되는 자본투입을 필요로 하지만, 라이선싱은 해외에서의 자본투입이 필요하지 않기 때문이다. 라이선싱이 글로벌 시장진입방법으로 선호되는 이유는 다음과 같다.[21]

- 수입장벽 또는 해외직접투자에 대한 규제의 우회수단
- 정치적 위험에 대한 노출의 최소화
- 글로벌시장에서의 자원투입의 최소화
- 제공된 기술로부터 파생되는 기술역이전(technology feedback)의 가능성존재
- 핵심기술보다 주변기술의 이전을 통한 라이선시의 미래의 경쟁력 약화

일반적으로 라이선싱은 국제기술이전을 통하여 로열티를 받는 단순한 기술거래로 인식되고 있다. 그러나 라이선싱을 통하여 기업은 글로벌시장에 대한 소비자의 동향 및 해당 기술과 관련된 제품의 매출규모 등과 같은 유용한 시장정보를 획득할 수 있다. 즉, 국제기술이전에 대한 대가인 로열티를 매출액기준으로 산정하여 수수할 경우, 라이선서는 해당 기술과 관련된 제품의 시장규모를 쉽게 파악할 수 있다. 만일 매출액기준으로 받는 로열티의 규모가 매우 크다면, 라이선서는 라이선시와의 계약을 파기하고 현지 국가에 해외직접투자 또는 합작투자 등과 같은 자본투자를 하여 현지생산을 할 수 있다.[22]

또한, 라이선싱은 라이선서가 라이선시에게 지적재산과 상업적 자산을 사용하도록 하는 일방향적인 계약이지만, 경우에 따라서 쌍방향적인 교차라이선싱(cross licensing)이 이루어질 수 있다. 교차라이선싱은 해당 라이선서와 라이선시 쌍방이 라이선싱을 상호교환함으로써 제 3 의 경쟁기업에 대항할 수 있는 공동적인 기술우위를 확보하기 위한 수단으로 사용되기도 한다.[23]

20 Griffin R. W./Pustay, M. W.(2007), p. 343 이하.

21 전용욱 외(2003), p. 144 이하.

22 박주홍(2008), p. 61.

23 Perlitz, M.(2004), p. 104.

성공적인 라이선싱협상을 위해서는 다음과 같은 측면들이 고려되어야 한다.[24]

- 전달되는 권리의 범위: 이전하려는 기술 및 노하우의 구체화, 명확한 이전과정에 대한 협상
- 보상: 이전비용(예를 들면, 기술이전에 의해 발생하는 모든 변동비), 연구개발비 및 기회비용(수출 및 해외직접투자에 따른 이윤과의 비교) 등을 포괄하는 로열티의 확보
- 라이선시의 준수사항: 이전기술에 대한 규제, 제공되는 정보에 대한 비밀보호, 문서보존 및 감사조항, 품질표준
- 분쟁해결: 계약에 대한 법률적 해석 및 갈등해결, 중재조항
- 계약의 기간과 종료: 현지국에서의 정부의 규제검토 및 상황악화에 따른 협정파기(예를 들면, 최대 허용기간)

라이선싱의 장점과 단점

라이선싱은 기업이 보유하고 있는 다양한 지적재산과 상업적 자산의 제공을 통하여 글로벌시장에서 추가적 이윤을 달성할 수 있는 글로벌 시장진입 방법이다. 이러한 라이선싱의 장점을 살펴보면 다음과 같다.[25]

- 보유하고 있는 지적재산을 활용한 로열티의 창출
- 관세 및 비관세 장벽의 우회를 통한 글로벌 시장진입
- 신속하고 비용이 저렴한 글로벌 시장진입(해외투자를 필요로 하지 않음)
- 비교적 낮은 글로벌 시장위험
- 교차라이선싱의 이용가능성
- 해외직접투자에 앞선 글로벌시장의 조사(예를 들면, 라이선시의 매출액의 확인을 통한 글로벌 시장규모의 파악)

라이선싱이 위와 같은 여러 가지 장점을 갖고 있음에도 불구하고, 라이선서는 다음과 같은 단점을 간과할 수 없다.[26]

24 Czinkota, M. R. et al.(2005), p. 383 이하.

25 Cavusgil, S. T. et al.(2008), p. 433; Hünerberg, R.(1994), p. 127.

26 전게서.

- 수출 및 해외직접투자에 비해 대체로 낮은 수익성
- 수출 및 해외직접투자의 포기에 따른 높은 기회비용의 발생가능성
- 제공된 라이선스에 대한 통제의 문제점(비밀유지 또는 기술유출, 라이선시의 생산 및 마케팅통제)
- 현지국 및 제 3 국 시장에서 라이선시는 잠재적 경쟁자가 될 수 있음.
- 라이선싱과 관련된 분쟁해결이 복잡하고, 만족스러운 해결이 어려움.

프랜차이징의 의의와 특징

프랜차이징(franchising)은 프랜차이저(franchisor, 프랜차이즈제공기업)가 프랜차이지(franchisee, 프랜차이즈취득기업) 또는 개인사업자에게 브랜드, 설비, 제품, 서비스 및 경영기법 등을 일괄적, 혼합적 또는 단일적으로 제공한 후, 그 대가로 로열티를 받는 계약방법을 말한다. 예를 들면, 맥도날드(McDonald's), 피자 헛(Pizza Hut), 켄터키 프라이드 치킨(Kentucky Fried Chicken, KFC), 힐튼 호텔(Hilton Hotel) 및 허츠(Hertz) 등은 널리 알려진 국제적 프랜차이저이다. 국제프랜차이징은 패스트푸드, 소매업, 호텔 및 렌터카 등과 같은 서비스산업에서 많이 이루어진다.

일반적으로 라이선싱은 제조업과 관련되어 있는 반면, 프랜차이징은 서비스산업과 관련되어 있다. 넓은 의미에서 볼 때, 프랜차이징은 라이선싱의 한 형태로 볼 수 있으나, 라이선싱에 비해 프랜차이지의 운영에 대한 보다 강한 통제가 이루어진다.[27] 즉, 프랜차이저는 프랜차이지의 모든 영업활동에 대한 통제권 또는 감독권을 갖고 있다.

프랜차이징은 제품 및 서비스의 유통권(distributorship)과 등록 브랜드(trademark)의 제공 등과 같은 다양한 형태로 나타날 수 있지만, 가장 전형적인 형태는 비즈니스 포맷 프랜차이징(business format franchising)이다.[28] 이것은 시스템 프랜차이징(system franchising)이라고도 한다. 이 계약방법에서 프랜차이저는 생산 및 마케팅기법, 판매시스템, 절차 및 경영노하우뿐만 아니라, 기업명(또는 상호명)의 사용과 제품, 특허 및 등록 브랜드 등에 대한 사용

27 어윤대 외(1997), p. 334.

28 Cavusgil, S. T. et al.(2008), p. 435.

권도 아울러 포함하는 총체적 경영방법(total business method)을 프랜차이지에게 이전한다. 또한, 프랜차이저는 프랜차이지에게 훈련, 지속적 지원, 인센티브 프로그램 및 협력적 마케팅프로그램의 참가권 등을 제공한다. 일반적으로 이러한 비즈니스 포맷 프랜차이징에서는 프랜차이지가 비교적 많은 자본을 투자하기 때문에 장기간의 계약이 이루어지는 경향이 있다.

국제프랜차이저의 글로벌 시장진입방법은 프랜차이저의 몰입, 해외아울렛의 통제 및 새로운 지식을 배울 수 있는 기회 등의 높고 낮음에 따라 세 가지 형태로 분류될 수 있다.[29] 〈그림 6-8〉은 국제프랜차이저의 세 가지 형태의 글로벌 시장진입방법을 보여준다. 이 그림에 나타나 있는 세 가지의 글로벌 시장진입방법을 살펴보면 다음과 같다.

- 메스터프랜차이징과 지역개발계약
  - ▶ 매스터프랜차이징(master franchising): 매스터프랜차이지가 현지국에서 프랜차이저의 역할을 담당한다. 이들은 현지국의 프랜차이지와 계약을 체결하며, 자신이 프랜차이즈점을 직접소유하여 운영하기도 한다. 매스터프랜차이지는 로열티를 국제프랜차이저에게 지불한다.
  - ▶ 지역개발계약(area development agreements): 이것은 국제프랜차이저가 현지국의 제한된 지역 내에서 한 곳 이상의 프랜차이즈를 운영할 수 있는 권리를 프랜차이지에게 제공하고 로열티를 받는 계약을 말한다. 매스터프랜차이저와는 달리 지역개발업자는 다른 사업자에게 프랜차이즈권리를 팔 수 없다.

- 직접프랜차이징과 라이선싱
  - ▶ 직접프랜차이징(direct franchising): 국제프랜차이저가 현지국프랜차이지와의 직접계약을 통하여 프랜차이즈를 제공한다. 이 방법은 가장 일반적인 해외진입 프랜차이징이다.
  - ▶ 라이선싱(licensing): 국제프랜차이저가 현지국의 프랜차이지에게 브랜드와 같은 단일적 자산에 대한 프랜차이즈를 제공하는 것을 의미한다. 넓은 의미의 라이선싱은 앞에서 언급한 라이선싱을 말하며, 좁은 의미의 라이선싱은 단일적 자산에 대한 프랜차이징을 의미한다.

---

29 나원찬(2007), p. 72 이하.

그림 6-8 국제프랜차이저의 세 가지 형태의 글로벌 시장진입방법

낮음 ← 프랜차이저의 몰입 / 해외아울렛의 통제 / 새로운 지식을 배울 수 있는 기회 → 높음		
진입방법 (1)	진입방법 (2)	진입방법 (3)
매스터프랜차이징과 지역개발계약	직접프랜차이징과 라이선싱	부분 또는 단독의 기업소유 아울렛

자료원: 나원찬(2007), p. 73.

- 부분 또는 단독의 기업소유 아울렛(partially and fully company-owned outlets): 이것은 국제프랜차이저가 인수 및 합병, 합작투자 및 단독투자 등을 통하여 설립한 기업소유 아울렛에 프랜차이즈를 제공하는 글로벌 시장진입방법이다.

프랜차이징의 장점과 단점

프랜차이징은 라이선싱과는 달리 계약대상이 포괄적일 뿐만 아니라, 계약의 규모도 크기 때문에 프랜차이저와 프랜차이지의 관점에서 프랜차이징의 장점과 단점이 각각 비교되어야 한다.

프랜차이저관점에서의 프랜차이징의 장점과 단점은 다음과 같다.[30]

- 프랜차이저관점에서의 프랜차이징의 장점
  - ▶ 다수의 글로벌 시장진입이 신속하게, 그리고 비용효과적(경제적)으로 이루어질 수 있다.
  - ▶ 실질적인 자본투자가 요구되지 않는다.
  - ▶ 잘 구축된 브랜드는 해외에서의 초기판매 및 지속적 판매를 촉진시킨다.
  - ▶ 현지시장을 효율적으로 통제하고 개발하기 위하여 프랜차이지의 지식을 활용할 수 있다.

30 Cavusgil, S. T. et al.(2008), p. 437.

▶ 전 세계적으로 표준화된 마케팅전략을 수행할 수 있다.

- 프랜차이저관점에서의 프랜차이징의 단점
  ▶ 프랜차이지에 대한 통제가 어렵다.
  ▶ 프랜차이지와의 갈등이 나타날 수 있다(예를 들면, 법적 분쟁).
  ▶ 글로벌시장에서 프랜차이저의 이미지를 유지하기 어렵다.
  ▶ 프랜차이지의 성과에 대한 검토와 평가 및 지속적 지원이 필요하다.
  ▶ 프랜차이지가 취득된 지식을 활용할 수 있으며, 미래의 경쟁자가 될 수 있다.

또한, 프랜차이지관점에서의 프랜차이징의 장점과 단점은 다음과 같다.[31]

- 프랜차이지관점에서의 프랜차이징의 장점
  ▶ 잘 알려지고, 인식하기 쉬운 브랜드를 획득할 수 있다.
  ▶ 프랜차이저로부터 훈련 및 노하우를 취득한다(지속적 지원을 받음).
  ▶ 독립적인 사업을 운영할 수 있다.
  ▶ 사업의 성공가능성이 높다.
  ▶ 구축된 국제적 네트워크의 한 부분이 된다.

- 프랜차이지관점에서의 프랜차이징의 단점
  ▶ 초기투자 및 로열티지불이 요구된다.
  ▶ 프랜차이지는 오직 프랜차이저로부터 공급물품, 장비 및 제품을 구매하여야 한다.
  ▶ 프랜차이저가 더 큰 힘을 보유한다(프랜차이저의 우세한 협상력).
  ▶ 프랜차이저의 아울렛이 현지에 있을 수 있으며, 이를 통하여 프랜차이지에 대한 경쟁이 유발될 수 있다.
  ▶ 프랜차이저가 프랜차이지에게 부적합한 기술 또는 관리시스템을 강요할 수 있다.

31 전게서, p. 439.

6.3.3 해외직접투자

해외직접투자의 의의와 특징

해외직접투자(foreign direct investment, FDI)는 기업이 자본, 기술, 노동력, 토지, 공장 및 설비 등과 같은 생산적 자산(productive assets)의 취득을 통하여 해외에 기업을 설립하여 기업경영에 참여하는 국제화전략이다.[32] 자본투자의 관점에서 볼 때, 해외투자는 해외포트폴리오투자(foreign portfolio investment)와 해외직접투자로 분류할 수 있다. 해외포트폴리오투자(해외증권투자 또는 해외간접투자라고도 함)는 해외에서 주식 및 채권 등을 구매하여 투자한 자금에 대한 수익의 창출을 목표로 하는 반면, 해외직접투자는 해외에서 일정지분의 주식을 매수하여 투자한 기업에 대한 경영통제를 목표로 한다. 우리나라에서는 통계적 목적으로 해외기업의 주식을 20% 이상 소유하는 것을 해외직접투자로 보며, 20% 미만은 해외포트폴리오투자로 본다. 미국의 상무성의 규정에 따르면, 미국의 시민, 기관 또는 계열그룹이 해외기업의 주식을 10% 이상 소유하면 해외직접투자로 간주한다.[33]

해외포트폴리오투자와 해외직접투자의 주요특징을 비교하면 다음과 같다.[34]

- 해외포트폴리오투자의 특징
  - ▸ 해외자본시장을 통한 간접투자: 해외자본시장에서의 주식 및 채권의 구매를 통한 자산운용에 중점을 둠.
  - ▸ 단기적 관점에서의 투자: 해외자본시장에서의 주식 및 채권의 거래에서의 매수와 매도포지션을 대체로 단기적으로 유지함.
  - ▸ 순수한 수익확보의 관점에서의 투자: 해외자본시장에서의 주식, 채권의 매수 및 매도를 통하여 수익을 창출함.
  - ▸ 제한적 물적 자원의 해외이동: 기업이 보유한 제한적 잉여자금을 해외자본시장에서 운용함.

---

32 전게서, p. 394.

33 김광수 외(2005), p. 234; Ball, D. A. et al.(2004), p. 66.

34 김광수 외(2005), p. 234 이하; 박기안/김찬경(2001), p. 118 이하; 이광현(2001), p. 206 이하.

- 해외직접투자의 특징
  - 특정 기업이 해외에 직접투자: 특정 기업에 의한 해외에서의 기업설립 및 경영참가
  - 장기적 관점에서의 투자: 장기적인 관점에서의 기업가치의 극대화
  - 경영통제권의 확보: 소유지분에 따른 경영통제권의 확보(단독투자 및 다수지분)
  - 영속적인 조직구조를 유지: 지속적 사업활동을 통한 기업의 유지 및 발전
  - 인적 및 물적 자원의 포괄적 해외이전: 기업이 보유한 경영자원 및 생산요소의 일괄적 해외이전(일반적으로 패키지형태의 이전)

단독투자

기업이 완전소유 자회사(wholly owned subsidiaries)를 해외에 설립하는 것을 단독투자라고 한다. 여기에서 완전소유(full ownership)는 해외에 투자한 기업이 100%의 주식지분을 갖는 것을 의미한다. 즉, 기업은 해외자회사에 대한 완전소유를 통하여 해외기업활동에 대한 배타적인 경영통제권을 행사할 수 있다. 해외에서의 완전소유 자회사는 신설투자와 인수 등과 같은 두 가지 방법에 의해 설립될 수 있다.[35]

해외에서의 신설투자(greenfield investment)는 해외에 새로운 공장 또는 사업체(예를 들면, 생산자회사, 마케팅자회사 또는 판매법인, 서비스자회사 등)를 설립하는 것을 말한다. 신설투자를 'greenfield investment'라고 하는데, 이것은 녹지에 공사를 하여 새 건물 또는 공장을 짓는 이미지를 표현한 것이다. 반면에, 인수(acquisition)는 'brownfield investment'라고 하며, 이것은 기존의 공장 또는 설비를 인수하여 해외에 진출하는 방법이다.

단독투자는 일시에 많은 투자자본을 요구하기 때문에 장점과 단점을 신중하게 검토한 후 투자에 대한 의사결정을 하여야 한다. 단독투자의 장점을 살펴보면 다음과 같다.

- 현지자회사에 대한 완전한 통제권 확보: 경영권의 확보를 통하여 현지

35 Hill, C. W. L.(2005), p. 494.

자회사의 경영활동에 대한 배타적인 통제가 가능하다.

- 기술유출의 방지: 기업이 보유하고 있는 특허 및 노하우 등과 같은 기술적 자산을 보호할 수 있다.
- 효율적 글로벌네트워크의 구축: 장기적이고 전략적인 관점에서 글로벌네트워크의 구축이 가능하다(예를 들면, 가치사슬의 글로벌화).
- 신속한 의사결정: 본사와 현지자회사 간의 원활한 커뮤니케이션을 통하여 신속한 의사결정이 가능하다.
- 내부화이점의 활용: 현지자회사가 생산한 제품 또는 서비스를 본사 또는 다른 현지자회사에 납품할 수 있다.

단독투자를 할 때는 다음과 같은 단점을 간과하지 않아야 한다.

- 높은 비용: 대규모 인적 및 물적 자원의 투자로 인하여 높은 비용이 발생한다.
- 높은 위험: 단독투자는 글로벌 경영활동을 통하여 발생할 수 있는 손실을 전적으로 부담하기 때문에 위험성이 매우 높다. 특히, 정치적 위험이 높은 국가에서는 이러한 손실에 대한 위험부담이 더 클 수 있다.
- 설립시간의 소요: 현지자회사의 설립에 필요한 토지 및 건물구입 또는 신축 등과 관련하여 많은 시간이 소요되기 때문에 신속한 글로벌 시장 진입이 어렵다.
- 정치적 차별가능성: 본국과 현지국 간의 관계가 좋지 않거나 악화될 경우에는 현지자회사에 대한 심각한 차별이 나타날 수 있다.

합작투자

합작투자(joint ventures)는 서로 다른 국적을 가진 2개 또는 그 이상의 개인, 기업 또는 국가기관(또는 국영기업)이 기업을 설립하여 공동으로 경영하는 것을 말한다. 넓은 의미에서 볼 때, 합작투자는 다수지분참여(majority participation, 50% 이상의 자본참여), 동등지분참여(equal participation, 50% : 50%의 동일한 자본참여) 및 소수지분참여(minority participation, 50% 미만의 자본참여) 등으로 구분될 수 있다. 그리고 좁은 의미에서 볼 때, 합작투자는 동등지분참여와 동의어로 사용되기도 한다. 합작투자는 2개 이상의 기업의 협력에 그 바탕을 두고 있기 때문에 전략적 제휴의 관점에서 논의되기도 한다(6.3.4 참고).[36]

합작투자의 동기는 해외투자기업과 현지파트너기업의 관점에 따라 서로 다를 것이다. 이러한 서로 다른 합작투자의 동기를 살펴보면 다음과 같다.[37]

먼저, 해외투자기업의 합작투자동기는 다음과 같이 요약될 수 있다.

- 현지시장의 개척 및 확보: 해외투자기업은 현지파트너기업이 보유하고 있는 현지시장에 대한 정보와 경험을 획득할 수 있으며, 이것을 현지시장의 개척 및 확보를 위해 유용하게 활용할 수 있다.
- 현지국정부의 규제회피: 정치적 또는 경제적 이유로 해외투자기업의 투자 및 경영활동 등을 제한하거나 규제하는 현지 국가들이 있다. 이러한 국가에서의 규제를 피하기 위해서 합작투자가 선호된다.
- 투자위험의 분산: 단독투자를 할 경우, 해외투자기업이 투자위험을 전적으로 부담하게 된다. 그러나 해외투자기업은 현지파트너기업의 자본참여를 통하여 이러한 투자위험을 줄이거나 분담할 수 있다.
- 현지시장 진입시간의 단축: 합작투자에 참여한 기업 간의 신제품개발, 마케팅 및 생산 등과 관련된 다양한 기능적 활동의 공유를 통하여 현지시장 진입시간이 단축될 수 있다.
- 기술의 산업표준 채택가능성: 합작투자에 참여한 기업들이 기술을 표준화함으로써 글로벌경쟁에서 기술우위가 확보될 수 있다. 또한, 표준화된 기술은 현지국에서 산업표준으로 채택될 수 있을 뿐만 아니라, 국제적으로도 산업표준이 될 수 있다.
- 효율적 사업포트폴리오의 구성: 시장점유율 또는 시장성장률에서 문제가 있는 사업을 합작투자를 통하여 해외로 이전함으로써 효율적인 사업포트폴리오의 구성이 가능하다. 예를 들면, 선진국에서의 사양산업 또는 쇠퇴산업이 개발도상국에서는 성장산업이 될 수 있다.

현지파트너기업의 합작투자동기는 다음과 같이 제시될 수 있다.

- 외국자본의 활용: 현지파트너기업은 외국으로부터 유입되는 투자자본

36 Griffin R. W./Pustay, M. W.(2007), p. 360.

37 장세진(2006), p. 227 이하; 이광현(2001), p. 234 이하.

을 활용하여 새로운 사업에 진출하거나 기존사업을 확대시킬 수 있다.

- 외국기업의 명성활용: 현지파트너기업은 국제시장에서 좋은 이미지를 갖고 있는 외국기업의 명성, 브랜드 및 제품 등을 무상으로 또는 저렴하게 활용할 수 있다.
- 외국기업의 경영기법습득: 합작투자를 통하여 현지파트너기업은 외국기업으로부터 우수한 경영기법을 전수받을 수 있다. 특히, 마케팅 및 생산부문의 경영기법들은 현지파트너기업의 발전에 큰 영향을 미치게 된다.
- 외국기업으로부터의 기술이전: 현지파트너기업은 외국기업이 보유하고 있는 우수한 기술을 전수받을 수 있다. 선진국기업과 개발도상국기업 간의 합작투자에 있어서, 개발도상국의 정부는 합작투자를 승인하는 조건으로 기술이전을 요구하는 경우도 있다.

합작투자는 다음과 같은 여러 가지 장점을 갖고 있다.

- 위험부담의 감소: 합작투자기업들은 참여한 지분에 해당하는 위험만을 부담한다. 특히, 위험을 전적으로 부담하는 단독투자보다 위험을 공유하는 합작투자가 위험성이 높은 대규모의 해외사업에 더욱 적합하다.
- 정치적 위험의 회피: 일반적으로 현지국기업이 합작투자에 참여하기 때문에 현지국정부에 의한 정치적 차별이 감소될 수 있다. 그러나 제 3국의 기업과 합작투자를 하는 경우에는, 현지국기업이 합작투자에 참여하지 않기 때문에 정치적 위험이 발생할 가능성이 높다.
- 합작투자파트너 간의 지식이전의 촉진: 합작투자를 통하여 합작투자기업들이 보유한 경영 및 기술노하우 등과 같은 지식의 이전이 촉진된다. 하지만 이러한 지식이전은 제한된 범위 내에서 이루어지기 때문에 합작투자와 관련된 지식이전의 대상과 범위를 구체적으로 명문화할 필요가 있다.
- 공동목표의 달성촉진: 합작투자는 참여한 기업들의 공동목표의 달성을 촉진할 수 있다. 즉, 참여한 기업들은 장점을 공유하고, 단점을 보완함으로써 효율적이고 목표지향적인 경영을 할 수 있다.

위와 같은 장점에도 불구하고, 합작투자는 다음과 같은 단점을 내포하고 있다.

- 기술유출의 가능성: 합작투자에 있어서 기술을 제공한 기업은 기술유출의 위험을 감수하여야 한다. 그러므로 기술유출로 인하여 심각한 피해가 예상되는 첨단기술 또는 핵심기술은 이전대상에서 제외하는 것이 바람직하다.
- 경영권분담과 이익분배에서의 갈등표출가능성: 다수지분참여와 소수지분참여에서는 합작투자에 참여한 기업들의 경영권이 분명하기 때문에 이를 둘러싼 갈등의 소지는 비교적 적은 편이다. 그러나 동등지분참여에서는 합작투자에 참여한 기업들이 경영권을 두고 첨예하게 대립할 가능성이 매우 높다. 또한, 합작투자기업의 이익분배방법을 두고 합작투자에 참여한 기업 간에 마찰이 있을 수 있다.
- 의사소통의 문제점: 단독투자에서는 의사소통이 신속하고 원활하게 이루어지지만, 합작투자에서는 이러한 의사소통이 잘 이루어지지 않을 수도 있다. 이러한 경우에 대비하여 합작투자기업은 의사소통과 관련된 규정 또는 매뉴얼 등을 만들어 기업 내에서의 의사결정이 원활하게 이루어지도록 노력해야 한다. 이뿐만 아니라 본사와 합작투자기업 간의 의사소통도 합작의 성공과 밀접하게 관련되어 있다.
- 합작종결의 어려움: 합작투자가 합작파트너기업 간의 오랜 협상을 통하여 시작되는 것처럼, 합작종결도 합작파트너기업 간의 오랜 협상을 요구할 수 있다. 단독투자의 경우에 있어서는 본사의 신속한 의사결정에 따라 경쟁력이 없는 현지자회사가 매각되거나 폐쇄될 수 있다. 그러나 합작투자기업의 매각과 폐쇄는 합작파트너기업 간의 협상을 통해 이루어지기 때문에 시간이 오래 걸릴 수 있고, 합작종결의 지연으로 인한 여러 가지 문제가 나타날 수 있다.

인수 및 합병

글로벌경영의 관점에서 볼 때, 2개 이상의 기업이 법적인 절차를 거쳐 단일 기업이 되는 합병(merger)과 해외투자기업이 현지국기업의 주식의 일부 또는 전부를 매수하여 경영권을 획득하는 인수(acquisition)를 결합한 용어를 M&A(merger and acquisition)라고 한다.[38] 합병은 합병의사를 가진 서로 다른 국적의 기업들이 이사회와 주주총회의 결의를 거쳐 자산과 부채를 정리하여 하나의 기업이 되는 것을 말한다. 반면에, 인수는 해외투자기업이 협상 또는 다른 수단을 통하여 현지국기업을 매수한 후 그 기업을 존속시키는 것을 의미한다. 이와 같이 인수와 합병이 개념적·법적으로 차이가 있지만, 기존의 현지국기업을 투자 또는 사업확장의 대상으로 한다는 측면에서는 동일하기 때문에 M&A로 통칭하고 있다.[39]

M&A의 주요동기를 살펴보면 다음과 같다.

- 규모의 경제 및 범위의 경제 달성: 동일한 제품을 생산하는 현지국기업을 M&A하는 경우, 대량생산을 통한 규모의 경제, 그리고 경영 및 기술 노하우의 공유를 통한 범위의 경제가 달성된다.
- 글로벌 시장진입시간의 단축: 기존의 현지국기업을 M&A함으로써 글로벌 시장진입시간이 단축될 수 있다. 신설투자는 회사의 설립과 인력의 채용을 위해 많은 시간이 소요되지만, M&A는 이러한 수고와 노력이 거의 필요없기 때문이다.
- 위험회피: 새로운 사업에 진출하는 다각화전략의 일환으로 M&A를 하는 경우에는 위험이 분산될 수 있다. 또한, 신설투자의 경우에는 해외투자의 초기단계부터 시작하기 때문에 사업위험이 높지만, M&A는 해외투자의 초기단계가 거의 존재하지 않기 때문에 이러한 위험을 피할 수 있다.
- 부족한 경영자원의 취득: M&A를 통하여 해외투자기업은 기술 및 경영 노하우, 브랜드 및 제품 등과 같은 경영자원을 일시에 획득할 수 있다. 또한, M&A를 통하여 현지국기업의 경영자 및 근로자가 승계되는 경우에 해외투자기업은 그들이 보유한 지식과 노하우를 그대로 전수받을 수 있다.
- 시장점유율의 증대: 해외투자기업은 기존의 현지국기업을 M&A함으로써 비교적 빠른 시간 내에 현지국에서의 시장점유율을 증대시킬 수 있

38 장세진/MCC(2004), p. 7 이하.

39 전용욱 외(2003), p. 180.

표 6-3 결합형태에 따른 M&A의 유형

유 형	내 용
수직적 M&A	기존의 공급자 또는 고객(유통망 포함) 대상
수평적 M&A	기존의 경쟁자 대상
제품확장형 M&A	제품라인을 보완하기 위한 M&A
시장확장형 M&A	시장을 확대·보완하기 위한 M&A
복합형 M&A	전략적 연계관계가 별로 없는 기업 대상

자료원: 전용욱 외(2003), p. 183.

다. 예를 들면, 기존의 현지국기업의 마케팅노하우와 유통경로를 활용한다면, 현지국에서의 고객 또는 소비자에 대한 접근성이 좋아지기 때문에 해외투자기업의 시장점유율이 증대될 수 있다.

결합형태에 따른 M&A의 유형은 〈표 6-3〉에 나타나 있는 바와 같은 5가지로 분류될 수 있다.

먼저, 합병의 방법은 흡수합병과 신설합병으로 구분할 수 있다. 흡수합병(merger)은 한 기업이 다른 기업에 흡수되는 방법이며, 합병 후 하나의 기업만이 남게 된다(A기업+B기업=A기업). 이 경우에 있어서 흡수되는 기업의 경영자원은 흡수하는 기업의 처분에 맡겨야 한다. 신설합병(consolidation)은 법적인 절차에 따라 합병기업의 전부가 없어지며, 이들에 의하여 신설된 기업은 소멸된 기업의 권리나 의무를 이어받고 종업원을 수용할 수도 있다(A기업+B기업=C기업). 그러나 신설합병에서는 소멸된 기업의 경영자원을 신설기업이 반드시 승계할 의무는 없다. 일반적으로 신설합병은 법적인 절차가 복잡하고 비용이 많이 들기 때문에 흡수합병이 선호되고 있다.

인수의 방법은 자산인수와 주식인수로 분류할 수 있다.[40] 자산인수(asset acquisition)는 인수기업이 피인수기업의 자산의 일부 또는 특정 사업부문을 취득하는 것이며, 반면에 주식인수(stock acquisition)는 주식의 일부 또는 전부를 취득하는 것이다. 주식인수를 구체적으로 살펴보면 다음과 같다.

- 교섭방법에 따른 분류
  - ▶ 위임장대결(proxy fight): 인수를 시도하는 기업이 목표기업의 주식

40 김시경(2007), p. 134 이하; 이장호(2003), p. 275 이하.

의 일부분을 확보한 후, 주주들의 의결권을 위임받아 주주총회에서 경영권을 확보하는 방법이다.

▶ 공개매수(tender offer): 인수를 시도하는 기업이 목표기업의 주식을 공개적으로 매입하여 인수하는 방법이다. 이 방법은 단기간에 대량의 주식을 매입할 수 있으나, 공개매수로 인하여 주가가 상승할 경우에는 인수부담이 클 수 있다.

- 성격에 따른 분류
  - ▶ 우호적 인수(friendly acquisition): 인수기업과 피인수기업의 합의와 협조를 바탕으로 이루어지는 인수를 말한다.
  - ▶ 비우호적 인수(unfriendly acquisition): 피인수기업의 의사에 관계없이 적대적으로 이루어지는 인수를 의미한다.

- 대금지급에 따른 분류
  - ▶ 현금인수(cash acquisition): 기업매수의 대가로 현금이 지급되는 인수를 뜻한다.
  - ▶ 주식교환인수(stock exchange acquisition): 피인수기업의 주식을 인수기업의 주식과 일정비율로 교환하는 것을 말한다.
  - ▶ 부채에 의한 인수(leveraged buy-out): 목표기업의 자산을 담보로 하거나, 또는 신용을 이용하여 자금을 조달하여 인수하는 방법이다.

M&A는 다음과 같은 장점 때문에 글로벌 시장진입을 위한 전략적 대안으로 선호되고 있다.

- 신속한 글로벌 시장진입: M&A는 현지국의 피인수기업 또는 피합병기업이 소유하고 있는 인적 및 물적 자원을 바로 활용할 수 있기 때문에 신속한 글로벌 시장진입을 가능하게 해 준다. 특히, 글로벌화가 빠르게 진행되고 있는 산업에 있어서 M&A는 신설투자 또는 합작투자보다 더 효과적인 글로벌 시장진입의 대안이 될 수 있다.
- 새로운 제품라인 또는 사업영역의 구축: 글로벌기업은 해외에서의 M&A를 통하여 새로운 제품라인을 보유할 수 있을 뿐만 아니라, 새로운 사업영역도 구축할 수 있다. 즉, M&A는 해외에서 기업이 다각화전략을

추구하는 데 있어서 중요한 역할을 한다.

- 투자위험의 감소: M&A는 신설투자에 비해 투자위험이 현저히 낮을 수 있다. 신설투자에 있어서 생산과 매출은 공장이 설립된 이후에 발생하지만, M&A에 있어서 생산과 매출은 인수 및 합병시점부터 발생하기 때문에 투자자본이 더 빨리 회수될 수 있다. 그러나 불량기업을 M&A한 경우에는 투자위험이 증대될 수 있다.

M&A는 다음과 같은 단점을 갖고 있다.

- 현지국정부의 규제: 현지국정부는 자국의 산업을 보호할 목적으로 외국기업에 의한 M&A를 허용하지 않을 수도 있다. 특히, 첨단산업, 전략산업 또는 국방산업의 경우에는 M&A가 원천적으로 금지될 가능성이 매우 높다.
- M&A 대상기업의 구조적 문제: 일반적으로 M&A 시장에 매물로 나온 기업들은 실적이 부진한 경우가 많기 때문에 대상기업을 선정하는 데 있어서 많은 어려움이 따른다. 또한, 실적이 양호한 기업도 문제점을 은폐하는 경우가 많기 때문에 주의할 필요가 있다.
- 통합과정에서의 갈등: 국적이 서로 다른 기업들에 의해 M&A가 이루어지기 때문에 국가 간의 문화적 차이에 의한 갈등과 기업 내부적인 기업문화의 차이에 의한 갈등이 통합과정에서 나타날 수 있다.

Nowε Case 6.4 한국의 해외투자유출과 국내투자유입

국내 기업들의 해외직접투자 규모가 사상 최대를 기록하였다. 직접투자 유출액에서 회수액을 뺀 순유출액도 2년 만에 가장 많았다. 반면 외국인 투자자의 국내투자 실행 규모는 국내 유출액의 8분의 1에 불과한 것으로 집계되었다. 나가는 돈은 늘고, 들어오는 돈은 줄면서 내수시장 위축 등 성장 잠재력이 약화될 수 있다는 우려도 나오고 있다.

24일 한국은행과 수출입은행에 따르면 지난해 4 · 4분기 우리 기업들의 해외직접투자액(신고기준)은 102억 480만 달러를 기록, 분기 기준으로 사상 처음 100억 달러를 넘어섰다.

기업 투자의 분기별 해외유출 규모는

2006년까지 10~30억 달러대에 머물렀다가 2007년 4·4분기에 92억 1,930만 달러로 급증하였다. 이후 2008년 4·4분기 78억 5,570만 달러, 2009년 1·4분기 59억 3,070만 달러, 2009년 3·4분기 56억 1,340만 달러로 점점 낮아지다 4·4분기 들어 다시 규모가 급증하였다.

반면 우리 기업의 해외투자금 회수는 지난해 1·4분기 43억 7,740만 달러, 2·4분기 46억 4,930만 달러, 3·4분기 43억 7,850만 달러, 4·4분기 53억 380만 달러 등으로 제자리걸음을 하고 있다. 기타 투자를 포함한 전체 직접투자 유출액에서 회수액을 뺀 순유출액은 58억 4,290만 달러로 2007년 4·4분기(79억 1,080만 달러) 이후 2년 만에 가장 많았다.

해외로 빠져나가는 돈이 급증하는 추세는 수출입은행 통계에서도 확인된다. 지난해 10월 13억 6,590만 달러였던 해외투자 유출액은 11월 24억 8,640만 달러로 두 배 가까이 증가하였고, 12월에는 54억 2,510만 달러로 불어났다. 수출입은행은 해외 건설투자를 제외하는 등 한은과 집계방식이 달라서 3개월 유출액(92억 7,740만 달러)은 한은 통계치보다 10억 달러 정도 적다.

반면 지난해 4·4분기 외국인 직접투자 유입 규모는 12억 8,410만 달러로 3·4분기(21억 3,630만 달러)보다 오히려 줄었다. 기타 투자를 포함한 회수액을 뺀 순유입액은 11억 3,220만 달러로 국내 기업의 해외투자 집행 규모의 8분의 1 수준이다.

삼성경제연구소 거시경제실 K실장은 "해외투자가 계속해서 증가하는 것은 금융위기 이후 침체되었던 해외투자 여건의 회복과 함께 우리 기업들의 글로벌 전략이라는 측면에서 긍정적 신호로 볼 수도 있지만, 또 국내투자 여건이 그만큼 나쁘다는 방증으로 볼 수도 있다"고 말했다. K실장은 "더 큰 문제는 해외투자 유출액에 상응하는 외국인 투자가 들어오지 않는다는 점"이라며 "순투자 유출이 지속될 경우 내수시장 위축 등 국내 성장 잠재력 약화가 우려된다"고 말했다.

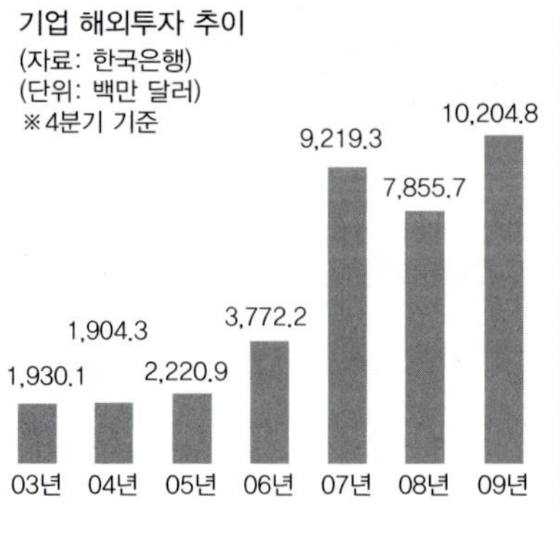

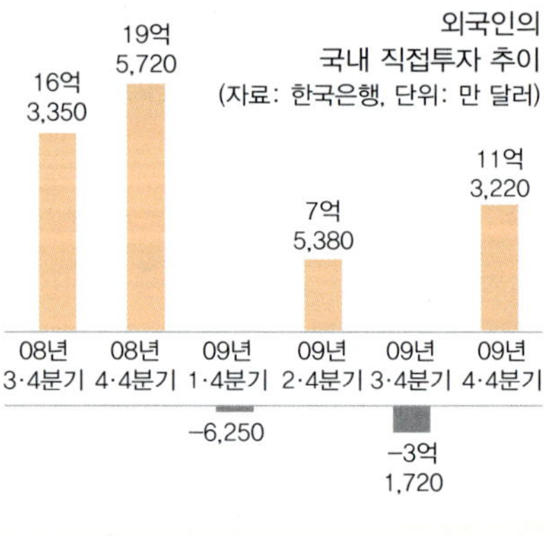

자료원: 경향신문, 2010년 2월 24일.

6.3.4 전략적 제휴

전략적 제휴의 의의와 동기

전략적 제휴(strategic alliance)는 2개 또는 그 이상의 법적으로 독립적인 기업이 참여하는 기업 간의 협력을 말한다. 이것은 전략적 파트너십(strategic partnership), 연합(coalition), 합작(collaboration), 협력(cooperation), 기업 간 결합(corporate linkage) 및 합작투자(joint ventures) 등과 같은 용어와 동의어로 사용되기도 한다.[41]

오늘날의 시장경제체제는 국가 간 또는 기업 간의 다양한 협력에 그 기초를 두고 있으며, 특히 기업협력으로서의 전략적 제휴는 1980년대 초부터 기업에 있어서 매우 중요한 의사결정영역으로 자리잡기 시작하였다.[42] 글로벌 기업의 전략적 제휴는 국경을 초월하는 기업 간의 협력을 의미하며, 이를 통하여 참여기업들은 그들의 국제경쟁력을 강화시킬 수 있다. 또한, 개별기업 또는 경쟁기업 간의 국경초월적인 전략적 제휴는 기업전략의 중요한 구성요소가 될 수 있다.[43] 특히, 경쟁기업 간의 전략적 제휴는 참여기업으로 하여금 불필요한 소모적인 경쟁을 방지할 수 있도록 해 준다.

전략적 제휴는 협력에 투입되는 생산요소, 여러 가지 활동의 전개, 조정 및 협력결과의 배분에 대한 법적인 처리를 포함한다.[44] 즉, 전략적 제휴에 참여한 기업들은 생산요소의 투입, 활동과정의 참여 및 산출요소의 배분 등에 대한 구체적인 협력사항을 법적인 효력을 갖는 계약서의 형태로 작성하여야 한다. 이러한 협력사항을 구체적으로 살펴보면 다음과 같다.

- 생산요소의 투입: 노동력, 원재료 및 자본 등과 같은 생산요소의 투입에서의 협력
- 활동과정의 참여: 생산, 마케팅 및 유통 등과 같은 기능영역에서의 협력
- 산출요소의 배분: 제품, 서비스 및 연구개발의 결과물(예를 들면, 특허,

41 박주홍(2009), p. 309 이하; 박주홍/공명재(2003); 박주홍/이병찬(1994)의 논문에서 부분적으로 수정하여 재인용.

42 Ihrig, F.(1991), p. 29.

43 Perlmutter, H. V./Heenan, D. A.(1986), p. 238 이하.

44 Gahl, A.(1990), p. 35 이하.

지적재산 등) 등과 같은 산출요소의 배분

기업차원의 전략적 제휴의 동기는 대체로 다음과 같이 제시될 수 있다. 개발도상국기업의 측면에서 볼 때, 전략적 제휴의 동기는 다음과 같이 제시될 수 있다.[45]

- 선진국기업으로부터의 기술, 경영 및 마케팅노하우의 이전
- 선진국기업으로부터의 자본도입
- 기업의 성장가능성

아울러, 선진국기업의 관점에서 볼 때, 전략적 제휴의 동기는 다음과 같다.[46]

- 원가절감
- 위험감소
- 글로벌시장의 확대
- 부족한 자원의 개발
- 시너지잠재성의 활용

전략적 제휴의 형태

❶ 관리적 기능영역에 따른 전략적 제휴

• 연구개발에서의 전략적 제휴: 기술발전의 가속화와 제품수명주기 또는 기술수명주기의 단축으로 인하여 어떤 한 기업에 의한 연구개발활동은 많은 투자를 필요로 할 뿐만 아니라, 동시에 높은 위험도 부담하여야 한다. 연구개발에서의 전략적 제휴는 참여기업들이 각각 보유하고 있는 기술을 상호교환하거나, 또는 새로운 기술을 개발하기 위하여 공동연구하는 것을 말한다. 또한, 경우에 따라서 참여기업들은 연구개발을 위한 자회사를 공동으로 설립하기도 한다.

이러한 전략적 제휴의 목적은 참여기업들이 비용을 공동으로 부담하여

45 Uhlig, C.(1983), p. 4 이하.

46 Badaracco, Jr., J. L.(1991), p. 78 이하.

연구개발투자에 대한 위험을 감소시키는 데 있으며, 아울러 글로벌시장에서 기술 및 제품경쟁력을 유지하는 데 있다. 이와 같은 형태의 전략적 제휴는 연구개발비가 많이 소요되는 전자, 에너지, 화학, 우주항공 및 자동차 등과 같은 산업에서 많이 발견된다.

• 생산 및 자원조달에서의 전략적 제휴: 생산과 자원조달은 밀접하게 관련되어 있으며, 생산에 필요한 부품 및 원재료는 안정적으로 공급되어야 한다. 이러한 관점에서 볼 때, 생산 및 자원조달에서의 전략적 제휴는 생산시설을 갖춘 자회사를 공동으로 설립하거나, 또는 부품 및 자원조달부문에서 협력함으로써 이루어진다. 생산 및 자원조달에서의 전략적 제휴의 목표는 생산과정에서의 원가절감, 현지시장기회 및 저임금의 활용, 수입규제의 회피, 자원부족의 대비 및 보다 높은 이윤달성 등이다.[47]

생산 및 자원조달에서의 전략적 제휴는 부품조달을 필요로 하는 제조업부문에서 흔히 발견되는 제휴형태이다. 이러한 형태의 전략적 제휴에 대한 대표적인 사례로 1984년 미국의 캘리포니아주 프리몬트(Fremont)에 설립된 NUMMI(New United Motor Manufacturing, Inc.)를 들 수 있다. 이 회사는 GM과 Toyota에 의해 공동으로 설립되었으며, Toyota의 생산방식과 Toyota로부터 주요부품의 조달 등을 통하여 성공적인 공동생산을 수행하였다.

• 마케팅과 유통에서의 전략적 제휴: 마케팅 및 유통에서의 전략적 제휴는 시장지향적인 성격을 갖고 있으며, 이러한 제휴를 통하여 참여기업들은 특정 국가, 지역 및 고객을 표적시장으로 삼을 수 있다.[48] 마케팅 및 유통에서의 전략적 제휴의 목표는 현지유통망의 이용, 고객에 대한 접근, 시장점유율의 확대 및 유통비용의 절감 등이다.

이러한 제휴는 일반적으로 해외에서 유통망을 구축하는 데 비용이 많이 드는 경우에 체결된다. 마케팅 및 유통에서의 전략적 제휴는 매우 불안정해질 수 있는 가능성을 갖고 있는데, 그 이유는 각 참여기업이 서로 다른 전략적 제휴의 동기를 갖고 있을 수 있기 때문이다.[49] 예를 들면, 제품을 제공하는

47 Albach, H.(1979), p. 945.

48 Pohle, K.(1990), p. 67.

49 Porter, M. E./Fuller, M. B.(1989), p. 363.

A라는 참여기업은 현지시장에 관심이 있는 반면, 현지유통망을 제공하는 B라는 참여기업은 A기업의 제품에만 관심이 있을 수 있기 때문이다. 이러한 형태의 전략적 제휴는 일반적으로 현지국가의 유통망을 활용하려는 제조업부문에서 이루어진다.

• 가치부가적 제휴: 가치부가적 제휴(value-adding partnership)는 "한 집단의 독립적인 기업들이 가치사슬의 전 분야에 걸쳐 재화와 서비스를 관리하기 위하여 밀접하게 공동협력하는 것"을 말한다.[50] 여기에서 '독립적인 기업'이란 하청관계에서 흔히 발생할 수 있는 종속적인 관계가 배제된 상황에서 자율적으로 가치부가적 제휴에 참여하는 기업을 의미한다. 가치부가적 제휴의 목표는 앞서 언급한 관리적 기능영역에 있어서의 목표들을 포괄하고 있으며, 무엇보다도 가치사슬의 전 분야에 걸친 독립적인 기업 간의 협력을 증대하는 것이다. 이러한 협력을 통하여 참여기업들은 다른 경쟁기업에 비하여 강력한 비교우위를 달성할 수 있다.

가치부가적 제휴는 *포터(Porter)*가 제시한 가치사슬(value chain)에서 그 출발점을 찾을 수 있다.[51] 그는 기업의 가치활동을 주요활동(입하병참, 생산, 마케팅 및 판매, 출하병참, 고객서비스 등)과 지원활동(기업의 기간구조, 인적자원관리, 기술개발 및 자원조달 등)으로 나누어 가치사슬의 개념을 제시하였다. 〈그림 6-9〉는 *포터*의 가치사슬을 보여준다.

이러한 가치사슬에 있는 활동은 여러 개의 개별활동으로 다시 나눌 수 있다. 또한, 각각의 범주가 모든 개별활동으로 분리될 때 완전한 가치사슬이 형성되며, 가치연계(value linkage)는 기업내부의 가치활동을 연결시킬 뿐만 아니라, 유통 및 공급업자의 가치사슬과도 상호의존관계를 형성한다.[52] 그러므로 가치사슬에 연결되어 있는 각 기업 간의 협력 또는 제휴를 통하여 어떤 기업이나 산업은 경쟁우위를 확보할 수 있다. 이러한 협력 또는 제휴는 국내뿐만 아니라, 해외의 기업 간에도 이루어질 수 있다. 즉, 이러한 *포터*의 연구를 통하여 가치사슬의 국내외적 배치와 가치사슬에 연결된 기업 간의 국내외적 전략적 제휴를 통하여 기업이 그들의 국제경쟁력을 향상시킬 수 있다는

50 Johnston, R./Lawrence, P. R.(1988), p. 94.

51 Porter, M. E.(1985), p. 37.

52 조동성(1997), p. 549; Porter, M. E./Millar, V. E.(1985), p. 149.

그림 6-9 *포터*의 가치사슬

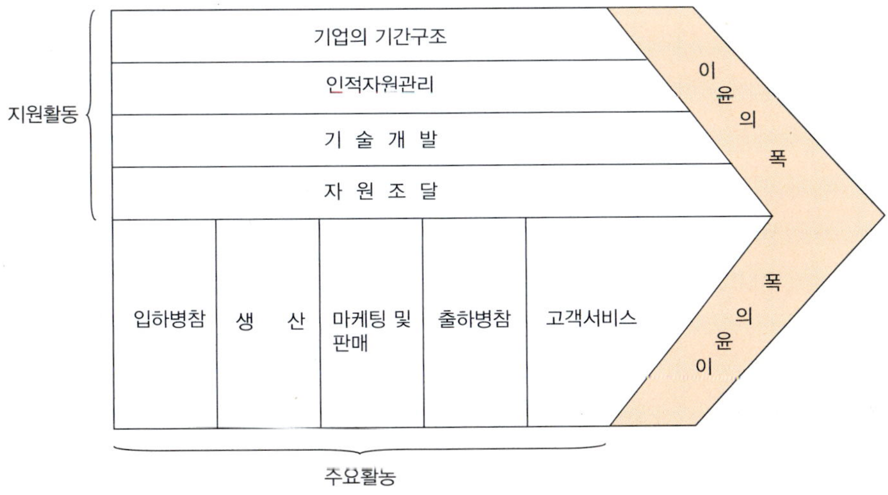

자료원: Porter, M. E.(1985), p. 37.

것을 확인할 수 있다. 글로벌경영의 관점에서 볼 때, 가치사슬의 글로벌배치와 가치사슬에 연결된 기업 간의 글로벌제휴는 국제경쟁력 강화의 원천이 될 수 있다.[53]

가치부가적 제휴에 대한 대표적인 사례로 이탈리아의 섬유산업을 들 수 있다.[54] 이러한 사례는 다른 국가의 산업에서는 거의 발견되지 않는 형태의 제휴로서 협력(또는 하청)시스템과 비교해 볼 때 유사한 측면도 존재할 수 있으나, 결정적인 차이점은 참여기업이 독립적이라는 것과 가치사슬의 전 분야를 포괄한다는 것이다. 가치부가적 제휴는 이론적으로는 완벽한 형태의 제휴로서 여러 가지 이점이 많지만, 실제에 있어서 참여기업의 수가 많고 제휴의 범위가 광범위하여 시행하기 어려운 단점을 갖고 있다.[55]

53 장세진(2005), p. 169; Porter, M. E.(1989), p. 25.
54 Johnston, R./Lawrence, P. R.(1988), p. 94.
55 박주홍/이병찬(1994), p. 94.

❷ 제휴대상에 따른 전략적 제휴

• 라이선싱: 라이선싱(licensing)은 라이선서가 법적인 보호권을 가진 특허, 브랜드, 디자인 및 법적인 보호권이 없는 기술과 경영노하우 등을 라이선시에게 제공하는 계약에 근거를 두고 있다(6.3.2 참고). 전략적 제휴의 관점에서 볼 때, 라이선싱은 참여기업 간의 이해관계에 따라 라이선싱의 대상과 범위가 결정된다. 전략적 제휴의 일환으로 라이선싱이 이루어지는 경우에 있어서, 라이선서는 이전되는 기술에 대한 독점적 사용을 라이선시에게 장기간에 걸쳐 허용하는 경향이 있다. 그러므로 라이선서는 장기적 관점에서 로열티의 수입을 극대화하기 위해서 라이선시의 기업이미지, 대량생산능력, 마케팅 및 유통능력 등을 고려하여 전략적 제휴를 체결할 필요가 있다.

또한, 라이선서와 라이선시가 라이선싱을 상호교환하는 교차라이선싱(cross licensing)이 전략적 제휴의 대안이 될 수 있다. 특히, 경쟁기업 간에 교차라이선싱이 이루어진다면, 참여기업들은 해당 산업 또는 해당 제품에 있어서 공동적인 기술우위를 확보할 수 있다. 그러나 교차라이선싱을 통하여 핵심기술이 유출될 가능성이 높기 때문에 참여기업들은 교차라이선싱의 대상, 계약조건 및 사용기간 등에 대하여 명확하게 규정하여야 한다.

라이선싱을 통하여 라이선서는 현지국의 라이선시로부터 로열티를 받을 뿐만 아니라, 아울러 라이선서의 혁신적 이미지 또는 기술선도자의 이미지를 현지국에서 구축할 수 있는 기회도 갖게 된다. 만일 라이선싱으로 이전되는 특정 기술과 관련된 현지국의 시장규모가 크고, 그리고 현지국에 라이선서의 기업이미지가 잘 구축되었다면, 라이선서는 현지국으로의 라이선싱을 중단하고 해외직접투자를 할 수 있다. 반면에, 라이선시는 라이선싱을 통하여 자국시장에서 신제품을 생산할 수 있는 기회를 갖게 되지만, 기술적으로 라이선서에게 종속될 위험에 처할 수 있다.

• 국제납품계약: 전략적 제휴로서의 국제납품계약(international subcontracting)은 계약에 참여한 기업들이 어떤 특정의 제품, 반제품 및 부품 등에 대하여 수출 및 수입계약을 하는 것을 말한다. 이러한 납품계약은 일반적으로 장기간 지속되기 때문에 파트너기업의 선정이 매우 중요하다.

납품을 의뢰한 기업(주문기업)의 관점에서 볼 때, 납품하는 기업의 이미지, 납품되는 제품의 품질 및 가격 등은 계약의 체결 및 유지에 대한 의사결정을 하는 데 있어서 중요한 기준이 된다. 그리고 납품을 의뢰받은 기업은 납품가격 및 규모, 장기적 납품가능성 등을 고려하여 파트너기업을 선정할 필요가 있다. 그러나 현실적으로 볼 때, 납품을 의뢰받는 기업보다 의뢰하는 기업의 협상력이 크기 때문에 납품계약과 관련된 전략적 제휴가 납품을 의뢰하는 기업에게 일방적으로 유리한 조건으로 맺어질 가능성을 배제할 수 없다.

❸ 자본참여도에 따른 전략적 제휴

• 다수지분참여: 다수지분참여(majority participation)에 의한 전략적 제휴는 해외진출기업이 50% 이상의 자본참여를 하는 넓은 의미의 합작투자를 의미한다. 이 경우에 있어서 다수지분으로 해외에 진출하는 기업은 현지국에서 경영권을 획보할 수 있다. 해외에 진출하는 기업의 관점에서 볼 때, 100% 단독투자를 한 글로벌기업이 지분의 50% 미만을 현지국의 파트너기업에게 양도하는 경우, 그리고 현지국의 파트너기업의 자본이 충분하지 않은 경우에 다수지분참여에 의한 전략적 제휴가 이루어질 수 있다.

다수지분참여를 통하여 현지국으로 진출하는 기업은 현지국정부에 의한 정치적 차별가능성을 고려할 필요가 있다. 그러나 다수지분참여에 의한 전략적 제휴는 100% 단독투자에 비해 현지국의 정부 또는 기업과의 관계를 더욱 양호하게 만들 수 있다. 현지국의 파트너기업은 소수지분으로 참여하기 때문에 경영권이 없으나, 현지국에서의 생산, 마케팅 및 유통 등과 같은 분야에서 추가적인 전략적 제휴를 할 수 있는 가능성을 갖고 있다.

• 동등지분참여: 동등지분참여(equal participation)에 의한 전략적 제휴는 해외진출기업이 50%의 지분을 갖는 좁은 의미의 합작투자를 말한다. 만일 두 개의 기업이 동등지분참여를 하고 있다면, 이들 두 기업은 경영권을 공유할 뿐만 아니라, 합작투자기업의 경영에 있어서 동일한 책임과 의무도 지게 된다. 일반적으로 동등지분참여는 합작투자기업의 설립을 위해 참여기업들이 동등한 자본을 부담하지만, 경우에 따라서 해외투자기업은 자본을 부담하고 현지국기업은 공장부지 또는 건물을 제공하는 형태의 동등지분참여가 이루어질 수 있다.

실증적 연구결과에 의하면, 동등지분참여에 의한 합작투자가 다수지분참여 및 소수지분참여에 의한 합작투자보다 더욱 성공적인 것으로 밝혀졌다.[56] 이 연구에서 20건의 동등지분참여의 사례를 분석한 결과, 이들 합작투자기업의 60%가 성공을 거둔 것으로 밝혀졌다. 또한, 13건의 비동등지분참여의 사례를 분석한 결과, 이들 합작투자기업의 31%만이 성공을 거둔 것으로 나타났다. 즉, 이러한 실증적 연구결과는 동등지분참여가 성공할 가능성이 높고, 비교적 안정적이라는 것을 대변하고 있다. 하지만, 현지국의 파트너기업이 합작투자를 계속적으로 이끌어갈 만한 재정적인 여력이 충분하지 않고, 현지국의 법률이 미래에 있어서 해외투자기업에 의한 다수지분참여를 규제하고 있다면, 동등지분참여에 의한 합작투자는 어느 정도의 불확실성과 위험성을 내포하고 있다.

• 소수지분참여: 소수지분참여(minority participation)에 의한 전략적 제휴는 글로벌기업이 50% 미만의 자본참여를 통하여 글로벌시장에 진출하는 방법이다. 이 경우에 있어서 현지국의 파트너기업이 다수지분을 갖고 있기 때문에 소수지분을 갖고 있는 해외투자기업의 경영권이 배제된다. 그러나 현지국의 파트너기업은 다수지분을 보유하고 있기 때문에 합작투자회사에 대한 경영권 및 지배권을 행사할 수 있다.

현지국의 파트너기업은 현지국정부의 보호와 지원을 받을 가능성이 높은 반면, 소수지분으로 참여한 해외투자기업은 현지국정부로부터 투자에 따른 혜택을 거의 받지 못하거나 불이익을 받을 가능성이 있다. 그러나 소수지분참여를 통하여 현지국에 진출한 기업은 기술이전, 부품공급 및 유통 등과 같은 추가적인 계약을 함으로써 이윤획득의 기회를 증대시킬 수 있다.

56 Bleeke, J./Ernst, D.(1991), p. 127 이하.

제 4 부

글로벌마케팅 믹스전략

제 4 부는 글로벌마케팅 믹스전략을 서술한다. 제 7 장에서는 글로벌마케팅 믹스전략의 개념적 기초에 대하여 논의한다. 특히, 여기에서는 글로벌 마케팅믹스의 표준화와 차별화에 대하여 중점적으로 검토한다. 제 8 장부터 제11장에 걸쳐 글로벌 제품(product), 가격(price), 유통(place) 및 촉진(promotion) 등과 같은 4P 전략이 체계적으로 논의된다.

제 1 부　글로벌마케팅의 이해

제 1 장　글로벌화와 글로벌마케팅의 개념

⇩

제 2 부　글로벌마케팅의 환경과 글로벌 마케팅조사

제 2 장　글로벌마케팅의 환경
제 3 장　글로벌 마케팅조사

⇩

제 3 부　글로벌마케팅 전략

제 4 장　글로벌 시장세분화전략
제 5 장　글로벌 표적시장선정과 포지셔닝전략
제 6 장　글로벌 시장진입전략

⇩

제 4 부　글로벌마케팅 믹스전략

제 7 장　글로벌마케팅 믹스전략의 개념적 기초
제 8 장　글로벌 제품전략
제 9 장　글로벌 가격전략
제10장　글로벌 유통전략
제11장　글로벌 촉진전략

⇩

제 5 부　글로벌마케팅의 관리

제12장　글로벌마케팅의 계획
제13장　글로벌마케팅의 조직
제14장　글로벌마케팅의 통제

CHAPTER 07 글로벌마케팅 믹스전략의 개념적 기초

7.1 글로벌마케팅 믹스전략의 의의와 구성요소

7.2 글로벌마케팅 믹스전략의 수립과정

7.3 글로벌마케팅 믹스전략의 표준화와 차별화

7.1 글로벌마케팅 믹스전략의 의의와 구성요소

7.1.1 글로벌마케팅 믹스전략의 의의

글로벌마케팅 믹스전략(global marketing mix strategy)은 글로벌기업이 표적시장에서 마케팅목표를 달성하기 위하여 그들이 보유하고 있는 통제가능한 마케팅자원을 결합하여 전략적 대안을 개발하는 것을 의미한다. 이러한 통제가능한 마케팅자원은 제품(product), 가격(price), 유통(place) 및 촉진(promotion) 등이며, 이것들을 총칭하여 4P라고 한다.

제 2 장에서 살펴본 글로벌마케팅의 환경은 4P와는 달리 통제가 불가능하기 때문에, 글로벌기업은 그들이 보유하고 있는 마케팅 4P를 적절하게 결합하여 표적시장의 환경에 적합한 마케팅프로그램을 개발하여야 한다. 그러므로 글로벌마케팅 믹스전략은 글로벌마케팅 환경에 적절히 대응하는 반응전략이라고 볼 수 있다.

표 7-1 코카콜라와 네슬레의 글로벌마케팅 믹스의 사례

마케팅믹스의 요소	차별화		표준화	
	전체	부분	전체	부분
제품디자인			N	C
브랜드명			N	C
제품포지셔닝		N		C
포장			C/N	
광고주제		N		C
가격		N	C	
광고카피	N			C
유통	N	C		
판매촉진	N	C		
고객서비스	N	C		

C = Coca-Cola; N = Nestlé

자료원: Quelch, J. A. / Hoff, J.(1986), p. 61; Czinkota, M. R. / Ronkainen, I. A.(1995), p. 498 재인용.

일반적으로 글로벌마케팅 환경에 대한 글로벌기업의 전략적 반응은 마케팅믹스의 표준화와 차별화 등과 같은 두 가지 형태로 나타난다(자세한 내용은 7.3 참고). 〈표 7-1〉은 코카콜라(Coca-Cola)와 네슬레(Nestlé)의 글로벌마케팅 믹스의 사례를 제시한다. 이 표에 나타나 있는 바와 같이 이들 두 기업의 글로벌마케팅 믹스는 서로 다르게 구성되어 있다. 그 이유는 이들 두 기업이 직면하고 있는 글로벌마케팅 환경, 보유하고 있는 마케팅자원 및 실행하는 마케팅전략이 동일하지 않기 때문이다.

7.1.2 글로벌마케팅 믹스전략의 구성요소

앞서 설명한 바와 같이 글로벌마케팅 믹스는 제품, 가격, 유통 및 촉진 등과 같은 4P에 기초하여 이루어진다. 글로벌마케팅 4P와 관련된 구체적인 내용은 제 8 장부터 제11장에 걸쳐 다루기로 하며, 여기에서는 4P와 관련된 주요 변수들을 간략히 제시하기로 한다. 〈표 7-2〉는 글로벌마케팅 4P 믹스의 주요 변수들을 보여준다. 이 표에 나타나 있는 주요 변수들은 글로벌마케팅 믹스전략을 수립하는 데 있어서 중요한 역할을 할 뿐만 아니라, 믹스전략 수립의 직접적인 대상이 되기도 한다.

표 7-2 글로벌마케팅 4P 믹스의 주요 변수

제품(product)	가격(price)	유통(place)	촉진(promotion)
제품속성	가격결정	유통경로의 구조	광 고
제품개발	가격조정	유통경로의 설계	인적 판매
제품수정	가격변경	물적 유통	홍 보
제품제거	수출가격		판매촉진
브 랜 드	이전가격		
포 장	덤 핑		
보증 및 서비스			

News Case 7.1 한국타이어의 글로벌마케팅 전략

한국타이어는 해외 주요시장에서 고유의 기술력과 경쟁력을 공고히 다져 온 결과, 특히 독립국가연합(CIS)과 러시아의 매출(선적 기준)이 전년 동기 대비 각각 52.3%, 61.8% 상승하며 두각을 나타냈다. 또한 하반기 실적증가가 예상되는 가운데 분할 이후 주가 상승은 더욱 기대를 모으고 있다.

헝가리, 중국 등 글로벌 성장세 '계속'

한국타이어는 올해 중국시장의 전반적인 성장률 감소에도 불구하고 지난해 가격 인상과 수출 물량의 증가, 고성능 타이어(Ultra High Performance Tire, UHPT) 판매 증가 등으로 인해 매출액 신장을 기록했다. 한국타이어는 중국시장에서 올해 2사분기 매출액 4,950억 원, 영업이익 430억 원을 기록했으며, 영업이익률은 8.7%를 나타냈다.

중국에서 2사분기 교체용 타이어(Replacement Equipment, RE) 판매 수량은 전분기 대비 소폭 감소했지만, 제품 믹스 등의 이유로 매출은 전분기 대비 증가한 수치를 기록했다. 신차용 타이어(Original Equipment, OE) 역시 자동차 판매증가에 힘입어 증가하는 양상을 나타냈지만, RE 시장의 경쟁 과열에 따라 인치믹스(inch mix) 개선 등을 통해 가격, 브랜드, 유통 포지셔닝 강화 등을 추구하고 있는 상황이다.

헝가리의 경우 2분기 매출액 2,220억 원으로 전분기 대비 2.1% 감소했으며, 전년 동기 대비 60.9% 성장했다. 영업이익은 440억 원으로 전분기 대비 소폭 증가했으며, 20.0%의 높은 영업이익률을 기록했다. 유럽 시장 RE의 경우 재정위기 속에서도 연초 인상한 가격 효과 반영, 가격 경쟁력 등으로 동유럽 지역의 매출 및 판매량이 증가했다. OE는 서유럽 일부 지역의 판매량이 하락했지만, 동유럽권의 판매량이 증가하며 이를 만회했다. 겨울 타이어의 경우, 독일을 중심으로 북부유럽 지역에서의 선주문 수주는 현재 판매 계획 수준 이상을 달성할 것으로 전망되고 있다.

한국타이어 관계자는 "현재 판매량 증가와 판매가격 인상, 제품믹스의 개선 등으로 인해 한국타이어의 글로벌 매출은 양호한 증가를 나타내고 있다"며 "향후 한국타이어는 중국과 인도네시아의 생산기지를 추가로 건설해 향후 인도, 태국 등 신흥국가 지역 공급확대를 위한 거점 마련 및 추가 공급능력 확보, 고부가가치 UHPT와 겨울 타이어 등의 생산 · 판매를 더욱 강화해 수익성 개선에 일조할 계획"이라 전했다. 덧붙여 "원자재가격의 안정화로 수익성 개선효과는 더욱 가시화될 것"이라 전망했다.

또한 중경공장(트럭 · 버스용타이어 2,400개/일)과 인도네시아공장(승용차용 1만 5,000개/일)이 각각 올해 8월과 9월에 초회 생산을 준비하고 있다. 올해 한국과 중국, 헝가리, 인도네시아의 생산계획은 각각 4,628만 개,

3,051만 개, 1,251만 개, 3만 개에 총 8,933만 개 생산 예정이다.

고성능 타이어 프리미엄 입지 '굳혀'

또한 BMW를 비롯한 프리미엄 완성차에 공급되는 글로벌 신차용 타이어(OE)의 해외 매출(선적 기준)도 전년 동기 대비 41.3% 상승해 글로벌 매출 성장을 견인했다. 한국타이어는 1991년 국내 타이어업체 중 최초로 폭스바겐에 첫 OE 타이어 공급을 시작으로 현재 BMW, 아우디, 폭스바겐, 토요타, GM, 포드 등과 공급 파트너십을 확대하며 글로벌시장에서의 입지를 강화하고 있다.

한국타이어는 경기 불안에도 불구하고 제품믹스, 특히 고부가가치 타이어 판매 증가에 따라 전분기 대비 2사분기 매출액이 증가했다. 고부가가치인 UHPT 판매량은 전년 동기 대비 약 23% 증가, 전분기 대비 2.8% 증가했다. 프리미엄급 UHPT 역시 독일 투어링카 마스터즈(DTM)를 포함한 세계적인 모터스포츠 대회 후원 및 영국 유력 전문지 타이어 테스트 등을 통해 세계 최고의 기술력을 입증하며 전년 동기 대비 기순 22.2%의 매출 증가세를 나타냈다. 특히 CIS와 러시아 지역 등 글로벌시장에서의 UHP 타이어 매출(선적 기준)은 각각 전년 동기 대비 189.3%, 68.2% 증가하는 등 괄목할 수준의 성과를 기록했다.

한편 한국타이어의 2012년 2사분기 한국 경영실적은 전년 동기 대비 12.1% 증가한 1조 857억 원의 매출과 1,578억 원의 영업이익을 기록해 국내 시장 1위의 면모를 과시했다. 전분기 대비 영업이익은 소폭 감소했지만 양호한 실적이라 평가된다. 증권업계 전문가에 따르면 올해 3분기 예상 영업이익은 전년 동기 대비 87.9% 증가한 2, 529억 원으로 전망되며, UHPT 비중 증가로 제품믹스 개선, 1분기 판매가 인상분 반영, 증설 완료로 판매 본수 증가에 따른 매출액 증가 요인이 지속, 2분기 천연고무가격 하락으로 원재료 투입단가가 지속 하락할 것이라 설명했다. KTB 투자증권 N연구원은 "영업이익은 시장기대치를 하회했지만, 여전히 높은 영업이익률 11.7%를 기록하고 있다"며 "하반기 실적 개선이 예상되고 있고, 분할 이후 주가 상승 또한 기대를 모으고 있는 상황"이라 설명했다.

한국타이어 S대표는 "초고성능 타이어, 친환경 타이어 등 미래형 기술 투자와 공격적인 글로벌마케팅 전략 덕분에 매출 성장세를 지속할 수 있었다"며 "향후 꾸준한 품질 향상과 브랜드 가치 제고를 통해 글로벌 톱5 진입을 가시화할 계획"이라고 밝혔다.

자료원: 프라임경제, 2012년 8월 1일.

7.2 글로벌마케팅 믹스전략의 수립과정

글로벌기업은 통제불가능한 환경요인의 분석을 통하여 기회(opportunity)와 위협(threat)을 파악하고, 통제가능한 기업의 내부적 상황을 평가하여 강점(strength)과 약점(weakness)을 확인한 후 전략을 수립한다. 글로벌기업의 목표는 기능영역별 전략실행을 통하여 달성될 수 있으며, 이러한 기능영역은 마케팅, 인사·조직, 생산 및 운영, 재무·회계, 그리고 연구개발 등으로 구성되어 있다. 그리고 글로벌마케팅의 목표는 기타의 기능영역별 목표와 동일한 위치를 차지하고 있다. 물론 기능영역별 목표의 중요성(가중치 또는 비중)은 내부적 및 외부적 상황에 따라 다르게 설정될 수 있다.

〈그림 7-1〉은 글로벌마케팅 믹스전략의 수립과정을 보여준다. 이 그림에 제시되어 있는 바와 같이 글로벌마케팅의 목표를 달성하기 위하여 제품, 가격, 유통 및 촉진 등의 전략이 실행되어야 하는데, 이러한 전략은 환경분석

그림 7-1 글로벌마케팅 믹스전략의 수립과정

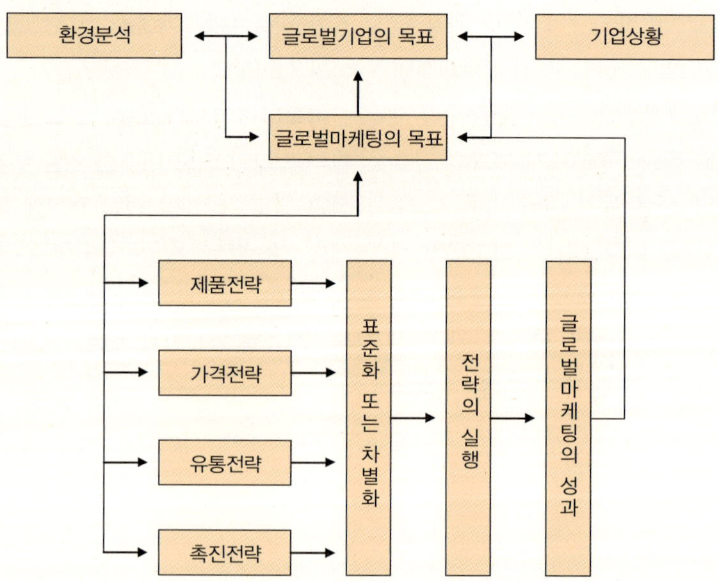

과 기업상황을 고려하여 표준화되거나 차별화된다. 그리고 전략이 실행되면 구체적인 글로벌마케팅의 성과가 나타나게 된다. 만일 글로벌마케팅의 성과가 글로벌마케팅의 목표에 미치지 못한다면, 글로벌마케팅의 목표와 4P 믹스 전략은 피드백을 거쳐 조정되어야 한다.

News Case 7.2 두산인프라코어의 글로벌마케팅 전략

두산인프라코어가 지난 1년여 동안의 침묵을 깨고 본격적인 글로벌마케팅에 나선다. 두산인프라코어는 오는 4월 19일부터 25일까지 독일 뮌헨에서 열리는 세계 최대 건설장비 전시회인 '바우마(Bauma) 2010'에 역대 최대 규모의 전시부스를 마련해 2010년도 신제품과 전략 모델을 선보인다. 특히 이 전시회에는 두산 P회장 등 오너 일가 경영진이 대거 참석해 CEO 마케팅도 가동한다.

올해로 29회째를 맞는 바우마 전시회는 50개 이상 국가 3,200여 개 기업들이 참가하는 등 역대 최대 규모로 치러진다. 3년마다 열리는 바우마 전시회는 두산인프라코어에게도 의미가 있는 행사이다. 두산은 지난 2005년 회사를 인수한 후 2007년 전시회에 처음으로 '두산' 로고를 달고 참가해 대내외에 이름을 알렸다. 당시 전시회에도 P회장을 비롯한 두산 경영진이 대거 참석하였다. 이번 전시회에서는 풀 라인업을 갖춘 종합 중장비업체로서 성장한 회사의 위상을 알리는 데 초점을 맞추고 있다.

두산인프라코어는 이번 전시회에 4,450m² 면적에 대형 부스를 설치해 굴삭기를 비롯, 휠로더 등 39개 모델을 전시하고 활발한 홍보 및 영업활동을 펼칠 계획이다. 또한 '헤비(Heavy)'와 '컴팩트(Compact)'를 주 콘셉트로 정해 부스와 야외 데모장을 통합운영하며, 계열사인 두산 목시(Doosan Moxy), 밥캣(Bobcat), DIPP 장비도 함께 출품해 이들이 두산이 보유한 패밀리 브랜드임을 각인시킬 계획이다.

두산인프라코어는 바우마 전시회를 시작으로 올해에만 한국을 비롯해 독일, 중국 상하이와 베이징, 미국 시카고와 올랜도, 영국 등 총 10개 국내외 전시회에 참가하는 등 마케팅 활동을 대폭 확대한다. 글로벌 건설장비 및 기계 시장이 올해부터 바닥을 치고 상승 곡선을 그릴 것으로 전망됨에 따라 불황 이후 '승자독식 시대'를 주도하겠다는 의지를 반영한 것이다.

또한 올해 매출 목표도 지난해에 비해 20% 증가한 4조 5,376억 원으로 정하였다. 이와 관련 두산인프라코어 C부회장은 올해의 경영 화두로 '위기 극복 후 도약'을 제시하였다. C부회장은 "지난 2009년이 길고 긴 터널 속에서 미래를 대비하며 탈출구 찾기에 안간힘을 쓴 해였다면, 올해는 터널을 뚫고 나와 비상을 준비하는 시기가 될 것"이라고 강조하였다. 특히 그는 "일류기업의 진가는 위기에 더욱 빛을 발하는 법"이라면서 중점 추진 활동으로 근본적인 원가경쟁력 확보 및 고객 인지품질의 향상, 선진 수준의 기술력 및 제품 라인업 확보, 화합과 상생의 기업문화 구축을 제시하였다.

두산인프라코어는 그동안 자체개발 및 외부기관과의 협력, 인수합병(M&A) 등을 통해 확보한 기술력과 제품 라인업을 넘어 업계 최대 화두인 '저탄소 녹색성장'과 '사용 에너지 최소화' 추세에 맞추어 하이브리드 굴삭기, 지게차, 압축천연가스(CNG) 및 저온연소 엔진과 같은 친환경 · 저연비 기술력을 확보해 나간다는 방침이다.

지난해 '레드닷'에서 하이브리드 굴삭기가 디자인상을 수상한 경험을 바탕으로 감성품질에 해당하는 디자인 역량을 강화해 경쟁사 대비 차별적 우위를 점할 수 있는 방안들도 병행해 나가기로 하였다. C부회장은 "어떤 환경에서도 차별화된 가치를 창출할 수 있는 우리만의 경쟁력을 확보한다면 현재의 위기는 다가올 경기 회복기에 확실한 기회요인으로 작용할 것"이라면서 "어려운 경제 상황 속에서도 회복 속도가 빠른 중국과 기타 신흥시장에 적합한 제품 라인업의 확대를 가속해 2014년 글로벌 톱3 업체로 성장할 것"이라고 밝혔다.

자료원: 아시아경제, 2010년 3월 17일.

7.3 글로벌마케팅 믹스전략의 표준화와 차별화

7.3.1 표준화와 차별화의 의의

표준화의 의의

글로벌마케팅 믹스전략의 표준화(standardization)는 전 세계적으로 동일한 마케팅프로그램을 사용하여 고객 또는 소비자에게 접근하는 것을 말한다. 넓은 의미에서 볼 때, 표준화는 전 세계시장에 걸쳐서 동일한 마케팅 4P 믹스를 활용하는 것이다. 그리고 좁은 의미에서의 표준화는 마케팅 4P의 세분화된 각 요소별로 동일한 마케팅프로그램을 전 세계적으로 사용하는 것을 뜻한다.

차별화의 의의

글로벌마케팅 믹스전략의 차별화(differentiation)는 적응화(adaptation)라고도 하며, 국가 또는 지역에 따라 마케팅프로그램을 다르게 적용하는 것을 의미한다. 차별화는 강제적 차별화(mandatory differentiation)와 임의적 차별화(discretionary differentiation)로 구분할 수 있다.[1] 강제적 차별화는 현지 정부의 규제 또는 법률규정(예를 들면, 제품에 대한 표준, 가격통제, 유통과 촉진수단의 제한 등) 및 환경적 요인 때문에 기업이 의무적으로 실행해야만 하는 차별적인 마케팅프로그램에 바탕을 두고 있다. 이와 반대로 임의적 차별화는 기업의 전략 또는 상황판단에 따라 마케팅프로그램을 국가 또는 지역에 따라 서로 다르게 구성하는 것을 의미한다.

7.3.2 표준화와 차별화의 이유 및 장점

표준화의 이유 및 장점

글로벌마케팅 믹스전략의 표준화는 전 세계시장의 수요가 동질적이라는 가정에 기초하고 있다. 서로 다른 국가 또는 지역 등을 포괄하는 글로벌시장이 동질적으로 수렴되는 이유는 다음과 같으며, 이러한 이유 때문에 표준화를 하게 된다.

- 글로벌 커뮤니케이션의 증대: 방송 및 통신혁명(예를 들면, 인터넷과 위성방송의 보급)을 통한 글로벌 커뮤니케이션의 활성화
- 소비자의 국제적 이동성 증대: 해외여행, 출장 등과 같은 소비자의 국제적 이동을 통한 이문화에 대한 학습 및 체험기회의 증대
- 교육시스템과 교육내용의 국제적 유사성: 교육시스템과 교육내용의 국제적 동질화를 통한 글로벌 시민(global citizen)의 육성
- 글로벌 기술표준의 개발과 채택: 인간의 안전 및 통신과 관련된 제품

1 Czinkota, M. R./Ronkainen, I. A.(1995), p. 267.

(예를 들면, 항공기, 엘리베이터, 휴대폰 등), 산업재(예를 들면, 기계 및 공구) 등에서의 글로벌 기술표준의 개발과 채택

표준화의 장점은 다음과 같이 요약될 수 있다.

- 규모의 경제와 범위의 경제 효과: 표준화된 제품의 대량생산과 대량판매를 통한 규모의 경제 효과 및 마케팅프로그램의 표준화를 통한 범위의 경제 효과 등이 발생함.
- 기업 또는 제품의 글로벌 이미지 구축: 표준화된 4P 믹스에 의한 통일적 기업 이미지 및 제품 이미지가 창출됨.
- 신속한 마케팅프로그램의 조정: 글로벌마케팅 4P 믹스의 단순성과 통일성 때문에 마케팅활동에 대한 피드백이 용이함.

차별화의 이유 및 장점

글로벌마케팅 믹스전략의 차별화는 국가 또는 지역별로 서로 다른 4P 믹스를 결합하여 각 표적시장에 진입하는 것을 말한다. 개별 표적시장별로 차이가 발생하는 이유는 다음과 같으며, 이러한 요인들이 차별화를 촉진하는 역할을 한다.

- 경제개발 정도의 차이: 선진국, 개발도상국 및 후진국 간의 경제적 환경의 차이(예를 들면, GNP, 1인당 국민소득, 가처분소득 등에서의 차이)
- 경쟁상황의 차이: 경쟁기업의 4P 믹스전략 및 표적시장별 경쟁상황의 차이
- 사회문화적 환경의 차이: 전통, 관습, 가치관, 종교 등과 같은 사회문화적 환경의 차이로 인한 차별화(예를 들면, 제품차별화)
- 소비자행동의 차이: 표적시장별로 서로 다른 소비자행동 및 구매동기
- 법적 환경의 차이: 국가별로 서로 다른 정부의 규제 및 법적 규정

차별화의 장점은 다음과 같이 열거될 수 있다.

- 국가 또는 지역별 표적시장에서의 소비자의 욕구 충족: 차별적 마케팅 4P 믹스의 실행을 통하여 서로 다른 표적시장에서 소비자의 욕구 충족

그림 7-2 표준화와 차별화의 평가기준

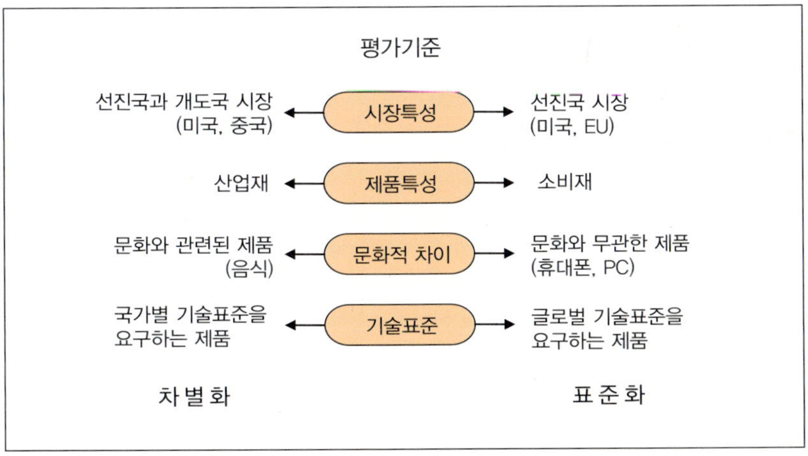

을 추구함.

- 경쟁상황을 고려한 마케팅프로그램의 실행: 경쟁기업의 마케팅 믹스전략에 대응할 수 있는 차별적이고 다양한 마케팅전략의 수립이 가능함.
- 현지국 마케팅관리자의 동기부여의 증대: 마케팅믹스의 차별화에 대한 의사결정권이 본사로부터 현지자회사로 대폭 위임되기 때문에 현지국 마케팅관리자의 동기부여가 증대됨.

News Case 7.3 글로벌 표준특허의 창출을 위한 정부의 지원

특허청은 우리나라가 표준특허 글로벌 리더로 발돋움할 수 있도록 국내 산학연의 표준특허 창출을 위한 본격적인 지원에 나선다. 24일 특허청은 표준특허의 전략적 창출 지원, R&D – 특허 – 표준의 연계 강화 및 표준특허 인프라 구축을 위한 세부 과제를 시행함으로써 표준특허 창출을 지원한다고 밝혔다. 이와 같은 지원을 추진하게 된 배경에는 최근 표준의 시장지배력과 특허의 독점배타력이 결합된 고부가가치 표준특허의 확보가 기술을 선진하고 시장경쟁력을 강화하는 데 있어 핵심과제로 부상했기 때문이다.

표준특허는 시장참여를 위해 표준기술을 구현하는 데 있어 반드시 사용하여야 하는 특허로서, 로열티 창출 효과가 매우 크다. 이동통신 분야의 핵심기술을 보유하고 있는 미국의 인터디지털은 표준특허를 활용하여 노키아, 삼성전자, LG전자로부터 각각 수억 달러의 로열티를 거두어들이고 있고, 우리나라가 해외에 지불하는 IT분야의 로열티도 주로 표준특허로 인하여 발생하고 있다.

특허청은 그동안 업계의 수요를 반영하고 지식경제부, 방송통신위원회 등 유관기관과의 유기적인 협조를 통하여 경제적 파급효과가 큰 표준특허 확보를 지원하기 위한 정책을 수립 · 시행하여 왔다. 이를 위하여 특허청은 지난해 말 표준특허팀을 출범시키고, 산하기관인 한국특허정보원에 표준특허센터를 신설하는 등 전담지원체계를 구축한 바 있다.

특허청이 표준특허창출지원을 위하여 시행 중인 세부 과제는 다음과 같다.

표준특허의 전략적 창출지원

최근 표준특허 확보의 필요성이 크게 대두된 3DTV, 차세대 RFID 등 6개 IT분야의 표준안과 특허를 분석하여 표준특허 창출전략을 수립 · 지원한다. 또한, 산학연이 보유하고 있는 특허를 평가하여 표준특허를 찾아 주고 표준특허 신규창출전략을 수립해 주는 한편, 표준특허 창출역량을 제고하기 위한 맞춤형 교육도 실시하는 표준특허 멘토링 사업을 추진한다.

R&D – 특허 – 표준의 연계 강화

산학연이 표준화 과정에서 특허기술을 반영하고 표준안이 반영된 신규 특허출원도 할 수 있도록 특허청과 기술표준원 간 매칭형 사업을 추진한다. 아울러, 표준화를 통해 우리 기업의 우수 혁신기술이 보호 · 육성될 수 있도록 표준화 진행방향을 설정하거나 변경하는 경우 특허조사 · 분석을 지원한다.

표준특허 인프라 구축

국제표준화기구와 표준특허풀(표준특허 공동관리기구)에 산재되어 있는 표준특허 정보를 원스톱으로 확인 · 이용할 수 있도록 표준특허 포털사이트를 통해 업계에 제공한다. 또한, 산학연이 보유하고 있는 특허를 효율적으로 활용하고 특허분쟁에 대응할 수 있도록 표준특허 여부에 대한 판단을 상시 지원한다. 이외에도 한국발명진흥회, 국제지식재산연수원 및 대학을 통해 온 · 오프라인 표준특허 강좌를 개설하여 표준특허 전문가를 양성한다.

특허청은 만성적인 기술무역수지 적자 문제 해소에 일조하고 우리나라가 표준특허 글로벌 리더로 도약하도록 하기 위하여 표준특허창출을 위한 지원정책을 지속적으로 확대 · 추진해 나가겠다고 밝혔다.

자료원: 연합뉴스, 2010년 3월 24일.

7.3.3 글로벌마케팅 믹스전략의 대안개발

글로벌마케팅 믹스전략은 제품, 가격, 유통 및 촉진 등과 같은 마케팅수단들의 결합방법과 관련되어 있으며, 결합방법에 따라 수많은 믹스전략의 대안들이 개발될 수 있다. 이러한 결합방법은 기업의 내부적 및 외부적 상황에 따라 다를 수 있다. 아래에서는 *키건(Keegan)*이 제시한 5개의 전략적 대안을 믹스사례로 살펴보기로 한다.[2] 그는 어떤 표적시장(예를 들면, 선진국)에서 제품에 대한 구매능력이 있다는 가정하에서 제품 및 촉진활동을 각각 표준화 또는 차별화함으로써 4개의 대안을 제시하였다. 그리고 어떤 다른 표적시장(예를 들면, 후진국)에서 제품에 대한 구매능력이 없는 경우에는 앞서 제시한 4개의 대안이 실행될 수 없기 때문에 기존제품과 다른 제품을 개발하여야 하는 대안을 추가하였다.

〈그림 7-3〉은 제품과 촉진의 표준화와 차별화를 통하여 도출될 수 있는 4개의 전략적 대안을 제시하고 있으며, 〈표 7-3〉은 제품을 개발하여야 하는 대안을 추가한 5개의 전략적 대안을 보여준다.

그림 7-3 제품과 촉진의 표준화와 차별화를 결합한 전략적 대안

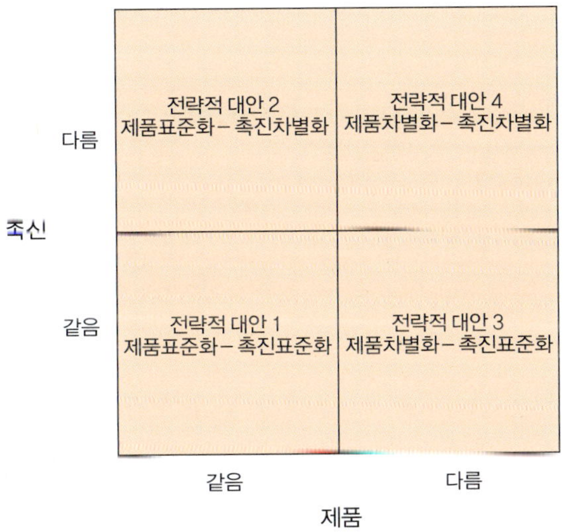

자료원: Keegan, W. J.(2002), p. 346.

2 Keegan, W. J.(2002), p. 346 이하.

전략적 대안 1: 제품표준화-촉진표준화

이 전략은 표준화된 제품과 표준화된 촉진을 믹스하여 특정 표적시장에 접근하는 것이다. 그리고 이 전략은 제품과 촉진의 표준화를 동시에 추구하기 때문에 이중연장전략(dual extension strategy)이라고 한다. 제품표준화는 기업으로 하여금 생산원가 또는 비용을 절감하게 하는 대량생산을 가능하게 한다. 또한 단일 제품만을 생산하면 되기 때문에 연구개발비가 대폭 절감된다. 촉진표준화는 모든 표적시장에서 동일한 촉진수단을 사용할 수 있기 때문에 많은 비용이 절감될 수 있다. 이 전략은 비용절감의 장점을 갖고 있지만, 서로 다른 표적시장에서 다양한 소비자의 욕구를 충족시키기 힘든 단점을 갖고 있다.

전략적 대안 2: 제품표준화-촉진차별화

이 전략은 표준화된 제품과 차별화된 촉진을 결합시켜 특정 표적시장에 진입하는 것이다. 제품표준화는 원가절감과 대량생산 등과 같은 이점을 확보하게 하지만, 촉진차별화는 많은 비용이 발생하게 한다. 이 전략에서는 단일 제품만 개발하면 되기 때문에 연구개발비가 많이 절감될 수 있으며, 이렇게 절감된 비용은 촉진차별화를 위하여 활용될 수 있다. 이 전략은 특정 표적시장에서 제품이 제공하는 기능 또는 사용조건이 다른 경우에 주로 사용된다.

전략적 대안 3: 제품차별화-촉진표준화

이 전략은 제품차별화와 촉진표준화를 믹스하여 특정 표적시장에서 마케팅활동을 하는 것을 말한다. 이 전략은 제품이 제공하는 기본적 기능은 표적시장별로 동일하지만 제품의 사용조건이 달라 제품차별화 또는 제품변경이 요구되는 경우에 실행된다. 또한 현지 정부의 규제 또는 법률규정 및 환경적 요인 등에 의하여 강제적 제품차별화가 요구되는 경우에도 이 전략이 추구될 수 있다.

전략적 대안 4: 제품차별화-촉진차별화

이 전략은 모든 표적시장에서 제품과 촉진을 차별화하여 고객에게 접근하는 것을 말한다. 이 전략은 제품과 촉진을 동시에 차별화하기 때문에 이중 적응전략(dual adaptation strategy)이라고 한다. 이 대안의 장점은 서로 다른 표적시장의 다양한 고객욕구를 효율적으로 충족시킬 수 있다는 것이며, 단점은 제품차별화 및 촉진차별화의 비용이 많이 발생할 수 있다는 것이다.

전략적 대안 5: 제품개발전략

어떤 특정 표적시장의 고객 또는 소비자가 표준화 또는 차별화된 기존의 제품을 경제적인 이유로 구매할 능력이 없을 때 이 전략이 실행된다. 즉, 이 전략은 앞서 언급한 4개의 전략과는 다른 관점에서 수립된다. 예를 들면, 소득수준이 낮은 국가의 소비자가 제품을 구매할 능력이 없다면 가격을 낮춘 제품을 추가로 개발하여 그들에게 접근하여야 한다. 또한 제품개발과 더불어 추가적인 비용이 투입되어야 하는 촉진전략도 새롭게 수립되어야 한다. 개발도상국 또는 후진국의 시장규모가 크다면 이 전략이 실행될 수 있지만, 그 규모가 작다면 추가적인 제품개발비용이 부담으로 작용할 수 있기 때문에 이 전략은 실행되기 어려울 것이다.

표 7-3 제품개발전략을 추가한 제품 및 촉진전략의 대안

전략적 대안	제품기능 또는 충족욕구	제품의 사용조건	구매능력	제품전략	촉진전략	적응 비용	관련 제품
1	같음	같음	있음	표준화	표준화	1	청량음료
2	다름	같음	있음	표준화	차별화	2	자전거, 스쿠터
3	같음	다름	있음	차별화	표준화	3	휘발유, 세제
4	다름	다름	있음	차별화	차별화	4	의류, 카드
5	같음	-	없음	제품개발	촉진개발	5	수동식 세탁기

자료원: Keegan, W. J.(1969), p. 59; 김주헌(2004), p. 307 재인용.

News Case 7.4 포스코의 제품차별화를 통한 수익성 증대

포스코는 지속된 글로벌 경기 침체와 철강 시황 악화로 인한 위기에 대응하기 위해 비상 경영에 나서고 있다. 포스코 J회장은 "지금은 불확실 – 불안정 – 불연속의 '3불

시대'로 선제적 대응이 필요하다"며 지난해 말부터 비상 경영을 선언했다. 포스코는 상시적인 위기관리 시스템을 가동하는 등 위기 관리에 전력을 다하고 있다. 올해 초부터 상시위기관리센터를 가동하면서 경기 변동에 맞춘 시나리오 경영을 하고 있다.

시나리오 경영 전략은 4단계로 구분되는데, 포스코는 최근 3단계로 대응 수위를 높였다. 본격적인 감산 등이 이뤄지는 4단계 바로 직전까지 비상 경영을 강화한 것이다. 기존에는 판매량을 늘리는 데 집중했지만 이제는 자동차강판, 에너지강재, 전기강판 등의 고부가가치 제품 중심으로 수익성을 높이는 데 힘쓰고 있다.

고부가가치 제품 판매에 주력

포스코는 불황 속에서도 제품 차별화로 글로벌 경쟁사보다 5%포인트가량 높은 영업이익률을 기록하고 있다. 지난 2분기 포스코는 11%의 영업이익률을 기록했다. 반면 글로벌 경쟁사인 아르셀로미탈, 신일본제철, 바오산강철 등은 적자를 내거나 영업이익률이 5%에 미치지 못하는 부진한 성적을 냈다.

포스코가 높은 수익성의 경쟁력을 유지할 수 있는 것은 고부가가치 제품 판매 비중을 높여가고 있기 때문이다. 자동차나 에너지 플랜트 등 상대적으로 호황인 산업 중심의 철강 제품을 개발해 판매를 늘려나가고 있다. 에너지강재 등 고부가가치 제품 판매 비중은 지난 2분기 14.8%에서 3분기에는 15.5%로 높아졌다. 올 연말까지 20%로 높인다는 계획이다.

자동차강판 수출량은 지난해 415만 톤에서 올해는 450만 톤까지 늘어날 것으로 전망된다. 또 새로운 에너지강재 개발에도 힘쓰고 있다. 에너지강재는 석유나 가스와 같은 에너지원을 개발, 수송, 저장하는 데 사용된다. 고강도이면서 극저온 환경에서 견딜 수 있는 내구성을 갖춘 게 특징이다. 포스코는 2020년까지 전 세계 에너지강재 시장에서 10% 이상을 차지하겠다는 계획이다.

품질 경영으로 글로벌 경기 침체 극복

포스코는 경쟁사와의 격차를 벌리기 위해 품질 상향에도 노력하고 있다. J회장은 지난 8월 포스코패밀리(그룹) 기술 콘퍼런스에서 "우리가 살아남고 지속 성장하기 위해서는 경기불황 대처 차원이 아닌 근본적인 의식 변화와 체질 개선을 통한 장기적인 기술 경쟁력 확보가 필요하다"며 품질 경영을 역설했다.

포스코 광양 및 포항제철소의 품질 부적합률은 2010년에 비해 40% 개선된 실적을 보이고 있다. 2010년 J회장의 포스코패밀리 품질헌장 선포 이후 패밀리의 맏형인 포스코의 품질 경영이 가시적인 성과를 내고 있는 것으로 평가된다. 철강사 경쟁력 평가기관인 WSD가 전 세계 35개 철강사를 대상으로 23개 항목을 평가한 결과, 포스코는 올해도 1위에 올라 3년 연속 정상의 자리를 지켰다. 재무 건전성이나 원가 경쟁력은 물론이고 높은 품질 경쟁력에서 큰 점수를 받았다.

포스코는 매년 '포스코패밀리 품질경영 전략토론회'를 개최해 품질경영 전략을 점검하고 성과를 공유하는 자리를 갖고 있다. 품질경영 진단을 통해 우수 계열사에 대해서는 '품질경영 대상'을 주고 있다.

패밀리사와의 시너지 창출

포스코는 패밀리사의 역량을 높이는 데도 힘을 쏟고 있다. 2010년 인수한 성진지오텍과 대우인터내셔널은 포스코와 시너지 효과를 창출하고 있는 대표적인 계열사다. 성진지오텍은 석유화학 플랜트 전문 업체로 극지에서도 견딜 수 있는 특수 용접기술과 자체 설계 기술을 보유하고 있다. 셸 , 엑슨모빌 등 메이저 오일사와 현대중공업 등 국내 조선 '빅3'가 성진지오텍으로부터 플랜트 설비를 납품받고 있다. 성진지오텍을 인수하면서 그동안 주로 석탄 플랜트만 수주해 오던 포스코건설은 석유화학 플랜트에 진출할 수 있는 기회를 얻었다.

또한 성진지오텍이 만드는 설비의 철강재를 포스코가 공급하게 됐다. 대우인터내셔널은 포스코의 수출과 자원개발을 위해 꼭 필요한 회사이다. 포스코는 대우인터내셔널의 글로벌 네트워크를 활용해 수출 신시장을 개척하고 있다. 대우인터내셔널은 최근 브라질에 자동차강판 가공센터를 짓기로 했다. 대우인터내셔널은 또한 포스코가 아프리카, 오스트레일리아, 남미, 러시아, 인도 등지에서 양질의 자원을 개발하고 확보할 수 있도록 지원하고 있다.

J회장은 "대우인터내셔널은 무역과 자원개발 분야의 강점을 살려 포스코패밀리가 글로벌 소재 메이커로 성장하기 위한 견인차 역할을 할 수 있을 것"이라고 말했다.

자료원: 한국경제, 2012년 11월 7일.

CHAPTER 08 글로벌 제품전략

8.1 글로벌 제품의 의의와 주요 의사결정영역

8.2 글로벌시장을 위한 신제품개발

8.3 글로벌 브랜드전략

8.4 글로벌 제품포장과 레이블링

8.5 글로벌 제품보증과 제품판매 후 서비스

8.1 글로벌 제품의 의의와 주요 의사결정영역

8.1.1 글로벌 제품의 의의

제품(product)은 노동력, 기계 및 원재료 등과 같은 생산요소를 투입하여, 가공 또는 생산과정을 거쳐 만든 완성품을 말한다. 넓은 의미에서 볼 때 제품은 유형의 제품뿐만 아니라 무형의 서비스(예를 들면, 금융서비스)도 포괄한다. 글로벌 제품(global product)은 글로벌고객의 욕구를 충족시키기 위하여 글로벌시장에서 판매되는 제품과 서비스를 의미한다.

국내마케팅과 글로벌마케팅의 이분적 구분에 관계없이 제품의 개념은 동일하게 정의될 수 있다. 〈그림 8-1〉에 나타나 있는 바와 같이 *코틀러(Kotler)*는 제품을 핵심제품, 유형제품 및 확장제품 등과 같은 세 가지 차원으로 분류하였다.[1]

그림 8-1 제품의 세 가지 차원

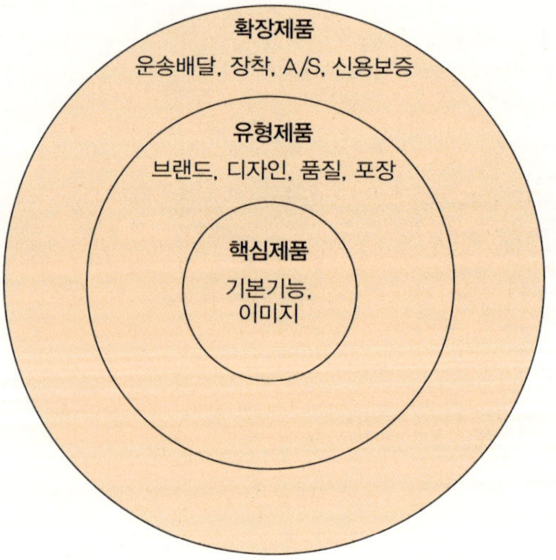

자료원: Kotler, P.(1986), p. 297.

1 Kotler, P.(1986), p. 297.

- 핵심제품(core product): 제품이 제공하는 핵심적인 편익 또는 서비스를 말함. 예를 들면, BMW의 "운전의 즐거움(독일어 Freude am Fahren, 영어 sheer driving pleasure)"이라는 슬로건에 나타나 있는 자동차의 편익
- 유형제품(tangible product): 핵심제품을 실제의 제품으로 형상화한 제품을 의미함. 브랜드, 디자인, 품질 및 포장 등과 같은 제품속성을 통하여 구체화됨.
- 확장제품(augmented product): 유형제품에 추가하여 제공되는 서비스 또는 기타의 혜택 등이 포함된 제품을 말함. 제품보증, 제품판매 후 서비스(after-sales service) 및 신용(예를 들면, 할부판매에서의 금융혜택) 등이 부가적으로 제공됨.

8.1.2 주요 의사결정영역

글로벌 제품전략과 관련된 주요 의사결정영역은 제품정책 및 제품속성에 대한 의사결정 등과 같은 두 가지 영역으로 요약될 수 있다.

제품정책에 대한 의사결정

제품혁신(신제품개발), 제품변경 및 제품제거 등은 글로벌마케팅에 있어서 가장 중요한 제품정책에 대한 의사결정영역이다.[2] 이러한 의사결정은 제품수명주기와 밀접하게 관련되어 있다. 일반적으로 제품혁신은 제품수명주기의 도입기, 제품제거는 제품수명주기의 쇠퇴기에 이루어지는 경향이 있으며, 제품변경은 제품수명주기의 모든 기간에 걸쳐 이루어질 수 있다

- 제품혁신(product innovation): 글로벌시장에 신제품을 개발하여 도입하는 것을 말함. 아이디어 창출, 평가 및 실현의 과정을 거쳐 신제품개발이 이루어짐(8.2 참고). 예를 들면, 현대자동차의 YF쏘나타(기본 모델) 개발 및 출시
- 제품변경(product variation): 글로벌시장의 고객의 욕구와 기업의 전략적 선택 등에 따라 제품의 일부분을 수정하는 것을 의미함. 예를 들면,

2 Meffert, H./Bolz, J.(1994), p. 155 이하.

현대자동차 YF쏘나타 2.4 GDi(추가 모델) 추가, 모듈러 디자인(modular design), 빌트인 디자인(built-in design)

- 제품제거(product elimination): 글로벌시장에서의 매출 및 시장점유율의 감소, 그리고 제품혁신 및 제품변경 등과 같은 이유로 특정 제품을 시장에서 퇴출시키는 것을 말함. 예를 들면, NF쏘나타의 생산 및 판매 중단

제품속성에 대한 의사결정

제품속성은 앞서 설명한 유형제품 및 확장제품의 각 구성요소와 관련되어 있다. 글로벌기업은 그들이 활동하고 있거나 활동하려는 표적시장에서 브랜드, 디자인, 품질 및 포장 등과 같은 유형제품의 구성요소와 제품보증, 제품판매 후 서비스 및 신용제공 등과 같은 확장제품의 구성요소에 대한 의사결정을 하여야 한다. 이에 대한 구체적인 내용은 아래에서 살펴보기로 한다(8.3, 8.4 및 8.5 참고).

8.2 글로벌시장을 위한 신제품개발

여러 문헌에는 신제품개발(또는 제품혁신)의 과정과 관련된 여러 가지 모델이 있지만, 가장 대표적인 모델은 *톰(Thom)*에 의하여 개발되었다.[3] 신제품개발은 국내마케팅과 글로벌마케팅에 관계없이 동일한 과정을 거친다. 톰은 시간의 흐름에 따라 신제품개발의 과정을 분류하였는데, 이것은 아이디어의 창출, 아이디어의 평가 및 아이디어의 실현 등의 3단계로 구성되어 있다. 〈표 8-1〉은 신제품개발의 과정을 제시한다.

3 박주홍(2007), p. 158 이하 재인용; Gerybadze, A.(2004), p. 23; Herzhoff, S.(1991), p. 21; Thom, N.(1983), p. 7; Thom, N.(1980), p. 53.

표 8-1 신제품개발의 과정

	신제품개발의 과정	
	주요단계	
아이디어의 창출	아이디어의 평가	아이디어의 실현
	주요단계의 구체화	
추구방향결정	아이디어검토	새로운 아이디어의 실현
아이디어발견	실현계획의 수립	새로운 아이디어의 판매
아이디어제안	실현계획에 대한 의사결정	판매시장에서의 피드백

자료원: Thom(1980), p.53; 저자에 의해 일부 수정됨.

8.2.1 아이디어의 창출

아이디어 창출단계에서는 제품혁신을 위한 대안적인 아이디어가 획득된다. 제품혁신을 위한 새로운 아이디어는 기업 내부적 또는 기업 외부적으로 창출된다.[4] 기업 내부적 아이디어의 원천은 기초연구, 마케팅부문, 생산부문, 스태프부문, 기타 기업 내 부문, 창조성 분임조, 제안제도 및 품질관리 분임조 등이다. 기업 외부적 아이디어의 원천으로는 고객과 시장, 협력업체, 외부연구기관, 전문서적, 박람회, 라이선스와 특허에 의한 제공 및 학술회의 등을 들 수 있다.

특히, 창조성 분임조를 통한 창조성기법의 활용, 제안제도 및 품질관리 분임조 등은 기업 내부적 아이디어창출을 위하여 많은 기업에서 제도화하고 있다. 제안제도 및 품질관리 분임조 등은 일반적으로 생산방법을 개선하기 위한 아이디어들을 창출하려는 방법이다. 이러한 방법을 활용하여 기업은 생산원가를 절감하고, 제품의 품질을 향상시킬 수 있으며, 이를 바탕으로 비용선도 및 품질선도를 통한 글로벌 전략적 우위를 달성할 수 있다.

8.2.2 아이디어의 평가

아이디어 평가단계에서는 아이디어 창출단계에서 획득된 아이디어들이

4 Trommsdorff, V. et al.(1991), p. 568; Trommsdorff, V./Schneider, P.(1990), p. 9.

평가된다. 즉, 아이디어의 평가를 통하여 어떤 특정한 아이디어(예를 들면, 제품 및 공정아이디어)가 채택된다. 아이디어의 평가 및 채택의 목표는 성공의 잠재성이 높은 아이디어에 대한 초기단계의 자원 집중에 있다.[5] 성공적인 아이디어를 채택하기 위해서, 이 단계에서는 기업 내의 서로 다른 부문 간의 밀접한 접촉과 계속적인 정보교환이 요구된다.[6]

아이디어 창출단계에서 획득된 아이디어들은 체계적인 방법을 통하여 검토되어야 한다. 여기에서는 무엇보다도 새로운 제품아이디어에 대한 시장기회 및 경제성과 새로운 공정아이디어에 대한 비용(원가)이 중요하게 고려되어야 한다. 그러나 경우에 따라서 현재의 시점에서 성공의 가능성이 낮게 평가된 어떤 아이디어가 미래의 어떤 시점에서 성공의 잠재성이 높을 수 있기 때문에 평가에서 탈락된 아이디어를 완전히 폐기하지 않고 추후에 다시 검토하는 것이 바람직하다.[7]

제품아이디어를 구체화하기에 앞서 기업의 관련된 기능영역들이 참여하고, 기술과 시장의 관점에서 중요한 정보를 제시하는 제품요구 명세서를 작성하여야 한다.[8] *알레쉬*와 *클라스만(Allesch and Klasmann)*은 관련된 기능영역에 따라서 구분된 기준에 의하여 다음과 같은 정보가 포함된 제품요구 명세서를 작성해야 한다고 주장한다.[9]

- 판매시장: 제품기능 및 속성, 판매잠재성, 가격 및 관리비용에 대한 예측, 수요에 부합하는 제품다양성, 최적의 디자인 및 부가 서비스 등
- 경쟁: 경쟁기업의 제품기능 및 속성, 가격, 관리비용 및 성공적인 문제해결 잠재성 등
- 자원조달시장: 보호권, 규범 및 표준에 대한 검토, 종속가능성의 회피, 자원조달 가능한 부품 및 설비의 확인 등
- 생산: 실제 기술의 응용, 조립에 적합한 구조, 기존 부품 및 모듈의 계속적 이용가능성, 조립 및 수리의 용이성, 창고보관 및 운송적합성, 보

5 Trommsdorff, V./Schneider, P.(1990), p. 9.

6 전게서, p. 9 이하.

7 전게서, p. 10.

8 Allesch, J./Klasmann, G.(1989), p. 8.

9 전게서, p. 10.

호 가능한 부품 및 해결방안(특허) 등

- 기타 제품프로그램: 전체적 문제해결을 위한 보완책, 일관적 제품출시 및 다양한 프로그램의 조합 가능성 등

8.2.3 아이디어의 실현

아이디어 실현단계에서는 채택된 아이디어가 실행에 옮겨진다. 아이디어 실현의 목표는 신제품의 효과적인 시장도입 및 신공정의 효율적인 개선 등이다. 이 단계에서의 주요과제는 제품개발, 공정개선, 생산시스템의 채택, 시장테스트 및 신제품의 시장도입 등이다. 특히 연구개발, 생산 및 마케팅부문은 이러한 과제를 해결하는 데 있어서 중요한 역할을 한다.

특히, 연구개발의 글로벌화는 본사, 현지 연구소 및 현지의 자회사(합작회사 포함)로 하여금 신제품개발의 과제를 국경을 초월하여 파악하고 처리하도록 한다. 연구개발의 글로벌화의 필요성이 제기되는 이유를 보다 구체적으로 살펴보면 다음과 같다.[10]

- 글로벌화로 인한 사업구조의 변화
- 제품수명주기의 단축으로 인한 국내에서의 신속한 기술개발의 한계
- 보다 신속한 현지 소비자 및 고객욕구의 충족
- 기술력이 우수한 현지국에서의 신기술 및 신제품개발
- 인적 및 물적 연구개발자원의 효율적인 글로벌 배분의 필요성
- 생산 및 마케팅 위주의 현지자회사에 연구개발 기능을 추가함으로써 본사로부터 기능적으로 완전히 독립하려는 현지자회사의 요구
- 현지국 정부의 연구개발에 대한 각종 혜택 또는 지원

아이디어실현의 관점에서 볼 때 신제품과 신공정의 실현 및 구체화에 큰 영향을 미칠 수 있는 구체적인 생산시스템의 채택이 중요한 역할을 한다. 마지막으로, 신제품이 개발되면 시제품(prototype) 및 초기의 소량시리즈 제품에 대한 광범위한 기능테스트를 실시한 후, 고객의 요구와 제품 간의 불일치를 제거하기 위하여 시장에서의 수용가능성과 시장잠재성을 검토하는 시장테

10 박주홍(2007), p. 32 이하.

스트(market test)가 이루어져야 한다.[11] 성공적인 시장테스트를 거친 신제품은 최종적으로 글로벌시장에 도입된다.

News Case 8.1 삼성전자의 글로벌 신제품 "3D LED TV"

"원더풀 삼성 초고화질(Full HD) 3차원(3D) 발광다이오드(LED) TV!" 삼성전자가 지난달 25일 세계 최초로 출시한 'Full HD 3D LED TV'에 대한 글로벌시장 반응이 뜨겁다. 지난달부터 삼성전자는 유럽, 미국, 중남미, 독립국가연합(CIS), 인도 등 주요 해외시장 곳곳에서 Full HD 3D LED TV 출시행사를 진행하면서 글로벌마케팅에 나서 TV시장에서 3D TV 열풍을 주도하고 있다. 삼성전자의 Full HD 3D TV에 대한 해외 시장의 반응은 한마디로 "놀랍다"로 요약되고 있다. 이는 지난해 삼성전자가 세계 최초로 선보여 돌풍을 일으킨 LED TV 마케팅 초기보다 뜨거운 시장반응으로 평가되고 있다.

해외 주요 거래선은 경쟁적으로 삼성전자 Full HD 3D LED TV 공급계약을 맺고 있다. 이런 추세라면 삼성전자가 올해 판매목표로 잡은 250만 대 이상 판매량도 쉽게 돌파할 것이라는 기대감이 무르익고 있다. 삼성전자 해외 마케팅 담당자는 "해외 거래선들이 삼성 3D TV에 대해 놀랍다는 반응을 보이고 있다"면서 "정확한 주문량을 밝힐 수는 없지만 벌써부터 없어서 못 팔 정도로 주문이 밀려들고 있다"고 들려주었다.

삼성전자가 Full 3D LED TV를 공개한 곳은 유럽이다. 삼성전자는 지난달 2월 22일(현지시간)부터 24일까지 3일간 유럽의 중심 오스트리아 빈에서 자체 마케팅 행사인 '2010 삼성구주포럼'에서 Full 3D LED TV를 선보였다. 이때 현지 거래선과 언론은 "세계 최고 기술력"이라면서 극찬을 아끼지 않았고 대규모 공급계약도 이루어졌다고 한다.

삼성전자가 해외 국가 중 두 번째로 Full HD 3D LED TV를 공개한 곳은 미국이다. 삼성전자가 지난 9일(현지시간) 미국 뉴욕 맨해튼에 위치한 상설 전시장 삼성 익스피리언스에서 열린 기자회견을 통해 3D TV의 Full HD 3D LED TV를 출시하였다. 이 행사에 참석한 영화 아바타의 감독인 제임스 카메론은 "삼성은 아름답고 TV산업의 비저너리 리더"라며 "오늘 삼성의 3D LED TV는 극장에서의 영화 감상에서 벗어나 스포츠와 모든 엔터테인먼트를 집에서 즐길 수 있도록 하였다"고 의미를 부여했다.

삼성전자는 유망시장인 CIS에서도 Full HD 3D LED TV를 발 빠르게 판매하기 시작하였

---

11 Trommsdorff, V. et al.(1991), p. 569; Trommsdorff, V./Schneider, P.(1990), p. 12; Scheuch, F./Holzmüller, H.(1983), p. 229.

다. 그 일환으로 삼성전자는 지난 18일(현지시간) 러시아 모스크바 월드 무역센터 전시장에서 러시아, 우크라이나, 카자흐스탄, 우즈베키스탄 등 CIS 소속 국가 주요 거래선과 언론인 등 300여 명이 참석한 '2010 CIS 포럼'을 개최하였다. CIS 지역에서는 처음으로 열린 이날 포럼에서 삼성전자는 Full HD 3D LED TV를 비롯해 3D 홈시어터, 3D 안경 등 '3D 토털 솔루션'을 선보여 큰 호응을 얻었다.

인도에서도 삼성전자의 Full HD 3D LED TV 돌풍은 이어지는 분위기다. 삼성전자는 지난 25일(현지시간) 인도 뉴델리에서 Full HD 3D LED TV 판매 행사를 열었다. 특히 삼성전자는 인도인들에게 가장 인기가 높은 프로 크리켓 리그인 '인디언 프리미어 리그(IPL)'의 준결승과 결승전 경기를 3D로 제작, 중계해 인도 전역에 3D 붐을 일으키는 스포츠 마케팅도 진행해 눈길을 끌고 있다.

삼성전자가 24일(현지시간)부터 25일까지 이틀간 브라질 상파울루에서 열린 자체 마케팅 행사인 '2010 삼성 중남미 포럼'에서 Full HD 3D LED TV는 호평을 받았다.

해외 언론도 삼성전자 Full HD 3D LED TV에 대해 '극찬 릴레이'를 펼치고 있다. 먼저 영국 오디오비디오(AV) 전문매체인 'What Hi Fi Sound and Vision'은 삼성전자 Full HD 3D LED TV 7000(UE40C7000) 시리즈에 대해 "가장 위대한 3D 혁명"이라면서 최고점인 별 다섯 개 만점을 부여하였다. 영국 내 가장 공신력 있는 소비자연합단체에서 발행하는 'Which'도 삼성전자 Full HD 3D LED TV 7000 시리즈의 3D 영상 구현, 화질, 기능, 디자인 등의 주요 특징을 단독으로 자세하게 설명하였다. 이 매체는 특히 삼성전자의 Full HD 3D LED TV의 2D → 3D 자동 전환 기능이 뛰어나다고 평가하였다.

자료원: 파이낸셜뉴스, 2010년 3월 29일.

8.3 글로벌 브랜드전략

8.3.1 브랜드의 의의

브랜드(brand)는 제품 또는 서비스의 이미지를 전달하는 수단으로 사용되며, 경쟁자의 제품과 구별하기 위하여 사용되는 이름, 말, 상징 또는 이들의 결합을 말한다.[12] 고객들은 브랜드를 통하여 제조업자 또는 판매업자를 확인할 수 있다. 또한 법적 규정에 근거하여 브랜드를 등록하는 경우에는 배타적인 법적 보호가 가능하다. 브랜드와 관련된 주요 개념들을 살펴보면 다음과 같다.[13]

- 브랜드 네임(brand name): 이것은 단어, 숫자와 같이 말로 표현되는 부분을 의미한다. 예를 들면, 코카콜라(Coca-Cola), 벤츠(Benz), BMW, 삼성, 777 등을 말한다.
- 브랜드 마크(brand mark): 이것은 상징, 디자인, 특유의 색채, 독특한 문자 등과 같이 발음할 수 없는 부분을 말한다. 예를 들면, 벤츠의 '별' 모양의 마크, 나이키의 '부메랑' 모양의 마크 등이다.
- 트레이드마크(trademark): 이것은 일정한 절차를 거쳐 등록된 법적으로 보호를 받는 브랜드를 뜻한다. 즉, 상표법에 근거하여 등록된 브랜드를 트레이드마크라고 한다. 예를 들면, 이것은 브랜드 네임 옆에 "Trademark" 또는 "TM," "Ⓡ" 등을 붙여서 표시된다. 여기에서 "Ⓡ"은 "등록된 트레이드마크(registered trademark)"를 의미한다.

기업의 관점에서 브랜드의 중요성은 다음과 같이 요약될 수 있다.

- 촉진활동의 수단: 브랜드는 촉진활동의 수단이 되며, 브랜드 촉진활동을 통하여 브랜드의 인지도와 이미지가 향상될 수 있다.
- 브랜드 도용의 방지: 법적으로 보호를 받는 등록된 브랜드는 브랜드 도용(brand piracy)을 방지할 수 있다. 브랜드 도용이 확인된 경우에는 브랜드의 소유권을 갖고 있는 기업이 도용한 개인 또는 기업에 대하여 법적인 책임을 물을 수 있다.
- 브랜드 충성도 강화의 수단: 브랜드는 자사제품에 대한 고객의 브랜드 충성도(brand loyalty)를 강화하는 수단이 된다.
- 무형자산의 창출: 브랜드는 무형자산을 창출하며, 이를 통하여 기업의 가치가 상승될 수 있다. 예를 들면, 〈표 8-2〉에 제시되어 있는 바와 같

12 Czinkota, M. R./Ronkainen, I. A.(1995), p. 275.

13 전게서; 반병길/이인세(2008), p. 198.

이 애플의 2020년 브랜드 자산가치(brand equity)는 약 3,229억 달러에 달한다.

〈표 8-2〉는 2020년 인터브랜드(Interbrand) 선정 글로벌 50대 브랜드의

표 8-2 인터브랜드(Interbrand) 선정 글로벌 50대 브랜드의 자산가치 순위(2020년)

순위(기업명)	자산가치 (단위: 백만 달러)	순위(기업명)	자산가치 (단위: 백만 달러)
1 Apple	322,999	26 Pepsi	18,603
2 Amazon	200,667	27 Adobe	18,206
3 Microsoft	166,001	28 Hermes	17,961
4 Google	165,444	29 GE	17,961
5 Samsung	62,289	30 YouTube	17,328
6 Coca-Cola	56,894	31 Accenture	16,552
7 Toyota	51,595	32 Gucci	15,675
8 Mercedes-Benz	49,268	33 Budweiser	15,606
9 McDonald's	42,816	34 Pampers	15,073
10 Disney	40,773	35 Zara	14,862
11 BMW	39,756	36 Hyundai	14,295
12 Intel	36,971	37 H&M	14,008
13 Facebook	35,178	38 Nescafé	13,900
14 IBM	34,885	39 Allianz	12,935
15 Nike	34,388	40 Tesla	12,785
16 Cisco	34,119	41 Netflix	12,665
17 Louis Vuitton	31,720	42 Ford	12,568
18 SAP	28,011	43 L'Oreal	12,553
19 Instagram	26,060	44 Audi	12,428
20 Honda	21,694	45 Visa	12,397
21 Chanel	21,203	46 eBay	12,277
22 J.P. Morgan	20,220	47 Volkswagen	12,267
23 American Express	19,458	48 AXA	12,211
24 UPS	19,161	49 Goldman Sachs	12,129
25 IKEA	18,870	50 Adidas	12,070

자료원: https://www.interbrand.com/best-brands/.

자산가치 순위를 보여준다. 이 표에 나타나 있는 바와 같이 삼성전자의 브랜드 자산가치는 약 622억 달러로 5위를 차지하였다. 또한 이 표에 의하면, 애플, 아마존, 마이크로소프트, 구글 등과 같은 미국의 4개 글로벌기업의 브랜드 자산가치가 최상위권에 포함된 것으로 나타났다. 이 표에 제시된 바와 같이 현대자동차의 브랜드 자산가치는 약 142억 달러(36위)로 나타났다.

8.3.2 글로벌 브랜드전략

글로벌 브랜드전략은 기업의 내부적 환경요인과 현지국의 외부적 환경요인 등을 고려하여 수립하여야 한다. 아래에서는 글로벌기업이 직면하게 되는 세 가지의 전략적 브랜드 선택 대안에 대하여 설명하기로 한다.

자사 브랜드 대 OEM 브랜드

자사 브랜드는 글로벌기업이 자체적으로 개발하여 사용하는 브랜드로서 기업 및 제품을 차별화할 수 있는 강력한 수단이 될 뿐만 아니라, 고객들의 브랜드 충성도를 유도하는 대상이 된다. 그러나 브랜드의 명성을 구축하기 위해서는 많은 비용이 소요되며, 장기간의 투자와 노력이 요구된다.[14]

OEM 브랜드(original equipment manufacturer's brand)는 대표적인 타사 브랜드로서 주문업체(제조업체 및 유통업체를 포괄함)의 요구에 따라 제품을 수출하고, 그 업체의 브랜드를 부착하여 판매하는 경우에 이용된다. 제조기업의 관점에서 OEM 브랜드의 장점과 단점을 살펴보면 다음과 같다.[15]

- OEM 브랜드의 장점:
  - ▸ 주문업체의 지명도와 유통망을 활용하여 판매력을 보완할 수 있다.
  - ▸ 주문업체의 마케팅 채널을 활용함으로써 시장개척 초기에 해외시장에 대한 정보를 탐색할 수 있다.
  - ▸ 주문업체로부터 생산과 관련된 기술을 이전받을 수 있다.

---

14 이장로(2003), p. 277.

15 반병길/이인세(2008), p. 202 이하; 이장로(2003), p. 277 이하.

▶ 대량의 OEM 주문을 받는 경우 생산량이 늘어나기 때문에 규모의 경제가 달성될 수 있다.

- OEM 브랜드의 단점:
  ▶ 독자적인 브랜드를 구축할 수 있는 기회가 상실된다.
  ▶ 주문업체가 낮은 납품가격을 고집하는 경우 채산성이 악화된다.
  ▶ 해외고객과의 직접적인 커뮤니케이션이 거의 불가능하다.
  ▶ 주문업체의 주문이 갑자기 중단되는 경우 도산위험에 처할 수 있다.

News Case 8.2 중국시장을 겨냥한 화장품 OEM

중국 위안화 절상 가능성이 높아지는 가운데 국내 화장품 주문자상표부착생산(OEM) 업체가 수혜를 입을 것으로 전망된다. 국내 화장품 OEM업체들은 경쟁이 치열하고 성숙기에 접어든 국내시장을 벗어나 성장 잠재력이 큰 중국시장에 속속 진출하고 있다. 특히 중국 위안화 절상이 가시화될 경우 한국 업체의 가격경쟁력이 보다 높아져 수혜가 기대된다.

위안화가 절상되면 중국 소비자는 같은 돈으로 살 수 있는 물건의 양이 많아지거나 질이 보다 좋아질 수 있기 때문이다. 즉, 위안화 한 단위당 구매력이 높아진다. H증권 P 연구원은 "자국 통화가치 상승으로 인한 중국인의 소득 효과가 한국기업에게는 시장지배력을 높일 수 있는 기회가 될 수 있다"며 "눈높이가 높아진 중국 소비자들이 고가의 고급제품으로 알려져 있는 한국제품에 보다 관심을 가질 수 있기 때문"이라고 말했다.

중국 화장품시장의 성장세도 한국 업체에게 호재이다. 업계에 따르면 중국은 일본과 미국에 이어 세계 3위 화장품시장으로 올해 경기침체에도 불구하고 10.5%의 높은 성장세를 보일 것으로 예상된다. 화장품 주요 소비층인 22~50세의 중국 여성도시 인구가 3억 9,000만 명에 달하며 가구당 화장품 구입개수도 지난 2006년 2.42개에서 2007년 2.53개, 2008년 2.9개로 점차 늘어나는 추세이다.

코스맥스와 한국콜마는 중국에 진출한 화장품업체로 중국 화장품시장 성장과 더불어 위안화 절상에 따른 수혜가 기대된다. 코스맥스는 2004년 국내 제조업자 개발생산(ODM)업체 최초로 중국에 진출했으며 지난해부터 성장기에 돌입해 중국 화장품시장 확대에 따른 최대 수혜업체로 꼽힌다. 본격적인 생산을 시작한 2006년 17억 원에 불과하던 중국 매출이 올해는 250억 원을 목표로 할 만큼 빠르게 성장했으며 연평균 성장률이 94.5%에 달한다. 제1공장에 이어 내년 말 완공을 목표로 상해 제2공장도 신설할 예정이며 2공장이 완료되면 연간 생산능력이 약 40% 늘어난다.

W증권 H연구원은 "코스맥스 상해는 현재 아모레퍼시픽, 웅진화장품, 더페이스샵 등 국내업체의 중국법인과 글로벌 화장품업체의 중국법인, 중국 현지업체 등 80여 개 고객사에 제품을 공급중"이라며 "한류열풍과 함께 기술력이 중국 현지업체의 신뢰를 얻기 시작해 전체 고객사의 80% 이상이 중국 현지기업일 만큼 성장하였다"고 말했다.

한국콜마는 국내 OEM 시장점유율 1위로 지난 2007년 6월 중국 북경에 법인을 설립하고 중국시장에 진출하였다. H연구원은 "연 500억 원 규모의 생산능력을 보유한 북경콜마가 지난 4월부터 공장가동을 시작했으며 올해 100~120억 원의 매출이 기대된다"며 "내년에는 손익분기점(BEP) 달성도 가능할 것"이라고 말했다.

자료원: 매일경제, 2010년 5월 6일.

개별 브랜드 대 공동 브랜드

글로벌기업은 브랜드 명칭을 선정할 때 각 품목마다 독자적인 브랜드를 부착하는 개별 브랜드(individual brand)를 사용하거나, 그 기업에서 생산하는 모든 제품에 동일한 브랜드를 부착하는 공동 브랜드(family brand)를 사용할 수 있다. 경우에 따라서 공동 브랜드와 개별 브랜드가 복합적으로 사용되기도 한다(예를 들면, Ford Taurus). 아래에서는 개별 브랜드와 공동 브랜드의 장점을 각각 살펴보기로 한다.[16]

- 개별 브랜드의 장점:
  - ▶ 브랜드 실패에 대한 부정적 파급효과를 차단할 수 있다.
  - ▶ 개별 브랜드에 대한 촉진효과가 강화될 수 있다.
  - ▶ 개별 브랜드의 부착으로 다양한 제품을 생산하는 기업이라는 인상을 주기 때문에 유통업체로부터 호의적인 반응을 얻을 수 있다.

- 공동 브랜드의 장점:
  - ▶ 마케팅 활동에 있어서 규모의 경제(마케팅 비용의 절감)를 달성할 수

16 반병길/이인세(2008), p. 206 이하.

있다.

▶ 이미 구축된 브랜드 이미지를 활용할 수 있기 때문에 신제품의 시장 진입이 쉽다.

▶ 브랜드와 제품에 대한 명성을 유지할 수 있다.

글로벌 브랜드 대 현지 브랜드

글로벌기업은 전 세계적으로 동일한 브랜드를 사용하는 글로벌 브랜드(global brand)를 선택할 것인지, 아니면 국가별로 서로 다른 브랜드를 사용하는 현지 브랜드(local brand)를 채택할 것인지를 결정하여야 한다. 글로벌 브랜드는 표준화와 관련되어 있는 반면, 현지 브랜드는 차별화와 관련되어 있다. 글로벌 브랜드와 현지 브랜드의 장점을 각각 살펴보면 다음과 같다.

- 글로벌 브랜드의 장점:
  - ▶ 전 세계적으로 규모의 경제(예를 들면, 마케팅 효율의 극대화 및 광고비용의 절감)를 달성할 수 있다.
  - ▶ 브랜드의 자산가치를 상승시킬 수 있다.
  - ▶ 전 세계적인 브랜드 인지도가 구축될 수 있다.

- 현지 브랜드의 장점:
  - ▶ 현지국의 사회문화적 특성을 고려하여 브랜드를 도입하기 때문에 현지고객이 쉽게 인식할 수 있다.
  - ▶ 동일한 브랜드가 현지국에 등록되어 있거나 사용되고 있는 경우, 브랜드 사용과 관련된 법적 분쟁을 피할 수 있다(예를 들면, 일본의 Matsushita가 미국과 캐나다에 처음으로 진출했을 때, 일본에서 사용하던 "National"이라는 브랜드가 미국과 캐나다에 이미 등록되어 있었기 때문에 "Panasonic"이라는 새로운 브랜드를 개발함).
  - ▶ 현지기업을 인수하는 경우, 현지국에서 구축된 브랜드의 이미지를 활용할 수 있다(예를 들면, Renault Samsung, GM Daewoo).

8.3.3 원산지 효과

소비자들은 제품을 구매할 때 제품의 모양 및 물리적 특성뿐만 아니라 제품이 생산된 국가를 고려하여 구매를 결정하는 경향이 있다. 이와 같이 제품의 원산지가 소비자의 구매에 영향을 미치는 것을 원산지 효과(country-of-origin effect)라고 한다.[17] 독일의 자동차, 프랑스의 여성패션 및 영국의 남성패션 등은 좋은 원산지 효과를 보여주는 대표적인 사례에 속한다.

기업의 글로벌화는 어떤 제품의 원산지를 본국에만 국한시키지 않고 현지국으로 확대시키는 원동력이 되고 있다. 어떤 제품이 해외자회사에서 생산될 때, 그 제품은 현지국과 본국의 원산지 효과를 동시에 발생시킬 수 있다. 이러한 효과를 양국 원산지 효과(binational origin effect)라고 한다. 예를 들면, 독일의 BMW 승용차가 미국의 공장에서 생산되고 있는데, 이 승용차는 출신국인 독일(Brand from Germany)과 생산국인 미국(Made in USA)의 원산지 효과를 이중으로 누릴 수 있다. 만일 BMW 승용차가 미국이 아닌 후진국에서 생산된다면 양국 원산지 효과가 나타나지 않을 수도 있다.

원산지 효과와 관련하여 글로벌기업은 다음과 같은 측면들을 중요하게 고려하여야 한다.

- 부품의 원산지: 최종 제품의 조립을 위해 필요한 부품이 어느 국가에서 수입되었는가에 따라 부품의 원산지 효과가 발생할 수 있다(예를 들면, 쌍용자동차 체어맨의 독일 Benz 엔진 및 트랜스미션의 장착).
- 현지부품 사용률(local contents): 이것은 글로벌기업이 현지국에서 생산할 때 준수하여야 하는 규정이며, 국가에 따라 그 기준은 다를 수 있다. 만일 현지자회사가 이 규정을 지키지 않는다면, 현지국 정부로부터 높은 비율의 관세를 부과받을 수 있다. 글로벌기업이 현지국에서 생산하는 제품의 질을 높이고 양국 원산지 효과를 높이기 위해서 현지자회사는 현지부품 사용률에 대한 규정을 지키면서 본사로부터 핵심부품을 조달하여야 한다.

럭셔리 브랜드와 원산지 효과에 대한 *아이엘로(Aiello)* 등의 실증적 연

---

17 Terpstra, V./Sarathy, R.(1994), p. 281 이하.

구는 이탈리아, 프랑스, 독일, 러시아, 인도, 홍콩, 일본 및 미국 등과 같은 8개국 165명의 대학생을 대상으로 수행되었다.[18] 주요 연구결과는 〈표 8-3〉과 〈표 8-4〉, 그리고 〈그림 8-2〉에 나타나 있다.

〈표 8-3〉은 럭셔리 브랜드의 원산지에 대한 연상일치 비율을 제시하고 있으며, 〈표 8-4〉는 제품평가 및 구매 의사결정에서의 브랜드와 원산지의 중요성 비율을 보여준다. 〈그림 8-2〉는 럭셔리 제품의 원산지와 브랜드 간의 상호작용에 대한 결과를 제시하고 있다. 이 그림에서는 브랜드 원산지의 식별 가능성이 높고, 구매 의사결정에서의 럭셔리 브랜드의 중요성이 높은 4개의 브랜드만을 보여준다.

표 8-3 럭셔리 브랜드의 원산지에 대한 연상일치 비율

순 위	브랜드명	연상되는 원산지	연상일치 비율
1	Cartier	프 랑 스	98.1
2	Chanel	프 랑 스	98.1
3	Dolce e Gabbana	이탈리아	96.2
4	Armani	이탈리아	94.3
5	Gucci	이탈리아	94.3
6	Versace	이탈리아	94.3
7	Yves Saint Laurent	프 랑 스	90.6
8	Dior	프 랑 스	88.7
9	Valentino	이탈리아	88.7
10	Louis Vuitton	프 랑 스	86.8
11	Prada	이탈리아	84.9
12	Bulgari	이탈리아	83.0
13	Hermes	프 랑 스	81.1
14	Salvatore Ferragamo	이탈리아	75.5
15	Burberry	영 국	60.4

자료원: Aiello, G. et al(2009), p. 334.

18 Aiello, G. et al(2009), p. 323 이하.

표 8-4 제품평가 및 구매 의사결정에서의 브랜드와 원산지의 중요성 비율

브랜드명	브랜드(%)	원산지(%)
Chanel	77.58	27.70
Gucci	73.22	27.21
Louis Vuitton	72.69	26.65
Armani	71.89	28.35
Prada	71.45	27.87
Cartier	71.01	28.39
Dolce e Gabbana	70.74	28.90
Dior	70.73	28.71
Burberry	70.31	29.07
Versace	70.10	29.90
Hermes	69.41	30.28
Bulgari	69.07	30.13
Yves Saint Laurent	68.41	31.28
Salvatore Ferragamo	68.24	31.12
Valentino	67.95	31.43

자료원: Aiello, G. et al(2009), p. 334.

그림 8-2 럭셔리 제품의 원산지와 브랜드 간의 상호작용

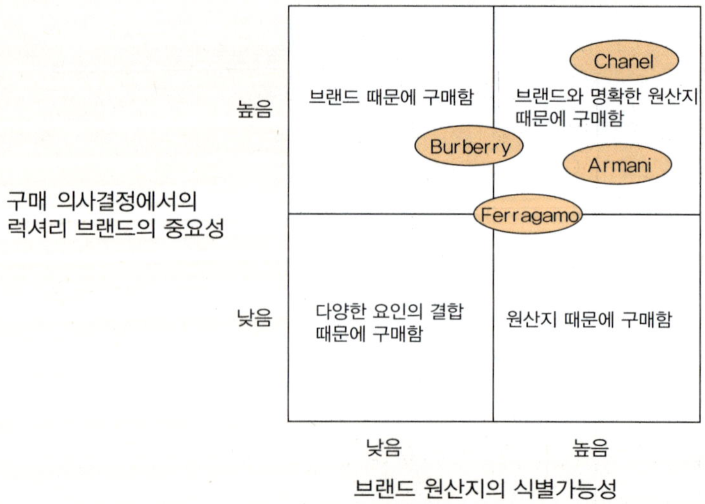

자료원: Aiello, G. et al(2009), p. 335.

8.3.4 브랜드 보호

브랜드는 글로벌기업의 중요한 자산의 하나이기 때문에 이에 대한 보호는 전략적으로 매우 중요한 이슈에 속한다. 일반적으로 현지국에서의 브랜드 등록여부에 상관없이 개발도상국 또는 후진국의 개인 또는 기업에 의한 무단복제, 브랜드 모방 또는 브랜드 도용이 지속적으로 발생하고 있으며, 이는 글로벌기업의 직접적 또는 간접적 손실로 이어질 수 있다.

무단복제(counterfeiting)는 오리지널 제조업체의 허락 없이 모조품을 생산하여 판매하거나, 또는 저작권자와의 계약이나 허락 없이 컴퓨터 소프트웨어, 음반 등의 저작물을 판매의 목적으로 복제하는 것을 말한다. 브랜드 모방(brand imitation)은 오리지널 브랜드와의 구분이 어렵도록 브랜드를 변경(예를 들면, 비슷한 발음, 디자인 등을 사용함)하여 사용하는 것을 의미하며, 반면에 브랜드 도용(brand piracy)은 오리지널 브랜드를 브랜드 등록기업의 허락 없이 무단으로 등록하거나 사용하는 것을 뜻한다. 〈표 8-5〉는 모방 브랜드의 사례를 제시한다.

표 8-5 모방 브랜드의 사례

오리지널 브랜드명	모방 브랜드명
Walmart	Wumart
Nike	Nire
Dunhill	Dunhell
SONY Battery	SQNY Battery
Honda	Hongda
Puma	Pama, Fuma
Coca-Cola	Caca-Cala
Starbucks coffee	Bucksstar coffee
Samsung Anycall	Samsong Anycoll, Samsong Amycall
Pizza Hut	Pizza Huh, Pizza Hol
Monami	Monani, Monagi
신(辛) 라면	신랄(辛辣) 라면
진로(眞露) 참이슬	진일로(眞日露) 참일슬

브랜드 보호를 위해 글로벌기업은 브랜드 소유권과 관련된 현지국의 법체계를 검토하여야 한다. 어떤 국가의 브랜드 보호와 관련된 법적 환경을 이해하는 데 있어서 가장 중요한 것 중의 하나는 그 국가의 법체계를 파악하는 것이다. 일반적으로 어떤 국가의 법체계는 성문법(대륙법)과 불문법(영미법) 중에서 하나에만 근거하여 구성된다(2.1.3 참고).[19] 이러한 법체계를 근거로 다음과 같은 두 가지의 브랜드 보호와 관련된 원칙이 제시될 수 있다.[20]

- 등록 우선주의(priority in registration): 이것은 법률이 정한 규정과 절차에 따라 특허를 담당하는 관청에 브랜드의 소유권을 먼저 등록한 개인 또는 기업에게 소유권을 인정하는 것을 의미한다. 성문법 체계를 갖고 있는 국가들(예를 들면, 한국, 일본, 독일, 프랑스, 이탈리아 등)이 이 원칙을 채택하고 있다.
- 사용 우선주의(priority in use): 이것은 브랜드를 먼저 사용한 개인 또는 기업에게 브랜드의 소유권을 인정하는 것을 말한다. 불문법 체계를 유지하고 있는 국가들(예를 들면, 영국, 미국, 캐나다, 필리핀 등)이 이 원칙을 따르고 있다.

News Case 8.3 현대·기아차의 최종목표는 '가장 갖고 싶은 브랜드'

'고객을 위한 품질 경영'을 선포한 현대 · 기아자동차가 전 세계 고객들이 선택한 '가장 갖고 싶은 브랜드'로의 도약을 노린다. 현대차는 지난해 사상 처음으로 세계시장 점유율 5%를 돌파했으며 기아차 역시 세계시장에서 가시적인 성과를 거두었다. 올해 현대 · 기아차는 더욱 적극적인 고객최우선 경영을 바탕으로 미국시장 점유율과 글로벌 시장점유율을 높이는 데 총력을 기울일 전망이다.

현대차는 지난해 매출액 31조 8,593억 원(해외공장 포함시 53조 2,882억 원), 영업이익 2조 2,350억 원, 순이익 2조 9,615억 원을, 기아차는 매출액 18조 4,157억 원, 영업이익 1조 1,445억 원, 당기순이익 1조 4,503억 원을 올렸다. 지난해 3 · 4분기(누계)까지 영업흑자를 기록한 글로벌 경쟁기업으로는 독일 폭스바겐(1조 9,000억 원)과 이탈리아 피아트

19 박주홍(2009), p. 89.

20 Terpstra, V./Sarathy, R.(1994), p. 276.

(8,000억 원) 등 2곳에 불과하다. 토요타(-12조 3,000억 원)와 포드(-3조 3,000억 원), 혼다(-4조 1,000억 원), 닛산(-2조 4,000억 원), 독일 BMW(-6,000억 원), 벤츠(-2조 원) 등은 대규모 영업손실을 기록하였다. 글로벌 금융위기 이후 미국의 GM과 포드, 크라이슬러 등 '빅3'가 위기를 맞은 데 이어 최대 경쟁사인 토요타 마저 최근 대규모 리콜과 판매 중단으로 휘청거리고 있다.

위기에서 벗어나기 위해 노력하고 있는 다른 기업들과 달리 현대 · 기아차는 가파른 상승세다. 현대 · 기아차가 괄목할 성장을 이룬 배경으로는 1999년 이후부터 지속적으로 추진해 온 품질 경영을 꼽을 수 있다. 실제로 현대차는 미국의 대표적인 시장조사 전문기관인 JD파워의 신차품질조사(IQS)에서 현대차의 순위는 2000년 34위에서 2003년 23위, 2004년 7위로 수직 상승하였다. 또 2006년에는 벤츠, BMW, 토요타 등을 제치고 3위로 올라서며 품질 경영의 결실을 맺었다. 당시 미국의 자동차전문지 '오토모티브 뉴스'는 이를 두고 '사람이 개를 물었다(Man bites dog)' '지구는 평평하다(The earth is flat)'고 표현, 현대차 품질의 비약적인 발전에 찬사를 보냈다.

하지만 현대 · 기아차는 여기에 만족하지 않고 지난 2008년 '실질품질 3년 내 세계 3위, 인지품질 5년 내 세계 5위'를 의미하는 'GQ(Global Quality) 3 3 5 5'를 목표로 '창조적 품질 경영'을 선포하였다. 이를 바탕으로 현대차는 지난해 6월 미국 JD파워의 IQS에서 일반 브랜드 부문 역대 최고점인 95점을 획득, 1위로 등극하였고 일본차에 비해 떨어진다는 평가를 받았던 내구품질도 크게 개선되었다.

현대차가 지난해 JD파워 내구품질조사(VDS)에서 닛산과 폭스바겐을 제치고 일반 브랜드 6위에 올랐다는 결과가 내구품질이 개선됐음을 충분히 입증해 주고 있다. 기아차 쏘울은 지난해 미국 최대 중고차 잔존가치 평가기관인 ALG사의 중고차 잔존가치 평가에서 경쟁차종들보다 높은 평가를 받았으며, 올해 초 쏘나타 역시 동급차종 최상위권에 랭크되기도 하였다. 미국 고속도로안전보험협회(IIHS) 역시 쏘울과 쏘나타를 '최고 안전한 차량'으로 선정했으며, 기아차 쏘울은 유로 NCAP에서도 최고점인 별 다섯을 획득하는 등 품질 경영에 대한 결실이 나타나고 있다.

현대차는 브랜드 이미지 혁신을 위한 브랜드 경영 원년을 선언한 후 양적 성장과 더불어 질적 성장의 균형을 위해 품질 경영과 함께 브랜드 경영도 지속적으로 강화해 오고 있다. 지난해 현대차는 인터브랜드사가 발표한 글로벌 100대 브랜드에서 46억 달러의 브랜드 가치를 기록해 69위를 차지하였다. 도요타, 메르세데스 벤츠, BMW 등 글로벌 메이커들이 지난해보다 브랜드 가치가 낮아지며 순위가 떨어진 반면 현대차는 2008년보다 3계단이나 상승했다는 데서 의미가 크다.

현대차 품질 경영은 이처럼 소비자들이 믿고 탈 수 있는 자동차를 생산한다는 신뢰를 소비자들에게 심어주며 자연스럽게 브랜드 경쟁력을 상승시키게 하였다. 품질뿐만 아니라 어슈런스 프로그램 등 소비자들의 니즈에 맞춘 공격적인 마케팅 활동 또한 브랜드 이미지를 제고하는 데 큰 몫을 하였다. 여기에 현대 · 기아차는 '최고의 품질'을 바탕으로 품질 우수성을 고객에게 체계적으로 인식시키는(고객과의 품질커뮤니케이션 강화) '퀄리티 마케팅'을 도입해 브랜드파워를 획기적으로 향상시키려 하고 있다.

고객을 위한 품질 경영에 박차를 가하고 있는 현대 · 기아차의 최종 목적지는 전 세계 시장 고객들이 꼽는 'Best Buy Brand(가장 갖고 싶은 브랜드)'가 되는 것이다.

자료원: 뉴시스, 2010년 3월 29일.

8.4 글로벌 제품포장과 레이블링

8.4.1 글로벌 제품포장

포장(packaging)은 운송의 편의, 저장 및 판매 등을 위해 제품을 포장지, 천 등으로 싸거나, 또는 제품을 담는 용기를 만들고 디자인하는 마케팅활동이다. 특히, 사회문화적 환경 및 자연적 환경 등이 서로 다른 국가의 고객을 대상으로 수행하는 글로벌 마케팅활동의 관점에서 볼 때, 글로벌 제품포장(global packaging)은 최종 고객에게 제품을 안전하게 전달하고, 제품에 대한 시각적 관심을 유도하여 판매를 촉진하는 역할을 수행한다. 일반적으로 포장은 다음과 같은 세 가지로 구분된다.[21]

- 일차적 포장(primary package): 이것은 제품(내용물)을 용기에 담는 것을 의미한다. 의약품, 화장품, 음료수 등을 담는 병, 그리고 맥주, 음료수, 음식 등을 담는 캔 등이 대표적인 일차적 포장의 사례이다.
- 이차적 포장(secondary package): 이것은 일차적 포장을 보호하거나 용기를 싸는 포장을 말한다. 의약품, 화장품, 캔 등을 담는 종이상자는 이

21 반병길/이인세(2008), p. 213; 이장로(2003), p. 284.

차적 포장에 해당된다.

- 선적포장(shipping package): 이것은 운송 또는 저장을 위해 일차적 또는 이차적 포장이 된 여러 개의 제품을 종이, 플라스틱, 목재 등으로 만든 대형 상자, 포장 비닐 등을 이용하여 최종적으로 포장하는 것을 의미한다. 선적포장은 제품보호, 판매촉진 및 식별 등의 기능을 담당한다.

포장은 제품보호와 촉진 등과 같은 기능을 담당한다.[22] 제품보호적인 측면에서 볼 때, 고온 다습한 지역과 한랭 건조한 지역에 판매되는 제품은 다르게 포장되어야 한다. 또한 제품의 특성, 운송시간과 거리, 운송수단, 하역횟수, 취급방법 및 창고보관 등을 고려하여 제품을 안전하게 포장해야만 파손을 방지할 수 있다. 촉진의 관점에서 볼 때, 현지국 고객의 미적 감각, 선호하는 색상 또는 디자인 등을 고려하여 제품을 포장한다면 촉진효과가 높아질 수 있다.

글로벌 제품포장과 관련된 두 가지 주요 고려사항을 살펴보면 다음과 같다.

- 포장의 표준화와 차별화: 포장의 표준화(포장의 크기, 색상, 디자인 등이 전 세계적으로 같음)를 통하여 글로벌기업은 포장비용을 절감할 수 있다. 포장의 차별화(포장의 크기, 색상, 디자인 등이 국가에 따라 다름)를 통하여 발생하는 이익이 추가적인 포장비용을 상쇄할 수 있다면, 포장의 차별화가 이루어질 수 있다.
- 포장의 변경 및 환경 친화적인 포장: 소비자의 구매행동변화, 소득수준의 변화, 환경보호 등의 사유로 인하여 글로벌기업은 제품포장을 변경하는 의사결정을 하여야 한다. 환경 친화적인 포장에 대한 요구가 전 세계적으로 확산되고 있기 때문에, 글로벌기업은 환경오염을 방지하기 위하여 재활용이 가능한 포장재의 사용을 고려할 필요가 있다. 특히, 환경보존에 기여하고 생활의 질을 개선시킴으로써 기업이 이익을 추구하려는 환경마케팅(environmental marketing) 또는 그린마케팅(green marketing)의 관점에서 볼 때, 환경 친화적인 포장은 환경보호에 대한 의식수준이 높은 소비자들의 구매를 유인할 수 있다.

22 Terpstra, V./Sarathy, R.(1994), p. 284.

8.4.2 글로벌 레이블링

레이블(label)은 포장의 일부분으로서 표찰이라고 하며, 제품에 부착된 표지를 의미한다. 레이블에는 브랜드명, 성분, 사용법, 제조일자, 제조업자 및 유통기한 등과 같은 제품정보가 기록되어야 한다. 글로벌 레이블링(global labeling)은 글로벌시장에 판매하려는 제품에 레이블을 부착하는 것을 말하며, 이에 대한 의사결정은 언어, 정부의 규제 및 촉진 등을 고려하여 이루어져야 한다.[23]

- 언어: 레이블의 크기, 색상 및 디자인 등은 표준화될 수 있지만, 여기에 기록하여야 하는 언어는 현지국의 상황에 따라 기업이 선택할 수 있다. 레이블에 사용할 수 있는 언어는 단일어(예를 들면, 영어로 표기된 Coca-Cola 레이블), 현지어(현지국 정부의 규제, 촉진 차별화 등의 이유로 인하여 현지어로 표기) 및 다국어(하나의 레이블에 여러 가지 언어로 표기함) 등이다.
- 정부의 규제: 현지국 정부는 원산지 표시, 중량, 내용물, 첨가물, 부작용, 사용언어, 에너지 효율, 제조업자 및 유통기한 등에 대한 표기를 요구할 수 있다. 레이블에 표기할 내용을 현지국 정부가 규제하는 경우, 그 국가가 요구하는 대로 표기해야만 불이익이 발생하지 않는다.
- 촉진: 레이블은 현지국 고객에게 제품정보를 전달하고, 시각적 관심을 유도하는 중요한 수단이 될 수 있기 때문에, 글로벌기업은 현지국에서의 촉진효과를 고려하여 레이블을 만들어야 한다.

23 Terpstra, V./Sarathy, R.(1994), p. 286 이하.

8.5 글로벌 제품보증과 제품판매 후 서비스

8.5.1 글로벌 제품보증

글로벌 제품보증(global product warranty)은 글로벌 소비자들이 구매한 제품의 품질, 성능 및 기능 등과 같은 제품속성에 심각한 문제가 발생할 경우, 기업이 이에 대하여 책임지는 것을 말한다. 즉, 구매자가 제품을 사용하는 도중에 기업이 문서로 약속한 보증조건을 충족시키지 못하는 문제점 또는 하자를 발견한다면, 구매자는 환불 또는 교환을 받을 수 있다.[24] 글로벌 제품보증을 통하여 글로벌기업은 다음과 같은 목적을 달성할 수 있다.

- 글로벌시장에서의 시장점유율 증대
- 좋은 브랜드 이미지의 구축
- 제품보증조건의 충족을 위한 효율적 품질관리시스템의 구축

일반적으로 글로벌 제품보증은 다음과 같은 형태로 이루어진다.

- 지역 또는 국가별 제품보증의 표준화
- 지역 또는 국가별 제품보증의 차별화
- 본사와 자회사의 제품보증의 표준화
- 본사와 자회사의 제품보증의 차별화

8.5.2 글로벌 제품판매 후 서비스

글로벌 제품판매 후 서비스(global after-sales service)는 글로벌 시장에서 판매된 제품에 대하여 제조업체가 무상 또는 유상으로 수리나 점검 등을 해주는 것을 의미한다. 만일 어떤 국가의 소비자가 구매한 제품에 대한 제품판매 후 서비스가 제대로 이루어지지 않는다면, 그 제품에 대한 재구매가 지속될 수 없을 것이다. 글로벌기업의 관점에서 볼 때, 제품판매 후 서비스를 하

---

24 최석신 외 역, Keegan, W. J./Green, M. C. 저(2011), p. 408.

기 위해서는 서비스 조직의 구축과 관련된 막대한 자금이 요구될 수 있기 때문에 서비스 조직의 운영여부는 매우 중요한 의사결정에 속한다. 또한 소비자의 관점에서 볼 때, 제품판매 후 서비스의 제공여부는 구매한 제품의 사용기간과 소비자의 만족도에 큰 영향을 미칠 수 있다.

EPRG 모델[25]의 관점에서 볼 때, 글로벌기업은 제품판매 후 서비스를 위하여 다음과 같은 형태의 서비스 조직을 구축할 수 있다.

- 본사 중심적인 서비스 조직
- 현지자회사 중심적인 서비스 조직
- 지역본부 중심적인 서비스 조직
- 글로벌 중심적인 서비스 조직

또한 글로벌기업은 효율적인 서비스 조직의 운영을 위하여 다음과 같은 방법으로 서비스 인력을 배치시킬 수 있다. 이러한 서비스 인력의 배치는 글로벌기업의 규모, 제품특성, 현지국의 상황 등에 따라 달라질 수 있다.

- 본사 서비스 인력을 통한 전 세계 서비스 조직 운영
- 본사 서비스 인력을 현지국에 파견하여 현지국 서비스 조직 운영
- 본사 서비스 인력이 현지국 서비스 인력을 교육시킨 후 배치
- 현지국 인력을 채용하여 현지국 서비스 조직 운영
- 지역본부 차원에서의 서비스 인력 교육 후 지역 또는 현지국 배치

News Case 8.4 홍콩의 "유아식품 영양표기" 규정

홍콩이 독자적인 유아식품 영양표기 규정을 올해 완성할 예정이어서 관련 제품을 수출하는 국내 기업들의 신속한 대응이 요구된다. 코트라(대한무역투자진흥공사) 홍콩무역관은 지난달 30일 발표한 '해외무역통상정책' 정보에서, 홍콩 정부가 세계보건기구(WHO) 기준을 현지화한 '홍콩 모유 대체식품 판매 규약(Hong Kong Code of Marketing of Breastmilk Substitutes)'을 올해 발효할 것으로 내다봤다. 지난 2010년 6월부터 홍콩의

25 *펄뮤터(Perlmutter)*가 제시한 EPRG는 Ethnocentric(본사 중심적), Polycentric(현지 중심적), Regiocentric(지역 중심적) 및 Geocentric(글로벌 중심적)의 영문 앞 글자를 따서 만든 용어이다.

실정에 맞는 유아용 식품표기 관련 규정을 만들어 온 홍콩 정부가 올해 안에 이를 완성하고 적용할 예정이란 전망이다.

홍콩 정부가 올해부터 적용할 것으로 홍콩무역관이 내다본 독자적 유아식품 영양표기법은 유아식품의 거짓 영양표시 단속을 강화하기 위해 제정됐다. 홍콩무역관 보고를 보면, 그동안 홍콩에선 유아식품의 부적절한 표기 사례가 적지 않았다. 실제로 최근 홍콩 소비자위원회와 식품안전국이 시중에서 판매되는 117개 유아용(0~3세) 식품에 대한 레이블링 표시 검사한 결과, 과학적으로 입증되지 않은 효능을 표기한 사례들이 적발됐다. 레이블링 표시 검사 대상 유아식품은 씨리얼, 치아용 발달 과자, 쌀과자, 비스킷 등 건조 곡물원료 46개와 과일 · 야채죽, 과일 · 야채 주스, 닭 · 소고기 육수, 푸딩, 리조또, 파스타 등 통조림 71개였다.

검사 결과 국제적으로 인증받지 못한 영양성분 효과를 표기하거나 소비자를 혼동시키는 표기 등이 적발돼, 홍콩 소비자와 제조업체들의 관심을 끌었다. 먼저 국제 기준으로 검증되지 않은 효능 표기와 관련해 일부 과자의 경우 '비타민E로 면역력 증가'로 표기돼 있었다. 그러나 비타민E가 면역력을 높인다는 과학적 증거는 없다. 비타민B 복합체인 '콜린'이 시력을 좋게 한다거나 '프로바이오틱스(활생균)'가 면역력을 높이고 알레르기 개선에 효과가 있다는 등 국제적으로 검증되지 않은 효능을 표기한 제품이 적발됐다.

소비자들이 오해할 소지가 높은 표기 사례도 있었다. 예컨대 "직접적 인과관계 기술은 없으나 같은 공간 위에 성분과 효능을 동시에 기재해 상호 연관성이 있는 듯 오해의 소지가 있는 표기 역시 부적절한" 표기 사례였다. 특히 일부 제품은 'DHA 함유'와 '아기 면역력 증강'을 같은 레이블의 같은 박스 안에 표기해서 DHA가 마치 아기의 면역력을 높이는 것처럼 오해할 수 있다는 지적이 나왔다.

이처럼 검증되지 않은 효능을 내세우거나 소비자들의 오해를 부를 가능성 높은 표기 사례가 검사 대상 117개 유아식품 가운데 38개(32%)에 달했다. 79개(68%)만 국제식품규격위원회(Codex) 기준에 맞는 '1+3 영양표기'를 한 것으로 확인됐다. 이에 홍콩 소비자위원회는 유아식품업체들에게 코덱스의 1+3 기준을 참고해 정확하게 표기할 것을 권장했다. '1+3 기준'은 열량(1)과 단백질, 지방, 탄수화물(3) 함유량을 표기하는 것이다. 건조 곡물의 경우는 단백질, 지방, 탄수화물 외에 나트륨과 비타민B를 추가 표기해야 한다.

홍콩 건강국은 모유대체 식품과 관련 제품의 허위 광고 및 마케팅 단속을 위해 1981년 WHO의 '모유 대체식품 판매 규약'을 도입했다. 하지만 WHO 규약이 현재 홍콩 실정에 맞지 않을 뿐 아니라 다른 나라들에 견줘 규정이 매우 허술하다는 평가를 언론으로부터 받았다. 이 때문에 홍콩 정부는 2010년 6월부터 홍콩의 실정에 맞는 유아용 식품표기 규정을 제정해 왔다. 그 결과 현재 홍콩 실정을 반영한 '홍콩 모유 대체식품 판매 규약'이 올해 안에 완성돼 적용될 것으로 보인다.

코트라 홍콩무역관은 '홍콩 전용 유아식품 표기 규정'이 발효되면, 기본적으로 Codex의 '1+3 영양표시'가 필수화되고 기타 표기규정이 추가될 전망이라며, 홍콩에 유아식품을 수출하는 "제조업체와 유통업체들은 향후 레이블링 규정 변화에 주목할 필요가 있다"고 당부했다.

자료원: 푸드투데이, 2012년 5월 4일.

CHAPTER 09

글로벌 가격전략

9.1 글로벌 가격결정의 의의와 영향요인

9.2 수출가격의 결정

9.3 글로벌 이전가격의 결정

9.4 글로벌 라이선싱에 따른 로열티의 결정

9.1 글로벌 가격결정의 의의와 영향요인

9.1.1 글로벌 가격결정의 의의

가격(price)은 제품 또는 서비스가 지니고 있는 가치를 화폐로 표시한 수치를 의미한다. 기업의 관점에서 볼 때 가격은 기업이 제품 또는 서비스를 생산 또는 창출하기 위하여 투입한 모든 비용(예를 들면, 인건비, 연구개발비, 생산비, 마케팅 비용 등)을 회수하고, 기업의 성장에 필요한 이익을 확보하기 위한 마케팅수단이다. 반면에, 소비자의 관점에서 볼 때 가격은 소비자가 욕구충족을 위하여 제품 또는 서비스를 구매하고 이에 대한 대가를 기업에게 지불한 금액을 말한다.

글로벌 가격결정(global pricing)은 글로벌기업이 판매하려는 제품 또는 서비스의 가치를 현지국 또는 특정국의 통화로 표시하는 의사결정을 말한다. 이러한 의사결정은 서로 다른 해외시장을 대상으로 이루어지기 때문에 다양한 환경적 요인들이 검토되어야 한다. 일반적으로 글로벌 가격결정은 다음과 같은 세 가지의 관점에서 이루어진다.[1]

- 최초 가격책정: 이것은 특정 제품을 해외시장에서 판매할 때 최초가격을 결정하는 것을 말한다. 특히, 수출가격, 해외자회사에서 생산된 제품의 가격책정, 본사와 자회사 간의 이전가격의 결정 및 라이선싱 가격(예를 들면, 로열티의 결정) 등은 최초 가격책정에 해당된다.
- 가격조정: 이것은 제품의 판매시점, 주문량, 고객, 국가 또는 지역 등에 따라 가격을 차별화하는 것을 의미한다. 즉, 가격조정은 국가 또는 지역별 가격차별화뿐만 아니라 할인(수량할인, 계절할인, 현금할인 등) 및 공제(소비자 대상의 보상판매, 유통 중간상 대상의 촉진공제 등) 등도 포함하고 있다.
- 가격변경: 이것은 환율변동과 인플레이션, 원가변동, 경쟁자의 가격변

1 반병길/이인세(2008), p. 246 이하; 이장로(2003), p. 296 이하; Czinkota, M. R./Ronkainen, I. A.(1995), p. 290 이하.

경 및 수요의 변화 등의 사유로 인하여 기존의 가격을 다르게 책정하는 것을 말한다.

News Case 9.1 환율하락과 수출가격 경쟁력

원 · 달러 환율이 연중 최저치를 연이어 경신해 환율이 어디까지 내려갈지에 관심이 모아지고 있다. 환율이 하락하는 것은 글로벌 유동성 공급이 늘었기 때문이다. 그동안 원화가 다른 통화에 비해 상대적으로 저평가되 있었다는 분석도 있다. 경기 침체가 심각한 상황에서 환율하락으로 수출 대기업의 가격 경쟁력이 떨어질 것이라는 걱정이 크다. 원화 강세로 물가가 안정되고 내수 업종의 이익이 개선될 것이라는 의견도 있다.

글로벌 유동성 공급에 환율 연일 하락

원 · 달러 환율이 떨어지는 가장 큰 이유로 글로벌 유동성 공급과 세계 경제위기 해결에 대한 기대감을 꼽을 수 있다. 미국 연방준비제도는 경기 부양을 위해 지난달 3차 양적완화를 단행했으며 유럽중앙은행도 파산 위기에 처한 스페인의 국채를 사들이겠다는 의지를 적극적으로 드러내면서 유로존 재정위기가 진정됐다. 이에 따라 국제 시장에서 위험자산 선호도가 높아졌고 한국에도 외국인 자금이 몰리게 됐다.

여기에 더해 저평가됐던 원화가 한국 경제 체력을 반영해 제자리를 찾아가고 있기 때문에 추가 환율하락도 가능하다는 분석이 나온다. 이 때문에 연내 원 · 달러 환율이 달러당 1,100원대 밑으로 떨어지고 내년에는 1,050원까지도 내려갈 수 있다는 분석이 나오고 있다. 현대경제연구원 L팀장은 "원화가 다른 통화에 비해 저평가돼 있어 큰 방향에서는 앞으로도 원화 절상이 진행될 것"이라고 설명했다. LG경제연구원도 원 · 달러 환율이 1,100원 밑으로 내려가더라도 한국 경제의 대내외 균형을 고려한 적정수준에 비해서는 여전히 저평가 상태에 머무는 것으로 판단했다.

외국계 투자은행들은 내년 환율이 달러당 1,077원까지 떨어질 것으로 보고 있다. 외국계 주요 투자은행 12곳이 최근 발표한 4분기 환율 전망치 평균은 1,115.75원이었다. 내년 1분기 1,102.09원을 거쳐 2분기에는 1,088.20원으로 떨어지고 3분기에는 1,076.90원까지 내려갈 것으로 예상했다. BNP파리바와 뱅크오브아메리카(BoA)메릴린치가 내년 환율을 1,000원으로 가장 낮게 전망했고 스탠다드차타드는 1,040원으로 예상했다. 그러나 노무라(1,100원), 씨티그룹(1,109원) 등은 내년에도 환율이 1,100원을 넘을 것으로 봤다. 환율하락이 일시적인 현상에 그칠 수 있다는 주장도 적지 않다. 삼성증권 K연구원은 "세계 경기둔화와 유럽발 금융시장 불안을 생각해 보면 원화가 1,000원대까지 추세적 강세를 유지할 것이라고 보기는 어렵다"고 분석했다.

환율하락에 수출 · 내수 기업 희비 엇갈려

환율하락으로 수출 기업이 타격을 입겠지만 충분히 견딜 수 있다는 분석이 지배적이다. 수출 중심의 대기업들은 이미 현지 생산 비중이 높고 부품을 대부분 해외에서 조달하기 때문에 원화 강세에 따른 피해를 줄일 수 있기 때문이다. 현대차의 56%, 기아차의 40%는 외국에서 생산돼 바로 판매되는 것으로 알려졌다. 지식경제부가 7월 발표한 자료에 따르면 한국 대표 수출 품목인 스마트폰도 현지화율이 높아 외국생산 비중이 작년 56.8%에서 올해 1분기 79.9%로 증가했을 정도다. 유진투자증권 K연구원은 "삼성전자와 현대차는 현지화 비중이 높아 환율 타격이 크지 않다"며 "환율로 수익성이 악화하는 기업은 대부분 비상장 중소기업"이라고 말했다.

그러나 환율의 심리적 지지선인 1,050원이 무너지면 대기업도 버티기 어렵다는 지적도 있다. 가격 경쟁력이 저하돼 채산성이 나빠지기 때문이다. 수출 비중이 75~80%를 차지하는 현대 · 기아차는 환율이 10원 하락하면 매출이 약 2천억 원(현대차 1천 200억 원, 기아차 800억 원) 줄어든다는 분석도 있다. 우리투자증권은 삼성전자가 환율이 1,150원에서 1,070원으로 80원 떨어지면 연간 영업이익이 2조 원 가량 줄어들 것으로 추정한 바 있다.

키움증권 K연구원은 "환율이 1,050원 수준까지 떨어지면 수출기업의 타격이 클 것"이라며 "환율이 100원 하락하면 IT 업종의 영업이익은 20~30% 정도 떨어진다"고 설명했다. 그러나 원화 강세가 이어지면 원자재 수입이나 내수 관련 산업은 수입가 하락으로 혜택을 받게 된다. 항공유 구입비용이 지출에서 큰 비중을 차지하는 항공업과 원자재 수입업종은 원화 강세가 호재로 작용하고 있다. 대한항공은 환율이 10원 떨어지면 735억 원의 평가이익이 생기고 아시아나항공도 약 87억 원의 효과를 본다는 업계 분석이 있다. 곡물 원재료를 대량 수입하는 CJ제일제당은 환율이 10원 내릴 때 연간 30억 원 가량의 이익이 발생하는 것으로 알려졌다.

우리투자증권 K투자전략팀장은 "환율이 내려가면 수출 기업 이익이 내수 업종으로 돌아오게 된다"면서 "경제 전체로 봐서는 잃는 것보다는 얻는 것이 많을 것"이라고 분석했다. 한국개발연구원(KDI) L연구위원도 "소비자 입장에서 봐도 수입 물가가 내려가면서 소득이 올라가는 효과가 있으며 절상 속도가 빠르지만 않다면 기업 전체로 봐서도 나쁘지 않다"고 평가했다.

자료원: 한국일보, 2012년 10월 21일.

9.1.2 글로벌 가격결정의 영향요인

글로벌 가격결정은 기업내부요인, 시장요인 및 환경요인 등에 의해 영향을 받는다. 이러한 영향요인들은 가격을 결정할 때 구체적으로 분석되고 검토되어야 하는 대상이다.[2] 〈표 9-1〉은 글로벌 가격결정의 영향요인을 제시한다.

표 9-1 | 글로벌 가격결정의 영향요인

영향요인	주요 변수
기업내부요인	기업의 목표 및 가격전략, 원가, 추가적 비용(유통비용, 운송비, 관세, 세금 등)
시장요인	수요(소득수준, 구매력 등), 경쟁, 회색시장
환경요인	환율 및 인플레이션율, 정부의 규제(가격통제, 덤핑규제 등)

자료원: Gillespie, K./Jeannet, Jeannet, J.-P./Hennessey, H. D.(2004), p. 320 이하; 저자에 의해 일부 수정됨.

기업내부요인

기업내부요인(company internal factors)은 글로벌 가격결정에 있어서 기업이 통제 또는 예측할 수 있는 변수로 구성되어 있다. 이것은 다음과 같은 세 가지로 구분될 수 있다.

- 기업의 목표 및 가격전략: 기업의 목표는 모든 부문(기능영역)에 있어서 가치창출활동의 방향을 제시하는 기준이 된다. 특히, 글로벌 가격결정은 기업의 목표 중에서도 글로벌마케팅 목표의 달성과 밀접하게 관련되어 있다. 글로벌시장에서 판매되는 제품의 가격에 따라 기업의 수익성, 시장점유율, 성장률 등이 영향을 받게 된다. 그리고 기업이 목표를 달성하기 위하여 글로벌기업은 기업의 내부적 및 외부적 환경을 고려하여 가격전략을 수립한다. 즉, 침투가격전략(저가전략) 및 초기고가전략 등과 같은 전략적 선택을 통하여 글로벌기업은 환경상황에 적합한 가격을 책정하게 된다.
- 원가: 원가는 특정 제품의 생산을 위해 소요되는 여러 가지 비용을 일정한 기준에 의해 합한 금액을 말하며, 가격의 하한선을 결정하는 근거

2 Gillespie, K./Jeannet, J.-P./Hennessey, H. D.(2004), p. 320 이하.

가 된다. 이것은 고정비(fixed cost)와 변동비(variable cost)로 구성되어 있다. 고정비와 변동비를 모두 합한 총비용(total cost)을 기준으로 가격이 결정될 수도 있고, 고정비와 변동비를 분리한 후 변동비의 폭을 조정하여 가격이 결정될 수도 있다. 원가는 가격결정뿐만 아니라 손익분기점 분석을 위한 기초적인 자료로도 활용되기 때문에 정확하게 측정할 필요가 있다.

- 추가적 비용: 이것은 유통비용, 운송비, 관세 및 세금 등으로 구성되어 있으며, 가격결정에 직접적으로 영향을 미친다. 유통비용과 운송비는 글로벌기업의 수출활동을 위해 소요되는 비용으로써 기업의 노력 여하에 따라 절감될 수 있지만, 관세 및 세금은 현지국의 법적인 규정에 의해 금액이 정해져 부과되기 때문에 절감할 수 없는 비용이다.

시장요인

시장요인(market factors)은 글로벌기업이 활동하고 있는 다수의 현지국 시장에서 나타나는 수요 및 경쟁 등과 같은 통제불가능한 변수들을 포함한다. 시장요인을 확인하고 평가하기 위해서 글로벌 마케팅조사가 수행되어야 한다.

- 수요: 글로벌 가격결정은 현지국 소비자의 소득수준과 구매력을 고려하여 이루어져야 한다. 현지국의 경제발전수준, GNP, 1인당 국민소득 및 가처분소득 등은 현지국 시장의 수요예측을 위한 중요한 자료이다.
- 경쟁: 글로벌기업이 활동하고 있는 지역 또는 국가에서의 경쟁상황은 제품에 대한 가격결정에 영향을 미친다. 경쟁상황이 독점 또는 과점, 그리고 완전경쟁인가에 따라 책정되는 가격수준이 달라질 가능성이 높다. 현지국 시장에서 독점 또는 과점이 나타날 경우에는 비교적 높은 가격이 책정될 수 있으며, 반면에 완전경쟁이 이루어지고 있다면 비교적 낮은 가격이 책정될 수 있다. 또한 경쟁기업이 판매하고 있는 특정 제품의 가격은 가격결정에 있어서 중요한 기준이 될 수 있다.
- 회색시장: 회색시장(gray market)은 비공식적인 유통을 통해 정식 제품이 국경을 초월하여 거래되는 시장을 의미한다.[3] 일반적으로 회색시장

3 최석신 외 역, Keegan, W. J./Green, M. C. 저(2011), p. 455 이하.

은 병행수입(parallel import)에 의해 형성되며 특정국 시장에서의 가격 왜곡을 심화시키는 경향이 있다. 글로벌마케팅 관점에서 볼 때, 이러한 회색시장은 글로벌기업의 가격전략의 실행에 혼란을 가중시킬 수 있을 뿐만 아니라, 공식적인 유통경로의 신뢰성을 떨어뜨릴 수도 있다.

환경요인

환경요인(environmental factors)은 시장요인과 마찬가지로 글로벌기업이 통제할 수 없는 환율 및 인플레이션율, 그리고 정부의 규제 등과 같은 변수들로 구성되어 있다.

- 환율 및 인플레이션율: 환율 및 인플레이션율은 글로벌 가격결정에 직접적으로 영향을 미치는 변수이다. 환율의 상승 및 하락 여부, 그리고 인플레이션율에 따라 현지국에서 판매되는 제품의 가격이 주기적으로 변경되어야만 경제적 손실이 방지될 수 있다.
- 정부의 규제: 가격통제 및 덤핑규제 등과 같은 정부의 규제는 글로벌 가격결정에 직접적으로 영향을 미치기 때문에 글로벌기업이 불이익을 당하지 않기 위해서는 이러한 규제를 반드시 준수하여야 한다. 가격통제(price control)는 정부에 의한 최저가격과 최고가격의 설정을 통하여 이루어진다. 덤핑(dumping)은 정상가치(normal value)보다 낮은 가격으로 제품을 수출하는 것을 말한다. 일반적으로 이것은 국내가격, 제 3 국 가격 또는 생산원가보다 낮은 가격으로 수출을 하는 것을 의미한다.[4] 덤핑에 의해 왜곡된 가격책정으로 인하여 자국의 산업 또는 기업이 받게 되는 손실을 방지하기 위하여 대부분의 국가는 덤핑을 규제의 대상으로 보고 있다. 이러한 규제를 반덤핑규제(anti-dumping regulations)라고 하며, 수입국의 정부는 덤핑업체 또는 덤핑국가의 수출제품에 대하여 고율의 관세를 부과함으로써 해당 제품의 수입을 규제하게 된다. 그리고 덤핑을 방지하기 위하여 덤핑상품에 부과하는 징벌적인 고율의 관세를 반덤핑관세(anti-dumping duty)라고 한다.[5]

---

4 Cavusgil, S. T. et al.(2008), p. 195; Ball, D. A. et al.(2004), p. 119.

5 박주홍(2009), p. 245.

News Case 9.2 글로벌 상품시장에서의 원자재 가격 급등

글로벌 상품시장이 출렁이고 있다. 천연고무 가격이 58년 만에 최고치를 경신한 가운데 철광석 가격도 급등할 것으로 예상된다. 이에 따라 금융위기 이후 회복 국면에 진입할 것으로 기대되고 있는 실물경제에도 상당한 부담이 될 수밖에 없을 전망이다.

천연고무 3.5달러 돌파, 58년래 최고

태국 러버리서치에 따르면 지난달 31일 천연고무 가격은 kg당 3.52달러를 기록하면서 60년 만에 처음으로 3.50달러를 돌파하였다. 국제 천연고무 가격이 급등한 것은 주 생산지인 태국에 몰아친 가뭄 때문으로 지난 1년간 상승폭만 75%에 달한다. 타이어 등 고무를 원료로 사용하는 제품의 가격 역시 상승 가능성이 높아졌다.

천연고무생산국협회(ANRPC) J수석 이코노미스트는 "현재 시장은 원자재 구매관리자들에게 어려운 상황"이라고 말했다. 다른 상품과 달리 천연고무 거래는 파생상품시장보다 현물시장이 더욱 중요하게 여겨진다. 도쿄상품거래소(TCE)에서 거래되는 9월물 천연고무 가격은 kg당 311.3엔을 기록하였다. 이는 18개월래 최고치이지만 현물가격의 상승을 반영하지는 못하고 있다는 평가이다. 미국 달러와 일본 엔화의 환율차이 역시 파생상품시장의 가격 신뢰성을 낮추고 있다는 지적이다.

전문가들은 태국이 10년래 최악의 가뭄에 시달리고 있는데다 '원자재 블랙홀' 중국의 수요 급증으로 천연고무 가격의 상승세가 이어질 가능성에 주목하고 있다. 중국은 세계 최대 천연고무 수입국으로 올해 들어 2월까지 수입물량은 전년 동기에 비해 80%나 늘었다.

철광석 가격 100% 상승 불가피

철강 가격 역시 급등할 것이 확실시되고 있다. 철광석 가격 시스템 변경으로 글로벌 산업계에 긴장감이 확산되고 있다. 철강과 자동차산업을 중심으로 가격 시스템이 불합리하게 변경되었다며 이에 따른 원자재 가격 급등을 우려하는 목소리가 커지고 있다. 파이낸셜타임스(FT)에 따르면 유럽 철강산업기구인 유로퍼(Eurofer)는 유럽집행위원회(EC)에 전달한 공식입장을 통해 철강가격이 불공정한 방식으로 형성될 수 있다고 우려를 표시하였다. 유로퍼는 개별 철강업체들이 철광석 거래와 관련 변화를 받아들일 수밖에 없는 상황에서 시장에 악영향을 미칠 것이라고 내다봤다.

산업계의 이와 같은 움직임에 관계당국 역시 민감한 반응을 보이고 있다. 현재 일본과 중국 철강업체들이 가격 시스템 변경에 합의한 이후 철광석 가격 급등 불안감이 확산되고 있다. 철강업계는 이번 가격 시스템 변경으로 자동차는 물론 건설업계 등의 가격 부담이 커질 것을 우려하고 있다. 유로퍼 M이사는 "철광석 가격의 100% 상승이 불가피할 것"이라고 밝혔다.

거대 광산업체인 발레와 BHP빌리튼은 지난 40년 동안 지속했던 연간 철광석 계약 시스템을 현물 가격과 연동해 분기별로 단축하는 방안을 도입한다고 밝힌 바 있다. 특히 EC와 독일연방 카르텔감독청은 현재 리오틴토와 BHP빌리튼의 오스트레일리아 서부 철광석지대를 통합하는 안에 대한 담합 여부를 조사하고 있는 가운데 가격 시스템 변경 사태까지 겹친 상황이 되었다. 유럽자동차협회인 에이시아(Acea) 역시 철광석업체가 독점적인 지위를 행사하고 있다며 강하게 반발하고 있다.

건설업계는 이번 사태로 업체들의 부담이 커지면서 건설산업 전체가 심각한 타격을 입을 것으로 보고 있다. 노블 프랜시스 건설협회 경제부장은 "가격 시스템 변경안이 통과된다면 회복 국면에 접어든 건설업계가 타격을 입을 것"이라고 강조하였다.

유가 17개월래 최고치

유가 또한 17개월 최고치로 올랐다. 지난달 31일 뉴욕상업거래소(NYMEX)에서 거래된 6월 인도분 서부텍사스산 원유(WTI) 선물은 배럴당 1.7% 상승한 83.76달러를 기록하였다. 이는 17개월래 최고치로 유가는 5개 분기 연속 상승세를 지속한 셈이 되었다. 유가는 3월에만 5.1% 올랐고, 지난 1분기에는 5.5% 상승하였다. 전문가들은 국제유가의 상승 모멘텀이 한동안 이어질 것으로 내다보고 있다. 그 이유는 경기회복 기대감에다 약달러 기조가 지속되고 있기 때문이다. 리터버치앤어소시에이츠의 L대표는 "지금은 유가의 강한 상승 환경"이라면서 "투자자들은 유가의 조정시 매수 전략을 유지해야 할 것"이라고 말했다.

커피 선물 1,300달러 후반, 3개월 최고

세계 최대 로부스타 커피 생산국인 베트남의 생산이 줄면서 커피 가격의 상승세도 이어질 전망이다. 2010~2011년도 커피 생산량이 가뭄으로 인해 줄어들 전망이라고 현지 일간지 탄니엔이 29일(현지시간) 보도했다. 베트남 농업부 T곡물재배부장은 "올해 가뭄의 징후가 뚜렷하다"며 "건조한 기후가 지속되면 커피 생산량이 급격히 감소할 것"이라고 말했다. 그는 정확한 감소 전망치는 밝히지 않았다.

베트남의 커피 수확량이 감소하면서 현재 3개월래 최고 수준을 기록 중인 커피 가격의 고공행진은 당분간 지속될 것으로 보인다. 런던에서 거래되는 5월 인도분 커피 선물 가격은 1,300달러 후반까지 오르면서 지난 12월 이후 최고치를 기록하고 있다. 커피 가격은 이번 달 들어서만 7% 오른 상태이다.

베트남통계청(GSO)에 따르면 베트남은 올해 1분기 33만t의 커피를 수출하였다. 이는 전년 동기 대비 23% 감소한 수치이다. 또한 지난 1월 베트남커피 · 코코아협회(VICOFA)는 2009~2010년도 커피 생산량이 전년의 116만t에서 30% 줄어들 수도 있다고 경고한 바 있다.

베트남의 양대 커피 생산지 중 하나인 닥락 부온 마 투옷에서는 이달 첫 20일 간의 강수량이 지난해의 절반에도 못 미치는 0.4mm로 집계되었다. T부장은 "지난 몇 주간 비가 거의 내리지 않았다"며 "커피열매가 맺히는 시기가 왔지만 나무는 물 부족에 시달리고 있다"며 우려를 표했다. 이에 지역 당국은 커피 재배업자에게 비료와 물 공급에 드는 비용을 지원해 줄 것을 중앙 정부에 요청한 상태이다.

자료원: 이투데이, 2010년 4월 1일.

9.2 수출가격의 결정

9.2.1 수출가격의 의의와 가격누증

수출가격(export price)은 본사에서 만든 제품을 해외시장에 수출할 때, 그리고 현지자회사가 생산한 제품을 본국 또는 제 3 국으로 수출할 때 책정하는 가격을 의미한다. 수출가격은 국내 판매가격에 비하여 더 높게 책정되는데, 그 이유는 국내 생산원가에 유통비용, 운송비, 보험료, 관세 및 중간상 수수료 등이 추가적으로 포함되기 때문이다. 이러한 현상을 가리켜 가격누증(price escalation)이라고 한다.

〈표 9-2〉는 수출에 있어서의 가격누증 사례를 보여준다. 이 표에 제시되어 있는 바와 같이 국내 유통경로 대비 최종 소비자가격의 상승률은 수출마케팅 경로 및 비용조건에 따라 각각 70%(현지도매업자에게 수출), 112.5%(외국수입업자에게 수출), 170.17%(부가가치세 추가), 274.5%(현지수입중간상 추가) 등으로 나타났다.

가격누증에 대하여 제품 수출업체는 다음과 같은 두 가지 문제점에 직면하게 된다.

- 해외고객이 상승된 가격을 지불하려고 하는가?
- 이 가격이 제품경쟁력을 약화시키는가?

표 9-2 수출에 있어서의 가격누증 사례 (단위: 미국 달러)

수출마케팅 경로 및 비용조건	국내 도매 및 소매가격	현지 도매 업자에게 수출	외국 수입 업자에게 수출	부가가치세 추가	현지 수입 중간상 추가
제조업자의 판매원가	6.00	6.00	6.00	6.00	6.00
+ 운송비, 보험료	-	2.50	2.50	2.50	2.50
= 수입항 도착가격(CIF 가격)	-	8.50	8.50	8.50	8.50
+ 관세(CIF 가격의 20%)	-	1.70	1.70	1.70	1.70
= 수입업자의 원가(CIF 가격+관세)	-	10.20	10.20	10.20	10.20
+ 수입업자의 마진(원가의 25%)	-	-	2.55	2.55	2.55
+ 부가가치세(총원가 및 마진의 16%)	-	-	-	2.04	2.04
= 도매원가(수입업자의 판매가격)	6.00	10.20	12.75	14.79	14.79
+ 도매마진(원가의 33.3%)	2.00	3.40	4.25	4.93	4.93
+ 부가가치세(마진의 16%)	-	-	-	0.79	0.79
= 현지중간상의 원가	-	-	-	-	20.51
+ 현지중간상의 마진(원가의 33.3%)	-	-	-	-	6.84
+ 부가가치세(마진의 16%)	-	-	-	-	1.09
= 소매원가(도매 또는 중간상의 판매가격)	8.00	13.60	17.00	20.51	28.44
+ 소매마진(원가의 50%)	4.00	6.80	8.50	10.26	14.22
+ 부가가치세(마진의 16%)	-	-	-	1.64	2.28
= 소매가격(최종 소비자가격)	12.00	20.40	25.50	32.42	44.94
국내 유통경로 대비 가격 상승률(%)	-	70.00	112.50	170.17	274.50

자료원: Johanson, J. K.(2003), p. 156; 저자에 의해 일부 수정됨.

만일 해외고객이 상승된 가격을 지불하려는 의향이 없거나 제품경쟁력이 떨어질 것으로 예상된다면, 글로벌기업은 이 문제에 대한 해결방안을 찾아야 한다. 수출가격을 낮추는 것과 제품을 프리미엄 브랜드로 포지셔닝하는 것은 구체적인 해결방안이 될 수 있다. 수출가격을 낮추기 위해서는 다음과 같은 대안들이 제시될 수 있다.[6]

- 유통경로의 재조정: 유통경로의 단축과 유통마진의 절감을 위한 유통경로의 재조정(예를 들면, 카탈로그 판매, 텔레마케팅, 인터넷 판매 등)
- 값비싼 제품속성의 제거(옵션으로 제시): 기본 모델과 옵션으로 분리한 제품의 개발 및 판매

6 Cavusgil, S. T.(1988), p. 56; Kotabe, M./Helsen, K.(2011), p. 404 재인용.

- 제품규격의 축소: 제품의 규격과 수량을 줄여 가격상승에 대응
- 현지국에서의 조립 또는 생산: 운송비, 보험료 및 관세 등이 절감될 수 있는 현지생산의 채택
- 관세 및 세금부과를 회피하기 위한 제품적응: 제품별로 부과되는 세금의 종류와 비율을 분석하여 제품적응적인 회피수단을 강구(예를 들면, 제품가격의 인하를 통한 고율의 관세 또는 세금 회피)

9.2.2 수출가격의 결정방법

원가가산법

원가가산법(cost-plus pricing)은 제조원가에 마케팅 비용, 연구개발비용, 운송비, 보험료, 관세 및 세금 등을 모두 합산한 후 일정비율의 이윤을 더해 가격을 책정하는 방법이다. 이 방법의 장점과 단점을 살펴보면 다음과 같다.

- 장 점:
  - 가격책정이 쉽다.
  - 일정비율의 이윤이 보장된다.
- 단 점:
  - 수요와 경쟁을 고려하지 않았기 때문에 이윤극대화에 모순이 나타날 수 있다.
  - 총원가에서 고정비와 변동비를 분리하지 않았기 때문에 탄력적인 가격책정이 어렵다.

이윤공헌 가격결정법

이윤공헌 가격결정법(profit contribution pricing)은 수요함수를 고려하여 가격을 책정하는 방법이다. 여기에서 이윤공헌은 순수익(net profit)으로 볼 수 있다. 이 방법에서는 서로 다른 가격에 있어서 특정 제품에 대한 수요가 얼마나 높은가를 확인한 후 이윤이 극대화되는 가격을 찾는다.[7] 〈표 9-3〉은 이윤

7 Perlitz, M.(2004), p. 282.

| 표 9-3 | 이윤공헌 가격결정법의 사례

가격(A)	판매량(B)	총수익(C = A x B)	판매비용(D)	순수익(C-D)
$6	0개	$0	$0	$0
$5	2개	$10	$2	$8
$4	5개	$20	$5	$15
$3	7개	$21	$7	$14
$2	9개	$18	$9	$9
$1	10개	$10	$10	$0

자료원: Perlitz, M.(2004), p. 282.

공헌 가격결정법의 사례를 제시한다. 이 표에 의하면 특정 제품의 가격이 4달러일 때 순수익이 15달러로 가장 높기 때문에 이 가격이 책정된다.

이 방법의 장점과 단점은 다음과 같이 제시될 수 있다.

- 장　　점:
  - ▸ 수요함수가 고려된다.
  - ▸ 순수익 극대화가 되는 가격책정이 가능하다.
- 단　　점:
  - ▸ 해외수출의 경험이 부족한 경우 수요함수의 파악이 어렵다.
  - ▸ 경쟁기업의 가격이 고려될 수 없다.

경험곡선 가격결정법

경험곡선 가격결정법(experience curve pricing)은 특정 제품에 대한 경험곡선을 바탕으로 가격을 책정하는 것을 말한다. 경험곡선효과는 누적적 생산량이 많을수록 특정 제품의 단위당 원가가 감소하는 것을 의미하며, 이러한 효과는 단위당 원가보다 낮은 가격책정을 가능하게 한다. 즉, 경험곡선효과에 근거하여 미래 어느 시점에서 특정 제품의 단위당 원가가 현재의 가격보다 낮아질 것으로 예측된다면, 이 제품의 가격을 경쟁기업의 제품가격보다 낮게 책정함으로써 시장점유율이 상대적으로 확대될 수 있다. 〈그림 9-1〉은 경험곡선 가격결정법을 보여준다.

그림 9-1 경험곡선 가격결정법

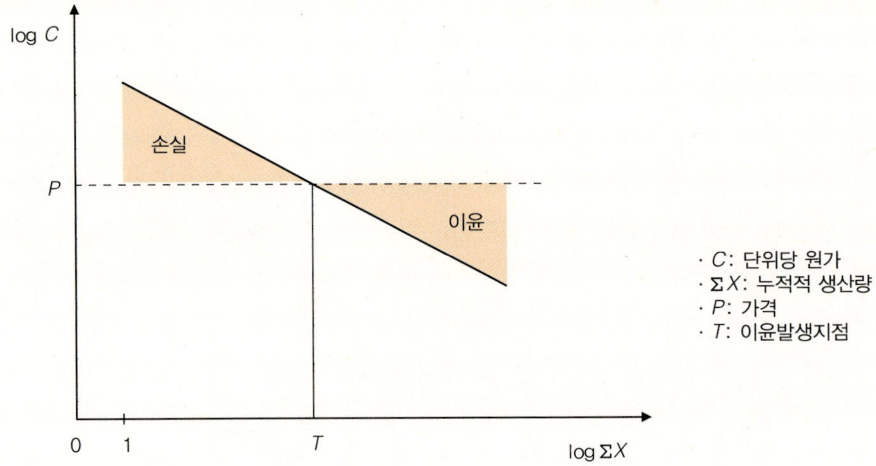

이 방법의 장점과 단점을 요약하면 다음과 같다.

- 장 점:
  - ▶ 제품생산의 초기단계에 경쟁기업의 제품보다 낮은 가격을 책정함으로써 시장점유율이 증대될 수 있다.
  - ▶ 경쟁기업의 가격이 고려될 수 있다.
- 단 점:
  - ▶ 특정 제품의 경험곡선이 정확하게 파악되지 않을 경우, 단위당 원가보다 낮은 가격책정으로 손실이 초래될 수 있다.
  - ▶ 경험곡선은 사전적 분석보다는 사후적 분석에 적합하다.

목표중심적 가격결정법

목표중심적 가격결정법(goal-oriented pricing)은 글로벌기업이 해외시장에서 추구하려는 목표에 따라 가격을 책정하는 방법이며, 이에 대한 대표적인 방법은 침투가격전략과 초기고가전략 등이다.[8]

8 반병길/이인세(2008), p. 235 이하.

침투가격전략(penetration pricing)은 경쟁기업에 비해 낮은 가격을 책정하는 것을 말하며, 저가전략이라고도 한다. 즉, 이 전략은 낮은 가격을 책정함으로써 단기간에 걸쳐 시장점유율을 신속하게 확대할 수 있다. 이 전략을 사용하면 단기적으로 손실이 발생할 수 있지만, 장기적으로 더 많은 수익이 창출될 수 있다. 그러나 특정 해외시장에서 이 전략을 사용하는 경쟁기업이 있고, 그 기업이 이미 높은 시장점유율을 확보했다면, 이 전략은 실패할 가능성이 높다. 이 전략의 장점과 단점은 다음과 같다.

- 장 점:
  - ▶ 단기간에 걸쳐 특정 해외시장에서 높은 시장점유율이 달성될 수 있다.
  - ▶ 대량생산을 통한 규모의 경제효과 및 경험곡선효과를 달성한 기업은 이 전략을 성공적으로 실행할 수 있다.
  - ▶ 수요의 가격탄력성이 높은 제품(예를 들면, 소비재)에 적합한 전략이다.
- 단 점:
  - ▶ 특정 해외시장에서 경쟁기업이 저가로 제품을 판매하고 있는 경우에는 이 전략의 성공가능성이 낮아질 수 있다.
  - ▶ 규모의 경제효과 및 경험곡선효과를 달성하지 못한 기업은 이 전략을 추구하기 어려울 수 있다.

초기고가전략(skimming pricing)은 해외시장의 고소득층을 대상으로 뚜렷한 차별화 이점을 갖고 있는 제품을 도입 초기에 높은 가격을 책정하여 판매하는 것을 말한다. 일반적으로 이 전략을 추구하는 기업은 비교적 규모가 작은 해외세분시장을 표적으로 삼는 경향이 있다. 그러나 시장의 규모가 점차 커지고 경쟁기업이 출현하게 되면, 이 전략을 채택한 기업은 더 이상 고가전략을 유지하기 어려워지므로 가격을 낮추게 된다. 이 전략의 장점과 단점을 제시하면 다음과 같다.

- 장 점:
  - ▶ 신제품의 개발 및 시장도입을 위해 투입한 비용이 단기간에 회수될 수 있다.
  - ▶ 독점적 우위를 갖는 제품에 유리한 전략이다.

▶ 수요의 가격탄력성이 낮은 제품(예를 들면, 사치품)에 적합한 전략이다.

• 단 점:

▶ 특정 해외시장에서 경쟁기업의 신제품도입이 빨리 이루어지는 경우에는 이 전략의 성공가능성이 낮아질 수 있다.

▶ 높은 가격에 상응하는 품질 및 서비스가 제공되지 않는다면, 이 전략은 실패할 가능성이 높다.

9.2.3 수출제품의 거래조건 (Incoterms)[9]

글로벌기업이 어떤 제품을 해외의 구매자에게 수출하고, 해외의 구매자가 그 제품을 수입하는 경우에 있어서 물품의 인도시기, 비용부담 또는 위험부담에 대한 문제가 명확히 규정되어야 한다. 왜냐하면 물품의 인도시점에 따라 수출하는 제품의 가격이 달라지기 때문이다. 이 문제를 다루기 위하여 국제상공회의소(International Chamber of Commerce, ICC)는 정형화된 거래조건들을 정하고, 이들에 대한 해석규칙을 제정하였다.

Incoterms(international commercial terms)는 무역거래당사자 간의 거래조건에 대한 해석상의 차이에 따른 분쟁을 해결하기 위하여 1936년 제정되었다. 이후 여러 차례의 개정을 거쳐 현재는 2011년 1월 1일부터 발효된 Incoterms 2010이 적용되고 있다. Incoterms 2010은 총 11개의 정형화된 거래조건을 2개의 사용조건으로 구분하여 각각의 조건에 대한 무역거래당사자의 의무를 규정하고 있다.[10] Incoterms는 임의규정이지만, 무역거래당사자 간에 거래조건에 대한 협의가 이루어지면 법적 구속력이 부여된다. 다음의 〈표 9-4〉는 Incoterms 2010을 제시한다.

〈표 9-4〉에 나타나 있는 바와 같이, Incoterms 2010에서 해상, 항공, 육상, 복합 운송 등 운송 수단과 방법에 무관하게 사용할 수 있는 조건은 7개이며, 해상 및 내륙 수로 운송에만 사용되는 조건은 4개이다. 그리고 이들 중에서 FOB 가격은 수출면장(export permit)의 기준이 되고, CIF 가격은 수입면장

9 9.2.3의 내용은 박주홍(2012b), p. 292 이하의 내용을 재인용.

10 Czinkota, M. R. et al.(2005), p. 541 이하; Ball, D. A. et al.(2004), p. 566 이하; 전용욱 외(2003), p. 138 이하; International Chamber of Commerce(2010).

표 9-4 Incoterms 2010

사용조건	거래조건	물품 인도시기	비용 또는 위험부담
운송 수단과 방법에 무관하게 사용할 수 있는 조건	EXW(Ex Works) 공장인도	매도인의 작업장 또는 영업장	인도시점까지 매도인 부담
	FCA(Free Carrier) 운송인인도	지정된 장소에서 매수인이 지정한 운송인에게 인도	위와 같음
	CPT(Carriage Paid To) 운임지급인도	FCA와 같음	FCA 조건, 수입국 내의 지정 목적지까지의 운임 매도인부담
	CIP(Carriage and Insurance Paid To) 운임보험료지급인도	FCA와 같음	CPT 조건, 수입국 내의 지정 목적지까지의 적하보험료 매도인부담
	DAP(Delivered At Terminal) 터미널인도	수입국 내의 지정터미널	인도시점까지 매도인부담
	DAP(Delivered At Place) 목적지인도	수입국 내의 지정목적지	인도시점까지 매도인부담
	DDP(Delivered Duty Paid) 관세지급인도	위와 같음	인도시점까지 매도인부담(수입통관, 관세 포함)
해상 및 내륙 수로 운송에만 사용되는 조건	FAS(Free Alongside Ship) 선측인도	선적항 본선의 선측	수출통관 매도인, 인도 후 매수인
	FOB(Free On Board) 본선인도	선적항 본선의 난간 통과시점	본선의 난간통과 매도인, 인도 후 매수인
	CFR(Cost and Freight) 운임포함인도	위와 같음	FOB 조건, 목적항까지의 운임 매도인부담
	CIF(Cost, Insurance and Freight) 운임보험료포함인도	위와 같음	FOB 조건, 목적항까지의 운임, 보험료 매도인부담

자료원: International Chamber of Commerce(2010).

(import permit)의 기준이 된다. 즉, 이들 두 가지 가격기준은 물품의 국경통과 시에 부과되는 관세 및 각종 세금책징의 기준이 된다.

9.3 글로벌 이전가격의 결정

9.3.1 글로벌 이전가격의 의의

글로벌 이전가격(global transfer price)은 본사와 자회사, 자회사와 자회사 간의 제품(원자재, 부품, 반제품, 완제품 등) 또는 서비스의 내부거래를 위해 책정하는 가격이다. 특히, 본사, 자회사, 현지국 정부, 본국 정부 및 합작투자 파트너기업 등과 같은 다양한 이해관계자가 이전가격의 결정에 영향을 미친다. 글로벌기업이 이전가격을 결정할 때 고려하여야 할 요인을 살펴보면 다음과 같다.[11]

- 조세제도: 기업의 이익에 부과되는 세율은 국가별로 다르기 때문에 글로벌 관점에서 절세를 고려하여 이전가격이 책정되어야 한다. 그러므로 절세를 위하여 기업은 세율이 낮은 국가에서 이익을 늘리고, 세율이 높은 국가에서 이익을 줄이려고 할 것이다. 이와 같이 이익을 조정하기 위하여 세율이 높은 국가에 있는 자회사로의 이전가격은 높게 책정하고, 세율이 낮은 국가에 있는 자회사로의 이전가격은 낮게 책정한다.
- 현지의 시장상황: 자회사의 시장점유율, 시장성장률 및 경쟁의 성격 등은 현지시장과 관련된 요인들이다. 자회사가 새로운 시장에서 시장점유율을 증대시키고자 한다면, 본사에서 자회사로의 이전가격은 낮게 책정된다.
- 시장의 불완전성: 가격동결 및 이윤송금 규제 등과 같은 현지국의 시장의 불완전성은 글로벌기업의 소득을 현지국 밖으로 이동시키는 것을 방해한다. 이러한 장애물은 이전가격을 통하여 극복될 수 있다. 〈표 9-5〉는 본사와 자회사 간의 내부거래의 효과를 사례로 제시하고 있다. 이 표에 제시되어 있는 바와 같이 현지국에 이윤송금 규제가 있는 경우에는 이전가격($7)을 시장가격($10)보다 낮추어서 내부거래(100,000개)를 한다면, 자회사가 본사에 송금한 효과($300,000)가 나타난다.

11 Kotabe, M./Helsen, K.(2011), p. 410.

표 9-5 본사와 자회사 간의 내부거래의 효과(사례)

자회사에서 본사로의 이전가격	판매수량	총거래금액	현지국의 시장가격 대비 본사와 자회사의 손익규모	본사와 자회사 간의 내부거래의 효과
$12	100,000개	$1,200,000	$200,000 본사 손실	본사가 송금한 효과
$7	100,000개	$700,000	$300,000 자회사 손실	자회사가 송금한 효과

- 현지국의 제품단위당 시장가격: $10, 판매수량: 100,000개, 총거래금액: $1,000,000인 경우를 가정함.

- 합작투자 파트너기업: 글로벌기업이 현지국의 기업과 합작투자 기업을 설립한 경우에는 파트너기업의 이해관계를 고려하여 이전가격을 책정하여야 한다. 특히, 이전가격의 결정에 있어서 글로벌기업의 본사와 합작투자 파트너기업 간의 갈등과 분쟁을 줄이기 위해서는 이전되는 제품의 가격, 수량 및 판매조건 등에 대한 사전합의가 요구된다.
- 현지 경영자의 사기: 이전가격의 결정에 있어서 현지 경영자의 사기가 고려되어야 한다. 현지 경영자에 대한 성과평가가 현지의 이익에 기초하여 이루어지는 경우에는 현지자회사의 이익을 인위적으로 축소하는 이전가격의 결정은 현지 경영자의 사기를 저하시킬 수 있다.

9.3.2 글로벌 이전가격의 결정방법

글로벌 이전가격의 결정방법은 시장기준에 의한 이전가격결정과 비시장기준에 의한 이전가격결정 등과 같은 두 가지로 분류될 수 있다.[12]

시장기준에 의한 이전가격결정

시장기준에 의한 이전가격결정(market based transfer pricing)에서는 제3자 거래가격(arm's length price), 즉 시장가격에 기초하여 이전가격이 책정된다. 이 방법은 객관적으로 인정되는 시장가격을 기준으로 이전가격을 책정하기 때문에 본사와 현지자회사의 영업성과가 적정하게 평가될 수 있을 뿐만 아니라, 현지국 과세당국과의 조세분쟁도 최소화될 수 있는 장점을 갖고 있

12 Kotabe, M./Helsen, K.(2011), p. 410 이하; 반병길/이인세(2008), p. 244 이하; 문병준 외(2007), p. 291 이하.

다. 그러나 현지국에 특정 제품 또는 서비스에 대한 시장가격이 존재하지 않는 경우에는 이전가격결정이 어려울 수 있다.

비시장기준에 의한 이전가격결정

비시장기준에 의한 이전가격결정(nonmarket-based transfer pricing)은 직접원가 이전가격, 원가가산 이전가격 및 협상 이전가격 등으로 구분될 수 있다.

- 직접원가 이전가격(direct cost transfer price): 이 방법은 직접원가를 이전가격으로 책정하는 것을 말하며, 이를 통하여 제품을 납품받는 본사 또는 현지자회사의 이익이 증가한다. 그러나 이전가격이 낮게 책정되기 때문에 수입국가로부터 덤핑판정을 받을 가능성이 있다.
- 원가가산 이전가격(cost-plus transfer price): 이 방법은 직접원가와 간접원가를 모두 포함시켜 이전가격을 책정하는 것을 의미한다. 즉, 총원가를 기준으로 이전가격이 책정되며 마진은 붙지 않는다.
- 협상 이전가격(negotiated transfer price): 이 방법에서는 본사와 자회사, 자회사와 자회사 간의 협상을 통하여 이전가격이 책정된다. 일반적으로 국가 간의 세율의 차이, 현지자회사의 이익배당 및 본국으로의 송금 규제, 수입관세 등과 같은 현지국 환경요인의 영향을 감소시키기 위하여 글로벌기업은 협상 이전가격을 선호하는 경향이 있다.

9.4 글로벌 라이선싱에 따른 로열티의 결정[13]

9.4.1 로열티의 의의

글로벌기업은 제품의 수출을 통하여 글로벌시장에서 매출을 달성할 뿐만 아니라 브랜드, 저작권, 지적 소유권, 기술 및 노하우 등을 판매(라이선싱과

13 9.4의 내용은 박주홍(2009), p. 273 이하의 내용을 일부 수정하여 재인용.

프랜차이징)하여 수익을 창출한다. 로열티(royalty)는 라이선서(licensor) 또는 프랜차이저(franchisor)가 보유한 지적재산(특허권, 저작권 및 상표권)과 상업적 자산을 라이선시(licensee) 또는 프랜차이지(franchisee)에게 제공하고 그 대가로 받는 사용료를 말한다. 이것은 이전되는 권리의 대상에 따라 라이선스사용료, 기술사용료, 특허사용료, 브랜드사용료, 노하우사용료 및 프랜차이즈사용료 등으로 분류되기도 한다. 이러한 다양한 형태의 사용료의 의미를 살펴보면 다음과 같다.

- 라이선스사용료(license fee): 라이선싱계약에 기초하여 라이선시가 라이선서에게 지불하는 사용료(일반적으로 로열티와 동의어로 사용되기도 함)
- 기술사용료(technology fee): 특정 기술이 이전되는 경우에 기술사용자가 기술제공자에게 지불하는 사용료
- 특허사용료(patent royalty): 법적으로 보호를 받는 특허를 이전하는 경우에 특허사용자가 특허제공자에게 지불하는 사용료
- 브랜드사용료(brand royalty): 브랜드(또는 기업명)를 사용하는 대가로 브랜드사용자가 브랜드제공자에게 지불하는 사용료
- 노하우사용료(know-how fee): 특허를 통하여 법적인 보호를 받지 못하는 발명, 공식, 설계와 과정, 비법, 축적된 기술(또는 기술적 비밀) 및 경험 등을 사용하는 대가로 노하우사용자가 노하우제공자에게 지불하는 사용료
- 프랜차이즈사용료(franchise royalty): 프랜차이징계약에 기초하여 프랜차이지가 프랜차이저에게 지불하는 사용료

News Case 9.3 삼성-LG, 글로벌 특허분쟁 대응책

글로벌 특허분쟁이 갈수록 심화되면서 삼성, LG 등이 잇따라 특허 경쟁력 강화를 위한 특단의 대책 마련에 돌입하였다. LG는 최근 LG전자, LG디스플레이, LG화학, LG생명과학 등 8개 계열사의 특허임원 및 연구소장들로 구성된 'LG 특허협의회'를 본격 가동했다고 10일 밝혔다. 그룹 차원에서 특허 전략을 마련해 글로벌 특허분쟁에 철저히 대

응하는 한편, 원천기술 분야의 지적재산권을 늘려 특허료 수익도 올리겠다는 취지이다.

LG는 최근 디스플레이 부문에서 AUO와 CMO를 대상으로 LCD 제조공정 특허소송이 진행되고 있으며, 이 밖에도 외국 특허관리 전문업체들과의 크고 작은 특허소송이 여전히 끊이지 않고 있다. 이번 기회에 계열사별로 흩어져 있는 특허를 통합적으로 관리해 특허 대응력을 높이겠다는 각오이다.

이번에 출범한 LG특허협의회는 발광다이오드(LED), 유기발광다이오드(OLED) 등 신사업 분야에서 계열사 간 수직 계열화가 많아지고 특허협력의 필요성이 높아지고 있는 만큼, R&D단계부터 공통의 특허를 확보하는 데 중점을 두고 운영될 예정이다. 특히 원천기술과 관련된 특허 도입시 포괄 라이선싱 추진을 통해 비용부담 등 리스크를 최소화한다는 방침이다. 지난해 말 LG전자, LG디스플레이, LG화학이 공동으로 미국 이스트만 코닥의 OLED 특허권을 인수한 사례가 대표적이다.

아울러 현재 280여 명인 특허부문 인력을 오는 2012년까지 370여 명 수준으로 늘리는 동시에 미국, 중국, 일본, 유럽 등 4개 지역에 해외 특허거점을 구축해 현지 분쟁 대응력을 높이겠다는 전략이다. 이번 LG의 특허협의회 출범은 'LG만의 차별화된 원천기술을 확보하라'고 강조해 왔던 LG K회장의 의지에 따라 추진되었다.

삼성전자는 지난달 30일 해외법무 부문의 지적재산권 담당 부서와 종합기술원과 사업부별 특허관련 부문에 대한 경영진단 작업에 돌입하였다. 이번 경영진단은 특정 부문의 조직과 업무 프로세서 전반에 걸친 현황을 진단하고, 개선방안을 도출하기 위한 것으로, 특허 부문의 경쟁력을 강화하기 위한 사전 작업으로 풀이된다. 삼성전자 관계자는 "이들 부문에 대한 경영진단 작업은 마무리 단계에 있지만, 현재 어떤 방향으로 개선시켜 나갈지에 대한 최종 결론은 나오지 않았다"면서도 "그러나 특허 등 지적재산권을 높이기 위한 다양한 방안들이 포함될 것으로 보인다"고 밝혔다.

삼성전자는 지난해 1월 특허관리회사인 인터디지털과 이동통신 특허소송에서 약 4억 달러의 특허사용료를 지급키로 합의하였고, 미국 램버스, 일본 샤프 등과 반도체 및 디스플레이 부문에서 특허소송에 휘말리는 등 최근 들어 삼성전자를 겨냥한 특허소송이 부쩍 늘고 있다.

자료원: 머니투데이, 2010년 5월 10일.

9.4.2 로열티의 결정방법 및 지불유형

로열티의 결정에 있어서 가장 중요한 요소의 하나는 로열티의 크기이다. 라이선서가 어떤 기술을 라이선시에게 이전한다면, 이들 쌍방은 로열티의 크기를 두고 첨예하게 대립할 수도 있다. 즉, 라이선서는 최대한 많은 로열티를 받기를 원하는 반면, 라이선시는 최소한 적은 로열티를 지불하기를 원한다.

*글렘보키(Glembocki)*는 이러한 문제를 해결하기 위하여 무차별곡선(indifference curve)에 기초하여 라이선서와 라이선시 쌍방이 받아들일 수 있는 로열티의 크기에 대한 해영역(solution area)을 제시한다.[14] 로열티는 일괄지불(lump-sum payment)하는 총사용료와 매출액에 따른 경상로열티(running royalty)로 구분된다. 경상로열티는 일반적으로 매출액의 일정비율(%)로 지불된다. 이와 같은 대표적인 두 가지의 로열티 지불유형을 바탕으로 하여 〈그림 9-2〉와 〈그림 9-3〉에 각각 제시된 라이선시 및 라이선서의 무차별곡선이 개발되었으며, 아울러 〈그림 9-4〉에 나타나 있는 로열티의 크기에 대한 해영역이 제시되었다.

〈그림 9-2〉와 〈그림 9-3〉에 나타나 있는 라이선시 및 라이선서의 무차별곡선은 다음과 같은 상황을 각각 설명한다.

- 라이선시는 일괄지불하는 총사용액(S_0)의 크기와 경상로열티(R_0)의 크

그림 9-2 라이선시의 무차별곡선

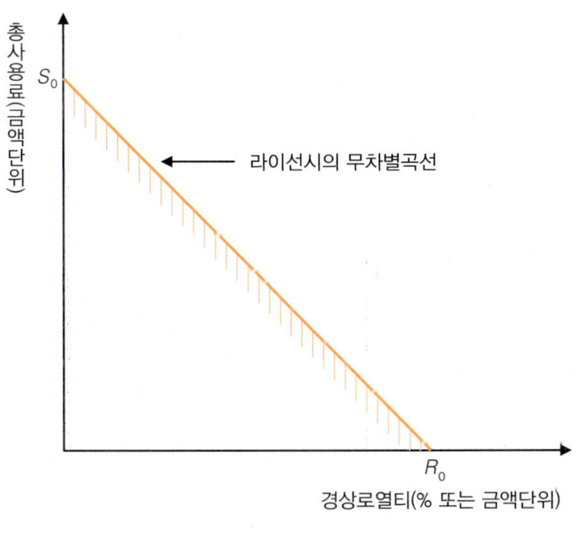

자료원: Glembocki, S.(1977).

14 Glembocki, S.(1977), p. 3 이하; Perlitz, M.(2004), p. 204 재인용.

그림 9-3 라이선서의 무차별곡선

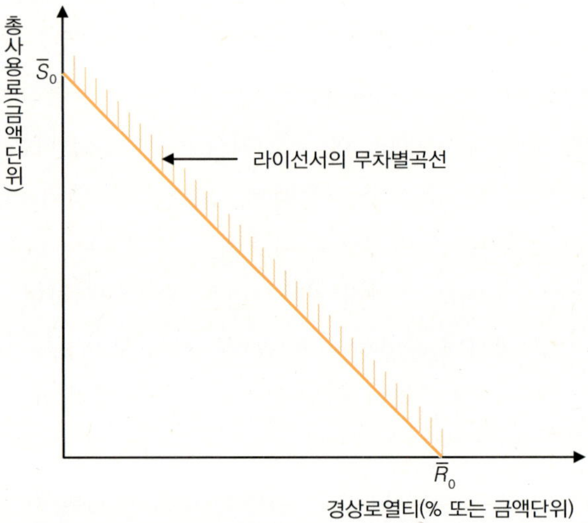

자료원: Glembocki, S.(1977).

그림 9-4 로열티의 크기에 대한 해영역

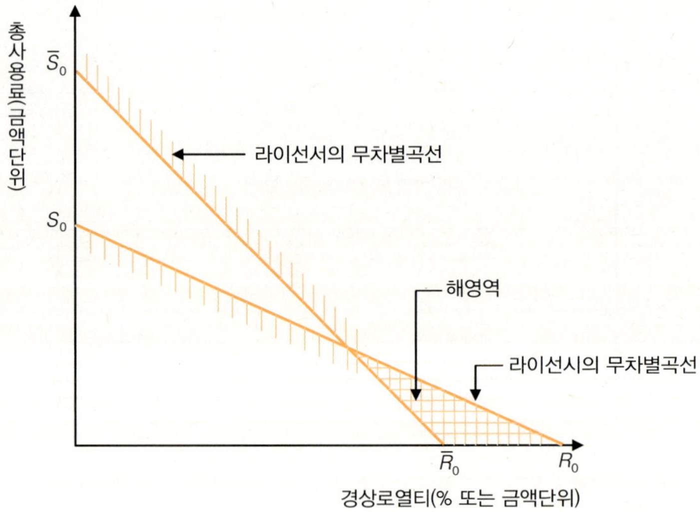

자료원: Glembocki, S.(1977).

기가 서로 연결되는 무차별곡선보다 적은 금액을 지불하기를 원한다(〈그림 9-2〉, 무차별곡선의 아래에 있는 빗금 친 부분에 해당됨).

- 라이선서는 일괄지불하는 총사용액($\bar{S}_0$)의 크기와 경상로열티($\bar{R}_0$)의 크기가 서로 연결되는 무차별곡선보다 많은 금액을 지불받기를 원한다(〈그림 9-3〉, 무차별곡선의 위에 있는 빗금 친 부분에 해당됨).

〈그림 9-4〉는 라이선시와 라이선서가 받아들일 수 있는 로열티의 크기에 대한 해영역을 제시한다. 이 그림에서는 라이선시와 라이선서의 무차별곡선의 기울기가 각각 다르게 나타나 있다. 이것은 어떤 기술의 라이선싱을 통하여 지불하거나 지불받아야 하는 로열티의 크기와 관련하여 쌍방이 서로 다른 기대치를 갖고 있다는 것을 의미한다. 이 그림에 의하면, 쌍방이 합의할 수 있는 로열티의 크기는 해영역(쌍방의 빗금 친 부분이 겹치는 영역)에서 결정된다.

무차별곡선에 기초하여 로열티의 크기를 결정하는 것은 이론적으로 가능하지만, 실제적 관점에서 볼 때 라이선시와 라이선서의 협상력(bargaining power)에 따라 쌍방의 무차별곡선이 아무런 의미가 없을 수도 있다. 즉, 그 이유는 라이선싱을 통하여 이전되는 기술의 가치가 쌍방의 협상력에 큰 영향을 미칠 수 있기 때문이다. 만일 라이선서가 제공하는 기술이 경쟁력이 있는 독점적 기술이라면, 라이선시는 로열티협상에서 열위에 있게 된다. 반면에, 라이선서가 제공하는 기술이 널리 알려진 경쟁력이 없는 기술이라면, 라이선시는 로열티협상에서 우위에 서게 된다. 그리고 이전되는 기술의 가치에 따라 로열티 지불유형이 달라질 수 있다. 〈표 9-6〉은 로열티의 종류를 제시한다.

마지막으로, 글로벌 라이선싱에 있어서 로열티 지불화폐는 라이선서와 라이선시를 통화위험(currency risk)에 노출시킬 수 있다. 로열티로 지불하거나 지불받아야 하는 금액이 적은 경우에는 문제점이 거의 없지만, 금액이 큰 경우에는 환율변동에 따른 손실이 발생할 수 있기 때문에 의사결정자는 지불화폐의 선택에 유의하여야 한다. 라이선시의 관점에서 볼 때, 로열티 지불화폐는 다음과 같다.

- 본국(라이선시 소재국가)의 통화
- 상대국(라이선서 소재국가)의 통화

| 표 9-6 | 로열티의 종류

구 분	종 류		내 용
매출기준 로열티 (경상로열티)	매출액 로열티	요율로열티	계약제품의 총매출액의 일정비율
		종량로열티	계약제품의 생산량의 일정금액 - 제품당 로열티: 제품단위당 일정금액 - 중량당 로열티: 제품중량당 일정금액 - 출력당 로열티: 전기발전량에 따른 일정금액
		저감로열티	계약제품의 총매출액의 증가에 따른 단계별 로열티의 할인
	이익로열티		계약제품의 매출이익의 일정비율
매출과 무관한 로열티 (일괄지불)	일시불로열티		계약시점에 일시불로 지불
	일정액로열티		계약제품의 매출액과 무관한 일정액 지불(연간, 분기별)
상한 및 하한 로열티	상한로열티		최고 로열티(계약기간 중 로열티 전액 또는 매년 일정액 이하를 규정하고, 이를 초과하는 부분의 지불을 면제함)
	하한로열티		최저 로열티(계약기간 중 지불해야 하는 로열티의 최저 한도를 규정하고, 이에 미달하는 경우에는 보충하여 지불함)
기 타	선불로열티		로열티의 선수금제도(미래에 발생하게 될 로열티의 일부를 미리 지불함)

자료원: 한희영(1985), p. 37; 저자에 의해 일부 수정됨.

- 혼합방법(본국의 통화와 상대국의 통화)
- 제 3 국의 통화(일반적으로 미국의 달러화 및 유럽연합의 유로화 등과 같은 태환성이 높은 통화가 유리함)

News Case 9.4 2010년 1~2월 한국의 로열티 수지 1.1조 원 적자

올해 들어 특허권 사용 대가로 해외에 지급한 금액이 급증하면서 이와 관련한 국제수지 적자도 불어났다. 5일 한국은행에 따르면 1~2월 '특허권 등 사용료' 수지의 적자액은 9억 7천만 달러로 작년 같은 기간 5억 4천만 달러보다 80.1%(4억 3천만 달러) 급증하였다. 이와 같은 적자 규모는 1~2월 기준으로 볼 때 관련 통계가 있는 1980년 이후 가장 많은 수준이다. 특허권 등 사용료(로열티)는 특허기술과 브랜드, 지적재산권 등의 사용에 지급하는 비용을 가리킨다.

1~2월 기준 로열티 수지 적자 규모는 1980년 2천만 달러에서 1990년 1억 6천만 달러, 2000년 5억 3천만 달러로 급증하였

고 올해는 10억 달러에 육박했다. 지난 1~2월 평균 원 – 달러 환율 1,147.50원을 적용하면 올해 들어 두 달간 로열티 적자 규모는 1조 1천억 원에 달한다. 이처럼 적자가 급증한 것은 특허권을 사용하고 외국에 지급한 금액이 많이 늘어났기 때문이다.

1~2월 로열티 대외 지급액은 13억 9천만 달러로 작년 동기보다 5억 9천만 달러 늘어났다. 원화로는 1조 6천억 원이다. 반면 수입액은 4억 2천만 달러로 1억 6천만 달러 증가하는 데 그쳤다. 한은 관계자는 "금융위기를 겪었던 2008년 하반기에 기업의 매출액이 줄면서 이와 관련된 로열티 지급액도 줄었지만, 작년 하반기 매출이 회복되면서 올해 초 로열티 지급액이 늘었다"고 말했다. 이 관계자는 "작년 1~2월 환율이 평균 1,400원 수준으로 상승하자 기업들이 원화 기준 로열티 지급을 줄이려고 지연 이자를 내고서라도 로열티 지급을 늦춘 점도 영향을 준 것 같다"고 설명하였다.

1980년부터 2010년 1~2월까지의 로열티 수지 현황

단위: 백만 달러

연 도	로열티 수지	수 입	대외지급
1980	–23.0	2.5	25.5
1990	–162.7	6.9	169.6
2000	–528.4	108.5	636.9
2007	–682.1	268.1	950.2
2008	–839.4	323.4	1,162.8
2009	–536.4	263.3	799.7
2010	–966.1	420.2	1,386.3

자료원: 연합뉴스, 2010년 4월 5일.

CHAPTER 10 글로벌 유통전략

10.1 글로벌 유통경로의 의의와 기능

10.1.1 글로벌 유통경로의 의의

유통경로(distribution channel)는 제품 또는 서비스가 생산자로부터 최종 소비자에게 이전되는 과정에 참여하는 개인, 관련 조직 및 기업의 집합을 의미한다. 일반적으로 유통활동은 제품 또는 서비스를 생산한 기업(직접유통경로)이나 전문적인 유통업체(간접유통경로)를 통하여 이루어진다. 유통경로는 한 번 구축이 되면 변경하기 어렵기 때문에 장기적인 관점에서 경로를 설계할 필요가 있다.

글로벌 유통경로(global distribution channel)는 제품 또는 서비스가 생산자로부터 국경초월적인 유통을 통하여 해외고객에게 전달되는 과정에 참여하는 개인, 관련 조직 및 기업 등을 포괄한다. 특히, 글로벌 유통경로는 국내 유통경로와는 달리 서로 다른 국가에서 그 기능을 발휘하여야 한다. 글로벌 유통경로와 국내 유통경로의 주요 차이점은 다음과 같이 요약될 수 있다.[1]

- 글로벌 유통경로는 국내 유통경로보다 변수의 복잡성이 높다.
- 서로 다른 국가는 서로 다른 유통을 요구한다.
- 어떤 성공적인 국내 유통활동이 항상 해외로 이전가능한 것은 아니다.

10.1.2 글로벌 유통경로의 기능

글로벌 유통경로는 특정 기업이 생산한 제품 또는 서비스를 해외고객에게 전달하는 거래기능을 포함하여 다음과 같은 다양한 기능을 수행한다.[2]

- 거래기능: 제품 또는 서비스의 판매기능 및 구매기능, 거래의 경제성 기능(중간상이 개입할 경우 제조업체와 고객 간의 거래가 대폭적으로 줄게 됨) 및 협상기능(거래조건에 대한 협상)을 담당함.

1 Bradley, F.(2002), p. 322.

2 반병길/이인세(2008), p. 319 이하; Doole, I./Lowe, R.(2004), p. 334.

- 촉진기능: 제조업체 또는 중간상이 최종 소비자를 대상으로 제품 또는 서비스의 판매를 위한 촉진활동을 수행함.
- 물적 유통기능: 창고보관, 재고관리 및 유지, 운송 등의 기능을 담당함.
- 시장정보 수집기능: 중간상이 수집한 고객, 시장 및 경쟁 등에 대한 정보를 제조업체에게 제공함.
- 제품판매 후 서비스 기능: 중간상이 제조업체의 위임을 받아 교환, 수리 및 반품 등과 같은 제품판매 후 서비스 기능을 담당하기도 함.

News Case 10.1 롯데쇼핑의 글로벌 유통

글로벌 유통기업으로 도약

2008년 8월 1일 중국 베이징 왕푸징거리, 올림픽의 열기가 뜨거운 베이징의 한복판에서 롯데백화점이 중국 진출의 신호탄을 쏘았다. 개점식에 참석한 롯데그룹 S부회장은 "성숙기에 접어든 한국시장을 벗어나 모스크바에 이어 베이징에 백화점을 오픈하게 되었다"며 "베이징점은 롯데의 유통 글로벌 전략의 전초기지가 될 것"이라고 말했다.

롯데쇼핑은 2007년 9월 러시아 모스크바에 백화점 해외점포 1호점의 오픈을 시작으로 국내 유통업계의 글로벌화를 이끌고 있다. 모스크바점은 국내 백화점업계 최초로 해외 진출이란 의미뿐만 아니라 한국형 상품구성, 마케팅, 서비스가 한꺼번에 해외로 진출한 '한국형 유통'의 첫 글로벌 무대 진출이란 의미도 깊다.

베이징점은 롯데쇼핑에게 또 다른 의미가 있다. 모스크바가 한국형 유통의 글로벌 진출의 '시험무대'였다면 베이징은 같은 동양권 문화와 한류, 올림픽이란 호재를 등에 업고 롯데 글로벌 전략의 '성공 무대'가 될 것으로 기대되기 때문이다. 롯데쇼핑은 베이징점을 기반으로 인구 500만 명 이상의 8개 도시를 백화점 진출 지역으로 압축하고 개점 작업을 준비 중이다.

백화점에 이어 2007년 12월에는 네덜란드계 할인점 마크로 8개점을 인수한 롯데마트도 영역 확장에 나서고 있다. 또한 칭다오 등에 독자 진출 점포도 오픈할 계획이다. 롯데마트는 특히 '한국 상품 특별 존'을 구성해 중국에서도 인기가 높은 진로의 참이슬, 농심의 신라면, 오리온 초코파이, 심지 농 국내 주요상품 900여 개를 상시 판매하는 등 한국 상품 공조체제도 구축한다.

베트남 시장 공략에는 롯데마트가 첨병 역할을 하고 있다. 지난해 말 호치민에 롯데마트 베트남 1호점 오픈을 시작으로 국내 유통 노하우를 발판으로 호치민, 하노이 등 주요지역에서 15~20개점의 출점 계획을 세워

놓고 부지 확보 작업을 벌이고 있다. 백화점도 하노이를 중심으로 출점을 적극 검토 중이다.

소매 시장 규모가 300조 원에 이르는 인도 시장 진출을 위해 지난해 1월 자본금 9억 3,750만 원 규모의 현지법인을 설립, 기초 시장조사에 들어갔다. 뉴델리, 뭄바이, 벵갈로르 등 인구 1,000만 명 이상의 대도시를 타깃으로 백화점과 마트 모두 적극적인 시장공략에 나설 계획이다.

직접 소싱으로 가격거품 제거

롯데백화점은 한국 유통시장을 넘어 세계시장에 진출해 '글로벌 유통기업'으로 도약하기 위하여 노력해 왔다. 특히 글로벌 경영환경에 맞추어 직원들이 다양한 해외경험을 쌓을 수 있도록 선진 유통정보를 획득하고 MD(merchandiser) 역량을 강화할 수 있는 다양한 프로그램을 진행중이다. 지난 8월 유통업계 최초로 휴가시즌을 맞아 해외로 휴가를 가는 직원들에게 지원금을 제공하였다. 휴가를 단순히 재충전과 사기진작의 시간을 활용하는 데 그치지 않고, 시장조사를 통해 선진 유통정보와 시장 트렌드를 파악해 자기계발의 기회로 활용할 수 있게 도움을 주기 위한 취지이다.

또한 2008년 5월, 9월에 1, 2차로 나누어 CMD(contents merchandiser), MD 70명 대상으로 홍콩, 동경의 선진 유통업체 등에 '도깨비 투어'를 실시하였다. 도깨비 투어를 통해 직원들은 해외 유통업체와 최신 트렌드를 조사할 수 있는 기회를 얻어 글로벌 트렌드에 대한 관심과 이해도를 증진하고 선진 MD를 벤치마킹해 좀 더 효율적인 매장개편 추진 방향을 수립할 수 있는 방안을 마련하였다.

이 밖에 글로벌 역량에 가장 기본적인 사항인 어학능력을 향상하기 위해 다양한 노력을 하고 있다. 먼저 직원대상 '사내 어학강좌'를 진행하고 있다. 본사 근무자 중 수강 희망자 대상으로 실시하며 영어, 일본어, 중국어 강좌를 개설한다.

중간 수입상을 통하지 않고 해외에서 상품을 직접 조달해 판매하는 해외 직접 소싱도 강화하고 있다. 3~4단계나 걸리는 수입상품의 유통 단계를 1~2단계로 줄여 가격을 낮추고 경쟁사와 차별화된 상품을 내놓기 위해서이다. 롯데백화점 상품본부 100여 명의 CMD는 롯데백화점만의 차별화된 브랜드 개발과 상품구성을 위해 국내는 물론 해외로까지 그 영역을 확대하고 있다. 남 · 녀 의류는 물론, 와인, 과일과 같은 식품, 가정 · 주방 생활용품 등 전 상품군에 해당하며, 일본, 미국, 프랑스, 이탈리아, 태국 등의 브랜드를 발굴하고 상품을 직접 소싱하여 국내에 들여온다. 또한 롯데마트는 해외 소싱을 강화하기 위해 지난 2004년 중국 상하이에 소싱 사무소를 개설한 데 이어 2005년 5월에 선전, 2006년 12월에는 인도사무소를 잇따라 개설하였다.

자료원: 아주경제, 2009년 10월 6일.

10.2 글로벌 유통경로결정의 영향요인

글로벌 유통경로결정에 있어서 중요한 과제는 유통경로의 길이와 폭, 그리고 통제수준 등을 설계하는 것이다. 유통경로의 길이(channel length)는 경로 구성원의 단계의 수(예를 들면, 제조업체, 도매업체, 소매업체, 소비자 등으로 구성된 경우는 4단계임)를 의미한다. 반면에, 유통경로의 폭(channel width)은 같은 단계를 구성하는 유통기관의 수(예를 들면, 제조업체와 거래관계를 유지하는 도매업체의 수, 도매업체와 거래관계를 유지하는 소매업체의 수)를 의미한다. 그리고 통제수준은 제조업체가 유통경로 구성원들에게 미치는 영향력의 정도를 말한다. 예를 들면, 유통경로가 길어질수록 제조업체가 특정 제품에 대한 가격, 판매수량 및 촉진활동 등에 미치는 영향력은 줄어들 수 있다.

글로벌 유통경로는 다양한 요인들을 고려하여 결정되어야 한다. 이러한 요인들은 기업 내부적 요인과 기업 외부적 요인으로 구분될 수 있다. 〈표 10-1〉은 글로벌 유통경로결정의 영향요인을 제시한다.

10.2.1 기업 내부적 요인

기업특성

유통경로는 기업전략, 보유하고 있는 인적 및 물적 자원, 해외활동의 중

표 10-1 글로벌 유통경로결정의 영향요인

구 분	요 인	주요 관련 변수
기업 내부적 요인	기업특성	기업전략, 인적 및 물적 자원, 해외활동의 중요성
	제품특성	제품복잡성의 정도, 사용빈도, 보관가능성, 수송가능성
기업 외부적 요인	시장과 고객	시장규모, 시장성장률, 고객의 수, 지리적 분포, 구매습관
	경 쟁	경쟁업체의 유통경로, 경쟁의 심화 정도, 경쟁제품의 특성
	정부규제	시장진입규제, 유통에 대한 법적 규제
	경로환경	중간상의 이용가능성, 중간상의 입지, 유통비용

요성 등에 의해 많은 영향을 받는다. 유통경로의 결정에 영향을 미치는 기업전략은 일반적으로 마케팅전략을 의미한다. 즉, 기업이 달성하려는 시장점유율 및 수익성 등의 목표는 마케팅전략에 기초하고 있다. 또한 인적 및 물적 자원은 유통경로의 개발과 유지를 위해 필요하다. 기업이 글로벌 마케팅활동에 중점을 두고 있다면, 이에 상응하는 글로벌 유통경로가 개발되어야 한다.

제품특성

제품특성(예를 들면, 제품복잡성의 정도, 사용빈도, 보관가능성 및 수송가능성 등)에 따라 유통경로가 다르게 설계되어야 한다. 컴퓨터, 가전제품 등과 같이 기술적으로 복잡한 제품, 부패하기 쉬운 식품, 대량운송이 필요한 제품의 경우에는 직접유통경로가 선호될 수 있다.[3] 그리고 소비재의 유통경로는 산업재의 유통경로보다 더 길고 복잡하게 설계되는 경향이 있다.

10.2.2 기업 외부적 요인

시장과 고객

글로벌 유통경로결정에 가장 큰 영향을 미치는 요인은 시장과 고객이다. 시장규모와 시장성장률은 유통경로의 길이와 폭을 결정하는 데 있어서 중요한 변수로 작용한다. 그리고 고객의 수, 지리적 분포 및 구매습관 등과 같은 고객특성은 인구통계적 및 행동적 특성을 반영하고 있으며, 이러한 특성은 유통경로의 설계를 위한 자료로 활용된다.

경 쟁

경쟁업체의 유통경로, 경쟁의 심화 정도 및 경쟁제품의 특성 등과 같은 변수들은 유통경로를 결정할 때 비교를 위한 자료로 사용될 수 있다. 특히, 경쟁업체의 유통경로를 분석함으로써 자사의 강점 및 약점이 파악될 수 있으며, 이러한 강점과 약점을 고려하여 글로벌기업은 보다 경쟁력 있는 유통경로

3 이장로(2003), p. 362.

를 설계할 수 있다. 그러나 해외의 경쟁업체가 현지시장의 유통경로에서 주도적 위치를 이미 확보하고 있다면, 이것은 진입장벽으로 작용할 수 있다.

정부규제

특정 제품에 대한 시장진입규제(예를 들면, 수입규제 및 수량규제)가 있는 국가에서는 이 제품에 대한 유통이 불가능하거나 유통에서의 제약이 따를 수 있다. 또한 특정 제품의 유통에 대한 법적 규제는 유통방법을 구체적으로 명시(예를 들면, 스웨덴, 핀란드 및 미국 일부 주에서의 정부직영 판매점을 통한 주류판매)하고 있으며, 피해자가 발생할 우려가 있는 유통(예를 들면, 방문판매 또는 다단계판매에 대한 규제)을 제한하고 있다.[4]

경로환경

경로환경은 중간상의 선택과 관련되어 있으며, 이것은 중간상의 이용가능성, 중간상의 입지 및 유통비용 등과 같은 변수들로 구성되어 있다. 글로벌 기업이 진출하고자 하는 현지국에 기업이 요구하는 자격을 갖춘 중간상이 없다면, 직접유통경로를 구축하여야 한다. 또한 현지국의 어떤 지역 또는 도시에서의 중간상 유무에 따라 특정 제품에 대한 유통성과가 달라질 수 있다. 유통수수료, 운송비 및 보관비 등과 같은 유통비용은 제품가격에 직접적으로 영향을 미칠 수 있으므로 유통경로를 결정할 때 중요하게 고려되어야 한다.

News Case 10.2 유통업체의 중국시장 진출

유통업계가 '총성 없는 혈투'를 치르고 있다. 격전지는 중국이다. 국내 시장이 포화상태에 이른 지 오래된 상황에서 세계 최대 시장인 중국 공략을 가속화하고 있는 것이다. 선봉에는 롯데 S부회장과 신세계 J부회장, CJ L회장 등 2, 3세 오너 경영인들이 섰다. 중국 시장이 유통업계 최고경영자(CEO)들의 경영시험대가 되고 있다.

4 박재기(2005), p. 356.

신세계 이마트는 25일 중국 상하이 차오바오로 지역에 2만 3,801㎡ 규모의 초대형 복합매장인 이마트 25호점 '차오바오점'을 열었다고 밝혔다. 지하 1층, 지상 3층의 4개 층에 이마트 직영매장과 유니클로, 이랜드, 스타벅스 등 중국인들이 선호하는 75개 임대매장이 다음 달 말까지 순차적으로 오픈될 예정이다. 이마트는 1997년 2월 상하이 취양점을 연 뒤 2004년부터 최근 몇 년간 집중적으로 25개 점포를 중국에 진출시켰다. 이마트는 올해 중국에 6~8개 점포를 추가하는 등 2014년까지 60여 개 점포를 열 계획이다.

신세계 J부회장은 "한국에서의 대형마트 출점은 점차 포화상태가 되어 지금과 같은 폭발적 성장이 더 이상 어려운 반면, 중국시장은 할인점이 최소 4,000개, 그 이상도 가능한, 발전 가능성이 높은 시장으로 평가받고 있다"며 "중국에서의 성공은 향후 신세계의 차기 성장동력으로 큰 역할을 하고 신세계가 글로벌 기업으로 도약하는 중요한 분수령이 될 것"이라고 말했다.

최근 몇 년간 인수 · 합병(M&A) 시장의 매물을 싹쓸이하고 있는 롯데 S부회장도 해외 M&A를 포함, 중국 공정에 공을 들이고 있다. 롯데마트는 2007년 12월 네덜란드계 중국 마크로사의 대형마트 8개 점포를 인수한 데 이어 지난해 10월 중국 대형마트 체인인 타임스의 65개 점포를 인수하며 중국에서 77개 점포망을 구축하였다. 국내에선 이마트에 뒤처지지만 중국에선 이마트 점포수를 추월하였다. 롯데마트는 3년 안에 중국 대형마트 시장 10위권에 진입한다는 계획이다.

2008년 8월 베이징점을 연 롯데백화점은 내년 상반기 톈진점을 오픈하는 데 이어 2013년 선양점을 열 예정이다. 상하이와 광저우 등에도 추가로 점포를 개설할 계획으로 부지 물색에 적극 나서고 있다. 롯데는 중국 공략의 첨병으로 5인조 걸그룹 '롯데걸

유통업계 중국 점포 현황

업 체 명	현재 중국 점포수	향후 진출 계획	비 전
신세계 이마트	25개	올해 6~8개 포함, 2014년까지 60여 개 출점 예정	2014년까지 매출 2조 원 이상 달성
롯데마트	77개	향후 20개 해외점 진출 계획 (중국 점포수는 미정)	3년 안에 중국 대형마트시장서 톱10 진입 목표
롯데백화점	베이징점 (2008년 8월 개점)	내년 상반기 톈진점, 2013년 선양점 출점 예정, 상하이, 광저우 등 1~2개 점포 추가 진출	2018년 글로벌 톱10 진입
CJ그룹	베이징 상하이 등 19개 지역에 26개 법인, 22개 사무소	8월 랴오청 핵산 생산시설 증설, 사료부문 연내 2~3개 추가 진출	올해 중국에 제 2 의 CJ건설

자료: 각사.

스'도 만들었다.

CJ는 중국에 '제 2 의 CJ 건설'을 천명하였다. CJ L회장은 최근 그룹 제 2 도약 선포식을 갖고 "글로벌화는 선택과 집중의 원칙에 따라 순차적인 진출 전략을 실시할 것"이라며 "올해 그룹의 글로벌 역량을 중국에 집중하고 중국에 '제 2 의 CJ'를 구축하겠다"고 말했다.

CJ제일제당은 지난 3월 중국 하얼빈 공장에서 세계 최초로 쌀 미강에서 추출한 단백질 생산에 들어간 데 이어 오는 8월 랴오청의 핵산 생산시설을 증설해 현재 세계 1위인 핵산 시장 지위를 더욱 확고히 할 예정이다. 중국 8개 지역에 진출해 있는 사료 부문도 연내 2~3개 지역에 추가로 진출해 연말까지 사료 생산법인 10곳 이상을 세울 예정이다. 상하이와 톈진 지역에 진출한 홈쇼핑 사업은 올해 처음으로 매출 1조 원 돌파를 목표로 하고 있다.

유통업체들이 중국 시장 공략에 공을 들이는 것은 글로벌 금융위기 후 중국 경제가 빠른 회복세를 보이고 있고 성장 잠재력이 크기 때문이다. 업계 관계자는 "최근 10년간 중국의 소매지출 총액은 연평균 10% 이상 증가하고, 특히 백화점은 연간 20%대의 높은 성장률을 보이고 있다"며 "앞으로 중국에서의 경쟁 결과에 따라 2, 3세 오너 CEO들의 경영 능력이 판가름 날 것"이라고 말했다.

자료원: 국민일보, 2010년 5월 25일.

10.3 글로벌 유통경로의 구조와 구성원관리

10.3.1 글로벌 유통경로의 구조

글로벌 유통경로는 해외시장에 판매되는 제품의 종류에 따라 다르게 설계된다. 일반적으로 소비재의 유통경로는 산업재의 유통경로보다 더 길고 복잡하다. 글로벌기업은 국가별 유통상황에 따라 같은 제품에 대해 단일 유통경로(single distribution channel)를 사용할 수도 있고, 복수 유통경로(multiple distribution channel)를 사용할 수도 있다. 또한 글로벌 유통경로는 각 국가의 서로 다른 역사적 배경과 유통관행 때문에 다르게 설계될 수 있다. 아래에서는 소비재와 산업재의 글로벌 유통경로에 대하여 살펴보기로 한다.

소비재의 유통경로

소비재의 유통경로는 직접유통경로와 간접유통경로로 구분될 수 있다. 〈그림 10-1〉은 소비재의 유통경로를 보여준다. 이 그림에 제시되어 있는 바와 같이 제조업체가 자사의 직영대리점을 거쳐서 해외고객에게 제품을 판매하는 것을 직접유통경로(direct distribution channel)라고 한다. 그리고 인터넷, 우편주문, 방문 및 직영상점 등을 통해 해외고객에게 제품을 판매하는 것을 직접판매라고 한다. 이에 반해, 간접유통경로(indirect distribution channel)는 제조업체와 해외고객 사이에 본국 또는 현지국의 중간상이 개입되어 판매가 이루어지는 것을 말한다. 대리점, 중개인, 도매상 및 소매상 등은 간접유통경로에 개입하는 중간상이다.

그림 10-1 소비재의 유통경로

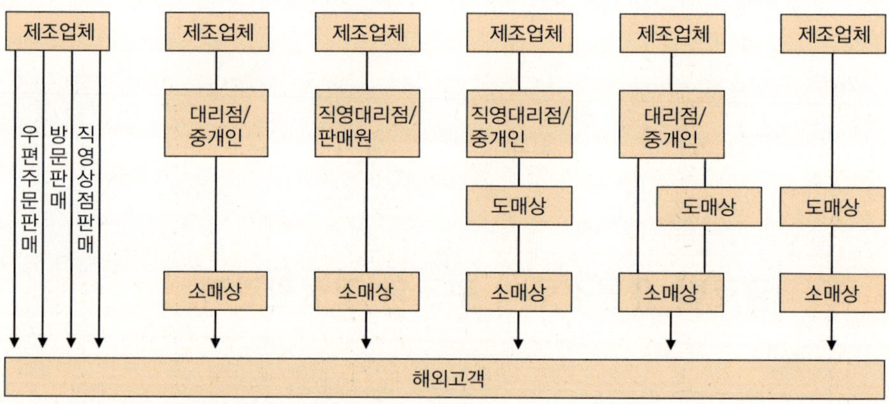

자료원: Keegan, W. J.(2002), p. 394; 저자에 의해 일부 수정됨.

News Case 10.3 병행 수입되는 명품 브랜드

관세청에 대한 국정감사에 따라 국내에 병행 수입된 제품 브랜드의 순위가 밝혀졌다. 국내 공식 수입원을 거치지 않고 가장 많이 병행 수입된 제품 브랜드는 루이비통이었고 나이키와 샤넬이 뒤를 이었다. 병행 수입은 국내 독점 판매권을 갖고 있는 공식 수입 업체가 아닌 일반 수입업자가 같은 상표의 상품을 서로 다른 유통 경로를 거쳐 수입해 국내에서 판매하는 것을 말한다. 공식 수입업체가 국내 판매를 독점하면서 발생할 수 있는 폐해를 줄이기 위해 시행되고 있다. 이번 감사에서 나타난 바에 따르면 병행 수입뿐만 아니라 외국으로 여행을 갔다가 대량으로 명품을 구입해 들여오거나 다른 사람을 시켜 불법으로 대리 반입하는 사례도 급증했다.

병행 수입액이 가장 많은 브랜드는 4,744억 원을 기록한 루이비통이다. 국회 기획재정위원회 소속 민주통합당 K의원은 "병행 수입 상위 10개 브랜드가 모두 사치성 소비재"라며 "병행 수입 물품 정식 통관 인증을 받은 69개 브랜드 중 상위 10개의 수입액이 작년 한 해 2조 6,223억 원에 달한다"고 밝혔다. 한편 관세청이 발표한 1분기 침해 브랜드별 위조 상품 단속 실적에 따르면 국내에 수입되는 위조 상품 중 가장 많은 브랜드는 루이비통인 것으로 드러났다. 소위 '짝퉁'의 적발 건수가 높다는 것은 그만큼 수요가 많다는 것이기도 하다.

뒤를 이어 나이키가 병행 수입액 4,652억 원으로 2위를 차지했다. 수입액만으로 따지면 2위지만, 병행 수입 건수로 따지면, 8만 9,789건으로, 병행 수입액 순위의 브랜드 상위 10개 중 단연 1위다. 나이키는 올가을부터 운동화와 의류가 5~10% 인상되는데, 이는 제품의 3분의 1이 생산되는 중국의 인건비가 상승했기 때문으로 보인다. 여기에 재료비와 운송비 등이 모두 오르고 있는 것도

병행 수입 브랜드 순위

단위: 백만 원

순 위	상 표	수입액
1	루이비통	474,437
2	나이키	465,174
3	샤넬	429,603
4	구찌	252,207
5	까르띠에	205,181
6	아디다스	203,836
7	프라다	169,037
8	노스페이스	158,389
9	비비리	137,035
10	코치	127,451

자료: 국정감사자료(2011년 수입액 기준).

가격 상승을 부추기고 있다.

상위 브랜드 3개 모두 4,000억 원 이상

3위를 차지한 샤넬은 4,296억 원의 병행 수입액을 기록했다. 샤넬은 이른바 '샤테크' 라는 용어가 생겨날 만큼 국내 수입 브랜드 중에서도 인지도가 상당히 높은 브랜드다. '샤테크'는 샤넬백과 재테크의 합성어로, 샤넬 핸드백의 값이 계속 오르기 때문에 일단 사 놓으면 나중에 중고로 팔아도 구입가보다 비싼 값을 받을 수 있다는 뜻이다. 해외에서 유명 브랜드의 새 제품을 국내보다 싼 값에 들여온 뒤 팔아서 차익을 남기는 것도 넓은 의미의 샤테크에 해당한다.

새누리당 L의원에 따르면 면세 범위(400달러 이상)를 초과하는 명품을 들여오다 공항과 항만에서 적발된 건수가 작년에만 9만여 건에 달했으며 총 139억 원이 과세됐다. 이 중 명품 핸드백의 적발 건수는 3만 8,000건, 과세액은 94억 원으로, 2010년보다 각각 31%, 33%나 급증했다. L의원은 "명품 브랜드들이 국내 판매가를 올려 외국 판매가와의 격차가 커지자 재테크와 세금 회피를 위해 대리 반입하는 사례도 급증하고 있다"며 "수입 물품의 독점을 막아 올바른 경쟁 환경을 조성하자는 취지와 다르게 상류층을 위한 '명품 물가 안정'을 도모하고 있는 게 아닌지 자문해 볼 것"이라고 강조했다.

자료원: 한경비즈니스, 2012년 10월 23일.

산업재의 유통경로

산업재는 제품생산에 필요한 부품, 가공품, 반제품, 기계 및 설비 등을 말하며, 이것은 소비재와는 달리 비교적 짧은 유통경로를 거쳐서 해외고객에게 판매된다. 〈그림 10-2〉는 산업재의 유통경로를 제시한다.

일반적으로 산업재의 유통은 직접유통경로를 통하여 이루어지는 경향이 있으며, 소매상이 거의 개입되지 않는다. 소비재 시장과는 달리 산업재 시장은 유통업체, 대리점 및 도매상 등과 같은 소수의 대량구매자들로 구성되어 있기 때문에 중간상의 선택이 유통목표의 달성에 결정적인 영향을 미칠 수 있다.

그림 10-2 산업재의 유통경로

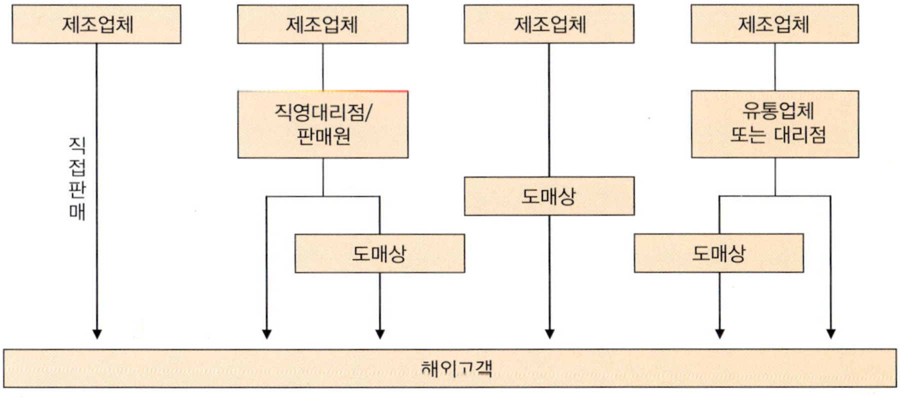

자료원: Keegan, W. J.(2002), p. 397; 저자에 의해 일부 수정됨.

10.3.2 글로벌 유통경로의 구성원관리

글로벌 유통경로 구성원의 유형

제조업체가 생산한 특정 제품이 해외고객에게 전달되는 과정에는 다양한 형태의 중간상이 개입한다. 글로벌 유통경로의 주요 구성원을 살펴보면 다음과 같다.[5]

- 상인중간상(merchant middleman): 상품의 소유권을 취득하며, 상품에 대한 모든 위험(예를 들면, 환위험, 신용위험, 손실 또는 파손위험 등)을 부담함.
- 대리중간상(agent middleman): 상품의 소유권을 취득하지 않으며, 제조업체를 대리하여 상품을 판매하기 때문에 거래에 대한 모든 위험은 제조업체가 부담함.
- 완전기능 중간상(full-function middleman): 거래, 물적 유통, 촉진기능 등 거의 모든 기능을 수행하며, 해외시장에 대한 경험과 지식이 풍부함.

5 반병길/이인세(2008), p. 323 이하; 문준연(2006), p. 323 이하; 이장로(2003), p. 343 이하.

- 한정기능 중간상(limited-function middleman): 유통서비스의 일부를 담당함(예를 들면, 인터넷판매, 통신판매 등).
- 일반중간상(general merchandiser): 폭 넓고 다양한 제품라인을 취급함.
- 전문상(special merchandiser): 소수의 특화된 제품라인만을 취급함.
- 본국소재 중간상(middleman in home country): 제조업체의 본국에서 유통서비스를 제공함(예를 들면, 수출중개상, 브로커, 수출상사, 무역상사 등과 같은 본국의 수출대행업체 또는 유통업체).
- 해외소재 중간상(middleman in host country): 현지국에서 유통서비스를 제공함(예를 들면, 특약대리점, 판매대리인, 현지국 브로커, 딜러, 수입상 등과 같은 현지국의 수입업체 또는 유통업체).

글로벌 유통경로 구성원의 선택

유통목표를 효과적으로 달성하기 위하여 글로벌기업은 유통경로 구성원(중간상)을 신중하게 선택하여야 한다. 일반적으로 현지국 중간상의 선택은 다음과 같은 4단계로 진행된다.[6]

- 제품정보와 유통조건을 담은 서신을 현지어로 작성하여 잠재적 중간상에게 발송한다.
- 성실하게 응답한 중간상을 대상으로 취급제품라인, 시장커버범위, 기업규모, 판매원의 수 및 기타 배경정보 등에 대한 추가적 회신을 요구한다.
- 잠재적 중간상의 거래업체 및 거래고객 등을 통해 신용상태를 조회한다.
- 가능하다면, 가장 유망한 유통업체(중간상)들을 개별적으로 확인한다.

현지국 중간상의 선택과 관련된 평가기준은 제조업체의 요구사항과 현지국의 유통환경에 따라 다를 수 있다. 일반적으로 제조업체는 다음과 같은 평가기준에 기초하여 현지국 중간상을 선택할 수 있다.

- 시장커버범위: 지역적 커버범위가 넓을수록 유리함.
- 경영능력: 경영능력이 뛰어날수록 좋음.
- 판매능력: 연간 총매출액의 규모가 클수록 유리함.

6 Cateora, P. R.(1993), p. 462.

- 재무상태: 부채비율이 낮을수록 안정적임.
- 평판 또는 이미지: 부정적 평가보다 긍정적 평가가 많을수록 좋음.

글로벌 유통경로의 구성원에 대한 동기부여

글로벌 유통경로의 구성원에 대한 동기부여의 궁극적 목적은 자사제품의 판매증대에 있다. 국내 유통경로와 글로벌 유통경로에 모두 적용될 수 있는 유통경로의 구성원에 대한 동기부여는 다음과 같은 세 가지 단계로 구성되어 있다.[7]

- 중간상의 요구사항과 문제점 파악: 현지국의 경제수준, 중간상의 규모 등에 따라 요구사항과 문제점이 다를 수 있음.
- 요구사항과 문제점에 부합하는 지원 제공: 적절한 이윤 보장, 배타적 판매지역의 보장, 광고지원, 재무적 지원 등을 제공함.
- 지속적 관계 구축: 정기적 접촉 및 커뮤니케이션 등을 통하여 중간상의 관심을 유발하고, 판매증대를 유도함.

글로벌 유통경로의 구성원에 대한 동기부여 수단은 재무적 보상과 비재무적 보상 등으로 구분될 수 있다.

- 재무적 보상: 유통수수료 인상, 자금지원(예를 들면, 저리융자), 판매성과에 따른 포상금 지급, 납품가격 인하 등
- 비재무적 보상: 광고 및 촉진활동 지원, 유통업체의 판매원에 대한 교육, 시장정보의 제공, 본사 방문 프로그램의 운영(예를 들면, 본사 초청 여행, 공장견학 등), 뉴스레터 또는 정기간행물 발송 등

7 Doole, I./Lowe, R.(2004), p. 342 이하.

10.4 글로벌 물적 유통

10.4.1 글로벌 물적 유통의 의의

글로벌 물적 유통(global physical distribution)은 제조업체가 생산한 특정 제품이 해외고객에게 이동되는 과정에서 요구되는 운송, 보관 및 재고관리 등과 같은 활동을 포괄한다. 이러한 활동의 주요 목표로는 유통비용의 절감, 운송시간의 단축, 납기의 준수 및 안전한 보관 등을 들 수 있다.

넓은 의미에서 볼 때, 글로벌 물적 유통은 글로벌 로지스틱스의 한 부분이다. 즉, 글로벌 로지스틱스(global logistics)는 생산에 필요한 원재료, 부품 조달 등과 같은 원재료 관리(material management) 및 운송, 보관 및 재고관리 등과 같은 물적 유통(physical distribution)과 같은 두 가지 활동으로 구성되어 있다.[8] 아래에서는 이와 같은 두 가지 활동 중에서 운송관리, 보관 및 재고관리 등과 같은 글로벌 물적 유통의 주요 활동에 대해서만 살펴보기로 한다.

10.4.2 글로벌 물적 유통의 주요 활동

운송관리

운송(transportation)은 운송수단을 활용하여 해외고객에게 특정 제품을 전달하는 활동을 말하며, 이것은 물리적 이동과 관련되어 있다. 운송수단은 비용, 시간, 안전성, 운송물품의 중량과 가치, 운송수량 및 운송수단의 이용가능성 등을 고려하여 선택되어야 한다. 일반적으로 기업의 상황과 운송되는 물품의 종류에 따라 운송수단이 다르게 결합될 수 있다. 대표적인 운송방법을 살펴보면 다음과 같다.[9]

- 육로: 철도, 트럭, 자동차 등을 통한 운송
- 수로: 강과 운하에서의 선박 운송

---

8 Kotabe, M./Helsen, K.(2011), p. 500.

9 Keegan, W. J.(2002), p. 346 이하.

- 해로: 바다에서의 선박 운송
- 항공로: 항공기 운송
- 파이프라인: 파이프라인을 통한 석유 및 천연가스 운송

운송수단의 결합에 따라 다음과 같은 방식들이 제시될 수 있다. 트럭과 철도를 결합하여 육로로 운송하는 방식은 피기백(piggy-back)이라고 하며, 육로와 항공로를 결합하여 운송하는 방식은 버디백(birdy-back)이라고 한다. 또한 육로와 수로, 해로 등을 결합한 운송방식은 피시백(fish-back)이라고 한다.[10]

보관 및 재고관리

보관(storage)은 중간상 또는 보관업체가 특정 제품을 해외고객에게 판매하기 전까지 창고(예를 들면, 일반 창고 또는 냉동 창고) 또는 특수 보관시설(예를 들면, 유류, 가스 및 화학물질 보관 탱크) 등에서 일정기간 동안 물품을 맡아서 관리하는 활동을 의미하며, 이것은 창고보관(warehousing)과 동의어로 사용되기도 한다. 보관의 주요 목표를 살펴보면 다음과 같다.

- 재고비용의 최소화
- 창고보관을 통한 손실, 파손, 도난 및 부패방지(예를 들면, 냉동 보관이 요구되는 식품)
- 납품시간의 최소화
- 납품준비의 극대화
- 기회비용 발생가능성의 최소화
- 재포장 및 재선적 등과 같은 재가공을 위한 장소제공

재고관리(inventory management)는 글로벌기업 또는 중간상이 해외고객에게 특정 제품을 판매하기 전까지 제품의 적절한 보유량을 계획하고 통제하는 일을 말한다. 재고관리의 목적은 대고객 납품서비스를 방해하지 않는 범위 내에서 특정 제품의 보유량을 가능한 한 적게 유지하는 데 있다. 재고비용은 다음과 같이 구성되어 있다.[11]

---

10 반병길/이인세(2008), p. 351 이하.

11 전게서, p. 352.

- 재고유지비: 일정기간 동안 상품의 재고를 유지하는 데 필요한 비용
- 주문비: 재고량을 확보하기 위해 요구되는 주문처리비, 발송비 및 화물 취급비 등과 관련된 비용
- 재고부족비: 주문량에 비해 재고량이 적은 경우에 발생하는 기회비용

News Case 10.4 물류산업의 글로벌화 동향

국내에서 최초로 '글로벌 톱 10'에 들기 위한 물류업계 간 경쟁이 치열하다. 국내 산업이 세계로 뻗어가는 가운데 혈관 역할을 하는 물류업도 국제적인 규모로 성장해 시너지 효과를 낼 계획이다. 특히 지난해 교역규모 10위에 오른 우리나라가 2014년 세계 8위 무역대국에 진입하겠다는 목표를 세우고 있는 만큼 파생산업인 물류산업도 세계적인 규모로 성장해야 한다.

하지만 아직까지 우리나라 물류업계가 갈 길은 멀다. 지난해 한국무역협회 국제물류지원단이 발표한 '우리나라의 대외물류 경쟁력 현황 조사' 보고서에 따르면 국내 5대 전문물류기업 매출액 합계는 8조 900억 원으로 세계 5위 물류기업인 페덱스(42조 8,200억 원)의 18.8% 수준에 머물렀다. 국내 물류업체가 글로벌기업으로 성장하기 위해서는 우선 고부가가치 물류산업을 육성해야 한다. 특히 세계적으로 시장 규모가 커지고 있는 '3PL(third party logistics) 사업'부문에서 경쟁력을 향상시킬 필요가 있다.

글로벌 3PL시장은 지난 2005년 3,700억 달러로 전체 물류 시장의 62.6%를 차지하며 연평균 17%의 성장률을 기록했을 정도로 성장 가능성이 높다. 또한 시장 규모로만 보면 북미 시장이 가장 크지만 성장률은 아 · 태 지역이 40%로 가장 높다. 글로벌 물류기업들도 3PL 경쟁력 강화에 적극적으로 나서고 있다. 이들은 서비스 영역을 해상, 항공, 도로 · 철도 운송, 보관 등 기본 서비스에서 금융, 조립, 컨설팅 등 부가가치 서비스 영역으로 확대하고 있다.

대표적인 예가 DHL과 UPS이다. 이 두 회사는 국내외 우편 및 택배 서비스에서 수 · 배송, 종합 유통 물류, 통합 IT솔루션, 컨설팅에 이르기까지 전반적인 서비스를 제공하고 있다. 여기에 지금까지 금융기관이 수행해 왔던 금융서비스까지 연계해 '원스톱 일괄 서비스' 체계를 완성하였다. UPS의 경우 'UPS 캐피탈'을 통해 담보 금융, 적하보험, 보증 보험, 소기업 금융 등의 서비스를 제공하고 있으며 DHL은 계열사인 '도이치 뱅크'를 통해 화주의 재고비용을 부담해 주는 복합 서비스를 실시하고 있다. 무역협회는 "더 많은 화주기업들이 제 3 자 물류를 활용할 수 있도록 정책적으로 유도해야 한

다"면서 "범정부 차원에서 고부가가치 물류 산업을 육성하고 제3자 물류시장 활성화를 촉진해야 할 필요성이 있다"고 제안하였다.

글로벌 물류기업으로 성장하기 위해 적극적인 인수합병(M&A)에 나서는 것도 한 방법이다. 특정 지역에서 강점을 가지고 있는 중대형 물류기업을 M&A하거나 합작 회사를 설립함으로써 지역 리스크를 줄일 수 있기 때문이다. 대부분의 글로벌 물류기업들은 주요 성장 전략으로 동종 기업이나 가치사슬상의 전방기업(포워더)을 M&A하는 전략을 추진하고 있다. 지역도 기존 미국을 포함한 아·태 지역에서 최근 동유럽, 아프리카, 중남미 지역으로 확대되고 있다.

지난 2005년과 2006년에도 UPS가 오버나이트(Overnite)를, 머스크가 피앤오네드로이드(P&O Nedlloyd)를 인수해 대형 물류기업으로 성장하기 위한 발판을 마련하였다. 또한 최근 아시아 물류기업들도 자력으로 해외에 진출하거나 합작회사를 설립하기보다 M&A 전략으로 방향을 트는 추세에 있다. 이와 함께 무엇보다 중요한 것은 시장 지향적인 물류 서비스를 개발해야 한다는 점이다. 빠르게 변화하는 시장 환경에 따라 소비자들의 니즈를 충족시킬 수 있는 융통성 있는 비즈니스 모델이 확보되어야 한다. 이 과정에서 다른 기업과 차별화할 수 있는 독자적인 전문 물류 비즈니스를 확보하는 것이 필수이다.

니폰익스프레스의 경우 철거 물류, 회수 물류, 환경 물류 등 신규 사업을 적극 확대하고 있으며 신종플루 유행 당시 관련 물류서비스도 검토했을 정도로 환경 변화에 민감하게 반응하고 있다. 또한 퀴네나겔은 최근 급성장하고 있는 고급 음료나 와인시장에 대한 전문적인 물류서비스를 실시해 호응을 얻고 있다.

자료원: 아시아경제, 2010년 4월 8일.

CHAPTER 11 글로벌 촉진전략

11.1 글로벌 촉진의 의의와 고려요인

11.1.1 글로벌 촉진의 의의

글로벌 촉진(global promotion) 또는 글로벌 커뮤니케이션(global communication)은 글로벌기업이 생산한 제품 또는 서비스를 해외고객들이 구매하도록 유도하기 위하여 자사의 제품 또는 서비스에 대한 정보를 제공하고, 잠재적 또는 실제적 소비자를 설득하여 그들의 생각, 태도 및 행동 등에 영향을 미치려는 목적으로 수행되는 마케팅활동을 말한다. 구체적인 촉진수단으로는 해외고객 또는 청중을 대상으로 하는 광고, 인적 판매, 판매촉진, 홍보, 직접 마케팅 및 스폰서십 등을 들 수 있다(자세한 내용은 11.2, 11.3 및 11.4 참고).

글로벌 촉진은 〈그림 11-1〉에 제시되어 있는 글로벌 커뮤니케이션의 과정을 거치게 된다. 이러한 커뮤니케이션 과정의 구성요소를 살펴보면 다음과 같다.[1]

- 송신자(sender): 메시지를 수신자(해외고객)에게 보내는 글로벌기업을 의미하며, 커뮤니케이션 과정의 출발점이 된다.
- 기호화(encoding): 송신자가 전달하고자 하는 메시지를 시각적, 청각적, 언어적 및 비언어적 기호 또는 상징으로 변환하는 것을 말한다(예를 들면, 특정 제품에 대한 광고제작).
- 매체(media): 송신자가 전달하려는 기호화된 메시지는 TV, 라디오 등과 같은 전파매체, 신문, 잡지 등과 같은 인쇄매체, 그리고 옥외 광고판, 직접 우송, 구전 등을 통하여 수신자에게 전달된다.
- 해독(decoding): 송신자가 전달한 기호화된 메시지를 수신자가 해석하는 것을 말한다.
- 수신자(receiver): 글로벌기업이 보내는 메시지를 받는 해외고객 또는

1 반병길/이인세(2008), p. 258 이하; 김주헌(2004), p. 359; Solomon, M. R./Stuart, E.(2003), p. 402 이하.

그림 11-1 글로벌 커뮤니케이션의 과정

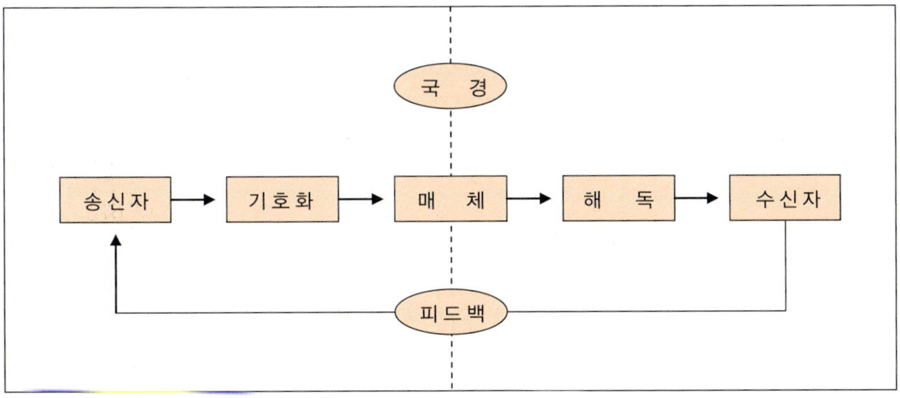

청중을 의미하며, 이들은 메시지에 반응한다. 이러한 반응은 구매의 형태로 나타나거나 태도의 변화로 나타나기도 한다.

- 피드백(feedback): 수신자의 반응이 송신자에게 전달되는 것을 말한다. 송신자의 메시지가 수신자에 의해 잘못 인지되거나 해석된 경우에는 송신자는 전달한 메시지를 수정 또는 보완하는 피드백을 거쳐 재송신하여야 한다.

11.1.2 글로벌 촉진의 고려요인

글로벌 촉진은 통제가 어렵거나 불가능한 현지국의 환경 속에서 이루어지기 때문에 국내 촉진과는 다른 관점에서 수행되어야 한다. 현지국의 환경요인은 글로벌 촉진의 장벽으로 작용할 수 있으므로 이를 고려하여 촉진전략을 수립할 필요가 있다. 글로벌 촉진전략을 수립할 때 고려하여야 할 요인들을 살펴보면 다음과 같다.[2]

- 언어: 언어는 문화의 차이를 명확하게 확인시켜 주는 가장 대표적인 사회문화적 요인이다(자세한 내용은 2.3.3 참고). 광고, 인적 판매 및 홍보 등과 같은 촉진활동은 현지국의 음성언어 또는 비음성언어(예를 들면,

2 Cundiff, E. W./Hilger, M. T.(1988), p. 405; Perlitz, M.(2004), p. 300 재인용.

제스처, 표정 및 몸짓 등)에 기초하여 이루어진다.

- 정부의 규제: 촉진활동에 대한 정부의 규제는 메시지의 전달을 제한하거나 금지하는 요인으로 작용한다(자세한 내용은 2.1.4 참고). 특히, 현지국 정부에 의한 광고규제는 매체사용의 규제, 메시지 내용의 규제, 비교광고의 금지, 어린이 대상 광고 및 어린이 모델 광고의 규제 등과 형태로 나타날 수 있다.
- 매체의 이용가능성: 국가별 경제발전수준에 따라 매체의 이용가능성은 크게 차이가 날 수 있다. 즉, TV, 라디오, 신문 및 인터넷 등과 같은 국가별 매체의 기술수준 및 보급률에 따라 매체의 이용가능성이 달라질 수 있다.
- 경제적 차이: 국가별 경제적 차이는 국민총생산, 1인당 국민소득, 경제성장률 등과 같은 변수를 활용하여 파악될 수 있다(자세한 내용은 2.2.2 참고). 선진국의 경우 국민총생산 대비 광고비 지출수준은 매우 높으며, 반면에 후진국의 광고비 지출수준은 매우 낮다.
- 현지국의 상업구조: 현지국의 상업구조는 상관습, 유통구조 및 시장의 특징 등을 모두 포괄한다. 국가별 상업구조의 차이는 국가별로 서로 다른 촉진을 유발시킬 수 있다.
- 고객의 취향과 행동방식: 고객의 취향과 행동방식의 차이는 촉진메시지에 대한 인식의 차이를 발생시킬 수 있다. 즉, 이러한 차이 때문에 같은 내용의 광고메시지가 국가별로 다르게 해석될 수 있다.
- 광고대행사의 이용가능성: 이것은 광고제작을 대행해 줄 수 있는 유능한 기관이 현지국에 존재하는가에 대한 문제와 관련되어 있다. 국가별 경제발전수준에 따라 광고대행사의 이용가능성이 달라질 수 있다. 선진국에는 능력과 경쟁력을 갖춘 광고대행사들이 많은 반면, 후진국과 개발도상국에서는 유능한 광고대행사가 거의 발견되지 않을 수도 있다.

News Case 11.1 오스트레일리아의 페이스북 광고규제

오스트레일리아 정부가 페이스북 광고에 대해 규제하고 나서면서 다른 나라에서도 비슷한 제재 조치가 이뤄질지 관심이 집중되고 있다. 영국의 파이낸셜타임스(FT)는 오스트레일리아 규제 당국의 페이스북 광고에 대한 제재에 따라 페이스북의 손실이 불가피하다고 12일(현지시간) 보도했다. 오스트레일리아 광고심의위원회는 최근 기업의 페이스북에 명예훼손성 글이나 잘못된 내용이 올라올 경우 해당 기업이 이에 대한 책임을 지도록 하는 광고 가이드라인을 개정했다.

이번 규제는 오스트레일리아 안에서만 시행되지만, 표현의 자유와 책임 광고에 대한 글로벌 기준이 모호한 만큼 다른 나라에서도 참고가 될 수 있다. 미국 광고부의 거래개선협의회 책임자인 L씨는 이 같은 오스트레일리아의 광고 규제는 소셜미디어를 통해 광고를 하려는 광고업계에 역효과를 낼 수 있다고 지적했다. 그는 "광고업자가 제3자가 올린 모든 글이 진실인지 정확한 광고인지 검토하게 된다면, 페이스북에 광고를 하는 것이 훨씬 비싸질 것"이라며 "나라면 그냥 광고를 제거할 것"이라고 말했다.

오스트레일리아의 경우 이번에 페이스북 광고 규제가 적용된 회사는 주류업체인 디아지오의 스미노프 보드카다. 이 회사의 페이스북에 한 사용자가 음란성 메시지와 함께 법적 음주 가능 연령 이하의 사람들이 술을 마시는 사진을 올린 것이 문제가 됐다. 이는 현지 정서나 광고 도의에 어긋난다는 것이 오스트레일리아의 광고심의위원회의 판단이다. 특히 문제의 사진과 글이 이 회사가 직접 게재한 것이 아닌 제3자가 올린 것이라고 하더라도 해당 기업에서 이를 감시할 책임이 있다는 결론을 내렸다. 이 같은 규제는 영국, 남아프리카공화국, 뉴질랜드 등 오스트레일리아와 비슷한 광고 규범을 가진 나라에서도 적용될 수 있다는 것이 전문가들의 의견이다. 영국 광고인협회의 마케팅서비스 매니저인 A씨는 영국 규제당국이 높은 관심을 보일 것으로 전망했다.

미국에서는 정서나 품위보다 사실성과 정확성에 더 비중을 두고 광고를 규제한다. 2개의 주정부에선 제3자가 올린 글보다 광고업체를 더 보호하는 법률까지 제정했다. 하지만 이 법률은 페이스북이 지금처럼 영향력을 발휘하기 전에 제정된 만큼 광고계에서 스스로 보호를 축소하는 자율규제가 불가피할 것으로 전망된다. 오스트레일리아의 광고 규제에 이어 다른 나라까지 이에 동참한다면 페이스북으로서는 치명상이 된다. SNS 기업들이 소셜광고 효과를 증명하는 데 주력하고 있지만, 여전히 의료나 금융 등 높은 규제가 적용되는 산업은 미개척 분야이다.

제약회사는 광고에서 의약품이 효과와 함께 부작용을 명시해야 하거나 인가가 되지 않은 약품의 사용을 제한하는 등 법률 위반성 글들이 자사의 페이스북에 올라오는 것

때문에 페이스북 광고를 주저하고 있다. 최고의 보안이 요구되는 금융회사의 경우도 페이스북 광고는 걸음마 수준이다. 미국의 투자은행 모건 스탠리 스미스 바니의 소셜미디어 책임자인 B씨는 "사람들이 페이스북에 올린 글들을 통제할 수 없다"면서 "이것은 소셜미디어가 가진 아름다움과 위험함"이라고 평가했다.

자료원: 아시아경제, 2012년 8월 13일.

11.2 글로벌 광고

11.2.1 글로벌 광고의 의의와 광고목표의 설정

글로벌 광고(global advertising)는 기업이 비용을 지불하고 비인적 매체(nonpersonal media)를 통하여 자사의 제품 및 서비스를 해외고객에게 널리 알릴 뿐만 아니라, 아울러 그들을 설득하여 구매를 유도하기 위하여 수행하는 마케팅활동이다. 글로벌 광고의 효과를 증대시키기 위해서 광고는 체계적인 과정을 거쳐 관리되어야 한다. 〈그림 11-2〉는 글로벌 광고관리의 과정을 보여준다. 이 그림에 제시되어 있는 바와 같이 글로벌 광고관리의 과정은 광고목표의 설정, 광고예산의 결정, 광고대행사의 선정, 광고메시지의 설계, 광고매체의 선정 및 광고효과의 평가 등으로 구성되어 있다.

먼저, 글로벌 광고를 효과적으로 수행하기 위해서는 광고목표가 설정되어야 한다. 글로벌 광고 및 국내 광고에 모두 적용될 수 있는 광고의 목표는 다음과 같이 제시될 수 있다.[3]

정보적 광고

정보적 광고(informative advertising)는 제품 또는 서비스와 관련된 정보,

3 Kotler, P.(1994); 반병길/이인세(2008), p. 273 이하 재인용.

그림 11-2 글로벌 광고관리의 과정

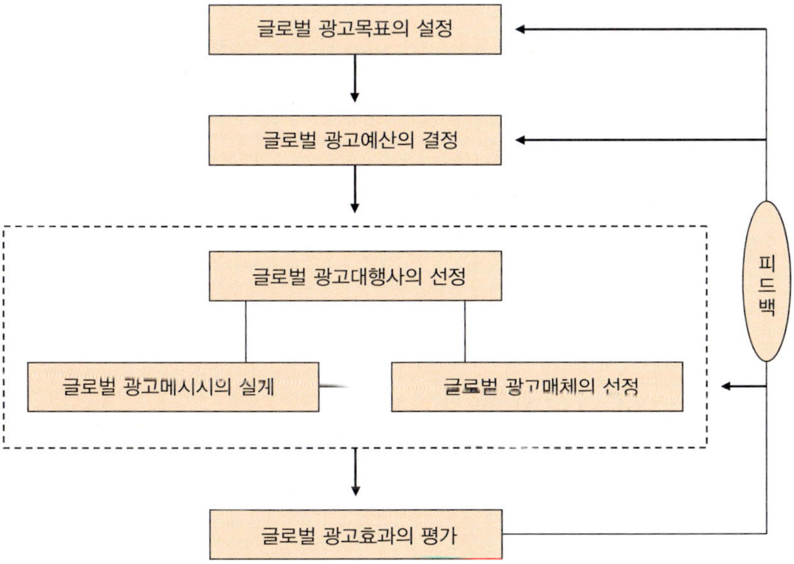

그리고 기업과 관련된 정보를 해외고객에게 제공할 목적으로 수행된다. 특히, 이러한 형태의 광고는 일반적으로 글로벌기업이 신제품을 시장에 도입하였거나 제품을 변경한 경우에 해외고객의 수요를 자극하기 위하여 이루어진다. 그리고 기업과 관련된 정보적 광고는 기업의 역사, 명성 또는 이미지, 사회적 활동 등에 대한 내용을 포함하고 있으며, 기업이미지의 향상 또는 개선을 목표로 수행된다.

설득적 광고

해외고객을 설득하여 구매를 이끌어내려는 목적으로 수행되는 광고를 설득적 광고(persuasive advertising)라고 한다. 일반적으로 이러한 형태의 광고는 경쟁기업이 증가하고 경쟁이 치열해지는 제품수명주기의 성장기 단계에서 이루어진다. 설득적 광고의 가장 중요한 목표는 특정 제품 또는 브랜드에 대한 해외고객의 선택적 수요(selective demand)를 유발하는 것이다.

상기적 광고

상기적 광고(reminder advertising)는 해외고객이 자사의 제품 또는 브랜드를 계속해서 생각하도록 만드는 목적으로 수행된다. 이러한 형태의 광고는 제품수명주기의 성숙기 단계에서 이루어지는 경향이 있으며, 또한 자사의 광고에 노출된 경험을 갖고 있는 해외고객을 대상으로 수행된다. 이러한 광고를 지속적으로 접한 해외고객은 특정 기업의 제품 또는 서비스를 상기함으로써 제품이나 서비스를 선택할 때 도움을 받을 수 있다.

News Case 11.2 글로벌 모바일 광고시장

모바일 광고 시장을 선점하기 위한 글로벌 플레이어들의 움직임이 심상치 않다. 그러나 국내의 경우 별다른 움직임 없이 고요함을 유지하고 있다. 글로벌의 경우에도 모바일 광고 시장이 아직 완연히 형성되지는 않은 상황이다. 그러나 스마트폰을 중심으로 모바일 시장이 무르익기 시작했기 때문에 광고 시장에 대한 관심도 절정에 이르렀다.

관련 업체들은 이미 유선 인터넷 시장에서 구글이 광고시장을 어떻게 장악했는지 똑똑히 기억하고 있기 때문에 모바일에서 만큼은 구글에 일방적으로 끌려다니지 않겠다는 각오를 가지고 대비 태세를 갖추는 상황이다.

전 세계 최대 모바일 광고 네트워크는 애드몹이다. 지난해 말 구글이 7억 5천만 달러에 인수하기로 하면서 크게 화제로 떠오른 애드몹은 최근 2천억 번째 광고를 모바일로 제공하기도 하였다. 애드몹은 160여 명의 직원으로 연매출 1억 달러를 벌어들이는 전 세계 최대 모바일 광고 업체이다. 지난해 애드몹 인수전에는 구글뿐만 아니라 애플도 뛰어들었으나, 더 많은 금액을 제시한 구글의 승리로 끝났다. 그러나 미국 연방무역위원회(FTC)가 현재 구글의 온라인 광고 시장 독점을 우려해 이 사안에 대한 정당성 여부를 조사하고 있다.

'검색광고'를 통해 유선 인터넷 시대를 단숨에 제패한 구글은 모바일 시대에도 광고 시장을 선점하기 위한 계획을 차곡차곡 실행에 옮기고 있다. 그러나 모바일 광고 시장의 주인공으로 떠오르는 업체는 따로 있다. 바로 애플이다. 애플은 아이폰, 아이팟, 아이패드 등 자사 제품에서 사용되는 애플리케이션에 '아이애드'라는 이름의 모바일 광고 플랫폼을 준비 중이다. 4월 공개된 아이애드는 내달부터 아이폰 및 아이팟터치 앱에 적용될 예정이다. 앱에 광고를 삽입하고 수익은 애플과 개발자가 나누는 방식이다.

이미 아이팟과 아이폰, 그리고 아이패드를 통해 애플의 저력이 드러난 상황이기 때문에 애플이 야심차게 준비 중인 아이애드에 대한 세간의 관심도 만만치 않다. 애플은 또 애드몹 인수에 실패한 이후 애드몹의 경쟁사인 콰드로와이어리스를 인수하면서 업계에 긴장감을 유발시켰다. 업계 한 관계자는 "미국이 우리나라보다 스마트폰 등의 모바일 시장이 더욱 발달한 것은 맞지만 아직 모바일 광고 시장은 형성되고 있는 단계이다"며 "국내에서도 일부 포털 사업자들이 모바일 광고 전략을 고민 중인 것으로 안다"고 말했다.

자료원: 지디넷코리아, 2010년 5월 20일.

11.2.2 글로벌 광고예산의 결정

글로벌기업은 광고목표를 설정한 후 광고할 제품 또는 서비스에 대한 광고예산을 결정하여야 한다. 글로벌 마케팅관리자는 광고비 지출규모, 광고예산의 결정방법 및 국가별 광고예산의 배분방법 등을 고려하여 광고예산을 결정하는 것이 바람직하다. 대표적인 글로벌 광고예산(global advertising budget)의 결정방법을 살펴보면 다음과 같다.[4]

가용자원법

가용자원법(affordable method)은 기업의 재무적 상황에 따라 광고에 할당될 수 있는 금액만큼 광고예산을 책정하는 방법이다. 이 방법은 광고비 지출시점의 재무적 상황만을 고려하기 때문에 광고예산이 지나치게 적거나 또는 지나치게 많게 책정될 수 있다. 그러므로 이 방법은 현지국의 시장상황과 경쟁기업을 고려하지 않고 광고예산을 책정하기 때문에 장기적으로 볼 때 광고의 효율성이 떨어질 수 있다.

매출액비율법

전년도의 매출액 또는 당해연도의 예상매출액의 일정비율을 광고예산으

4 Kotabe, M./Helsen, K.(2011), p. 431 이하; 반병길/이인세(2008), p. 285 이하; 이장로(2003), p. 408 이하; Terpstra, V./Sarathy, R.(1994), p. 479 이하.

로 책정하는 것을 매출액비율법(percentage of sales method)이라고 한다. 이 방법의 장점으로는 광고예산이 본사중심적으로 매우 간편하게 책정될 수 있고, 재정적 부담이 일정하거나 적다는 것을 들 수 있다. 그러나 이 방법은 경쟁업체의 광고예산을 전혀 고려하지 않기 때문에 광고활동에서의 전략적 유동성을 확보하기 어려울 뿐만 아니라, 매출액의 일정비율에 따라 해외시장별로 광고예산이 책정되기 때문에 국가별로 광고비를 차별적으로 지출하기 어려운 단점을 갖고 있다.

경쟁자기준법

경쟁자기준법(competitive parity method)은 경쟁업체의 광고비 지출수준에 맞추어 광고예산을 책정하는 것을 말한다. 이 방법은 비교적 쉽게 광고예산을 책정할 수 있고, 업계의 평균적인 광고비 지출수준을 유지함으로써 소모적인 광고경쟁을 방지할 수 있는 장점을 갖고 있다. 그러나 이 방법은 경쟁업체의 광고예산이 반드시 자사에 적절하다고 판단할 수 있는 근거가 될 수 없을 뿐만 아니라, 해외시장별로 서로 다른 광고 여건을 고려하여 광고예산을 투입할 수 없는 단점을 갖고 있다.

목표과업법

글로벌 광고의 목표에 따라 구체적인 과업을 설정한 후 각 과업의 달성에 필요한 광고비용을 모두 합산하여 광고예산을 책정하는 것을 목표과업법(objective-and-task method)이라고 한다. 이 방법은 가장 널리 사용될 뿐만 아니라, 논리적 타당성도 매우 높다. 그러나 현지 시장환경에 대한 지식이 부족한 경우에는 과업이 구체적으로 설정되지 않을 수도 있다.

11.2.3 글로벌 광고대행사의 선정

광고대행사(advertising agency)는 광고주를 대신하여 광고를 제작해 주는 기업을 말한다. 글로벌기업이 해외시장에서 효과적인 광고를 하기 위해서는 무엇보다도 광고대행사의 선택이 중요하다. 글로벌기업이 선택할 수 있는 광고대행사는 본사국 광고대행사, 현지국 광고대행사 및 글로벌 광고대행사 등이며, 각각의 이점을 살펴보면 다음과 같다.

- 본사국 광고대행사:
  - ▶ 광고주와 광고대행사 간의 커뮤니케이션이 원활함.
  - ▶ 광고대행사가 본국 기업의 제품특징을 잘 알고 있음.
- 현지국 광고대행사:
  - ▶ 현지인의 취향 및 문화적 요인을 고려하여 광고를 제작할 수 있음.
  - ▶ 현지자회사가 현지대행사를 활용할 경우, 기업의 이미지가 향상될 수 있음.
- 글로벌 광고대행사:
  - ▶ 글로벌 광고대행사의 축적된 경험, 전문지식 및 네트워크를 활용할 수 있음.
  - ▶ 글로벌 광고에 대한 조정과 통제가 쉬움.

〈표 11-1〉은 2020년 세계 20대 글로벌 광고대행사를 보여준다. 한편, 우리나라의 제일기획은 미국 광고 전문지인 애드 에이지(Ad Age)가 2021년 발표한 '2020년 전 세계 광고대행사(광고회사) 순위'에서 13위를 차지하였으며, 총매출액 20억 3,000만 달러를 기록하였다.[5]

광고대행사를 선정할 때, 글로벌기업은 다음과 같은 기준들을 활용할 수 있다.[6]

- 시장 커버리지: 광고대행사가 광고주에게 제공할 수 있는 시장 커버리지(market coverage)의 범위 또는 지리적 범위를 의미함.
- 커버리지의 질: 관련된 해외시장에서의 광고대행사의 핵심능력, 광고주의 요구사항충족 정도, 광고대행사의 핵심능력과 시장요구사항과의 일치 정도 등에 의하여 평가됨.
- 글로벌 광고캠페인 개발을 위한 전문지식: 광고주가 글로벌 캠페인 또

---

5 http://adage.com/datacenter/.

6 Kotabe, M./Helsen, K.(2011), p. 448; Terpstra, V./Sarathy, R.(1994), p. 458 이하.

표 11-1 세계 20대 글로벌 광고대행사(2020년)

순 위	회 사 명	본사 소재지	총매출액 (단위: 10억 달러)
1	WPP	London	15.4
2	Omnicom Group	New York	13.2
3	Publicis Groupe	Paris	12.3
4	Accenture's Accenture Interactive	New York	10.7
5	Interpublic Group of Cos.	New York	9.1
6	Dentsu Group	Tokyo	8.8
7	Deloitte's Deloitte Digital	New York	8.0
8	PwC's PwC Digital Services	New York	7.7
9	BlueFocus Communication Group	Beijing	5.9
10	IBM Corp.'s IBMIX	Armonk, N.Y.	5.5
11	Vivendi's Havas	Puteaux, France	2.4
12	Hakuhodo DY Holdings	Tokyo	2.4
13	Cheil Worldwide	Seoul	2.3
14	MDC Partners	New York	1.2
15	Quad	Sussex, Wis.	1.1
16	R. Donnelley's RRD Marketing Solutions	Chicago	1.1
17	Innocent Worldwide	Seoul	1.0
18	Advantage Marketing Partners	Irvine, Calif.	1.0
19	DJE Holdings	Chicago	0.9
20	The Stagwell Group	Washington	0.9

자료원: http://adage.com/datacenter/.

는 범지역적 캠페인을 원하는 경우, 광고대행사는 이에 대한 전문지식을 보유하여야 함.

- 크리에이티브 명성: 광고대행사가 지니고 있는 크리에이티브 명성(creative reputation)은 가장 중요한 선정기준임.
- 지원서비스의 범위 및 품질: 크리에이티브 스킬(creative skills) 및 매체구매(media buying) 이외의 추가적인 지원서비스의 제공가능성을 의미함(예를 들면, 판매촉진, 홍보 및 이벤트 스폰서십 등과 같은 기타 촉진수단의 개발 및 시장조사 등).
- 추구하는 이미지: 기업이 글로벌 이미지(global image)를 추구한다면 글

로벌 광고대행사를 선정하며, 반면에 현지 이미지(local image)를 추구한다면 현지국 광고대행사를 선정하는 경향이 있음.

- 광고대행사의 규모: 대규모 광고대행사가 소규모 광고대행사보다 더 큰 능력(예를 들면, 매체 판매업체와의 협상력 및 매체 구매능력 등)을 갖고 있음.
- 경쟁업체의 광고수주 여부: 광고대행사가 경쟁업체의 광고를 수주한 경우에는 광고주의 기업비밀이 누설될 수 있으며, 광고대행사가 경쟁업체에게 우수한 크리에이티브 인력을 배정할 수 있는 가능성이 있음.

11.2.4 글로벌 광고메시지의 설계

글로벌 광고메시지(global advertising message)는 글로벌기업이 해외고객 또는 표적청중에게 자사의 제품 또는 서비스의 판매를 촉진할 목적으로 사용하는 소구점(appeal point), 주제 및 아이디어 등을 의미한다. 글로벌 마케팅 관리자가 글로벌 광고와 관련하여 해결하여야 할 가장 중요한 과제의 하나는 광고메시지를 전 세계적으로 표준화할 것인가 또는 현지국의 상황에 따라 차별화(또는 적응화)할 것인가에 대한 것이다. 아래에서는 광고메시지의 표준화와 차별화의 의미를 살펴보고, 각각의 장점을 제시하기로 한다.[7]

- 광고메시지의 표준화: 이것은 글로벌기업이 전 세계시장의 고객을 대상으로 동일한 광고메시지를 전달하는 것을 말한다. 표준화의 장점은 다음과 같다.
  - ▸ 광고비용의 절감(규모의 경제 효과)
  - ▸ 기업 또는 제품에 대한 일관적인 글로벌 이미지의 창출
  - ▸ 동질적인 수요를 가진 고객에 기초한 글로벌 세분시장의 출현
  - ▸ 글로벌 광고활동에 대한 통제와 조정이 쉬움

- 광고메시지의 차별화: 이것은 글로벌기업이 국가별로 서로 다른 광고메시지를 사용하는 것을 의미한다. 차별화의 장점은 아래와 같다.

7 Kotabe, M./Helsen, K.(2011), p. 434 이하; 반병길/이인세(2008), p. 278 이하; 문준연(2006), p. 343 이하; 이장로(2003), p. 404 이하.

▶ 서로 다른 국가 또는 지역의 문화 및 소비자의 특성을 고려한 광고 메시지의 작성이 가능함.
▶ 국가별로 서로 다른 광고규제를 피할 수 있음.
▶ 국가별로 서로 다른 제품수명주기를 고려할 수 있음.

효과적인 글로벌 광고메시지를 설계하기 위해서는 다음과 같은 측면들이 고려되어야 한다.[8]

- 구매자의 소비시스템: 제품이 동일한 용도로 사용되거나 국가별로 동일한 욕구를 충족시키기 위한 것이라면, 광고메시지의 표준화가 이루어질 수 있다. 이와 반대인 경우에는 광고메시지의 차별화가 요구된다.
- 국가별 사용언어의 차이: 영어, 프랑스어 및 스페인어 등은 여러 국가에서 공용되는 대표적인 언어이다. 이러한 언어를 사용하는 여러 국가에서는 광고메시지의 표준화가 가능하다. 그러나 국가별로 사용하는 언어가 다르다면, 현지어를 사용한 광고메시지가 개발되어야 한다.
- 언어번역: 특정 언어로 작성된 광고메시지가 현지어로 번역이 되어야 하는 경우에는 언어표현의 다양성 및 뉘앙스 등이 고려되어야 하며, 소구하고자 하는 내용이 현지어로 명확하게 표현되어야 한다.
- 글로벌 세분시장: 특정 국가 또는 지역 내에 전 세계적으로 동일한 세분시장이 존재한다면, 이러한 세분시장에서는 광고메시지의 표준화가 가능하다. 이러한 글로벌 세분시장은 소득수준이 높고, 수요구조가 비슷한 선진국에서 주로 발견된다.

11.2.5 글로벌 광고매체의 선정

광고메시지가 결정되면 글로벌기업은 이것을 해외고객 또는 표적청중에게 전달할 광고매체(advertising media)를 선정하여야 한다. 글로벌 광고매체의 선정과 관련된 주요 의사결정영역은 매체 간의 선정(예를 들면, 서로 다른 매체 간의 선정), 매체 내의 선정(예를 들면, 같은 종류의 매체 내에서의 선정), 매체믹스(예를 들면, 여러 종류의 매체 사용 및 매체별 가중치 부여) 등으로 구분될

8 Terpstra, V./Sarathy, R.(1994), p. 466 이하.

수 있다. 적절한 글로벌 광고매체를 선정하기 위해서는 다음과 같은 측면들이 고려되어야 한다.[9]

- 매체의 이용가능성: 선진국과 개발도상국 간의 매체의 이용가능성의 차이(예를 들면, 위성 TV, 케이블 TV 보급률의 차이)
- 매체활용의 습관: 국가별로 고객의 매체활용의 습관이 다름(예를 들면, 신문구독률, TV 시청시간의 차이)
- 매체비용: TV, 신문, 잡지 등의 광고료 및 광고료에 부과되는 세금의 국가 간 차이를 고려하여야 함.
- 매체규제: 매체사용에 대한 법적인 규제(예를 들면, 특정 국가에서의 국영 방송의 상업적 광고금지 및 담배, 술 등과 같은 특정 제품에 대한 TV 광고금지 등)
- 매체의 질: TV 또는 라디오 수신 상태(예를 들면 전파도달 범위), 신문 또는 잡지 등에 사용되는 종이의 질(예를 들면, 컬러 인쇄의 질)

〈표 11-2〉는 유럽 일부 국가의 특정 제품에 대한 광고규제의 사례를 제시한다. 일반적으로 광고규제는 매체규제의 형태로 이루어진다. 이 표에 나타나 있는 바와 같이, 국가 간에 약간의 차이는 있으나 유럽 일부 국가들은 건강에 심각한 영향을 미칠 수 있는 제품에 대하여 광고를 금지하거나 강력히

표 11-2 유럽 일부 국가의 특정 제품에 대한 광고규제의 사례

국가	일반 주류	포도주	맥주	담배	의약품
오스트리아	금지	-	-	금지	강력 규제
프랑스	금지	금지	-	금지	강력 규제
그리스		-	-	금지	강력 규제
이탈리아	강력 규제	강력 규제	강력 규제	금지	강력 규제
터키	금지	금지	금지	금지	금지
네덜란드	-		-	금지	강력 규제
영국	금지	강력 규제	강력 규제	금지	강력 규제

자료원: http://www.bwl.univie.ac.at/bwl.mark/LV_SS_2003/Priemer3.pdf

9 Perlitz, M.(2004), p. 311.

규제하고 있다.

글로벌기업은 다음과 같은 광고매체를 활용할 수 있다.

- 전파매체: TV(국가별 국영 및 민영 방송사, 위성 TV, 케이블 TV, DMB 등)와 라디오
- 인쇄매체: 신문(국가별 주요 중앙지, 국제적인 신문)과 잡지(경제관련 잡지)
- 전시매체: 포스터, 광고게시판, 광고탑 등
- 인터넷매체: 홈페이지, 배너(banner) 광고, 인터넷 TV 등
- 차량 광고: 버스, 지하철, 택시 등
- 스포츠 광고: 경기장, 경기용 차량, 경기복, 모자 등
- 기타 광고: 극장 광고(예를 들면, 개발도상국), 직접우송광고(카탈로그, 안내서 우송), 진열, 박람회 또는 전시회 등

11.2.6 글로벌 광고효과의 평가

글로벌 광고효과(global advertising effect)는 광고메시지가 해외고객에게 전달되어 어떤 반응이 나타났는가에 대한 것이며, 이것을 평가하기 위해서는 커뮤니케이션 효과와 판매효과가 측정되어야 한다.

커뮤니케이션 효과

커뮤니케이션 효과는 해외고객에게 광고메시지가 효과적으로 전달되었는가를 다루며, 이러한 효과를 측정하는 것을 문안테스트(copy test)라고 한다. 이것을 측정하기 위해서는 사전테스트와 사후테스트가 사용된다.[10]

- 사전테스트(pretest): 이것은 글로벌 광고를 시작하기 전에 여러 가지 광고대안 중에서 효과적인 것을 선정하는 것을 말하며, 미래의 실수를 사전에 방지하기 위한 목적으로 수행된다.
  - ▸ 직접평가(direct rating): 소비자 패널에게 광고를 노출시켜 평가함,
  - ▸ 포트폴리오테스트(portfolio test): 소비자들에게 여러 가지의 광고에

10 반병길/이인세(2008), p. 287 이하; Solomon, M. R./Stuart, E.(2003), p. 443.

노출시킨 후 기억에 남는 광고를 선택하게 함.

▶ 실험법(laboratory test): 광고에 대한 심리적 반응(예를 들면, 혈압, 맥박의 수, 안구의 움직임, 긴장도 등)을 실험을 통하여 측정함.

- 사후테스트(posttest): 이것은 광고를 시행한 후 그 효과를 측정하는 것을 의미하며, 광고의 피드백을 통한 광고개선을 목적으로 수행된다.
  ▶ 상기테스트(recall test): 특정 광고에 노출된 소비자가 그 광고를 기억하고 있는 정도를 측정함.
  ▶ 의견조사법(opinion test): 몇 개의 광고를 광고매체를 통하여 소비자에게 노출시킨 후 특정 평가기준에 따라 순위를 매기게 함(예를 들면, 재미있는 광고, 믿을 만한 광고 등).
  ▶ 매체 과잉효과(media overspill effect): 위성 TV, 국제적인 잡지 및 신문 등을 광고매체로 활용한 경우에 국경초월적인 광고효과가 나타남.
  ▶ 광고의 이월효과(carryover effect): 과거 또는 현재에 이루어진 광고가 누적되어 현재 또는 미래의 매출액에 영향을 미치는 효과를 의미함.

판매효과

판매효과의 측정은 사후테스트의 일환으로 이루어진다. 이것은 광고로 인한 매출액의 증대효과를 측정하는 것을 말한다. 일반적으로 매출액은 다른 마케팅 요인의 영향을 많이 받기 때문에 광고에만 근거하여 판매효과를 측정하는 것은 매우 어렵다. 판매효과는 광고비-매출액 비교법(광고비 투입 전후의 매출액 비교)과 시장실험법(몇 개의 실험 지역들을 대상으로 광고비와 매출액의 상관관계 분석) 등을 통하여 어느 정도 측정될 수 있다.

News Case 11.3 세계를 울리는 신라면

1998년 중국 진출을 앞둔 농심은 남모를 고민에 빠졌다. '핵심 제품인 신(辛)라면을 어떻게 팔 것인가'이었다. 매운 맛을 그리 달가워하지 않는 중국인들에게 매운 맛이 성공 포인트인 신라면을 팔아야 하는 상황이었다.

고민을 거듭하던 마케팅 전략팀은 그들의 자존심을 건들기로 하였다. "매운 맛을 먹지 못하면 사나이 대장부가 아니다(吃不了辣味非好漢)." 중국 모택동 전주석의 "만리장성을 오르지 않고서는 사내대장부가 아니다(不到長城非好漢)"라는 발언에서 힌트를 얻어 만든 광고이다. 한국에서 주목받은 광고문구인 '사나이 울리는 신라면'의 중국 현지화이기도 하다.

결과는 대성공이었다. 농심은 10여 년 만인 지난해 중국에서 7,000만 달러 매출을 달성했다. 중국 생활 12년의 농심 베이징 Y사무소장은 "중국인들은 자존심이 강해 오기가 발동하면 꼭 해 봐야 직성이 풀리는 기질을 갖고 있다"며 "이들의 자존심을 활용할 필요가 있다"고 전했다.

농심 신라면의 해외 수출국은 70여 개나 된다. 2015년까지 해외시장 매출 1조 원 달성을 목표로 하고 있다. 농심은 주요 거점을 중심으로 4개 권역으로 나눴다. 동북아(중국), 미주(미국), 동남아(베트남), EU(러시아)에 9개 생산 · 판매 체계를 구축하였고, 9개로 확대할 예정이다.

지난해 해외 수출실적은 전년 대비 25.1% 증가하였고, 매출 목표인 3억 달러를 초과 달성하였다. 올해도 해외사업에서 고성장이 예상된다. 전년 대비 20% 늘린 3억 6,000만 달러를 매출목표로 잡았다. 글로벌 농심의 핵심 공략지는 중국이다. 중국은 세계 라면 소비량의 절반을 차지하고 있다. 지난해 중국에서 20%의 매출성장을 달성하였는데, 올해는 35.7% 증가한 9,500만 달러를 예상하고 있다. 농심은 대도시 중상류층을 타깃으로 한 고가 전략, 현지화 제품 개발, 유통채널 확대, 소비자 접점 마케팅을 펼치고 있다.

신라면과 함께 중국인들의 입맛에 맞춘 다양한 제품도 선보이고 있다. 중국 현지 식품연구소에서는 카레라면, 김치라면, 김치비빔면 등 한국 제품을 현지 입맛에 맞게 바꿔 선보여 좋은 반응을 얻고 있다. Y소장은 "현지 소비자들에 맞춘 신제품을 개발하는 한편 중국 도시들의 성장속도를 감안해 선택과 집중을 하는 유통망 구축을 할 것"이라고 말했다.

농심 국제사업총괄 P사장은 "한국의 맛과 문화가 담긴 신라면이 세계 어디에서나 통한다는 것을 확인했다"며 "둥지냉면, 둥지쌀국수 뚝배기, 후루룩국수 등과 같은 농심의 장수식품 브랜드도 아시아권 시장에 내놓을 것"이라고 밝혔다. 또한 베트남과 러시아 사무소를 기반으로 동남아시아와 유럽시장에서도 중국에 버금가는 성과를 내겠다는 각오이다.

자료원: 이데일리, 2010년 4월 21일.

11.3 글로벌 인적 판매

11.3.1 글로벌 인적 판매의 의의와 선발기준

글로벌 인적 판매(global personal selling)는 판매인력이 해외고객을 직접 대면하여 제품 또는 서비스를 구매하도록 설득하거나 유도하는 촉진활동이다. 일반적으로 인적 판매는 고가의 산업재 및 설명이 요구되는 제품 또는 서비스(예를 들면, 보험관련 상품) 등을 판매하기 위한 촉진수단으로 사용된다. 이 방법의 가장 큰 장점은 해외고객과 판매인력 간의 원활한 커뮤니케이션이 가능하기 때문에 해외고객이 필요로 하는 정보를 충분히 제공할 수 있다는 것이다. 반면에, 이 방법은 해외고객을 개별적으로 상대하여야 하기 때문에 커뮤니케이션 비용이 많이 드는 단점을 갖고 있다.

글로벌 인적 판매가 성공적으로 이루어지기 위해서는 유능한 판매인력을 선발하고, 교육시키는 것이 무엇보다도 중요하다. 특히, 유능한 판매인력을 선발하기 위해서 글로벌기업은 다음과 같은 기준들을 고려하여야 한다.[11]

- 동기부여: 현지국에서의 판매증대를 위한 높은 수준의 동기부여
- 건강: 본국과는 다른 현지국의 기후 및 생활환경 등을 견딜 수 있는 건강
- 언어능력: 영어, 프랑스어(예를 들면, 아프리카 시장) 등과 같은 국제적인 언어 또는 현지어 구사 능력
- 가족배경: 성장환경(예를 들면, 대가족 또는 핵가족)이 사회성 형성에 미치는 영향
- 교육 및 추진력: 학력, 교육경험 및 업무추진력
- 적응력: 현지문화 및 환경에 대한 적응력
- 커리어 계획: 해외파견을 통한 능력 향상 및 승진 기회의 증대
- 재정적 측면: 금전적 동기부여의 정도

11 Cundiff, E. W./Hilger, M. T.(1988), p. 428 이하; Perlitz, M.(2004), p. 313 재인용.

11.3.2 글로벌 판매인력의 유형

글로벌 마케팅활동에 필요한 판매인력은 다음과 같은 세 가지의 유형으로 분류될 수 있으며, 글로벌기업은 기업의 내부환경과 해외환경을 분석한 후 특정 해외시장에 적합한 판매인력의 유형을 선택할 수 있다.[12] 아래에서는 세 가지 판매인력의 유형의 장점과 단점을 각각 살펴보기로 한다.

본사파견 판매인력

본사파견 판매인력(expatriates)은 본사에서 선발하여 해외시장으로 파견하는 판매인력을 말한다. 이들은 주로 고가의 산업재 또는 내구재를 판매하며, 현지상황에 따라서 기술적인 조언 및 서비스 등과 관련된 업무를 처리할 수도 있다. 본사파견 판매인력의 장점과 단점은 다음과 같다.

- 본사파견 판매인력의 장점:
  - ▶ 자사의 제품에 대한 전문지식과 풍부한 기술적 지식을 보유하고 있다.
  - ▶ 충성심이 높기 때문에 신뢰할 수 있다.
- 본사파견 판매인력의 단점:
  - ▶ 현지시장에 대한 지식이 부족한 경우가 많다.
  - ▶ 파견 및 체류비용이 많이 든다.
  - ▶ 해외 장기체류를 원하는 판매인력이 많지 않다.

현지국 판매인력

현지국 판매인력(local nationals)은 현지국에서 채용되어 현지국 시장에서 인적 판매를 담당하는 인력이다. 일반적으로 이들이 취급하는 제품은 설명이 요구되는 소비재 또는 표준제품이다. 현지국 판매인력의 장점과 단점을 살펴보면 다음과 같다.

12 반병길/이인세(2008), p. 292 이하; 문준연(2006), p. 355 이하; 이장로(2003), p. 414 이하; Cateora, P. R.(1993), p. 533 이하.

- 현지국 판매인력의 장점:
  - ▶ 현지시장에 대한 문화적·법적 장벽이 없다.
  - ▶ 인건비가 비교적 저렴하다(개발도상국에서 채용할 경우).
  - ▶ 현지인의 고용증대로 인하여 좋은 기업이미지를 구축할 수 있다.

- 현지국 판매인력의 단점:
  - ▶ 제품에 대한 전문지식이 부족하다.
  - ▶ 충성심이 낮기 때문에 신뢰할 수 없다.

제 3 국 판매인력

글로벌기업은 본국과 현지국 이외의 국가에서 판매인력을 채용할 수 있으며, 이러한 인력을 제 3 국 판매인력(third-country nationals) 또는 글로벌 판매인력(global sales personnel)이라고 한다. 즉, 글로벌기업은 국적에 관계없이 판매인력을 전 세계적으로 채용할 수 있다. 제 3 국 판매인력의 장점과 단점은 다음과 같이 제시될 수 있다.

- 제 3 국 판매인력의 장점:
  - ▶ 판매인력에 대한 인력풀(personnel pool)이 넓다.
  - ▶ 전 세계적으로 다양한 판매경험을 축적하였기 때문에 추가적인 교육훈련이 거의 요구되지 않는다.

- 제 3 국 판매인력의 단점:
  - ▶ 충성심이 낮기 때문에 신뢰할 수 없다.
  - ▶ 판매인력의 국적이 다양할 경우 조직 내에서의 문화적 이질성이 높아질 수 있으며, 이로 인하여 판매인력 간의 갈등이 나타날 수 있다.

11.4 기타 글로벌 촉진수단

11.4.1 글로벌 판매촉진

글로벌 판매촉진(global sales promotion)은 해외의 소비자 또는 중간상을 대상으로 특정 제품의 신속 판매 또는 대량 판매를 유도하기 위하여 수행되는 단기적인 인센티브(incentive)를 의미한다. 이것은 최종 소비자를 대상으로 하는 소비자 판매촉진(예를 들면, 할인쿠폰, 경품권, 리베이트)과 중간상을 대상으로 하는 유통업자 판매촉진(예를 들면, 수량할인, 판촉물), 특수한 형태의 판매촉진(예를 들면, 국제전시회, 박람회) 등으로 구분된다.[13]

소비자 판매촉진

소비자 판매촉진(consumer sales promotion)은 해외고객의 구매에 직접적인 영향을 미칠 목적으로 수행된다. 이 방법은 광고에 비해 비용이 저렴하고, 표적 소비자를 직접 선정할 수 있는 장점을 갖고 있다. 그러나 현지국 정부가 이러한 판촉활동을 규제하거나 금지하는 경우도 있기 때문에, 이에 대한 사전 정보수집이 요구된다. 해외고객을 대상으로 하는 주요 판촉활동을 살펴보면 다음과 같다.

- 할인쿠폰: 특정 제품을 구매할 때 특정 비율만큼 할인해 주는 쿠폰을 지급함.
- 경품권: 제품을 구입할 경우 경품추첨을 통해 상품 또는 상금을 지급함.
- 리베이트: 정상가격을 지불하고 제품을 구매한 소비자에게 일정액의 현금을 지급함.
- 사은품: 제품을 구입할 경우 무료 또는 저렴한 가격으로 다른 제품을 제공함.
- 세일: 일정기간 동안 특정 제품에 대하여 특정 비율만큼 가격을 할인해 줌.

13 Kotabe, M./Helsen, K.(2011), p. 449; 이장로(2003), p. 412 이하.

- 보너스 팩: 같은 제품 또는 다른 제품을 여러 개로 묶어서 저렴하게 판매함.

유통업자 판매촉진

유통업자 판매촉진(dealer sales promotion)은 해외의 중간상 또는 유통업자를 대상으로 실시하는 촉진활동이다. 유통업자는 소비자와는 달리 대량으로 제품을 구매하기 때문에, 유통업자를 대상으로 하는 판매촉진은 기업의 매출증대에 큰 영향을 미칠 수 있다. 특히, 국제화 초기단계에 있는 기업 및 브랜드 인지도가 낮은 기업 등이 이러한 촉진활동을 하면 매출이 단기간에 증대될 수 있다. 유통업자 판매촉진을 위한 주요 수단은 다음과 같다.

- 수량할인: 유통업자가 대량으로 구매할 경우 제품의 가격을 할인해 줌.
- 판촉물: 제조업체명 또는 브랜드명이 부착된 판촉물을 무료로 제공함.
- 판매원 파견: 유통업자의 매장에 제조업체의 직원을 파견하여 판매활동을 지원함.
- 협동광고: 유통업자가 제조업체의 제품을 광고해 주는 대가로 제품구매대금의 일부를 공제해 줌.

특수한 형태의 판매촉진

글로벌기업은 앞서 살펴본 판매촉진 이외에 국제전시회 또는 박람회 등과 같은 특수한 형태의 판매촉진수단을 사용할 수 있다. 국제전시회는 제품만을 전시하는 국제박람회(exposition), 제품 전시와 아울러 즉석에서 판매하는 전문견본시장(trade fair), 그리고 제품에 대한 상담과 매매계약이 이루어지는 종합전시회(exhibition) 등으로 구분될 수 있다.[14]

국제전시회의 장점과 단점은 다음과 같이 요약될 수 있다.

- 국제전시회의 장점:
  - ▶ 해외고객과의 직접적인 접촉과 상담이 가능하다.
  - ▶ 단기간에 걸쳐 신제품 소개와 기업 홍보를 할 수 있다.

14 반병길/이인세(2008), p. 308.

▶ 제품 및 해외시장 동향을 파악할 수 있다.
▶ 매매계약이 성사될 수 있다.

- 국제전시회의 단점:
  ▶ 참가비용이 많이 든다.
  ▶ 전시회 준비가 미흡할 경우 성과를 기대하기 어렵다.
  ▶ 전 세계적으로 다양한 전시회가 있으므로 기업에 적합한 전시회를 선택하기 어렵다.

11.4.2 글로벌 홍보

글로벌 홍보(global public relations)는 글로벌기업이 활동하고 있는 특정 국가에서 공중집단(예를 들면, 언론매체, 공공기관, 압력단체, 지역사회 등)과 우호적인 관계를 형성함으로써 기업에 대한 관심, 호의 및 신뢰를 갖도록 하는 촉진활동이다. 홍보의 가장 중요한 목표는 현지국에서 기업과 공중집단 간의 잠재적 또는 실제적 갈등을 최소화시키고, 기업의 이미지를 향상시키는 것이다. 글로벌기업의 주요 홍보내용을 살펴보면 다음과 같다.

- 기업 및 제품을 소개함.
- 기업의 사회적 책임과 환경보호를 강조함.
- 현지국의 경제발전에 공헌함.
- 현지국의 문화를 존중함.
- 기업에 대한 나쁜 이미지 또는 비방 등에 적극적으로 대처함.

위와 같은 홍보내용은 다음과 같은 다양한 홍보활동을 통하여 해외고객 및 공중집단에게 전달된다.[15]

- 회사 간행물 발행 및 배포: 기업보고서, 사보, 브로슈어, 뉴스레터, 웹진 등
- 회사 홈페이지 활용: 홈페이지를 통한 제품 및 기업소개, 고객관리 등
- 언론매체의 활용: 기업 또는 제품과 관련된 뉴스 또는 기사 제공, 기자

15 전게서, p. 306 이하; Doole, I./Lowe, R.(2004), p. 319.

회견 등

- 현장방문 초청: 공장 또는 시설물 현장방문 초청(기자, 일반대중 또는 공무원 등)
- 로비활동: 정치인, 공무원, 언론인 등을 대상으로 한 로비활동
- 사회적 기여 활동: 종교시설, 도서관 또는 탁아소 등의 건립, 환경보호 운동, 성금기탁 등
- 학술대회 참가: 특허 및 연구결과 등의 발표

11.4.3 글로벌 직접마케팅

글로벌 직접마케팅(global direct marketing)은 글로벌기업이 해외고객과 직접 접촉하고 1 대 1의 관계를 구축하는 다양한 형태의 상호작용 마케팅(interactive marketing)을 포괄한다.[16] 이러한 형태의 촉진활동은 인터넷의 보급, 신용카드의 사용, 무료 전화 및 라이프스타일의 변화 등으로 인하여 급속도로 증대되고 있다. 대표적인 직접마케팅의 방법을 제시하면 다음과 같다.

- 다이렉트 메일(direct mail): 해외고객에게 우편으로 광고물을 발송하여 제품 또는 서비스를 소개한 후 구매를 유도함.
- 텔레마케팅(telemarketing): 전화를 이용하여 해외고객에게 제품 또는 서비스를 소개하거나 주문을 받아 판매함.
- 인터넷 판매: 인터넷 판매 사이트를 통하여 해외고객에게 제품 또는 서비스를 판매함(예를 들면, e-Bay, Amazon.com).
- 카탈로그 판매: 해외고객에게 카탈로그를 발송하여 구매를 유도함(예를 들면, Otto의 의류, 생활소품, 가정용품 카탈로그 판매).

글로벌 직접마케팅의 장점은 유통수수료가 절감되기 때문에 저렴한 가격으로 제품 또는 서비스가 해외고객에게 판매될 수 있고, 별도의 판매 상점 또는 지점이 필요하지 않다는 것이다. 그리고 다양한 형태의 직접마케팅을 효과적으로 수행하기 위해서는 다음과 같은 측면들이 고려되어야 한다.

16 Kotabe, M./Helsen, K.(2011), p. 451; Keegan, W. J.(2002), p. 435 이하.

- 다이렉트 메일의 고려사항: 현지국의 문맹률, 우편 관련 기간구조 또는 우편서비스의 수준 등
- 텔레마케팅의 고려사항: 판매원의 외국어(영어 또는 현지어) 구사능력, 현지국의 전화보급률 등
- 인터넷 판매의 고려사항: 현지국의 PC 및 인터넷 보급률, 인터넷 속도 등
- 카탈로그 판매의 고려사항: 현지국의 인쇄출판 환경, 카탈로그 제작비용 및 우송비용 등

11.4.4 글로벌 스폰서십

글로벌 스폰서십(global sponsorship)은 글로벌기업이 이벤트(예를 들면, 스포츠 경기, 음악회), 활동(예를 들면, 구호 또는 봉사활동) 및 개인(예를 들면, 스포츠 선수, 탐험가 또는 등산가) 등을 위하여 자금, 자원 또는 기타 지원을 제공하는 것이다.[17] 특히, 올림픽과 월드컵 등과 같은 국제 스포츠 경기는 선수, 관중, 매체, 시청자 및 스폰서 등이 결합되어 높은 촉진효과를 발생시킬 수 있기 때문에, 이에 대한 글로벌기업의 관심과 투자가 증대되고 있다. 스폰서기업은 국제 스포츠 경기 후원의 대가로 전 세계의 수많은 잠재적 또는 실제적 고객에게 자사의 브랜드, 로고 또는 광고메시지 등을 노출시켜 기업, 제품 또는 브랜드 이미지를 향상시킬 수 있다. 스폰서십은 다음과 같은 두 가지 기능을 통하여 기업, 제품 또는 브랜드 이미지를 향상시킬 수 있다.

- 매체 기능: 각종 행사의 후원을 통하여 표적청중에게 접근함.
- 메시지전달 기능: 다양한 형태의 스폰서십에 따른 각각의 스폰서 활동이 지니고 있는 메시지가 기업, 제품 및 브랜드 등의 이미지로 연결됨.

글로벌기업이 콘서트, 공연예술 및 스포츠 행사 등과 같은 스폰서십을 통하여 얻을 수 있는 효과를 살펴보면 다음과 같다.[18]

- 브랜드 노출과 홍보
- 고객 및 종업원을 위한 엔터테인먼트 제공

17 Doole, I./Lowe, R.(2004), p. 317.

18 전게서.

- 브랜드 포지셔닝을 강화할 수 있는 브랜드와 이벤트의 결합(예를 들면, Dunhill의 골프 후원, BMW의 클래식 콘서트 후원 등)
- 지역사회관련 프로젝트의 지원을 통한 지역사회와의 관계 개선
- 브랜드 촉진 기회의 창출(예를 들면, 무료 제품 또는 브랜드 로고가 새겨진 티셔츠 등과 같은 사은품을 제공함)

News Case 11.4 제약회사의 해외 학술대회 참가를 통한 홍보

국내 제약사들이 자체 개발한 신약을 홍보할 목적으로 해외 학술대회 참가에 열을 올리고 있다. 향후 '글로벌 신약'으로 발돋움 할 발판을 마련하고, 한국 의사들에게는 외국발 신뢰감을 심어주겠다는 취지이다.

22일 제약업계에 따르면 최근 들어 국산신약 관련 해외 학술대회 발표 사례가 많아지고 있다. 동아제약은 21일 스페인 바르셀로나에서 열린 유럽비뇨기과학회(EAU) 연례 학술대회에서 발기부전치료제 '자이데나'의 임상시험 결과를 발표하였다. 발표를 맡은 부산의대 비뇨기과 P교수는 "104명을 대상으로 한 임상시험에서 자이데나는 기존 발기부전 치료제에 비해 긴 약효발현 시간, 우수한 안전성 등을 입증했다"고 밝혔다. 중외제약도 최근 미국 워싱턴에서 열린 미국암연구학회(AACR)에서 항암신약 후보 'CWP231A'에 대한 연구성과를 발표하였다.

이미 상품화된 약에 대한 정보를 발표한 동아제약과 달리, 중외제약은 개발 초기 신약후보를 소개함으로써 향후 글로벌 신약으로 육성시키려는 강한 의지를 드러냈다. 중외제약 B전무는 "CWP231A는 AACR에 초청된 것 외에도 다국적제약사를 비롯한 해외 유관 기관으로부터 꾸준한 러브콜을 받고 있다"고 말했다.

앞선 두 학회보다는 소규모이지만, 아시아 태평양 지역 의사들의 학술 모임에 적극 참가하는 부광약품도 비슷한 사례이다. 회사 측은 지난해 아태간학회(APASL)에서 자사의 B형간염치료제 레보비르의 임상시험 결과를 발표한 바 있다.

학술대회에서 자사 제품의 소개 기회를 확보하는 데는 막대한 후원금이 들지만, 제약사들이 기꺼이 참가를 결정하는 것은 다양한 이유 때문이다. 우선 자사의 신약을 글로벌시장에 진출시키길 목적에서 잠재 고객을 대상으로 '프리 마케팅'을 펼칠 기회로 삼기 위해서이다. 의사들은 기본적으로 '새로운 치료법'에 관심이 많아, 신약 관련 발표회는 전 세계 의사들과 저널 관계자, 기자들의 큰 관심을 끌게 된다.

또한 다국적제약사들에게 자사 신약의 상업성을 홍보하려는 측면도 있다. 국내 제약

사 입장에선 궁극적으로 전 세계 유통망을 보유하고 후기 임상시험 비용을 감당할 수 있는 거대 제약사에 판권을 넘겨야 하기 때문이다. 중외제약 관계자는 "타사로의 라이선싱 아웃(licensing-out) 추진뿐만 아니라, 유사한 연구를 해 온 세계 연구기관 및 임상시험 기관 등과의 협력 관계 구축 등을 기대하고 학회 참가를 결정하였다"고 말했다.

해외학회 발표 내용을 전적으로 신뢰하는 국내 의사들에게 제품 및 회사에 대한 이미지를 제고하려는 목적도 있다. 동아제약 관계자는 "해외학회에서 우리 제품이 언급되었다는 사실만으로도 제품 판매가 늘어나는 효과를 누릴 수 있다"며 "특히 자이데나의 경우 전 세계 시장 진출을 앞두고 있어, 약의 우수성을 해외 유수학회에서 발표할 기회를 앞으로도 계속 모색할 방침"이라고 말했다.

자료원: 아시아경제, 2010년 4월 22일.

제 5 부

글로벌마케팅의 관리

제 5 부는 글로벌마케팅의 관리에 대하여 체계적으로 검토한다. 제12장에서는 글로벌마케팅의 계획이 논의되며, 제13장에서는 글로벌마케팅의 조직이 설명된다. 마지막으로 제14장에서는 글로벌마케팅의 통제가 논의된다. 여기에서는 글로벌마케팅의 통제과정 및 방법 등이 구체적으로 설명된다.

제 1 부　글로벌마케팅의 이해

제 1 장　글로벌화와 글로벌마케팅의 개념

⇩

제 2 부　글로벌마케팅의 환경과 글로벌 마케팅조사

제 2 장　글로벌마케팅의 환경

제 3 장　글로벌 마케팅조사

⇩

제 3 부　글로벌마케팅 전략

제 4 장　글로벌 시장세분화전략

제 5 장　글로벌 표적시장선정과 포지셔닝전략

제 6 장　글로벌 시장진입전략

⇩

제 4 부　글로벌마케팅 믹스전략

제 7 장　글로벌마케팅 믹스전략의 개념적 기초

제 8 장　글로벌 제품전략

제 9 장　글로벌 가격전략

제10장　글로벌 유통전략

제11장　글로벌 촉진전략

⇩

제 5 부　글로벌마케팅의 관리

제12장　글로벌마케팅의 계획

제13장　글로벌마케팅의 조직

제14장　글로벌마케팅의 통제

CHAPTER 12 글로벌마케팅의 계획

12.1 글로벌 마케팅계획의 의의와 수립과정

12.1.1 글로벌 마케팅계획의 의의

경영에 있어서 계획(plan)은 관리과정의 첫 번째 단계로서 경영업무의 실행을 위한 조직(organization)과 계획한 목표의 달성 정도를 확인하고 수정하는 통제(control)의 선행조건에 속한다.[1] 계획, 조직 및 통제 등으로 구성된 관리과정은 기업의 모든 기능영역에 적용될 수 있는 보편적인 개념이다. 글로벌 마케팅계획(global marketing plan)은 글로벌기업의 마케팅조직이 실행하여야 하는 구체적인 활동들을 제시한다. 그리고 이것은 글로벌마케팅과 관련된 조직 및 통제 등과 같은 관리적 순환과정의 출발점이다. 〈그림 12-1〉은 글로벌마케팅의 관리과정을 보여준다.

글로벌 마케팅계획은 최소한 두 개 이상의 국가에서 국경초월적인 마케팅활동을 하는 글로벌기업의 마케팅목표를 달성하기 위하여 수립하는 미래관련적인 업무처리의 대안들을 포괄한다. 글로벌기업은 본사와 자회사, 그리고

그림 12-1 글로벌마케팅의 관리과정

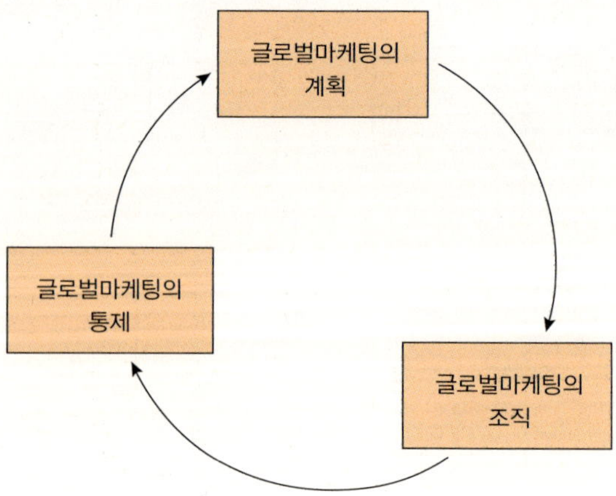

1 박주홍(2009), p. 331 이하.

자회사와 자회사 등과 같은 글로벌 네트워크로 서로 연결되어 있기 때문에 계획을 수립하기 위해서는 기업이 활동하고 있는 국가 또는 지역에 대한 글로벌 마케팅환경의 분석(제 2 부 참고)과 글로벌마케팅의 4P와 관련된 내부적 분석(제 4 부 참고)이 요구된다.

일반적으로 글로벌기업의 다양한 기능영역(예를 들면, 생산, 인사조직, 재무, 연구개발 등)의 계획수립에 적용되는 논리는 글로벌 마케팅계획에서도 그대로 적용될 수 있다. 아래에서는 글로벌기업의 관점에서 마케팅계획을 수립할 때 고려하여야 하는 네 가지 차원들을 제시하고 있다.[2]

- 기업 차원(corporate level): 글로벌 관점에서 본사와 전체 자회사의 장기적인 마케팅계획이 수립되며, 주로 최고경영층이 계획의 주체가 된다.
- 부문 차원(division level): 글로벌기업의 부문별(예를 들면, 지역별 및 제품별 부문) 목표 및 목적에 기초하여 마케팅계획이 수립되며, 일반적으로 상위경영층이 계획수립에 관여한다.
- 사업단위 차원(business unit level): 글로벌기업의 본사 및 자회사가 활동하는 현지국의 사업단위별로 마케팅계획이 수립되며, 주로 표적이 되는 소비자 세분시장을 중심으로 마케팅책임자 또는 관리자(중위경영층)가 계획을 수립한다.
- 제품 차원(product level): 글로벌기업의 본사 및 자회사가 선택한 제품라인, 제품브랜드 등에 따라 마케팅계획이 수립되며, 일반적으로 마케팅실무자(중하위경영층)가 세부적인 계획을 수립한다.

News Case 12.1 대한전선과 스미토모의 전략적 제휴와 글로벌 마케팅계획

최근 유상증자를 사실상 성공하며 한숨 돌린 대한전선이 일본 최대 전선업체인 스미토모전공과의 제휴를 통해 기술개발과 글로벌시장 공략에 역량을 집중한다. 업계에서는 양사의 제휴로 대한전선은 해저케이블과 특수케이블 등 최근 떠오르고 있는 신사업 분

2 Lascu, D.-N.(2008), p. 210 이하.

야에 대한 기술 확보는 물론 해외에서 공동입찰 등 스미토모와의 공동전선 구축에도 적극적으로 나설 것으로 전망하고 있다. 업계에서는 이번 양해각서(MOU)가 대한전선에는 최근 3,000억 원 규모의 유상증자 성공에 이은 또 다른 호재로 작용할 것으로 예상하고 있다. 스미토모와의 제휴를 통해 해저케이블과 초전도 케이블 등 신규 사업에 진입할 수 있는 기술 확보가 가능해 사업 구조를 새롭게 재편할 수 있을 것으로 보이기 때문이다.

특히 주목되는 것은 해저케이블이나 초전도 케이블 등과 같은 특수케이블에 대한 기술력을 보유하고 있는 스미토모가 대한전선에 기술협력 등의 방법을 통해 기술이전에 나설 가능성이 있다는 점이다. 대한전선의 사업 구조는 일반 구리선 등 저수익 사업에 집중돼 있는 상황이다. 실제로 지난해 대한전선의 매출비중을 보면 전력과 통신 등에 사용되는 구리선이 42.0%나 된다. 전체 매출의 절반 가까이가 저수익성 사업에 집중되고 있다는 의미다. 하지만 이번 제휴로 대한전선이 해저케이블 등에 대한 기술을 확보할 경우 기존의 구리선과 초고압선 위주의 사업 구조에서 벗어나 새로운 성장동력을 찾을 수 있을 것이라는 게 업계의 분석이다. 전선업계의 한 관계자는 "대한전선의 취약점은 최근 새로운 업계의 트렌드로 부상하고 있는 해저 또는 초전도 케이블과 같은 특수케이블 분야에 대한 기술력이 떨어진다는 점"이라며 "스미토모가 이 분야에서 관련 기술을 보유하고 있는 만큼 기술 협력에 가장 무게가 주어질 것"으로 내다봤다.

양사 간 협력은 해외수주에서도 시너지를 발휘할 것으로 보인다. 스미토모는 현재 글로벌 전선업계에서 톱5 안에 드는 업체다. 대한전선이 스미토모와 함께 해외에서 공동입찰에 나설 경우 수주 경쟁력을 높일 수 있다는 평가가 나오는 이유다. 특히 대한전선

주요 글로벌 전선업체 매출액
(단위: 조원)

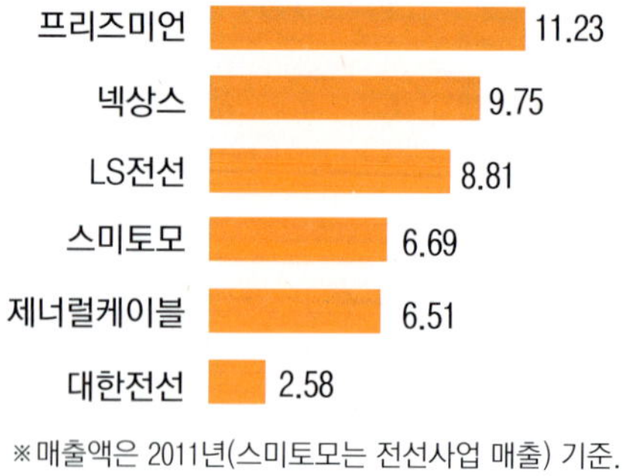

※매출액은 2011년(스미토모는 전선사업 매출) 기준.
자료: 넥상스, LS전선.

이 남아프리카와 중동 등 틈새시장에서 경쟁력을 보유하고 있는 만큼 스미토모에도 도움을 줄 수 있을 것이라는 게 업계의 설명이다. 업계의 또 다른 관계자는 "대한전선의 경우 중동과 같은 일부 지역의 광케이블 시장 등에서 활발한 수주활동을 벌이고 있는 중"이라며 "스미토모의 입장에서도 대한전선의 이러한 특수성이 시장을 확대하는 데 긍정적인 역할을 할 수 있을 것으로 생각할 것"이라고 말했다.

이번 MOU 체결은 대한전선의 재무구조 개선에도 어느 정도 긍정적인 효과를 가져올 수 있다는 게 증권업계의 시각이다. 한 증권사의 법인영업 관계자는 "사업 전반에 걸친 MOU가 체결됐다면 스미토모가 전략적 파트너로서의 가치를 그만큼 높게 샀다는 의미"라며 "경우에 따라서는 대한전선에 대해 추가 투자도 할 수 있을 것"으로 예상했다. 대한전선은 이와는 별도로 부동산 매각 등 재무구조 개선을 위해 총력전을 펼칠 것으로 보인다. 비록 이달 11일 주주를 대상으로 3,476억 원 규모의 유상증자를 단행할 경우 9월 말 현재 690%에 달하는 부채비율이 300% 초반대로 떨어질 수 있지만 재무 안정성은 여전히 떨어진다는 판단 때문이다. 최근 한국신용평가가 대한전선의 신용등급 전망을 BB+ '안정적'으로 상향하면서도 "부동산 사업과 관련해 우발채무를 부담하고 있으며 대한시스템즈의 매출채권 등 건설관련 익스포저(위험노출액)를 보유하고 있는 계열사로 잠재적 재무부담 확대 가능성도 배제할 수 없다"는 의견을 내놓은 것도 이와 같은 맥락이다.

이에 따라 대한전선은 적어도 2년간은 재무구조 개선을 위한 작업을 진행한다는 계획이다. 이를 위해 현재 보유하고 있는 남부터미널 부지와 건물, 안양공장 부지 등에 대한 매각을 지속적으로 추진한다는 계획이다. 대한전선의 한 관계자는 "남부터미널의 부동산과 건물의 경우 현재 매입 의사를 밝힌 곳이 여의치 않다면 제3자 매각이라도 진행할 계획"이라며 "7만 7,000평 규모의 안양공장 부지도 전체 매각 또는 분할 매각을 추진 중"이라고 설명했다.

자료원: 서울경제, 2012년 12월 5일.

12.1.2 글로벌 마케팅계획의 수립과정

글로벌 마케팅계획은 계획팀의 구성, 해외환경분석, 기업내부분석, 글로벌 전략적 마케팅계획의 수립, 글로벌 운영지 마케팅계획의 수립, 계획의 실행 및 평가 등과 같은 과정을 거쳐 수립된다. 〈그림 12-2〉는 글로벌 마케팅계획의 수립과정을 제시한다.

그림 12-2 글로벌 마케팅계획의 수립과정

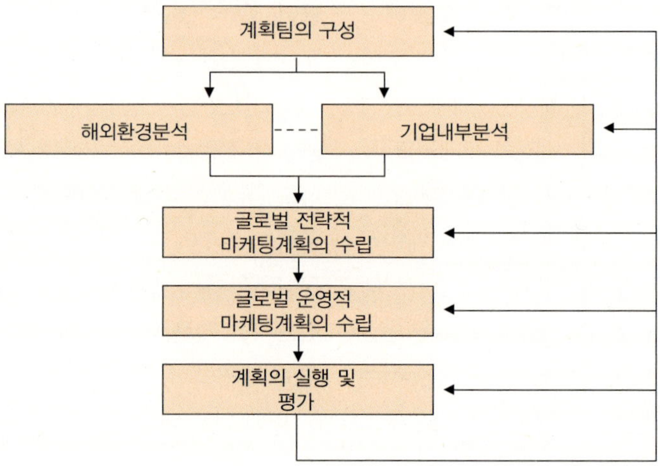

글로벌 마케팅계획의 수립과정을 각 단계별로 살펴보면 다음과 같다.[3]

계획팀의 구성

글로벌기업의 본사 또는 현지자회사의 계획을 수립하는 계획팀은 마케팅부서의 직원 및 부서장 등으로 구성된다. 계획팀은 기업의 상황에 따라 라인조직 또는 스태프조직 등으로 구성될 수 있다. 라인조직에서는 마케팅부서장이 계획팀의 구성과 운영에 대한 권한과 책임을 가지고 있다. 반면에, 스태프조직에서는 스태프관리자가 계획팀의 구성과 운영에 대한 권한과 책임을 보유하고 있다. 그러나 스태프관리자(예를 들면, 기획관련 부서의 관리자)는 계획을 주된 업무로 하고 있지만 라인조직이 수립한 글로벌 마케팅계획에 대하여 자문 또는 조언을 하기도 한다. 글로벌 마케팅계획의 중요성에 따라 본사가 현지자회사의 계획팀을 구성할 수 있으며, 이 경우에 있어서 본사는 마케팅부서의 관리자 또는 스태프를 현지자회사로 파견할 수도 있다.

3 박주홍(2009), p. 334 이하 내용을 일부 수정하여 재인용.

해외환경분석 및 기업내부분석

해외환경분석과 기업내부분석은 글로벌 마케팅계획의 수립을 위해 필요한 정보를 수집하기 위해 실행된다. 이러한 정보는 계획팀에 의해 직접적으로 수집될 수도 있고, 정보수집업무를 담당하는 시장조사부서 또는 마케팅부서를 통하여 수집되어 계획팀으로 전달되기도 한다. 해외환경분석을 통하여 기회 및 위협이 확인되며, 반면에 기업내부분석을 통하여 강점 및 약점이 파악된다.

글로벌 전략적 마케팅계획의 수립

글로벌 전략적 마케팅계획은 기업의 상위경영층에 의해 장기적인 관점에 초점을 맞추어 수립된다(자세한 내용은 12.2 참고). 즉, 이 계획은 글로벌시장에서 기업목표를 달성하기 위한 글로벌 마케팅목표를 설정한 후 이러한 목표를 이루기 위하여 장기전략을 수립하는 것이다. 여기에서 가장 중요한 목표의 하나는 표적시장에서 기업의 계속적인 성장과 발전을 유지할 수 있는 안정적인 시장점유율을 확보하는 것이다.

글로벌 운영적 마케팅계획의 수립

글로벌 운영적 마케팅계획은 기업의 중하위경영층이 중단기적인 마케팅 프로그램을 개발하는 것을 말한다(자세한 내용은 12.3 참고). 이 계획은 글로벌 전략적 마케팅계획이 수립된 이후에 구체화된다. 글로벌마케팅 4P 믹스와 관련된 실행 프로그램을 개발하는 것이 운영적 계획의 주요 과제이다. 그리고 이러한 실행 프로그램의 목표를 달성하기 위하여 예산편성과 마케팅인력의 배치가 이루어질 뿐만 아니라, 세부적인 마케팅활동들이 확정된다.

계획의 실행 및 평가

이 단계에서는 글로벌 전략적 및 운영적 마케팅계획들이 마케팅조직에 의해 실행되며, 아울러 실행의 결과를 계획한 목표와 비교하는 평가가 수행된다. 계획의 실행과 평가는 단기적 또는 중장기적으로 이루어질 수 있다. 글로벌 마케팅계획의 환경적응성을 높이기 위하여 전략적 계획과 운영적 계획은 일관적으로 실행되고, 통합적으로 평가되어야 한다.

News Case 12.2 현대자동차의 글로벌 마케팅계획

현대자동차(이하 현대차)가 지난 1분기 원화강세와 인센티브 축소에도 불구하고 해외 시장 점유율을 확대한 것으로 나타났다. 앞으로도 인센티브 정책보다는 투싼ix와 YF쏘나타 등 신차효과를 앞세워 시장을 공략해 나간다는 계획이다. 미국시장에서 공격적인 마케팅을 전개하고 있는 일본 토요타와는 다른 행보이다.

현대차는 22일 한국거래소에서 열린 1분기 실적발표를 통해 지난 1분기 미국 시장에서 인센티브를 30% 축소했음에도 불구하고, 실적 호조세를 이어갔다고 밝혔다. 현대차 L 재경본부장(전무)은 "미국시장에서 인센티브를 지난해 평균 34% 줄였음에도 오히려 시장점유율이 확대되고 있다"면서 "최근 미국 시장에서 출시한 투싼ix와 YF쏘나타의 신차 효과로 시장점유율이 상승하고 있다"고 설명하였다.

현대차의 인센티브 축소 정책은 토요타의 인센티브 확대와 대조적인 행보라 더욱 관심을 끌고 있다. 토요타는 지난 3월부터 60개월 무이자 할부를 단행하고 있다. L전무는 특히 "토요타와 같은 공격적인 마케팅전략을 사용하지 않을 것"이라면서 "높아진 잔존가치를 바탕으로 투싼ix와 YF쏘나타는 인센티브 정책 없이 리스 프로그램을 이어나갈 것"이라고 말했다.

현대차는 하반기에 미국시장에서 쏘나타 하이브리드와 에쿠스 등 2차종을 출시, 시장 점유율을 이어간다는 계획이다. 미국 시장 점유율과 글로벌 시장점유율은 각각 4.4%와 4.8%로 전년 동기 대비 0.1%포인트 증가하였다. P재경사업부장(상무)은 "투싼ix의 경우 전 세계적으로 재고가 부족할 정도로 판매가 잘되고 있다"면서 "대당 수출 평균가격이 전년 동기 대비 20%, 지난 4분기와 비교해도 9% 증가하였다"고 말했다.

현대차는 특히 원화 강세로 인한 영향은 제한적인 만큼 2분기 이후에도 사업 목표를 무난히 달성할 것으로 전망하였다. L전무는 "원화 강세를 대비해 가동률 향상을 통한 원가 절감, 부품 공용화로 인한 원가 구조의 효율적 개선 등으로 2분기 이후에도 사업 목표는 무난히 달성할 수 있을 것"이라고 설명하였다. 또한 중국 3공장 건설에 대해서는 "현재 여러 가지를 검토하고 있으며 투자규모와 지역은 아직 결정되지 않았다"고 덧붙였다.

자료원: 이데일리, 2010년 4월 22일.

12.2 글로벌 전략적 마케팅계획

글로벌 전략적 마케팅계획(global strategic marketing plan)은 글로벌기업의 전략적 및 운영적(또는 전술적) 마케팅 의사결정의 방향을 설정하는 역할을 담당한다. 이러한 계획은 일반적으로 연간 기준으로 수립되며, 수 년간에 걸친 미래의 정책을 검토한다.[4]

기업에 따라 글로벌 전략적 마케팅계획을 수립하는 과정이 다소 다를 수는 있지만, 대체로 다음과 같은 6단계의 과정을 거쳐서 상위경영층에 의해 전략적 계획이 수립된다. 그러나 이러한 과정은 반드시 순서적으로 이루어지는 것은 아니다. 글로벌 전략적 마케팅계획의 수립과정을 살펴보면 다음과 같다.[5] 〈그림 12-3〉은 글로벌 전략적 마케팅계획의 수립과정을 보여준다.

- 글로벌 기업목표: 글로벌기업의 수익성, 시장점유율, 시장성장 및 장기적 발전 등과 같은 목표가 무엇보다도 먼저 제시되어야 한다.
- 글로벌 기업전략: 이것은 단일의 사업전략, 관련 사업 및 비관련 사업

그림 12-3 글로벌 전략적 마케팅계획의 수립과정

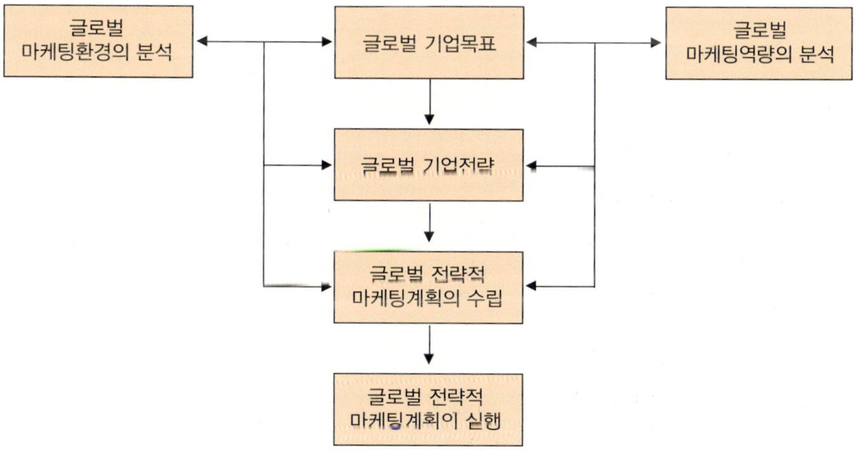

4 Kotabe, M./Helsen, K.(2011), p. 576.

5 박주홍(2009), p. 337 이하 내용을 일부 수정하여 재인용.

의 다각화전략 등과 같은 글로벌 기업전략뿐만 아니라, 차별화, 저비용 및 집중화전략 등과 같은 사업전략을 포괄한다.

- 글로벌 마케팅환경의 분석: 글로벌기업은 해외환경분석(외부적 환경분석)을 통하여 기회 및 위협요소를 파악한 후 이것을 글로벌 기업목표, 기업전략 및 전략적 계획의 수립을 위해 활용한다.
- 글로벌 마케팅역량의 분석: 글로벌기업은 기업내부분석(내부적 환경분석을 통한 글로벌 마케팅역량의 분석)을 통해 강점 및 약점을 확인한 후 이것을 글로벌 기업목표, 기업전략 및 전략적 계획의 수립을 위해 적용한다.
- 글로벌 전략적 마케팅계획의 수립: 위와 같은 과정을 거쳐서 다양한 종류의 글로벌 전략적 마케팅계획이 수립된다. 또한 글로벌 전략적 마케팅계획은 글로벌 운영적 마케팅계획(자세한 내용은 12.3 참고)의 수립에 영향을 미친다.
- 글로벌 전략적 마케팅계획의 실행: 이 단계에서는 기업목표를 달성하기 위하여 수립된 글로벌 전략적 마케팅계획이 실행된다.

12.3 글로벌 운영적 마케팅계획

글로벌 운영적 마케팅계획(global operational marketing plan)은 글로벌 전략적 마케팅계획에 기초하여 중하위경영층이 마케팅부서의 업무, 업무수행방법, 자원투입계획 및 계획완료기간 등을 구체적으로 제시한 대안을 말하며, 이것은 방법계획 또는 전술적 계획과 동의어로 사용되기도 한다.[6]

글로벌 전략적 마케팅계획은 전사적·종합적·포괄적 성격을 지닌 장기적인 계획이며, 일반적으로 해외환경분석을 통하여 수집된 정보에 기초하여 비계량적·질적 판단을 하는 거시적 마케팅계획이다. 반면에, 글로벌 운영적 마케팅계획은 부문 및 개별계획 등과 같은 중단기적인 계획과 관련되어 있으며,

6 전게서, p. 339 이하 내용을 일부 수정하여 재인용.

주로 기업내부분석에 의해 획득된 정보를 바탕으로 단순한 계량적 판단을 하는 미시적 마케팅계획이다.[7] 글로벌 운영적 마케팅계획의 주요 대상을 세부적으로 제시하면 다음과 같다.

- 글로벌 마케팅목표와 관련된 계획: 표적시장에서의 연간 시장점유율, 시장성장률, 매출액 및 마케팅예산 수립 등
- 글로벌 마케팅조사와 관련된 계획: 해외시장에 대한 환경분석 및 마케팅 조사 등
- 글로벌 마케팅전략과 관련된 계획: 글로벌 시장세분화, 표적시장 선정 및 포지셔닝 등
- 글로벌 시장진입과 관련된 계획: 글로벌 시장진입전략의 수립과 진입방법의 결정 등
- 글로벌 제품과 관련된 계획: 신제품개발, 제품디자인, 포장 및 브랜드, 제품보증 등
- 글로벌 가격과 관련된 계획: 가격책정, 가격조정, 가격변경, 수출가격 및 이전가격 등
- 글로벌 유통과 관련된 계획: 글로벌 유통경로 및 물적 유통 등
- 글로벌 촉진과 관련된 계획: 글로벌 광고, 인적 판매 및 홍보 등

News Case 12.3 스마트폰 시장의 글로벌 시장점유율 경쟁

삼성전자, LG전자 등 국내 휴대폰 제조사들은 올해 글로벌 스마트폰 시장을 집중 공략하고 있다. 지난해 세계 휴대폰 시장에서 스마트폰의 점유율은 10%대 후반이었지만 2012년에는 30% 후반대까지 높아질 것으로 예상된다. 삼성전자와 LG전자는 작년 세계 휴대폰 시장에서 각각 20%, 10%의 점유율로 2, 3위를 차지하였다. 글로벌 1위 휴대폰 제조사인 노키아와 4~5위권을 차지하고 있는 모토로라, 소니에릭슨 등의 점유율이 갈수록 떨어지고 있는 상황에서 '글로벌 빅5 업체' 중 한국 업체들만 시장을 넓히고 있는 셈이다.

삼성전자와 LG전자는 올해 세계 스마트폰 시장에 다양한 신제품을 내놓아 점유율

7 조동성(2006), p. 292 이하.

을 더 끌어올린다는 계획이다. 삼성은 독자 모바일 플랫폼인 '바다'를 탑재한 스마트폰을 잇따라 선보일 예정이다. LG전자는 글로벌 업체들과 제휴를 강화하며 점유율을 높인다는 전략이다.

삼성전자는 올해 스마트폰 판매를 1,800만 대 수준으로 늘려 글로벌 스마트폰 시장에서 8%대의 점유율을 달성한다는 목표를 세웠다. 이는 지난해 스마트폰 판매량(600만 대)의 3배 수준이다. 이와 관련하여, 삼성전자 무선사업부장(S사장)은 "올해는 글로벌 스마트폰 시장을 주도하는 모멘텀을 마련하는 해가 될 것"이라고 강조하였다. LG전자는 올해 20여 종의 스마트폰을 내놓을 계획이다. 스마트폰의 운영체제(OS)는 주로 구글의 '안드로이드'나 마이크로소프트(MS)의 '윈도폰' 등을 사용한다는 전략을 세웠다. 스마트폰 사업부의 연구개발(R&D) 인력도 전체 휴대폰 연구 인원의 30%까지 확대할 계획이다. LG전자 MC사업본부장(A사장)은 "올해 글로벌시장에서 크게 성공할 한두 개 전략 모델을 만들어 낼 것"이라며 "콘텐츠 경쟁력 강화를 위해 영향력 있는 글로벌 업체들과의 제휴도 모색하고 있다"고 설명하였다.

국내 휴대폰 업체들은 일반 휴대폰 시장에서도 지속적으로 주도권을 이어간다는 전략을 세우고 있다. 삼성전자는 터치스크린 휴대폰 등을 중심으로 북미, 유럽 등 선진 시장에서 영향력을 강화해 나갈 계획이다. 보급형 모델의 제품 경쟁력과 유통망도 더욱 강화해 신흥시장에서도 위상을 높여 나간다는 전략이다. LG전자는 올해 전체 휴대폰 판매량을 1억 4,000만 대까지 끌어올린다는 목표를 세웠다. 지난해보다 20% 늘려 잡은 것이다. 북미에서는 PC 키보드와 배열이 같은 '쿼티(QWERTY) 키패드'를 장착한 제품군으로 공략하는 한편, 각 지역별로 특화한 제품들로 시장 지배력을 넓힐 계획이다.

로이터 등 외신들에 따르면, 올해 세계 휴대폰 시장에서 삼성전자의 판매량은 지난해보다 20% 이상 늘어나고 점유율은 22%까지 높아질 것으로 보인다. LG전자의 점유율도 12%까지 늘어날 것으로 전문가들은 내다보고 있다.

국내 휴대폰 시장은 이동통신사들의 보조금 축소 등의 영향으로 다소 줄어들고 있는 상황이다. 지난 3월 국내 휴대폰 시장 규모는 150만 대 정도로, 지난 1월(210만 대)과 비교하면 60만 대 가량 줄어들었다. 하지만 하반기로 갈수록 시장이 확대될 것으로 보인다. 구글의 모바일 OS '안드로이드'를 탑재한 스마트폰 출시가 잇따르며 소비자들의 관심이 대폭 증가할 것으로 보이기 때문이다. 삼성전자는 이달 안으로 국내 시장에 처음으로 안드로이드폰을 내놓을 계획이며, LG전자도 '안드로-1'에 이은 후속 모델을 출시할 예정이다. 업계 전문가는 "팬택도 이달부터 국내 스마트폰 시장에 뛰어들 계획을 세우고 있다"며 "소니에릭슨, HTC 등 해외 업체들도 속속 안드로이드폰을 내놓을 예정"이라고 말했다.

자료원: 한국경제, 2010년 4월 8일.

CHAPTER 13 글로벌마케팅의 조직

13.1 글로벌 마케팅조직의 의의

13.2 글로벌 마케팅조직의 설계에 대한 영향요인

13.3 글로벌마케팅의 조직구조

13.1 글로벌 마케팅조직의 의의

글로벌 마케팅조직(global marketing organization)은 글로벌 마케팅계획에 따라 다양한 마케팅활동을 수행하는 기능적 단위이다. 이러한 조직은 글로벌 기업의 목표와 내부적 및 외부적 환경상황에 따라 서로 다르게 구성될 수 있다. 글로벌 마케팅조직은 기본적으로 다음과 같은 세 가지 조직적 요구사항을 충족시켜야 한다.[1]

- 커뮤니케이션: 본사로부터 현지시장으로의 명령의 전달 및 본사와 현지자회사 간의 정보의 피드백을 위한 효과적인 다양한 방식의 커뮤니케이션 시스템이 요구됨.
- 동기부여: 현지국 마케팅관리자는 글로벌 마케팅전략의 수행에 대한 인센티브를 요구함.
- 유동성: 글로벌 마케팅조직은 변화하는 환경에 잘 적응하여야 함.

글로벌 마케팅조직의 주요 과제는 다음과 같이 요약될 수 있다.

- 글로벌 잠재적 또는 실제적 고객의 욕구충족
- 글로벌 가치창출
- 글로벌 시너지 효과의 창출
- 글로벌 마케팅 자원의 효율적 활용
- 글로벌 커뮤니케이션 시스템의 구축

1 Johanson, J. K.(2003), p. 571.

13.2 글로벌 마케팅조직의 설계에 대한 영향요인

글로벌 마케팅활동을 효율적으로 지원할 수 있는 적합한 조직을 설계하기 위해서 글로벌기업은 환경적 요인과 내부적 요인을 검토하여야 한다. 이러한 두 가지 요인을 구체적으로 살펴보면 다음과 같다.[2]

13.2.1 환경적 요인

경쟁환경

글로벌경쟁은 글로벌기업으로 하여금 신속한 의사결정과 민첩성을 촉진하는 마케팅조직을 만들도록 한다. 현지국에서 경쟁이 치열한 산업인 경우에는 현지국 차원에서 의사결정이 이루어지는 분권화된 조직이 적합할 수 있다. 그러나 현지국에서의 경쟁이 심하지 않다면, 글로벌기업은 중앙집권화된 조직을 구성할 수 있다. 또한 경쟁기업의 글로벌 마케팅조직을 고려하여 조직을 설계할 필요가 있다.

환경변화의 속도

급격한 환경변화는 대부분의 산업에서 일반적으로 나타나는 현상이다. 새로운 경쟁업체 또는 어떤 제품에 대한 대체품이 나타나기도 한다. 또한 기존의 경쟁업체는 전략적 제휴를 체결하기도 하고 파기하기도 한다. 소비자의 욕구는 전 세계적으로 끊임없이 변화한다. 이와 같은 급격한 환경변하에 대처하기 위하여 글로벌기업은 글로벌환경을 계속적으로 검토할 수 있고, 이러한 환경이 제시하는 기회 또는 위협에 민감하게 반응하는 조직을 설계하여야 한다.

2 Kotabe, M./Helsen, K.(2011), p. 577 이하.

지역적 무역블록의 형성

EU(유럽연합), NAFTA(북미자유무역협정), MERCOSUR(남미공동시장) 등과 같은 어떤 지역적 무역블록 내에서 운영되는 글로벌기업은 일반적으로 그 블록 내의 자회사들 간의 마케팅활동을 어느 정도 통합한다. 유럽통합으로 인하여 수많은 글로벌기업은 그들의 조직구조를 합리적으로 개편하였다. 즉, EU에 진출한 많은 기업들은 유럽 각국에 현지자회사들을 보유하고 있지만, 유럽지역본부가 대부분의 중요한 의사결정을 담당하는 형태로 조직을 개편하였다. 그러므로 지역적 무역블록이 있는 지역에서 활동하는 글로벌기업은 글로벌 지역조직을 선택하는 경향이 있다.

소비자의 특성

소비자의 특성은 글로벌기업의 마케팅 조직설계에 큰 영향을 미칠 수 있다. 글로벌고객을 보유하고 있는 기업(예를 들면, DHL, IBM, Citigroup 등)은 글로벌 도달을 가능하게 하면서 고객에게 근접할 수 있는 조직을 개발하여야 한다.

News Case 13.1 LG전자의 글로벌 마케팅 조직개편

LG전자 K부회장이 지난 7월 각 사업부문의 글로벌 마케팅 전략조직을 최고경영자(CEO) 직속 글로벌마케팅부문(GMO)으로 통합한데 이어 해외 생산조직만 담당하던 최고운영책임자(COO) 산하로 국내 생산조직을 모두 통합하고 나섰다. LG전자 전사 차원에서 마케팅전략에 이어 생산, 제품 품질까지 직접 챙기고 나선 것이다. LG전자는 3일 정기 인사에 따른 후속 조치로 각 사업부문의 조직개편을 단행했다. 기존 사업부문은 그대로 두면서 CEO와 COO, CTO 중심으로 조직개편을 단행하고 세 사람의 권한을 크게 늘린 것이 핵심이다.

LG전자는 K부회장 직속 조직으로 시너지 상품기획 담당을 신설했다. LG디스플레이 C전무가 LG전자로 이동해 이 조직을 맡는다. 시너지상품기획 담당은 올해 LG그룹에 신설된 시너지팀과 비슷한 역할을 한다. LG전자의 주요 제품과 LG디스플레이, 이노텍, 유플러스 등을 연계해 제품 개발부터 담당하며 전자계열사의 시너지 효과를 극대화한다는 복안이다. K부회장은 시너지상품기획 담당을 통해 LG그룹 전자 계열사와 제품개발과 관련한 시너지 강화에 나선다.

K사장이 맡고 있는 COO 조직 역시 역할이 크게 늘어났다. 원래 해외 생산 조직만 담당하던 K사장은 이번 조직개편을 통해 국내 생산조직까지 총괄하게 됐다. 이로써 K부회장은 제품기획 및 개발(시너지기획 담당), 글로벌마케팅(GMO)은 물론 COO를 통해 국내외 생산 및 품질까지 모두 직접 챙기게 된다.

최고기술책임자(CTO) A사장은 기존 연구개발(R&D)에 이어 디자인까지 총괄하게 됐다. 별도 조직이었던 디자인경영센터는 CTO 산하로 편재됐다. A사장이 디자인경영센터장을 겸임한다. 제품개발을 위한 R&D부터 디자인까지 총괄해 강력한 추진력을 얻을 것으로 예상된다.

LG전자 관계자는 "각 사업부문에서 담당하던 사업들이 CEO, COO, CTO 산하로 통폐합되며 신속하고 빠른 결정이 가능해질 것으로 예상된다"면서 "대규모 조직개편은 아니지만 LG그룹의 전자계열사까지 총괄할 수 있게 돼 시너지 효과를 극대화하는 데 초점을 뒀다고 보면 될 것"이라고 말했다. 한편 PC와 모니터 사업을 하는 IT 사업부는 TV연구소장 출신 K전무가 맡고 L경영지원부문장(사장)은 수처리 사업 담당 사장으로 자리를 옮겼다. 신임 경영지원 부문장은 서브원 N부사장이 맡는다.

자료원: 아시아경제, 2012년 12월 3일.

13.2.2 기업 내부적 요인

글로벌경영의 전략적 중요성

어떤 기업의 해외매출이 기업 전체에서 차지하는 비율이 낮은 경우에는 수출부와 같은 단순한 조직이 기업의 해외활동을 쉽게 처리할 수 있다. 그러나 해외매출이 증가함에 따라 글로벌기업의 조직은 기업의 글로벌활동의 중요성을 고려하여 개편되어야 한다.

제품의 다양성

기업의 해외제품라인의 다양성은 기업의 조직설계에 영향을 미친다. 다양한 제품라인를 보유한 기업은 일반적으로 글로벌 제품조직을 선호하는 경향이 있다.

기업문화

기업 간의 조직구조의 차이는 기업문화에 의해 설명될 수 있다. 네슬레(Nestlé)와 유니레버(Unilever) 등과 같은 글로벌기업은 전통적으로 고도로 분권화된 조직을 유지하여 왔기 때문에 많은 의사결정권이 현지자회사에 위임된다. 그러나 유니레버는 경쟁업체인 피앤지(P&G)와 유럽지역에서 경쟁하기 위하여 글로벌 지역조직으로 조직을 개편하였으며, 유럽지역을 위한 인센티브 제공과 관련된 성과측정방법을 변경시켰다.

현지 마케팅관리자의 관리능력

분권화는 현지 마케팅관리자의 자질이 부족할 경우에는 문제가 될 수 있다. 이러한 경우에 있어서 기업은 현지에 본사의 마케팅인력을 파견할 수 있지만 이것은 많은 비용을 필요로 하며, 언제나 효과적인 것은 아니다. 즉, 현지파견인력이 현지환경에 적응하기 어려울 수도 있다.

News Case 13.2 포스코의 글로벌 마케팅 조직개편

지난해 2월 취임한 포스코 J회장은 글로벌 경영환경 변화에 대응하기 위해 '열린경영, 창조경영, 환경경영' 등 3대 경영철학을 제시하였다. 이 가운데 '경청'을 핵심 키워드로 하는 '열린경영'의 중심에는 고객사가 자리잡고 있다. J회장은 취임 후 첫 업무로 고객사인 현대중공업과 삼성중공업을 차례로 방문하며 고객중심 경영의 실천에 나섰다. J회장이 첫 업무로 고객사 방문을 선택한 것은 고객과 눈높이를 맞춤으로써 고객의 가치를 높이고 창조하기 위해서이다. J회장은 "현대중공업과 삼성중공업은 포스코 설비 가동 이후 첫 제품인 후판의 중요 고객사"라며 "신뢰와 협력관계를 바탕으로 세계 조선산업과 철강산업의 리더로 함께 성장 발전해 나가자"고 말했다.

포스코는 지난 2월 26일 주주총회 당시 2018년 연결매출 100조 원의 '포스코 3.0'을 달성하기 위해 마케팅과 생산조직 통합 등 대대적인 조직개편을 단행하였다. 기존 재무투자, 경영지원, 마케팅, 생산기술, 스테인리스부문 등 5개 부문과 미래성장전략실 등으로 운영되던 조직을 전략기획총괄, 기술총괄, 경영지원총괄 등 스태프부서와 성장투자, 탄소강, 스테인리스 등 각 사업부문별로 나누는 3개 사업부문으로 재편하였다.

창립 40년 역사 이래 최초로 마케팅과 제철소 조직을 통합해 탄소강사업부문을 신설한 것이다. 이 가운데 매출의 85% 이상을 차지하는 탄소강사업의 핵심인 마케팅과 생산을 통합조직으로 개편한 것은 해외에서도 드문 사례로 평가받고 있다. 지난 1월에는 수출기획그룹을 신실, 글로벌 마케팅전략 기능을 강화하였다. 4월까지 카이로사무소 및 동·서남아시아 판매법인을 신설해 해외 판매거점을 확충하겠다는 방안이다.

포스코는 현장밀착형 고객서비스 강화를 위해 지난 2월 마케팅부문 영업 및 고객지원부서 직원 178명을 대상으로 스마트폰을 지급하였다. 또한 출장 중이나 휴일에도 고객서비스 업무가 처리될 수 있도록 스마트폰용 마케팅 업무처리화면 23종(긴급 출하지시, 주문진행, 운송조회, CRM, 속보 등)을 개발해 운영 중이다. 가전강판판매그룹 J대리는 "직접 스마트폰을 고객사에 보여 주자 많은 고객들이 호기심과 기대감을 보였다"며 "적극적인 대응 의지로 비쳐 대내외적인 신뢰 상승을 기대할 수 있을 것"이라고 말했다.

자료원: 뉴시스, 2010년 4월 14일.

13.3 글로벌마케팅의 조직구조

글로벌마케팅의 조직구조는 국제사업부조직, 글로벌 제품조직, 글로벌 지역조직, 글로벌 기능조직 및 글로벌 매트릭스조직 등과 같은 5개의 유형으로 분류될 수 있다.[3]

13.3.1 국제사업부조직

국제사업부조직(international division structure)에서는 국제적인 운영과 관

3 13.3의 내용은 박주홍(2009), p. 347 이하의 내용을 일부 수정하여 재인용.

련된 모든 활동들이 국제사업부 한 곳으로 집중되어 처리된다. 수출부조직을 보유한 기업이 성장·발전함에 따라 점차 증가하는 국제적인 업무를 감당하기 어려운 경우에 국제사업부가 구성될 수 있다. 〈그림 13-1〉에 나타나 있는 바와 같이 국제사업부가 해외활동을 총괄한다. 이 그림의 사례에 제시된 바와 같이, 이 기업은 3개의 국내사업부를 두고 있으며, 1개의 국제사업부를 두고 있다. 또한 국제사업부는 아시아, 유럽, 북미 및 남미 등을 담당하는 별도의 조직을 운영하고 있다.

국제사업부의 장점은 다음과 같이 요약될 수 있다.

- 글로벌 경영활동과 관련된 모든 업무들이 국제사업부에 집중되기 때문에 신속한 의사결정이 가능하다.
- 글로벌 경영활동에 대한 책임과 권한이 분명해진다. 즉, 국내사업은 국내사업부가 책임지며, 해외사업은 국제사업부가 책임진다.
- 국제사업부 내에 있는 지역별 조직을 통하여 해당 국가 또는 지역의 시장정보를 효과적으로 습득할 수 있다.

국제사업부의 단점으로 다음과 같은 것들이 제시될 수 있다.

그림 13-1 국제사업부조직

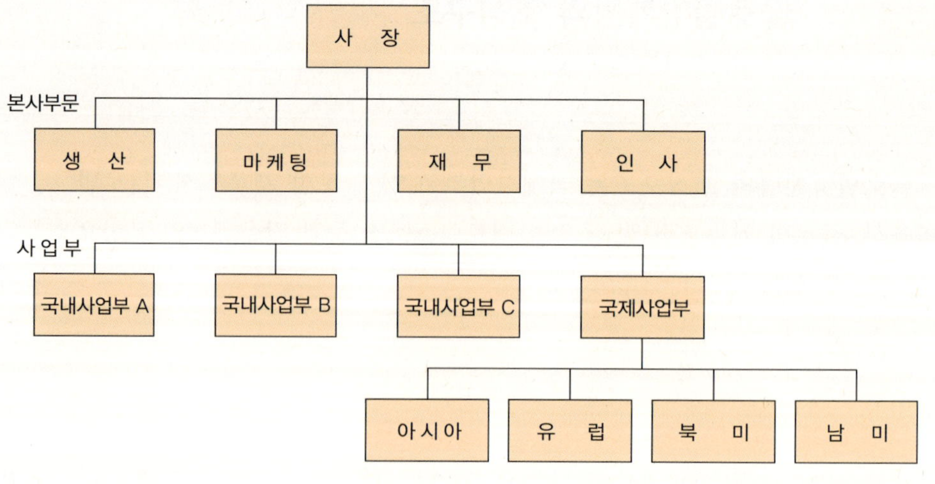

자료원: 박주홍(2009), p. 347.

- 국내사업부와 국제사업부 간에 갈등이 나타날 수 있다(예를 들면, 상충적인 목표의 설정과 경쟁의식).
- 국제사업부는 대체로 독자적인 연구개발부서를 갖고 있지 않기 때문에 신제품개발을 국내사업부의 연구개발부서로 의뢰하는데, 이 과정에서 해외고객의 요구사항이 무시될 수 있다.
- 기업의 해외사업비중이 증가함에 따라 국제사업부의 효율성이 떨어질 수 있다. 즉, 증가된 국제업무를 한 부서에서 감당하기 어려운 한계상황이 나타날 수 있다.[4]

13.3.2 글로벌 제품조직

글로벌 제품조직(global product structure)은 글로벌기업이 어떤 특징제품 또는 제품집단에 따라 조직을 구성하는 것을 말한다. 이 조직에서 어떤 하나의 글로벌제품부는 이질적인 국가별 및 지역별 시장을 포괄적으로 담당한다. 일반적으로 이 조직은 다양한 제품과 제품집단을 보유하고 있는 대기업이 선호하는 경향이 있다. 〈그림 13-2〉는 글로벌 제품조직을 보여준다. 이 그림에 제시되어 있는 것처럼, 각 글로벌제품부는 관련된 각 지역시장들을 책임진다.

글로벌 제품조직의 장점을 살펴보면 다음과 같다.

- 다양한 국가 및 지역시장의 요구사항을 더욱 잘 고려할 수 있다(높은 유연성과 적응력).
- 각 제품집단은 각 마케팅영역에서 보다 효율적인 의사소통을 할 수 있다.
- 서로 다른 제품집단에 대하여 보다 많은 자율권과 개발가능성이 주어진다.

글로벌 제품조직의 단점은 다음과 같이 제시될 수 있다.

- 제품 또는 제품집단에만 초점을 맞추는 경우, 다른 분야 또는 기능영역이 소홀히 될 수 있다.
- 특정 국가 또는 지역 내에 다수의 판매지점 또는 유통망이 운영될 수

4 김주헌(2004), p. 451 이하.

그림 13-2 글로벌 제품조직

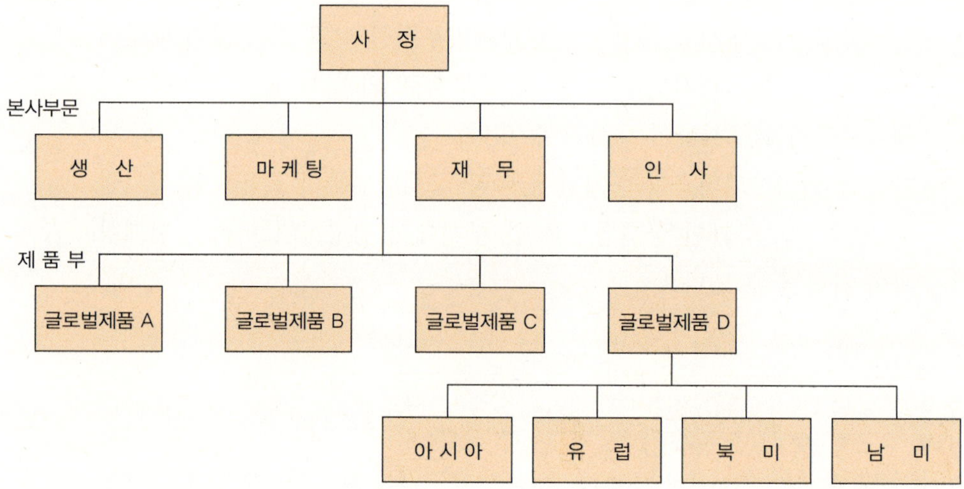

자료원: 박주홍(2009), p. 349.

있기 때문에 자원이 낭비될 수 있다.

- 과도한 제품지향성으로 인해 현지국의 시장요구가 무시될 수 있다.[5]

13.3.3 글로벌 지역조직

글로벌 지역조직(global regional structure)에서는 어떤 특정의 지리적 영역에 대하여 책임이 있는 지역본부(headquarters)의 관리자에게 글로벌 경영활동을 전적으로 맡기는 형태로 조직이 구성된다. 이 조직에서는 지역중심적 관리개념에 기초하여 조직이 구성되고 운영된다. 〈그림 13-3〉은 글로벌 지역조직을 보여준다. 이 그림에 나타나 있는 바와 같이, 각 지역별 조직은 지역본부의 형태로 운영되며, 지역본부 내에는 다수의 국가별 조직이 있다.

글로벌 지역조직의 장점을 살펴보면 다음과 같다.

- 글로벌 경영활동이 지역별로 통합되기 때문에 지역적인 규모의 경제가 달성될 수 있다.

5 한선민(2005), p. 404.

그림 13-3 글로벌 지역조직

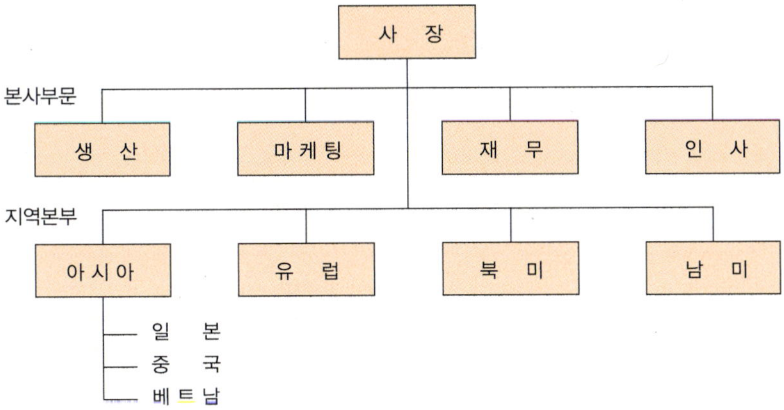

자료원: 박주홍(2009), p. 350.

- 문화적 배경이 유사한 지역에서는 표준화된 마케팅전략을 수행할 수 있다(예를 들면, 유럽지역 및 북미지역 등).
- 지역별 조직에 속해 있는 국가별 조직의 통제가 용이하다.

글로벌 지역조직의 단점은 다음과 같이 열거될 수 있다.

- 지역별 조직은 이익센터(profit center)의 관점에서 운영되기 때문에 글로벌관점에서의 글로벌 기업통합이 실현되기 어렵다.
- 특정 지역 내에 문화적 이질성이 존재하는 경우에는 국가별 조직 간에 갈등이 야기될 수 있다.
- 각 지역조직은 제품 또는 기능과 관련된 중복적 조직을 필요로 하기 때문에 추가적인 비용이 발생할 수 있다.[6]

13.3.4 글로벌 기능조직

글로벌 기능조직(global functional structure)은 기업의 각 기능영역에 따라 조직을 구성하는 것을 말한다. 이 조직에서는 라인관리자가 국내 및 해외

6 Gillespie, K./Jeannet, J.-P./Hennessey, H. D.(2004), p. 452.

그림 13-4 글로벌 기능조직

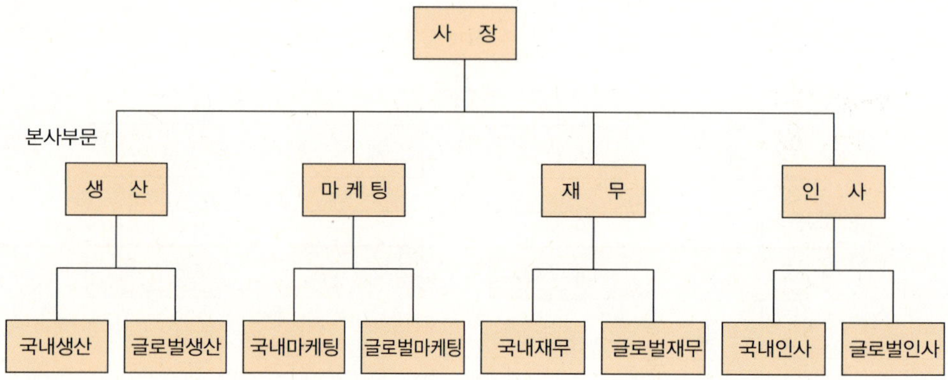

자료원: 박주홍(2009), p. 351.

에서의 특정 기능영역활동에 대하여 책임을 지며, 각 기능영역은 국내와 해외로 나누어진다(예를 들면, 생산부서는 국내생산과 글로벌생산, 마케팅은 국내마케팅과 글로벌마케팅 등으로 구분됨). 〈그림 13-4〉는 글로벌 기능조직을 제시한다. 이 그림에서는 생산, 마케팅, 재무 및 인사 등과 같은 기능영역이 국내 및 글로벌관점으로 구분되어 조직도에 표시되어 있다.

글로벌 기능조직의 장점을 요약하면 다음과 같다.

- 각 기능영역의 강점이 국내와 해외에서 골고루 활용될 수 있다.
- 책임영역이 분명하기 때문에 기능영역별 특화 또는 전문화가 추구될 수 있다.
- 기능영역별로 할당된 국내 및 글로벌업무가 일관되게 처리될 수 있다.

글로벌 기능조직의 단점은 아래와 같다.

- 전 세계의 고객에게 판매되는 최종제품 또는 서비스에 대한 책임소재가 분명하지 않을 수 있다.
- 기능영역 간의 커뮤니케이션이 원활하지 못하다.

13.3.5 글로벌 매트릭스조직

글로벌 매트릭스조직(global matrix structure)에서는 둘 또는 그 이상의 조직화기준이 하나의 매트릭스에서 동시에 동일한 순위로 고려된다.[7] 글로벌 매트릭스조직의 목표는 글로벌관점에서 조직구조의 유연성을 증대시키는 것이다.[8] 〈그림 13-5〉는 글로벌 매트릭스조직을 제시하는데, 이것은 다만 하나의 사례에 불과하다. 실제에 있어서, 글로벌 매트릭스조직은 다양한 조직화기준(예를 들면, 제품×기능, 지역×기능 또는 제품×지역×기능)에 따라 여러 가지 형태로 구성될 수 있다.[9]

글로벌 매트릭스조직의 장점을 열거하면 다음과 같다.

- 제품별 및 지역별로 관련된 기능영역 간의 직접적인 의사소통경로가 확보된다.

그림 13-5 글로벌 매트릭스조직

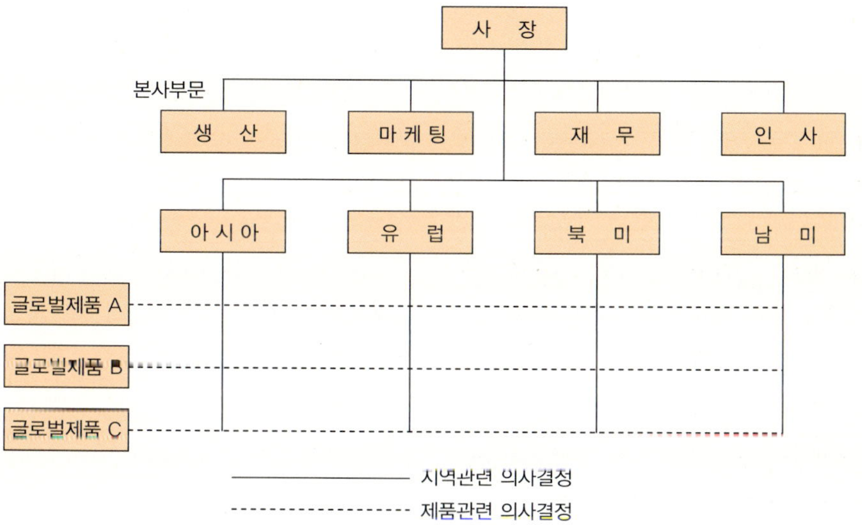

자료원: 박주홍(2009), p. 352.

7 Schertler, W.(1993), p. 42; Bühner, R.(1992), p. 147.

8 Schertler, W.(1993), p. 42.

9 김주헌(2004), p. 458.

- 관련된 기능영역의 관리자들을 통하여 문제해결의 잠재성이 증대된다.
- 횡단면적인 연결을 통하여 환경변화에 대한 유연성과 적응력이 향상된다.
- 각 기능영역의 협력이 순조로울 경우, 조직관리자의 부담이 완화된다.

글로벌 매트릭스조직의 단점은 다음과 같다.

- 관련된 기능영역의 관리자들 사이에 갈등이 나타날 가능성이 잠재되어 있다.
- 관련된 기능영역 간의 만족스럽지 못한 의견조정은 조직에 대한 위험성을 증대시킬 수 있다.

News Case 13.3 롯데백화점의 해외조직 강화

롯데백화점이 지난 1일자로 조직개편을 단행, 해외사업본부를 신설하는 등 해외조직을 대폭 보강하고 글로벌시장 공략에 본격적으로 나섰다. 롯데그룹은 지난해 3월 '2018 비전, 아시아 톱10' 선포식에서 2018년 유통 분야의 해외 매출목표를 27조 원으로 밝힌 바 있다. 이 가운데 롯데백화점은 2018년 국내에서 17조 원, 해외에서 5조 원의 매출을 달성한다는 목표를 세워놓고 있다.

4일 롯데백화점에 따르면 이번 조직개편에서 해외사업의 총괄조직으로 해외사업본부를 신설하였다. 기존 해외사업부문을 확대한 해외사업본부는 산하에 해외, 중국, 러시아, 베트남, 인도네시아 등 5개 사업부문을 두었다. 기존에 별도 조직으로 운영되던 러시아사업부와 중국사업부를 사업부문으로 확대, 개편해 해외사업본부로 편입하고, 해외사업부문과 베트남 사업부문과 인도네시아 사업부문을 추가한 것이다.

아울러 해외사업본부와 각 사업부문의 책임자를 임원급으로 격상하고, 특히 사업부문장은 현지에 전진 배치하였다. 아직 해외사업본부장은 정해지지 않았으나 전무급 이상으로 배치할 예정이며, 중국과 러시아 사업부문장에는 상무급을, 해외사업부문과 베트남, 인도네시아 사업부문장에는 이사급을 선임하였다. 베트남 사업부문과 인도네시아 사업부문은 당분간 베트남 사업부문장이 겸임토록 하였다.

롯데백화점은 그동안 베트남, 인도네시아, 중국, 러시아 등에 과장급 실무자를 파견, 현지 시장조사를 진행해 왔다. 롯데백화점 관계자는 "이번 조직개편은 롯데백화점의 해외사업이 시장조사 단계를 넘어 본격적인 시장 개척단계에 접어들었음을 보여주는 것"이라고 말했다. 현재 모스크바에 해외 백화점 1호점과 베이징에 해외 2호점을 운영하고 있는 롯데백화점은 내년 상반기에 중국 톈진점, 2013년 베트남 하노이점을 개장할 계획이다.

이외에도 베트남, 러시아, 인도, 중국 등 이른바 'VRICs' 지역을 중심으로 신흥 유통시장 진출에 박차를 가할 예정이며, 인도네시아 진출도 모색하고 있다.

자료원: 연합뉴스, 2010년 4월 4일.

CHAPTER 14

글로벌마케팅의 통제

14.1 글로벌 마케팅통제의 의의와 필요성

14.1.1 글로벌 마케팅통제의 의의

통제(control)는 "계획과 성과 간의 편차를 확인하고, 이러한 편차를 분석하기 위한 어떤 순서적이고 지속적인 정보가공의 과정"으로 정의할 수 있다.[1] 글로벌 마케팅통제(global marketing control)는 글로벌마케팅의 계획, 실행 및 결과를 포괄하는 본사와 자회사의 글로벌 마케팅활동의 전반에 대하여 지속적이고 체계적으로 검토하는 것을 의미한다. 전통적인 통제형태인 글로벌마케팅에 대한 결과통제 또는 사후통제(계획과 결과의 비교)는 다음과 같은 3단계로 구분된다.[2]

- 글로벌 마케팅결과의 확인: 결과는 계획한 성과(수치 또는 측정치)에 기초하여 확인된다.
- 글로벌 마케팅계획과 결과의 비교: 계획이 목표한 대로 실현되었는가 또는 계획과 결과 사이에 편차가 있는가를 확인하기 위하여 계획과 결과가 비교된다.
- 편차분석: 편차분석은 글로벌 마케팅계획과 결과 사이에 편차가 나타난 원인을 규명하고, 이에 근거하여 편차를 줄이기 위한 처리대안이 개발된다.

위와 같은 결과통제 이외에도 글로벌 마케팅통제는 전제조건통제와 실행통제 등으로 더욱 세분화할 수 있다.[3] 전제조건통제는 계획이 수립되는 기간에 이루어지며, 여기에서는 계획과 관련된 내부적이고 외부적인 환경에 대한 기본조건의 타당성이 검토된다. 전제조건통제는 계획수립기간에 이루어지기 때문에 사전통제라고 한다. 글로벌기업의 전제조건통제의 목표는 본사와 자회사의 내부적 및 외부적 환경에 대한 분석을 통하여 계획기간 중에 글로벌

1 Bea, F. X./Dichtl, E./Schweitzer, M.(1994, Ed.), p. 90; 제14장의 내용은 박주홍(2009), p. 371 이하의 내용을 일부 수정하여 재인용.

2 Schreyögg, G.(1994), p. 346; Frese, E.(1987), p. 184.

3 Macharzina, K.(1993), p. 334.

마케팅계획의 타당성을 검토하여 미래시점에서의 성과를 보다 정확하게 설정하는 것이다.

실행통제는 글로벌 마케팅계획이 실행되는 과정에서 계획한 목표와 중간목표의 달성 정도에 대하여 지속적으로 비교하는 것을 말한다. 만일 실행과정에서 편차가 발생할 경우에는, 글로벌 마케팅계획이 수시로 수정될 수 있다. 효과적인 실행통제를 위해서는 실현가능한 중간목표를 설정하는 것이 중요하다. 특히, 글로벌기업에서의 실행통제의 목표는 본사와 자회사에서 수립한 글로벌 마케팅계획을 특정 시점별로 주기적으로 검토·수정하여 최종목표를 원활하게 달성하는 것이다.

〈그림 14-1〉은 글로벌 마케팅통제의 종류와 시점을 보여준다. 이 그림에는 전제조건통제, 실행통제 및 결과통제 등이 이루어지는 시점이 제시되어 있다.

그림 14-1 글로벌 마케팅통제의 종류와 시점

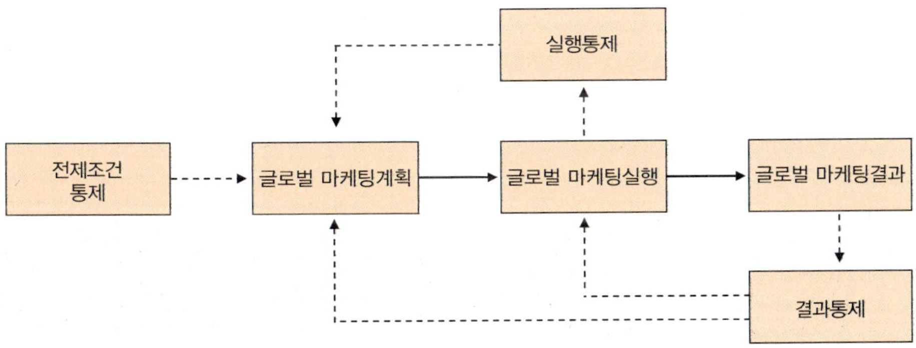

자료원: 박수홍(2009), p. 372; 저자에 의해 일부 수정됨.

News Case 14.1 삼성전자와 LG전자의 글로벌 시장점유율 확대전략

삼성전자와 LG전자가 글로벌 가전시장 점유율 확대를 위한 카드로 '빌트인'을 뽑아 들었다. 빌트인은 로컬 브랜드 입김이 강한 시장을 공략할 때 효과를 발휘할 수 있는 영업형태로 꼽힌다. 기업 간 거래(B2B)인 빌트인 대응을 강화해 단번에 여러 제품 점유율을 함께 끌어 올리는 접근 방식이다. 삼성전자는 빌트인 가전사업을 유럽 중심에서 미국, 아프리카, 동남아로 확대한다. 오븐과 쿡탑, 후드, 식기세척기를 포함한 빌트인 풀라인업도 확보했다. 2015년까지 모든 가전제품에서 1위로 도약한다는 목표다. 하지만 단품 소비자시장(B2C)은 지역별로 월풀, GE, 보쉬, 일렉트로룩스와 중국업체가 견고하다. 빌트인은 초기시장을 개척하기 어렵지만 성과가 나기 시작하면 단번에 여러 제품의 점유율을 끌어올릴 수 있는 점이 매력이다.

삼성전자는 미국의 주택용품 유통업체 홈데포와 제휴를 타진하고 있다. 미국과 캐나다, 멕시코 등지에서 2,000여 개 매장을 운영하고 있는 가정용 건축자재와 인테리어 제품 전문업체와 연계해 '빌트인 가전' 사업을 키우기 위함이다. 이외 다양한 B2B 가전 확대 전략을 타진 중이다. 삼성전자는 시장 1위에 올라있는 대형 광고판, 인테리어 조형물 중심의 대형디스플레이(LFD) B2B사업 경험을 가전분야로도 확산하고 있다. 삼성전자 관계자는 "국내외 주요 가구, 건설업체와 협력을 지속적으로 확대하고 '하우젠갤러리' 같은 체험형 공간도 확대해 나갈 것"이라고 말했다.

LG전자는 지난주 뉴욕 '아트앤 디자인 뮤지엄'에서 열린 '홈 디자인 라운드 테이블'에서 빌트인 가전시리즈인 'LG 스튜디오'를 전시했다. 미국 유명 인테리어 디자이너와 시장 분석가들이 모이는 주요 행사참여로 북미 빌트인 시장 확대를 노린다. 24인치급 고효율로 미국 내 인증 '에너지스타'를 획득한 양문형 빌트인 냉장고와 매직스페이스를 탑재한 프렌치도어 냉장고가 주목을 끌었다는 설명이다. LG전자 관계자는 "양문형냉장고와 콤비(냉장+냉동)냉장고, 식기세척기, 오븐, 가스쿡탑, 와인셀러까지 모두 확보했다"며 "주방가구 전문업체 한샘과 제휴를 맺었고 빌트인 가전 전용 매장인 '디오스인갤러리'도 운영하는 한편, 외국 프리미엄 가전 바이킹과 협력도 확대한다"고 말했다.

글로벌 빌트인 시장규모는 연간 450억 달러 규모다. 유럽이 220억 달러로 단일시장으로는 가장 크다. 이어 미국 100억 달러, 우리나라를 포함한 아시아 100억 달러, 기타 30억 달러 수준이다. 중동 등 신흥 시장의 성장기대도 높다. 가전유통업계 관계자는 "세계시장에서 삼성과 LG가 냉장고, 세탁기 등에서 고루 상위권 올라 있지만 그 점유율은 10~20% 수준"이라며 "B2C 외에 빌트인 전략 강화로 대규모 계약을 노리는 것"으로 진단했다. 양사는 우리나라 빌트인 시장에 대한 기대도 높다. 건설 경기가 좋지 않지만 2000년대 초반 확산됐던 빌트인 아파트와 오피스텔의 제품 교체주기가 도래했다. B2B 이외에 자신만의 특화 가전제품을 원하는 프리미엄 고객수요도 확대되는 추세다.

자료원: 전자신문, 2012년 11월 19일.

14.1.2 글로벌 마케팅통제의 필요성

글로벌기업은 서로 다른 환경조건하에서 글로벌 경영활동을 하는 본사와 자회사 등으로 구성되어 있다. 국내기업의 통제와는 달리 글로벌기업의 통제는 그 대상이 다양할 뿐만 아니라, 범위도 매우 넓기 때문에 보다 폭넓은 시각에서 이루어져야 한다. 특히, 글로벌 마케팅통제가 필요한 이유를 살펴보면 다음과 같다.

- 본사와 자회사의 글로벌 마케팅목표의 달성: 글로벌 마케팅통제의 가장 중요한 목적은 글로벌차원의 전사적인 마케팅목표의 달성이다. 즉, 본사와 자회사가 설정한 글로벌 마케팅목표를 달성하기 위하여 지속적이고 주기적인 통제가 필요하다.
- 글로벌마케팅의 시너지창출: 글로벌 마케팅통제를 통하여 글로벌시너지가 창출되어야 한다. 본사와 자회사에 대한 효과적인 글로벌 마케팅통제는 계획, 실행 및 결과 등과 같은 일련의 가치창출과정에 걸쳐 문제점을 제거하고 강점을 보완하여 글로벌시너지를 창출하는 역할을 한다.
- 글로벌 전략적 마케팅계획과 글로벌 운영적 마케팅계획의 실행에 따른 결과의 피드백: 글로벌 전략적 마케팅계획과 글로벌 운영적 마케팅계획의 실행을 통하여 글로벌기업이 설정한 다양한 형태의 결과가 도출된다. 그러나 이러한 결과가 목표한 대로 달성되지 않았다면, 통제를 담당하는 의사결정자는 피드백을 거쳐서 글로벌 전략적 마케팅계획과 글로벌 운영적 마케팅계획을 수정하거나 실행과정에서의 문제점들을 개선하여야 한다.
- 글로벌 마케팅환경의 변화에 대한 신속한 대응: 글로벌마케팅의 계획 및 실행과정에서 글로벌 마케팅환경은 끊임없이 변화하고 있다. 글로벌 마케팅활동에 긍정적 또는 부정적인 영향을 미칠 것으로 예상되는 환경의 변화에 신속하게 대처하기 위하여 글로벌기업은 글로벌마케팅에 대한 통제기능을 강화할 필요가 있다.

News Case 14.2 락앤락의 2013년 글로벌 시장점유율 목표

락앤락은 '2013 글로벌 넘버 원'이라는 목표를 세웠다. 이를 위해 중국을 비롯해 베트남, 태국, 인도 등 이머징 마켓에 직접 진출해 공격적인 마케팅을 펼치고 있다. 13억 인구의 중국 시장 공략을 위해 2004년 상해 법인을 설립하였다. 이후 북경법인, 심천법인과 14개 도시에 지점이 설립되었다. 중국 시장에서 5년 동안 연평균 154% 성장률(2004년~2009년)을 보였다.

2009년 한 해에는 중국 내수 연결실적으로 약 1,170억 원의 매출을 달성하였다. 이는 락앤락 전체 매출액의 1/3 이상이다. 산동성의 위해 만산 공장에 이어 2007년 10월 대지 9만 5,000m² 규모의 강소성 소주 공장이 건립, 해외 수출 전용 및 내수 기지로 사용되고 있다. 이에 따라 2006년 8월에는 중국 시장 진출 2년 만에 '제 4 회 중국시장 소비자 만족 브랜드 조사' 가정용품 – 식품 신선도 유지 제품 부문에서 1위를 차지하였다. 2006~2008년 3년 연속 나이키, 필립스와 같은 세계적인 브랜드들과 함께 '상해 인기브랜드'로 선정되었다.

RI리서치 결과(900명 설문조사) 북경, 상해, 광주에서 밀폐용기부문 브랜드 인지도 1위를 차지하였다. 상해의 경우 99%의 브랜드 인지도를 달성하였다. 또한 2007년 5월에는 중국체육총국 공식후원업체로 선정, 락앤락의 밀폐용기가 세계 유수 브랜드와 함께 중국 국가대표선수촌의 전용 제품으로 지정되었다.

락앤락은 중국을 단순한 생산 기지로만 보지 않는다. 중국 전역에 직영 매장을 포함한 고급 백화점이나 대형 할인점 등 다양한 유통채널을 확보하고 있다. 현재 1,000여 개에 이르는 유통 채널을 향후 50여 개의 직영 매장 및 프랜차이즈를 포함한 3,000여 개로 확대할 예정이다. 특히 향후 중국 내 유통망을 넓히기 위해 프랜차이즈 사업에 중점을 둘 계획이다.

베트남에서 하이엔드 마켓 포지셔닝 전략으로 하노이, 호치민 등 4대 도시를 중심으로 집중적인 마케팅 활동을 추진중이다. 작년 4월 베트남 호치민 인근에 7만m²에 이르는 생산공장도 건립되었다. 또한 락앤락은 2003년 태국에 첫 진출한 이후 매년 100%가 넘는 성장률을 기록하며, 2007년 300만 달러의 매출을 달성하였다.

2008년 11월에는 태국 플라스틱 식기 시장의 80%를 점유하고 있는 '스리타이 수퍼웨어'와 합작회사를 설립하였다. 이어 태국 주변 국가인 베트남, 말레이시아, 필리핀, 인도네시아 등 신흥성장시장 선점에도 박차를 가할 계획이다. 현재 3개의 직영점이 있으며, 올해 5개의 직영점을 추가로 오픈할 계획이다. 락앤락은 2009년 기준 국내 밀폐용기 제조 1위 기업으로 국내 플라스틱 밀폐용기 시장점유율 59.7%, 세계 밀폐용기 시장점유율 7.2%를 유지하고 있다. 락앤락은 오는 2013년 세계 밀폐용기 시장점유율 17.8%를 목표로 하고 있다.

자료원: 뉴시스, 2010년 4월 18일.

14.2 글로벌 마케팅통제의 과정

글로벌기업은 글로벌 마케팅계획과 실행의 과정 중에 나타나는 결과(중간결과)뿐만 아니라, 실행이 이루어진 이후의 결과(최종결과)에 기초하여 적절한 통제를 하여야 한다. 글로벌 마케팅관리자는 설정된 통제기준에 따라서 글로벌 마케팅활동의 성과에 대하여 검토·평가하여야 한다. 글로벌 마케팅통제의 과정은 다음과 같은 5단계로 이루어져 있다. 〈그림 14-2〉는 글로벌 마케팅통제의 과정을 제시한다.

글로벌 마케팅통제의 대상결정

글로벌기업은 본사와 자회사의 글로벌 마케팅활동과 관련된 구체적인 통제대상을 결정해야 한다. 예를 들면, 자회사 내 마케팅부서의 업무과정 중의

그림 14-2 글로벌 마케팅통제의 과정

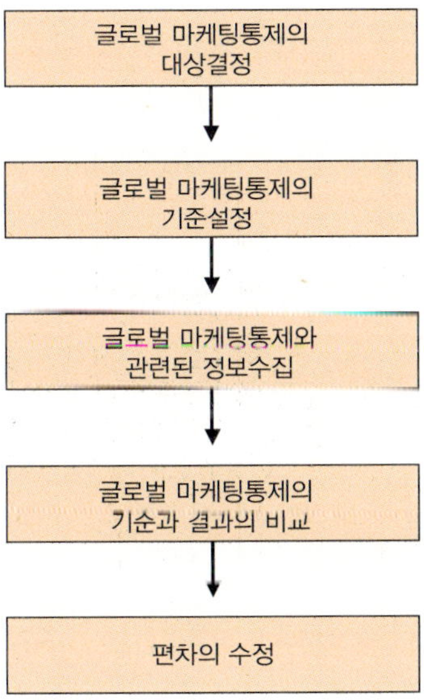

하나를 통제대상으로 결정하는 경우, 투입, 실행 및 산출 등으로 구분하여 통제대상이 결정된다. 통제대상의 결정에 있어서 가장 중요한 것은 글로벌기업의 본사와 자회사의 마케팅조직과 그 책임단위를 정확하게 분류하는 것이다.

글로벌 마케팅통제의 기준설정

글로벌 마케팅활동을 적절히 평가하기 위하여 정량적이고 정성적인 통제기준이 설정되어야 한다. 정량적인 기준은 수치로 파악이 가능한 성과기준(예를 들면, 시장점유율, 매출액 등)을 말하며, 반면에 정성적인 기준은 수치로 파악이 불가능한 성과기준(예를 들면, 고객의 만족)을 의미한다. 일반적으로 통제기준은 표준(standard)과 동의어로 사용되기도 하는데, 이러한 표준은 글로벌 마케팅통제의 목표 또는 기준이 되는 것으로서 실제의 성과측정을 위해 설정된다. 즉, 글로벌기업이 설정한 표준은 글로벌 마케팅목표에 따라 수립되는 전략적 및 운영적 마케팅계획에 기초한 마케팅통제의 기준이다.

글로벌 마케팅통제와 관련된 정보수집

글로벌 마케팅활동의 결과에 대한 현재 상황을 설정한 통제기준과 비교하기 위해서는 각 기준 또는 표준에 대한 정보가 수집되어야 한다. 즉, 관련된 정보는 글로벌기업의 본사와 자회사의 마케팅조직과 그 책임단위에 의해 정량적 및 정성적 자료의 형태로 제시되어야 한다. 경우에 따라서 통제를 담당하는 마케팅관리자 또는 팀이 관련된 정보를 직접적으로 수집할 수도 있다.

글로벌 마케팅통제의 기준과 결과의 비교

글로벌기업이 설정한 마케팅 통제기준 또는 표준은 결과(성과)와 비교되어야 한다. 즉, 결과와 관련된 정보가 수집되면, 통제기준과 비교하여 글로벌기업의 마케팅성과가 구체적으로 검토된다. 이러한 비교는 본사와 자회사의 마케팅조직과 그 책임단위별로 개별적으로 이루어질 수도 있고, 본사와 자회사의 상호비교를 통해 전 세계적인 관점에서 이루어질 수도 있다. 만일 비교를 통하여 마케팅 통제기준과 결과 사이에 편차가 나타난다면, 글로벌 마케팅

관리자는 그 원인을 확인하여 문제점을 수정하여야 한다.

편차의 수정

글로벌 마케팅통제의 마지막 단계는 네 번째 단계에서 확인된 편차를 수정하는 것이다. 글로벌기업의 마케팅활동에 대하여 단순히 통제기준을 설정하고 결과에 대한 측정과의 비교만으로는 통제의 목적을 달성할 수 없다. 즉, 마케팅 통제기준과 결과 사이에 편차가 발생하였을 경우, 그 원인을 분석하고 이를 수정하기 위한 피드백이 이루어져야만 글로벌 마케팅통제가 완결된다.

14.3 글로벌 마케팅통제의 방법

14.3.1 공식적 통제

공식적 통제(formal control)는 기본적으로 다음과 같은 세 가지의 요소로 구성되어 있다.[4]

예산과 계획 시스템(budget and planning system)

예산은 가장 기본적인 공식적 마케팅통제의 수단으로 사용될 뿐만 아니라, 글로벌 마케팅활동과 관련된 투자, 현금관리 및 인력관리 등에 대한 단기적인 지침을 제시한다. 일반적으로 예산은 기업의 회계시스템과 연결되기 때문에 예산주기는 1년이다. 반면에, 계획은 1년 이상의 공식화된 장기프로그램을 의미한다. 즉, 장기계획은 2~10년을 주기로 하며, 정성적이며 판단을 요구하는 경향이 있다.

4 Czinkota, M. R./Ronkainen, I. A.(1995), p. 648 이하.

기능적 보고 시스템 (functional reporting system)

본사는 자회사로부터 다음과 같은 다양한 형태의 실적보고를 받음으로써 공식적인 마케팅통제를 한다.

- 대차대조표: 대차대조표의 주요 항목분석
- 손익계산서: 손익계산서의 주요 항목분석
- 생산량: 자회사의 총생산량, 공장가동률 등에 대한 정보
- 시장점유율: 특정 국가 또는 지역에서의 시장점유율
- 현금흐름: 유동성 분석
- 재고수준: 로지스틱스
- 제품별 판매량: 제품별 판매량의 비교
- 마케팅인력의 실적평가: 인적 판매의 성과분석
- 현지국의 경제적 및 정치적 환경과 관련된 보고서: 현지국 환경분석에 기초한 마케팅통제

정책 매뉴얼 (policy manuals)

본사는 정책 매뉴얼을 통하여 자회사의 글로벌 마케팅활동에 대한 기본적인 지침을 제시할 수 있다. 미국의 글로벌기업은 일본 및 유럽기업에 비해 매뉴얼에 의존하는 경향이 강하며 공식화된 절차를 따른다. 이러한 정책 매뉴얼은 판매인력의 채용, 교육훈련, 동기부여 및 해고 등에 대한 지침을 제시한다. 또한 본사가 제정한 행동강령(code of conduct)을 통하여 글로벌 마케팅활동에 대한 통제가 이루어질 수 있다(예를 들면, GE의 '정직과 신뢰성에 관한 성명서(statement of integrity)' 및 '행동강령'에 따른 자회사 통제).

14.3.2 비공식적 통제

비공식적 통제(informal control)는 기업문화와 인적자원개발 등에 의하여 수행된다.[5]

---

5 Kotabe, M./Helsen, K.(2011), p. 591 이하.

기업문화 (corporate culture)

기업문화는 어떤 한 기업의 문화적 표준에 근거하고 있다. 이것은 기업의 가치관, 규범, 사고방식 및 행동 등과 같은 문화적 요소들이 오랜 기간에 걸쳐 개인에게 영향을 미쳐 형성되며, 그 기업에서 일하는 개인(예를 들면, 경영자 및 종업원)의 행동을 통제할 가능성이 매우 높다(자세한 내용은 2.3.2 참고).

기업문화에 의한 통제는 기업문화의 공유에 의해 자회사의 마케팅활동을 간접적으로 조정하고 통합한다. 즉, 이것은 자회사의 마케팅성과를 계량적으로 평가하지 않고, 기업문화에 기초하여 마케팅활동이 기업 전체의 문화에 어느 정도 부합하고 있는가를 평가한다. 또한 이것은 기업 내에서의 광범위한 사회화과정을 요구하는데, 비공식적 및 인적 상호작용이 이러한 과정의 중심에 있다.[6]

특히, 본사와 자회사 간의 비전을 공유하기 위하여 문화적 가치관(cultural values)은 다음과 같은 세 가지의 특성을 보유하여야 한다.[7]

- 명료성(clarity): 정해진 가치관은 단순하고, 적절하고, 구체적이어야 한다.
- 연속성(continuity): 가치관은 시간이 지날수록 안정적, 장기지향적이어야 한다.
- 일관성(consistency): 혼란을 피하기 위하여 조직 내의 모든 구성원들은 동일한 비전을 공유하여야 한다.

인적자원개발 (human resource development)

기업의 인적자원개발(교육훈련) 프로그램은 다음과 같은 세 가지 관점에서 중요한 의미를 갖는다.[8]

- 교육훈련 프로그램의 유용성: 교육훈련 프로그램은 전 세계의 마케팅 관리자에게 글로벌기업의 사명과 비전을 이해하도록 도와줄 뿐만 아니라, 이러한 사명과 비전을 추구하는 데 있어서 각 자회사의 역할을 제

6 Czinkota, M. R./Ronkainen, I. A.(1995), p. 649.

7 Bartlett, C./Ghoshal, S.(1990), p. 138 이하; Kotabe, M./Helsen, K.(2011), p. 592 재인용.

8 Lei, D. et al.(1989), p. 39; Kotabe, M./Helsen, K.(2011), p. 592 재인용.

시한다.

- 새로운 가치관 이전의 촉진: 기업의 환경변화가 어떤 새로운 기업정신을 강요하는 경우에 있어서 교육훈련 프로그램은 새로운 가치관의 이전을 촉진시킨다.
- 최고의 성과 및 성공경험의 공유: 교육훈련 프로그램은 최고의 성과 및 성공경험을 전 세계적으로 공유하게 한다.

News Case

14.3 LG디스플레이 매출액 20조 원 달성

LG디스플레이는 지난 해 공격적인 투자와 적극적인 마케팅으로 시장점유율을 확대하며 경쟁사들과의 차이를 넓혔다. 시장 수요에 맞추어 8세대 신규라인 및 6세대 추가라인을 신속하게 풀가동하고, 모든 라인의 생산능력을 극대화한 결과 지난해 사상 처음으로 매출액 20조 원을 돌파하였고 1조 원대의 연간 영업이익과 당기 순이익을 달성하였다.

올해는 8세대 확장라인을 가동하고 차별화된 마케팅과 고객가치 기술 강화, 극한 생산성 확보를 통해 시장 주도권을 더욱 강화하기로 하였다. 또 OLED, 태양광, 전자종이, 플렉서블 디스플레이 등 미래 성장동력을 육성하고 협력회사들과의 상생을 확대하며 지속 가능한 성장을 이어갈 방침이다.

이를 통해 지난 2008년에 발표한 '2011년 수익성 넘버 원 디스플레이 기업'이라는 비전을 달성할 계획이다. 우선 LG디스플레이는 TV용 LCD사업의 경쟁력을 강화하기 위해 3조 2,700억 원을 투자, 올해 하반기부터 파주 8세대 확장 생산라인 'P8E'를 가동한다. 우선 올해 월 6만 장의 생산능력을 확보하고, 시장 상황에 따라 12만 장까지 생산규모를 확대할 계획이다.

최근에는 추가적으로 1조 4,860억 원을 투자해 P8 공장 건물 내에 8세대 라인 P8E+를 증설하기로 결정하였다. 'P8E+'는 P8 및 P8E와 같이 55 · 47 · 32인치 등 TV용 LCD 패널을 주로 생산할 예정이다. 내년 상반기부터 양산에 들어가며, 생산규모는 월 6만 8,000장이 될 전망이다.

이와 함께 LG디스플레이는 시장, 산업, 고객에 대한 분석력을 높이고 고객과의 프로젝트를 지속적으로 발굴해 최고의 B2B 마케팅 회사로 거듭날 방침이다. 제품의 연구 · 개발도 철저하게 고객의 입장에서 접근해 새로운 고객가치를 담은 기술 제품을 제공함으로써 고객과 함께 윈윈(win-win)하는 것을 목표로 하고 있다. 또한 LED 백라이트, 3D(3차원 영상) 지원, 터치스크린 등 새로운 기술을 발 빠르게 도입해 경쟁업체보다 한

단계 높은 수준의 제품을 고객에게 제공할 예정이다.

LG디스플레이는 특히 가동 초기부터 높은 성과를 달성할 수 있는 꿈의 생산라인(dream fab) 구축에 나선다. 중국에 건설을 추진하고 있는 8세대 LCD 생산라인이 대표적으로, 기획 단계에서부터 철저히 준비해 성공적인 Dream Fab 건설을 목표로 하고 있다. 이와 함께 생산능력 최대화, 이물 관리 등 고유 역량을 바탕으로 현재 가동 중인 생산라인의 생산성을 세계 최고수준으로 높여가고 있다.

미래 성장 동력을 강화하기 위해 AMO-LED, 태양광, 플렉서블 디스플레이 등 미래 디스플레이 기술 개발에도 박차를 가한다. 올해 상반기 가동 예정인 파주 AMOLED 라인에서는 모바일용 소형 제품 중심으로 생산을 시작할 예정이며, 향후 대형 TV용 OLED 시대를 준비하기 위해 대형화 기술 확보를 위한 연구 개발을 가속화하고 있다.

박막형 태양전지의 상용화를 앞당기기 위한 성능 향상과 원가 절감을 위한 연구 개발도 한층 가속화하고 있다. 최근에는 세계 최대 크기인 19인치의 휘는 디스플레이 개발에 성공했으며, 이를 비롯해 전자종이 시대를 열어 갈 플렉서블 디스플레이 분야에서도 세계 최고의 기술력을 구축해 가고 있다.

LG디스플레이 K사장은 "2011년까지 수익성에서 확실한 입게 1위를 달성하고 매출은 시장 평균 이상의 성장률을 기록해 주주 · 종업원 · 고객에게 최고의 가치를 제공하는 일등 기업이 되는 것이 목표"라면서 "LCD 외에도 차세대 디스플레이 등 신사업을 추진하고 밸류 체인 확장을 통해 디스플레이 산업 전반에 걸쳐 선도력을 갖는 리딩 컴퍼니로서의 위상을 확보하겠다"고 말했다.

자료원: 서울경제, 2010년 3월 31일.

참 | 고 | 문 | 헌

- 김광수 외(2005), **국제경영**, 박영사.
- 김시경(2007), **국제기업경영론**, 제5판, 삼영사.
- 김주헌(2004), **국제마케팅**, 제2판, 문영사.
- 나원찬(2007), "What Influences Franchisor's Choice of Modes in Entering Foreign Markets?: An Empirical Analysis of Firm-Specific and Environmental Factors," **국제경영연구**, 제18권, 제4호, 한국국제경영학회, pp. 65-98.
- 문병준 외(2007), **국제마케팅**, 비즈프레스.
- 문준연(2006), **글로벌마케팅**, 명경사.
- 민상기/정창영(2001), **글로벌재무전략**, 명경사.
- 박기안/김찬경(2001), **국제경영론**, 무역경영사.
- 박영규(2010), **국제재무**, 탑북스.
- 박재기(2005), **글로벌 마케팅—전략적 접근**, 형설출판사.
- 박주홍(2000), "국제화이론의 관점에서의 남북한 경제협력의 분석—Dunning의 절충이론을 중심으로—," **경상논총**, 제22집, 한독경상학회, pp. 127-148.
- 박주홍(2007), **국제경쟁력강화를 위한 전사적 혁신경영**, 삼영사.
- 박주홍(2008), "국제기술이전의 평가를 위한 체크리스트의 개발과 활용방법: 기술제공기업의 관점에서," **경상논총**, 제26권, 제2호, 한독경상학회, pp. 57-82.
- 박주홍(2009), **국제경영전략**, 삼영사.
- 박주홍(2012a), **글로벌경영**, 유원북스.
- 박주홍(2012b), **글로벌전략**, 유원북스
- 박주홍/공명재(2003), "가치부가적 제휴를 통한 국제경쟁력강화에 대한 연구: 대구지역의 섬유산업을 중심으로," **경상논총**, 제27집, 한독경상학회, pp. 37-57.
- 박주홍/이병찬(1994), "전략적 제휴와 국제생산—국제자동차생산을 중심으로—," **경영과학연구**, 대구경북경영과학회, 제3집, pp. 91-111.
- 반병길(1998), **글로벌경쟁시대의 국제마케팅**, 제4판, 박영사.
- 반병길/이인세(2008), **글로벌마케팅**, 박영사.
- 어윤대 외(1997), **국제경영**, 학현사.
- 이광현(2001), **글로벌전략**, 도서출판 석정.

▣ 이미옥 역, 헤르만 지몬 저(2008), 히든 챔피언: 세계시장을 제패한 숨은 1등 기업의 비밀, 흐름출판.

▣ 이장로(2003), 국제마케팅, 제4판, 무역경영사.

▣ 이장호(2003), 국제경영전략, 전정판, 박영사.

▣ 이철/장대련(2006), 글로벌 시대의 국제마케팅, 제2판, 학현사.

▣ 장세진(2005), 글로벌경쟁시대의 경영전략, 제4판, 박영사.

▣ 장세진(2006), 글로벌경영—글로벌경쟁시대의 국제경영, 제4판, 박영사.

▣ 장세진/MCC(2004), M&A의 경영전략, 박영사.

▣ 전용욱 외(2003), 국제경영, 문영사.

▣ 조동성(1997), 21세기를 위한 국제경영, 경문사.

▣ 조동성(2006), 21세기를 위한 전략경영, 서울경제경영.

▣ 채서일(2003), 마케팅조사론, 제3판, 학현사.

▣ 최석신 외 역, Keegan, W. J./Green, M. C. 저(2011), 글로벌 마케팅, (Global Marketing, 6th Edition), 시그마프레스.

▣ 한선민(2005), 글로벌 마케팅론, 형설출판사.

▣ 한희영(1985), "해외투자와 국제마아케팅: 다국적마아케팅론의 기반을 위하여," 경상논총, 제3호, 한독경상학회, pp. 1-64.

⊙ Aiello, G. et al(2009), "An International Perspective on Luxury Brand and Country-of-Origin Effect," *Journal of Brand Management*, Vol. 16, 5/6, pp. 323-337.

⊙ Albach, H.(1979), "Zur Verlegung von Produktionsstätten ins Ausland," *Zeitschrift für Betriebswirtschaft*, 10/1979, pp. 945-952.

⊙ Allesch, J./Klasmann, G.(1989), PRIMA—*Produktinnovationsmanagement in technologieintensiven kleinen und mittleren Unternehmen*, Köln.

⊙ Ansoff, H. I.(1984), *Implanting Strategic Management*, Englewood Cliffs, New Jersey.

⊙ Badaracco, Jr., J. L.(1991), *Strategische Allianzen: Wie Unternehmen durch Know-how-Austausch Wettbewerbsvorteile erzielen*, Wien.

⊙ Ball, D. A. et al.(2004), *International Business, The Challenge of Global Competition*, 9th Edition, Boston et al.

⊙ Barlett, C./Ghoshal, S.(1990), "Matrix Management, not a Structure, a Frame of Mind," *Harvard Business Review*, July-August, pp. 138-145.

- Bea, F. X./Dichtl, E./Schweitzer, M.(1994, Ed.), *Allgemeine Betriebswirtschaftslehre*, Band 2, Stuttgart/Jena.
- Bleeke, J./Ernst, D.(1991), "The Way to Win in Cross-Border Alliances," *Harvard Business Review*, Nov./Dec., pp. 127-135.
- Bleicher, F.(1990), *Effiziente Forschung und Entwicklung*, Wiesbaden.
- Bradley, F.(2002), *International Marketing Strategy*, 4th Edition, London.
- Bühner, R.(1992), *Betriebswirtschaftliche Organisationslehre*, 6. Auflage, München/Wien.
- Cateora, P. R.(1993), *International Marketing*, 8th Edition, Burr Ridge, Illinois et al.
- Cavusgil, S. T.(1988), "Unraveling the Mystique of Export Price," *Business Horizons*, Vol. 31, pp. 54-63.
- Cavusgil, S. T. et al.(2008), *International Business—Strategy, Management and New Realities*, Upper Saddle River, New Jersey.
- Cundiff, E. W./Hilger, M. T.(1988), *Marketing in the International Environment*, 2nd Edition, Englewood Cliffs, New Jersey.
- Czinkota, M. R./Ronkainen, I. A.(1995), *International Marketing*, 4th Edition, Fort Worth et al.
- Czinkota, M. R. et al.(2005), *International Business*, 7th Edition, Mason.
- Daniels, J. D. et al.(2004), *International Business, Environments and Operations*, 10th Edition, Upper Saddle River, New Jersey.
- Doole, I./Lowe, R.(2004), *International Marketing Strategy—Analysis, Development and Implementation*, 4th Edition, London.
- Dugal, S. S./Roy, M. H.(1994), "The Link between R&D Intensity and Competitive Positioning under Different Technological Environments," *Journal of Strategic Marketing*, Vol. 3, pp. 293-304.
- Dugal, S. S./Schroeder, J. E.(1995), "Strategic Positioning for Market Entry in Different Technological Environments," *Journal of Marketing—Theory and Practice*, Summer, pp. 31-45.
- Dülfer, E.(1992), *Internationales Management in unterschiedlichen Kulturbereichen*, 2. Auflage, München.
- Dunning, J. H.(1980), "Toward an Eclectic Theory of International Production,"

Journal of International Business Studies, pp. 9ff.

- Dunning, J. H.(1988), "The Eclectic Paradigm of International Production: A Restatement and Some Possible Extensions," *Journal of International Business Studies*, pp. 1ff.
- Dunning, J. H.(1993), *Multinational Enterprises and the Global Economy*, Reading, Massachusetts.
- Frese, E.(1987), *Unternehmungsführung*, Landsberg/Lech.
- Gahl, A.(1990), "Die Konzeption der strategischen Allianz im Spannungsfeld zwischen Flexibilität und Funktionalität," *Zeitschrift für betriebswirtschaftliche Forschung*, Sonderheft 27, pp. 35-48.
- Garreau, J.(1981), *The Nine Nations of America*, New York.
- Gerybadze, A.(2004), *Technologie- und Innovationsmanagement; Strategie, Organisation und Implementierung*, München.
- Gillespie, K./Jeannet, J.-P./Hennessey, H. D.(2004), *Global Marketing—An Interactive Approach*, Boston/New York.
- Glembocki, S.(1977), *The Expectations of Enterprises and Methods of Payment for Technology*, UNIDO, ID/WG, 228/4.
- Greene, M. L.(1975), *Waiting Time: A Factor in Export Demand for Manufactures*, New Jersey.
- Griffin R. W./Pustay, M. W.(2007), *International Business*, 5th Edition, Upper Saddle River, New Jersey.
- Hall, E. T.(1976), "How Cultures Collide," *Psychology Today*, July 1976, pp. 67-74.
- Heenan D. A./Perlmutter, H. V.(1979), *Multinational Organization Development*, Reading, Mass.
- Herzhoff, S.(1991), *Innovations-Management—Gestaltung von Prozessen und Systemen zur Entwicklung und Verbesserung der Innovationsfähigkeit von Unternehmungen*, Köln.
- Hill, C. W. L.(2005), *International Business: Competing in the Global Marketplace*, 5th Edition, Boston et al.
- Hoebel, A.(1970), *Culture & Society*, Oxford University Press, New York.
- Hofstede, G.(1982), *Lokales Denken, globales Handeln—interkulturelle Zusammenarbeit und globales Management*, 2. Auflage, München.

⊙ Hofstede, G.(2000), *Culture's Consequences—Comparing Values, Behaviors, Institutions and Organizations across Nations*, 2nd Edition, Thousand Oaks/London/New Delhi.

⊙ Hofstede, G.(2001), *Culture's Consequences—Comparing Values, Behaviors, Institutions and Organizations across Nations*, 2nd Edition, Thousand Oaks/London/New Delhi.

⊙ Hoskins, W. R.(1970), "How to Encounter Expropriation?," *Harvard Business Review*, Sep.-Oct.

⊙ Hünerberg, R.(1994), *Internationales Marketing*, Landsberg/Lech.

⊙ Ihrig, F.(1991), "Strategiache Allianz," *Wirtschaftswissenschaftliches Studium*, 1/1991, pp. 29-31.

⊙ International Chamber of Commerce(2010), *Incoterms 2010*, ICC Publishing, Paris.

⊙ Jahrei ß, W.(1984), *Zur Theorie der Direktinvestition im Ausland*, Berlin.

⊙ Johanson, J. K.(2003), *Global Marketing*, New York.

⊙ Johnston, R./Lawrence, P. R.(1988), "Beyond Vertical Integration—the Rise of the Value—Adding Partnership," *Harvard Business Review*, July-August, pp. 94-101.

⊙ Kahle, L. R.(1986), "The Nine Nations of North America and the Value Basis of Geographic Segmentation," *Journal of Marketing*, Vol. 50, pp. 37-47.

⊙ Keegan, W. J.(1969), "Multinational Product Planning: Strategic Alternatives," *Journal of Marketing*, Vol. 33, pp. 58-62.

⊙ Keegan, W. J.(1989), *Global Marketing Management*, 4th Edition, Englewood Cliffs, New Jersey.

⊙ Keegan, W. J.(2002), *Global Marketing Management*, 7th Edition, Upper Saddle River, New Jersey.

⊙ Kotabe, M./Helsen, K.(2011), *Global Marketing Management*, 5th Edition, Hoboken, New Jersey.

⊙ Kotler, P.(1986), *Principles of Marketing*, 3rd Edition, Englewood Cliffs, New Jersey.

⊙ Kotler, P.(1994), *Marketing Management*, 8th Edition, Englewood Cliffs, New Jersey.

⊙ Kumar, V.(2000), *International Marketing Research*, Upper Saddle River, New

Jersey.

- Lascu, D.-N.(2008), *International Marketing*, 3rd Edition, Mason, Ohio.
- Lei, D. et al.(1989), "Global Strategy and Reward Systems: The Key Roles of Management Development and Corporate Culture," *Organizational Dynamics*, Winter 1989, pp. 27-41.
- Leontiades, J. C.(1985), *Multinational Corporate Strategy: Planning for World Markets*, Lexington Mass.
- Linnemann, H.(1966), *An Economic Study of International Trade Flows*, Amsterdam.
- Macharzina, K.(1993), *Unternehmensführung; das internationale Managementwissen; Konzepte-Methoden-Praxis*, Wiesbaden.
- Meffert, H./Bolz, J.(1994), *Internationales Marketing-Management*, Stuttgart et al.
- Hough, J./Neuland, E.(2007, Ed.), *Global Business—Environments and Strategies, Managing for Global Competitiveness Advantage*, 3rd Edition, Oxford University Press, Southern Africa, Cape Town.
- Pan, Y./Tse, D.(2000), "The Hierarchial Model of Market Entry Modes," *Journal of International Business Studies*, Vol. 31, pp. 535-554.
- Peng, M. W.(2006), *Global Strategy*, Mason, Ohio.
- Perlitz, M.(1988), "Wettbewerbsvorteile durch Innovation," in: Simon, H.(1988, Ed.), *Wettbewerbsvorteile und Wettbewerbsfähigkeit*, Stuttgart, pp. 47-65.
- Perlitz, M.(2004), *Internationales Management*, 5. Auflage, Stuttgart.
- Perlmutter, H. V./Heenan, D. A.(1986), "Globale strategische Partnerschaften/Cooperate to compete globally," *Manager Magazin*, 5/1986, pp. 238-244; *Harvard Business Review*, 3-4/1986, pp. 136-152.
- Pohle, K.(1990), "Strategische Allianzen in der chemische-pharmazeutischen Industrie," *Zeitschrift für betriebswirtschaftliche Forschung*, Sonderheft 27, pp. 67-76.
- Porter, M. E.(1985), *Competitive Advantage*, New York—London.
- Porter, M. E./Fuller, M. B.(1989), "Koalitionen und globale Strategien," in: Porter, M. E.(1989, Ed.), *Globaler Wettbewerb: Strategien der neuen Internationalisierung*, Wiesbaden, pp. 363-399.
- Porter, M. E./Millar, V. E.(1985), "How Information Gives You Competitive

Advantage?," *Harvard Business Review*, July-August, pp. 149-160.

- Quelch, J. A./Hoff, E. J.(1986), "Customizing Global Marketing," *Harvard Business Review*, May-June, p. 61.
- Root, F. R.(1982), *Foreign Market Strategies*, Amacom.
- Roy, M. H./Dugal, S. S.(1999), "The Effect of Technological Environment and Competitive Strategy on Licensing Decisions," *American Business Review*, June, pp. 112-118.
- Rugman, A. M.(1986), *International Business: Firm and Environment*, New York.
- Schaffer, R. et al.(2002), *International Business Law and Its Environment*, 5th Edition, Cincinnati.
- Schertler, W.(1993), *Unternehmensorganisation*, München/Wien.
- Scheuch, F./Holzmüller, H.(1983), "Innovation und Produktpolitik," *Wirtschaftswissenschaftliches Studium*, 5, pp. 225-230.
- Scheuss, R.(1985), *Strategische Anpassung der Unternehmung*, Dissertation, St. Gallen.
- Schreyögg, G.(1994), "Zum Verhältnis von Planung und Kontrolle," *Wirtschaftswissenschaftliches Studium*, 7/1994, pp. 345-351.
- Servatius, H.-G.(1985), *Methodik des strategischen Technologie-Managements, Grundlage für erfolgreiche Innovationen*, Berlin.
- Shenkar, O./Luo, Y.(2004), *International Business*, Hoboken, New Jersey.
- Solomon, M. R./Stuart, E.(2003), *Marketing—Real People, Real Choices, 3rd Edition*, Upper Saddle River, New Jersey.
- Sommerlatte, T./Deschamps, J.-P.(1985), "Der strategische Einsatz von Technologien-Konzepte und Methoden zur Einbeziehung von Technologien in die Strategieentwicklung des Unternehmens," in: Little, A. D.(1985, Ed.), *Management im Zeitalter der Strategischen Führung*, Wiesbaden, pp. 39-76.
- Terpstra, V./Sarathy, R.(1994), *International Marketing*, 6th Edition, New York.
- Thom, N.(1980), *Grundlage des betrieblichen Innovationsmanagements*, 2. Auflage, Königstein.
- Thom, N.(1983), "Innovations-Management—Herausforderungen für den Organisator," *Zeitschrift für Führung und Organisation*, 1, pp. 4-11.

- Trommsdorff, V./Schneider, P.(1990), "Grundzüge des betrieblichen Innovationsmanagement," in: Trommsdorff, V.(Ed., 1990), *Innovationsmanagement in kleinen und mittleren Unternehmen*, München, pp. 1-25.
- Trommsdorff, V. et al.(1991), "Produktinnovationsmanagement," *Wirtschaftswissenschaftliches Studium*, 11, pp. 566-572.
- Trompenaars, F.(1993), *Riding the Waves of Culture—Understanding Cultural Diversity in Business*, London.
- Uhlig, C.(1983), "Industrial Production Cooperation as Instrument of Development Policy," in: Hottes, K./Uhlig, C.(1983, Ed.), *Joint Ventures in Asien: Eine Form internationaler Produktionskooperation*, Stuttgart, pp. 1-16.
- von Keller, E.(1982), *Management in fremden Kulturen: Ziele, Ergebnisse und methodische Probleme der kulturvergleichenden Managementforschung*, Bern/Stuttgart.
- Wedel, M./Kamakura, W. A.(1998), *Market Segmentation—Conceptual and Methodological Foundations*, Boston.
- Wild, J. J. et al.(2008), *International Business, The Challenges of Globalization, 4th Edition*, Upper Saddle River, New Jersey.
- Zahn, E.(1986), "Innovations- und Technologiemanagement—Eine strategische Schlüsselaufgabe der Unternehmen," in: Zahn, E.(1986, Ed.), *Technologie- und Innovationsmanagement*, Berlin, pp. 9-48.

- http://adage.com/datacenter.
- http://en.wikipedia.org/wiki/Nine_Nations_of_North_America.
- http://www.bwl.univie.ac.at/bwl.mark/LV_SS_2003/Priemer3.pdf.
- http://www.strategicbusinessinsights.com/vals/ustypes.shtml.
- http://www.wto.org.
- https://www.interbrand.com/best-brands/.
- https://www.someka.net/excel-template/fortune-500-excel-list/.

국 | 문 | 색 | 인

ㄱ

ㄴ

ㄷ

ㄹ

ㅁ

ㅂ

ㅊ

영 | 문 | 색 | 인

D

E

[F]

[G]

K

L

M

N

[O]

[P]

[저자 약력]

박 주 홍(朴 珠 洪)
계명대학교 경영학과(부전공: 독어독문학) 졸업(경영학사)
계명대학교 대학원 경영학과 졸업(경영학석사)
독일 슈투트가르트(Stuttgart) 대학교 경영학과 수학
독일 호헨하임(Hohenheim) 대학교 대학원 국제경영학과 박사과정 수학
독일 만하임(Mannheim) 대학교 대학원 국제경영학과 졸업(경영학박사)
독일 바덴-뷰르템베르크(Baden-Württemberg)주 학예부 박사학위지원 장학금 수상
독일 학술교류처(DAAD) 연구지원 장학금 수상
BMW 학술상 수상, 2001
계명대학교 업적우수상 수상, 2017
남서울대학교 경영학과 조교수 및 경영연구센터 소장 역임
독일 만하임(Mannheim) 대학교 국제경영학과 방문교수 역임
계명대학교 경영대학 부학장, 경영학부장, 계명카리타스봉사센터장, 취업지원처장,
학생복지취업처장, 계명테크노파크사업단장, 대구테크노파크 계명대학교센터장 역임
한국자동차산업학회 이사, 한독사회과학회 이사 역임
현재 계명대학교 경영학전공(국제경영) 교수(juhong@kmu.ac.kr)
독일 Perlitz Strategy Group(경영컨설팅사) 아시아지역 학술고문(www.perlitz.com)
한국질서경제학회 부회장, 한국국제경영학회 상임이사, 한독경상학회 이사

주요논문, 지서 및 역서

글로벌마케팅, 제3판, 유원북스(2022)
자동차 마케팅전략, 박영사(2021)
글로벌전략, 제2판, 유원북스(2020)
혁신경영 – 신제품 개발과 기술혁신 –, 박영사(2020)
비즈니스협상 – 기능영역별 협상과 글로벌 비즈니스협상의 이슈 –, 박영사(2019)
글로벌경영, 제2판, 유원북스(2018)
글로벌 윤리경영, 삼영사(2017)
경영컨설팅의 이해, 박영사(2017)
글로벌혁신경영, 유원북스(2016)
글로벌 인적자원관리, 유원북스(2016)
글로벌마케팅, 제2판, 유원북스(2013)
글로벌전략, 유원북스(2012)
글로벌경영, 유원북스(2012), 집현재(2011)
글로벌마케팅, 박영사(2010)
국제경영전략, 삼영사(2009)
국제경쟁력강화를 위한 전사적 혁신경영, 삼영사(2007)
국제경영(역서, Manfred Perlitz 저), 형설출판사(2003) 외 4권의 저서
"AHP를 이용한 제품혁신을 위한 의사결정 우선순위의 분석: 조직적 측면을 중심으로"(2018)
"The Competitiveness of Korean and Chinese Textile Industry: The Diamond Model Approach"(2010, 공동연구) 외 50여 편의 논문

제 3 판
글로벌마케팅

2022년 1월 10일 제 3 판 인쇄
2022년 1월 14일 제 3 판 발행
2013년 6월 30일 제 2 판 발행

저 자 박 주 홍
발행인 이 구 만
발행처 유원북스 도서출판
04091 서울특별시 마포구 토정로 222, 416호
(신수동, 한국출판콘텐츠센터)
대표전화 (02)593-1800 Fax (02)6455-1809
등록 2011. 9. 6. 제25100-2012-3호
www.uwonbooks.com uwbooks@daum.net

정 가 32,000원 ISBN 979-11-6288-146-0